변화로 이끄는 감정 경험의 힘

속성경험적
역동심리치료
AEDP

Diana Fosha 저
전명희 · 박정아 · 김현화 · 김정수 공역

THE TRANSFORMING POWER OF AFFECT
A MODEL FOR ACCELERATED CHANGE

학지사

역자 서문

"이게 가능할까?"

지금으로부터 8년 전, 트라우마 세미나 클래스에서 연세대학교 권수영 교수님의 소개로 처음 접하게 된, 이름도 다소 생소한 속성경험적 역동심리치료(Accelerated Experiential Dynamic Psychotherapy: AEDP)는 역자들의 마음을 한순간에 사로잡았다. 감정의 심층부까지 내려가 고통을 경험하고 치유의 순간과 치유적 감정에 이른다는 설명을 접했을 때, 정말 혁신적이라는 생각이 들면서도 흥미로웠다. 연세 동산에서 함께 공부했던 역자들은 이 생소한 개념을 이해하기 위해 AEDP 기본서인 이 책의 원서를 읽고 스터디를 하며 치료법의 구현을 시도해 보았다. 뿌연 바다의 모래 바닥을 헤집는 것 같은 시간을 보내다 보니 AEDP의 가능성과 창의적 접근에 더욱 매료되었고, 이것을 더 많은 분과 함께 나누기를 소망하게 되었다. 이를 위해 이 책을 번역하여 국내 전문가들이 이 치료법의 개론서처럼 활용할 수 있으면 좋겠다는 생각을 했다. 더불어 역자들처럼 AEDP에 관심 있는 분들이 공부하고 실천하는 데 많은 도움이 되지 않을까 하는 마음이 모였고, 번역은 극적으로 성사되었다.

번역 과정에서 AEDP에 나타난 주요한 개념들을 한국어로 옮기는 것이 녹록지는 않았다. 특히 책 제목에도 나오는 'Affect'라는 단어의 번역을 위해 고민을 정말 많이 했다. 그동안 국내에 소개된 책들에서는 'Affect'를 '정동' '감정' '신체감정' '정서' 등 여러 유사한 단어로 번역하여 사용했고, 'Emotion'이란 단어도 '정서' 혹은 '감정'이라고 변역하였다. 역자들은 여러 자문과 고민 끝에 'Affect'를 '감정'으로, 'Emotion'을 '정서'로 번역하였다. 하지만 본문의 글 중에서 포샤 박사 자신도 'Affect'와 'Emotion'을 혼용하여 사용하겠다고 언급하기에, 역자들도 이 두 단어를 상황과 맥락에 맞게 '감정' 혹은 '정서'

로 번역하였음을 명시해 두고자 한다.

한편, 역자들은 한국인에게 있어서 이 감정Affect이 무엇을 의미하는지를 설명하기는 그 개념만큼 어렵지 않다는 것을 발견했다. 이 감정은 가장 원초적 측면의 신체감각적이고 즉각적으로 느껴지는 감각 수준의 감정을 의미하고 있는데, 해당 단어를 개념화하는 것은 모호하고 난해할 수 있지만, 한국인들은 경험적으로 이것이 무엇인지 알고 있다는 점을 깨닫게 되었다. 예로부터 한국인들은 감정을 표현할 때 한자로 개념화된 단어로 표현하지 않았다. 주로 문어체로 등장하는 분노(忿怒), 불안(不安), 우울(憂鬱)과 같은 단어 대신 신체감각적으로 느낀 것을 감정 상태 그대로 표현하였다. 심술이 날 때는 '오장육부가 뒤틀린다'고 표현을 하였으며, 대담한 일을 하는 사람을 보고는 '간땡이가 부었다', 반대로는 '간이 콩알만 하다'고 표현하였다. 마음에 안 맞을 때는 '비위가 틀리다' '오금이 저린다' '골수에 사무치다' 등 많은 표현이 우리의 심리정서행동 현상에 대한 몸 상태의 변화, 즉 신체감각적 현상에 대한 서술인 것이다. 우리는 그러한 표현에 매우 익숙하다. 판소리 춘향가의 한 자락을 살펴보면, 춘향이를 처음 본 이몽룡의 상태를 "도련님 살펴보시더니 마음이 으쓱 머리끝이 쭛빗 어안이 벙벙 흉중이 답답 들숨날숨 꼼짝딸싹을 못허고 눈을 번히 뜨고 방자를 부르는디"라고 표현하고 있다.[1] 이 책의 곳곳에 나오는 내장 깊은 곳에서부터 올라오는 신체본능적 감정viceral affect이라는 것은 바로 한국인들이 그렇게 온몸으로 느껴 오던 감각상태인 것이고, 막걸리를 한잔 걸치고 판소리나 탈춤을 추면서 이러한 감각들을 온몸으로 표현해 냄으로써 치유에 이르는 지혜를 이미 알고 있었다는 사실을 깨닫고 전율을 경험하게 되었다. 이러한 의미에서 우리 한국인은 AEDP 치료의 기본을 이미 이해하고 있으며, 이 책을 읽어 나가면서도 "아하!"라고 하는 이해의 경험을 수월하게 하면서 임상 현장에도 접목할 수 있으리라는 즐거운 상상을 해 본다.

AEDP 1.0 버전 책이라고 일컬어지는 이 책은 AEDP 치료의 창시자인 포샤 박사가 2000년도에 낸 책으로서, 작년 2021년에는 AEDP 2.0 버전에 해당하는 보다 완성된 치료 기본서 『Undoing Aloneness and the Transformation of Suffering Into Flourishing』이 발간되었다. 이 책은 새 책이 나오기 전에 계약을 맺었고, 처음부터 차근차근 AEDP를 한국어로 소개하고자 하는 마음으로 번역을 진행하였다. 이 책이 나올 즈음에 포샤 박사는 특별히 한국인 독자들을 위한 저자 서문을 다시 작성해 주었는데,

---

1) (사)한국판소리보존회의 판소리 춘향가에서 발췌하였다(http://www.koreapansori.com/).

22년 동안 변화한 AEDP 모델에 관한 내용을 부록으로 정리하여 국내의 독자들이 이 치료 모델을 조금이나마 쉽게 이해할 수 있도록 자상하게 배려해 준 것에 대해 깊은 감사의 인사를 전하고 싶다. 또한 역자가 연구년 기간 동안 뉴욕의 AEDP Institute에서 제공하는 AEDP 공인 치료자 과정을 밟게 되었을 때 만난 주 슈퍼바이저인 정신과 전문의이자 토론토대학교 교수인 대니 양 박사는 AEDP 치료가 아시아 사람들을 위한 치료법으로 한 발 더 나아가게 하는 데 열정과 깊은 통찰을 제시해 주셨다. 역자들이 개인 혹은 집단으로 슈퍼비전을 받으면서 깨닫게 된 이 치료법을 익혀 가는 과정에서, 진정 많은 전문가가 인간이 지닌 본래적 치유력을 회복시키는 원리를 공유하는 데 이 책이 기여하기를 고대한다. 또한 AEDP를 국내에 소개하는 일을 진심으로 기뻐하시며 추천의 글을 써 주신 권수영 교수님께도 깊은 감사의 마음을 전하고 싶다. 이 책이 나오기까지 끊임없는 지원을 아끼지 않으셨던 학지사 김진환 사장님과 여러 직원 선생님께도 깊은 감사를 전한다. 아울러 번역의 과정에서 읽고 수정해 주는 등 여러모로 도와주신 임은 선생님과 박기쁨 선생님께도 감사의 인사를 전한다.

2022년 8월
역자 일동

추천의 글 1

처음 한국 문화를 접하고 호기심과 감탄, 매혹에 사로잡혀, 한국 문화의 정신적 깊이와 치료적 통찰력에 경외심을 느끼게 되었습니다. 한국 문화는 '속성경험적 역동심리치료(AEDP)'의 핵심과 깊이 공명하고 있습니다. 어떻게 한국인들은 이처럼 의미 있고 깊은 인간애적인 자질을 이미 지니고 있는 것일까요?

2021년 9월 12일, 전명희 박사에게 보낸 첫 편지에서

"집으로 돌아온 느낌이었죠!"

심리치료의 수년간 훈련과 실천이 우아하게 녹아져 통합된 모델로서, 다이애나 포샤 박사가 소개하는 '속성경험적 역동심리치료(AEDP)'를 처음 접했을 때 나는 마음 깊이 찾고 찾던 어떤 것을 찾고서 마침내 집으로 돌아온 듯한 느낌이 들었다. 나는 AEDP 치료의 기본서인 『속성경험적 역동심리치료 AEDPThe Transforming Power of Affect: A Model for Accelerated Change』을 처음부터 끝까지 묵상하는 마음으로 읽으며 느낀 경외감과 함께, 삶의 변화에 초점을 두고 있는 이 치료의 훈련을 받기로 결심했다. AEDP 치료에 관한 워크숍에서 포샤 박사를 개인적으로 만날 기회가 생겨 떨리는 마음으로 "제가 AEDP를 배워 이 모델을 가르칠 수 있을까요?"라고 질문하자, 포샤 박사는 특유의 따뜻함과 애정 어린 친절함으로 "그럼요!"라고 대답했다. 2003년 이렇게 시작된 만남 이후, AEDP 치료에 대한 가르침은 중국과 홍콩을 이어, 이제 한국에까지 영향을 미치게 되었으며, 내 삶의 궤적을 바꾸고, 많은 사람의 운명도 바꾸어 놓았다.

AEDP 치료에 열정을 가진 이유

내가 AEDP 치료에 열정을 가지게 된 이유는 다음과 같다.

첫째, 실천-연구 네트워크의 맥락에서 수행된 연구를 통해 AEDP의 효과가 명확히 입증되었다. 이 연구 과정에 미국, 캐나다, 이스라엘, 일본, 스웨덴의 내담자들이 참여하였는데, 대다수가 임상적으로 신뢰할 수 있는 변화를 보여 주었다(Iwakabe et al., 2020). 더 나아가, 이런 변화는 치료 종료 후 6개월, 12개월 후에도 지속되었다(Iwakabe et al., 2022, 출판 중).

둘째, AEDP는 심리치료의 다양한 이론, 즉 애착 이론, 감정 이론, 감정 신경 과학, 단기 동적 심리치료, 변형 연구, 모자 발달 연구, 실존 심리치료, 명상 심리치료, 긍정심리학 등을 잘 통합하고 있다.

셋째, AEDP는 한국 독자들의 무의식적 문화 인식을 반영하는 유교와 도교와 같은 철학 전통과 명상과 같은 동양의 명상적 실천과도 통합할 가능성을 가지고 있다.

넷째, AEDP는 삶의 방식이 될 수 있고 개인뿐 아니라 모든 연령, 부부, 가족, 집단, 심지어 문화 전반에 치유를 가져다줄 수 있다.

한국과 AEDP 치료

2021년 8월, 우연히 접한 한국 드라마에 묘사된 한국 문화에 깃든 치유적 변형능력을 목격하고, 드라마와 AEDP 간의 묘한 공감대를 발견하면서 매우 놀랐다. 한국 문화와 AEDP의 연결을 막연하게만 여기던 차에, 몇 주 후 AEDP를 한국에 도입하기를 원한다는 연락을 받고 나는 겸허한 마음을 가졌다. AEDP를 한국 문화에 접목하고자 연구해 가는 과정에서 나는 AEDP 치료와 한국 문학, 예술, 음악, 연극에 광범위하게 깃들어 있는 한국인의 독특한 정서인 한(恨)과 정(情) 사이에 깊은 연결과 조화를 발견하였다. AEDP가 이러한 독특한 한국적 현상들을 어떻게 수렴하며 보완할 수 있었는지 한과 정을 통해 간략하게 풀어 보고자 한다(Yoon & Williams, 2015).

한과 트라우마

한(恨)은 강렬한 분노와 고통을 내포한 복잡한 감정 상태로, 한국인 정서의 핵심 감정으로 개인적 수준뿐 아니라 집단적 수준에서도 발생한다. 수천 년 전 한반도의 한민족에게서 표면적으로 드러났던 한은 1910년부터 1945년까지의 식민지배하에 있던 시기에 가장 명확하게 나타나고 경험되었다(De Mente, 2017). 한국인이 겪어야 했던 고통과 아픔은 방탄소년단의 노래 '봄날'이나 이민진의 소설 '파친코' 등과 같은 한국인의 여러 작품을 통해 한국인의 입장이 되어 경험해 볼 수 있다. 이같이 한은 개인적으로나 문화적으로 트라우마 후에 일어나는 감정 상태라고 이해할 수 있다. AEDP는 한에 대한 공감적 반응으로 개인의 치유에 효과적일 뿐 아니라 집단 트라우마에도 치료 효과를 발휘한다. 한국의 동료들과 협력하면서 AEDP 치료 모델을 통해 가려진 고통과 외면된 아픔 가운데 고립된 것을 해소함으로써 한국의 역사적이고도 문화적인 상처를 치유하는 데 기여할 수 있다고 확신했다.

한과 변화 동력

AEDP의 관점에서 볼 때, 변화 동력transformance[1]이란 치유와 성장을 위한 보편적이고 선천적인 추진력이라고 볼 수 있다. 개별 심리치료의 수준부터 문화의 수준까지 이 트랜스포먼스의 현상을 추론하며 한국 문화에서 변화 동력의 표식을 발견하는 것은 마음을 사로잡는 일이다. 몇 가지 예를 들면 다음과 같다.

- 한강의 기적: 수십 년 만에 전근대 농업사회에서 포스트모던 경제 및 기술 강국으로의 부상한 대한민국(Tudor, 2012)
- 한국의 소프트 파워: 언어, 패션, 관광, 음식, 화장품, 영화, 게임, K-Drama, K-Pop의 떠오르는 세계적인 인기와 영향으로 구성된 한류 2.0 혹은 한류Han Wave에서 명시화(Lee & Nomes, 2015)

이러한 문화적 변형의 표현은 한국인의 정신, 회복력 그리고 강한 의지를 북돋아 주는 한(恨)의 역설적이고 긍정적인 자질에 의해 강화되었다. 이처럼 한의 슬픔과 분노는 자기주장, 자신감 그리고 카리스마의 (부드러운) 힘으로 바뀐다. 더 나아가, 한과 트랜스포먼스의 긍정적인 측면은 지속적 노력과 역경의 극복에 필요한 내면의 힘에서 발견되

---

1) 역자 주: 포샤 박사는 AEDP 2.0 버전의 저서에서 'transformance'라는 단어를 주요 개념으로 설정한다. 그 의미를 파악해 보자면 변화의 조짐, 변화로 이끄는 동력 혹은 추진력을 의미하는 신조어로서, 상태 1(state 1)에서 이 변화 동력을 파악하고 작업하는 부분을 치료 모델에 포함하고 있다. 역자는 이를 '변화 동력'이라고 번역하였으나, 그 엄밀한 의미의 단어로서 규정하는 일은 두 번째 책에 맡기고, 이 책에서는 원문 그대로인 '트랜스포먼스'라는 단어와 공동으로 사용하고 있음을 밝혀 둔다.

는 암묵적인 추진력, 즉 희망으로 수렴된다(Yoon & Williams, 2015).

한국 문화에서 더 깊은 트랜스포먼스의 표현은 예술과 문학, 특히 놀랍고 경이로운 심리적 깊이와 치유적 통찰에서 드러난다. 나는 영광스럽게도 내가 슈퍼비전을 제공한 한국인 AEDP 치료자들과 그들이 담당했던 한국인 내담자들 속에 이러한 심리적 태도가 내면 깊숙이 새겨져 있음을 보았다.

정과 양육적 사랑

한국 문화의 모든 단계에서 깊게 스며 있는 정서적 유대감으로 이해되는 정(情)은 대인관계에서 발전하는 애정, 배려, 유대, 애착의 복잡한 감정을 묘사한다. 정은 원심적 자질을 가지고 있는데, 이것은 에너지가 상대방을 향해 바깥으로 흐르는 것을 의미한다(Chung & Cho, 2006). "보이지 않는 포옹"은 아마도 정의 본질을 포착하는 가장 적절한 비유일 것이다(Tudor, 2012).

정은 포샤 박사가 가르치고 있는 이론과 상응하는데, 그녀는 "내담자들을 사랑할 수 있는 무언가를 찾아보세요!"라고 가르치곤 한다. 포샤 박사가 말하는 이 '사랑'은 뇌의 돌봄의 감정 체계에서 나오는 양육적인 사랑Nurturing love이다(Panksepp & Biven, 2012). AEDP 치료자로부터 발산되는 바로 이 양육적 사랑, 곧 정이 내담자가 지닌 트랜스포먼스의 추진력을 활성화시킨다고 할 수 있다. 이처럼 한국 문화의 관점에서 보자면 AEDP의 본질은 개인과 집단의 한(恨: 외상 후 부정적인 감정 상태)을 긍정적 측면(내면의 힘, 회복력, 자신감이라는 트랜스포먼스 표식)으로 활성화함으로써 변화시킬 수 있으며, 이는 치유 관계 가운데 깊이 내재된 정을 통해 이루어진다.

한국적 맥락에서 AEDP의 창조적 성장을 기대하며

한국 동료들에게 AEDP의 소개를 요청받은 이후, AEDP를 한국 사회의 맥락에 맞추기 위해 실시한 연구와 이를 통해 발견한 사실들은 내가 느끼던 한국 문화에 대한 존경심을 더욱 깊어지게 하였다. 운명에 대해 한국인의 관점에서 보자면, 아마 우연이라는 것은 없을 듯하다. 트랜스포먼스와 양육적인 사랑이라는 AEDP의 핵심 요인과 심오한 일치를 보이는 한국 문화의 특질인 한(恨)과 정(情)은 신비롭고 이해가 불가한 영역이다. 이 AEDP 치료 모델을 한국에 들여오기 위해 번역에 앞장서 준 역자들에게 감사의 마음을 전한다. 이 책의 번역을 통해 AEDP의 씨앗이 한국 친구들과 동료들의 마음과 생각

속에 뿌려지고 있다. 궁극적으로, 창의적으로 뿌리내린 한국 AEDP가 한국 문화와 사회 전 영역에 치유를 가져다주기를 소망해 본다.

토론토대학교 정신과 교수/AEDP Institute 교수
대니 양Danny Yeung

추천의 글 2

한국인은 감정을 숨기고 사는 데 아주 익숙하다. 체면 문화로 인해 잘 모르는 타인에게 자신의 이야기를 하는 것은 어색하기만 하다. 그러한 연유로 심리상담 문화가 제대로 정착된 것은 거의 근래의 일이다. 내담자만 그런 것이 아니다. 심리상담 전문가도 마찬가지다. 갖가지 심리검사 도구를 활용하거나 내담자의 불합리한 인지체계를 다루는 데 훨씬 능숙하다. 숙련된 심리상담 전문가라도 내담자의 감정을 다루는 것은 여간 어렵지 않다. 특히 나처럼 외국에서 심리상담 수련을 받은 한국인은 내담자의 감정을 다른 나라 언어로 다루는 것 자체가 지독하게 힘이 들기 마련이다.

나는 30년 전 미국 유학 시절에 처음으로 심리상담과 심리치료 분야에 관심을 가진 이후부터 줄곧 한국인에게 가장 잘 맞는 심리상담과 치료 방식은 무엇일지 임상적인 궁금증을 키워 왔다. 특히 한국인에게는 정서적 경험을 효율적으로 다루는 방식이 매우 중요하리라는 생각이 들었다. 2000년 초반에 캘리포니아의 한 심리상담 수련기관에서 접한 AEDP는 한동안 막혀 있던 체증을 시원하게 내려 주었다.

당시 나의 수련감독은 심리상담 수련기관에서 레지던트 과정을 마쳐 가는 내게 기묘한 제언을 했다. 이젠 감정을 '머리'에서 꺼내지 말고, '내장기관'에서 꺼내 보라고. 당시 나는 감정을 표현하기 급급하여 머릿속으로 적당한 단어를 찾고 있던 내게 이젠 가슴으로 느껴 보라는 의미로 이해했다. 그 말을 제대로 이해하는 데 꽤 많은 시간이 걸렸다. 당시 내가 만난 AEDP는 바로 이런 감정적 경험을 다루는 방식에 혁명적인 변화를 가져왔다. 내담자에게 정서적인 경험을 이야기하기보다 신속하게 신체적으로 경험하게 하는 것이 치유의 여정에 있어서 결정적이기 때문이다.

다이애나 포샤 박사의 속성경험적 역동심리치료(AEDP)는 처음부터 내게 한국인을 위한 심리치료 방법처럼 다가왔다. 나는 감정을 다루기 어려운 한국인에게 치유가 단지 머나멀고 긴 여정 끝에 찾아오는 결과가 되어서는 안 된다고 믿었다. AEDP는 상담 첫 회기부터 상담현장에서 변형적 경험transformative experience을 활성화시키는 상호역동적 접근이기에 '빨리빨리'에 익숙한 한국인에게도 더더욱 매력적으로 다가왔다.

내가 한국인에게 잘 맞는 심리치료 방식이라고 확신하게 된 이유가 또 있다. 그것은 한국인들에게는 심리상담의 정서적인 주제가 원가족 부모와의 애착attachment과 깊이 연결되어 있다는 점이다. 내담자의 불안, 무력감, 존재감 모두 부모와의 불안정한 애착에서 비롯되었기 때문이다. 특히나 오랜 가족주의 문화에 젖어 살아온 우리는 이런 애착 문제를 잘 다루는 상담 방식이 절실하게 필요하다.

AEDP를 만든 다이애나 포샤 박사는 심리상담사나 치료자야말로 무엇보다 내담자의 핵심정서를 조절해 주며 안전한 애착 기반을 만들어 가는 전문가가 되어야 한다고 믿었다. AEDP 상담은 내담자가 자신을 감정적으로 이해해 주는 상담사와 함께 자신의 경험을 처리하는 쌍방 조절dyadic regulation을 통해 가장 안전한 변화를 만들어 간다는 원리로 전개된다.

그동안 나는 대학원에서 심리치료 세미나를 열어 AEDP를 심리상담 전공자들에게 지속적으로 소개해 왔지만, 마땅한 번역서가 없어서 늘 원서로 수업을 진행하곤 했다. 연세대학교 '트라우마 집중치료' 박사 세미나에서 함께 연구하면서 AEDP 치료방식에 매료되어 깊이 빠져든 심리상담 전문가들이 다이애나 포샤 박사의 가장 중요한 저술을 번역하여 이렇게 출간하게 된 것에 진심으로 경의를 표하고 박수를 보내고 싶다. 실은 내자신이 꼭 하고 싶은 일이었는데 20년 넘게 미루어 둔 일이기도 했다.

이제 AEDP가 우리 한국인에게 얼마나 유의미하고 강력한 치유의 물결을 가져다줄지는 여러 독자와 후학의 몫으로 남겨질 것이다. 확언컨대, 이번 번역서의 출간으로 한국 심리상담과 심리치료 분야의 전문가들에게 매우 시의적절하고 긴요한 공헌을 하게 될 것임을 믿어 의심치 않는다.

연세대학교 연합신학대학원 상담코칭학 교수
『나쁜 감정은 나쁘지 않다』의 저자
권수영

저자 서문

—한국판 번역본 출간을 기념하며

속성경험적 역동심리치료(AEDP)의 기본서이며 대표 저서인 『The Transforming Power of Affect: A Model for Accelerated Change』의 한국어 번역본 출간에 앞서, 감사하게도 새로운 저자 서문을 요청받고 그동안 지나온 시간을 생각하며 많은 생각과 감정이 교차했다.

한국 문화의 핵심 가치인 학문적 탁월함과 필자의 핵심 가치인 임상 심리치료에 대한 이론적 준엄함을 바탕으로, 필자는 한국의 정신건강 전문가들이 인간의 고통을 번영으로 바꾸는 심리치료 모델인 AEDP 치료를 열심히 받아들이게 된 것을 매우 영광으로 생각한다. AEDP 치료가 정신건강 전문가와 그들의 보살핌을 받는 이들에게 미치는 긍정적인 영향을 상상하는 것만으로도 내면 깊은 곳에 충만감을 느끼면서 진정 '행복하다'는 느낌을 받을 수 있었다.

2000년에 이 책이 처음 출간되었을 때, 세상에는 단 한 명의 AEDP 치료자만 있었다. 그것은 바로 필자 자신이었다! 하지만 22년이 지난 오늘에 이르러서는 수천 명의 AEDP 치료자가 훈련을 받고 전 세계에 걸쳐 최소 20개 이상의 언어로 AEDP 치료를 실천하고 있다. 한국 치료자들이 모국어로 쓰인 AEDP의 첫 저서를 접할 수 있게 되어 바로 이러한 방향에 또 하나의 커다란 진전을 이루게 되었다.

필자는 2005년경 AEDP Institute를 설립하고 나서 첫 10년간은 AEDP 치료 모델과 훈련 프로그램 강화에 전력을 기울였다. 현재는 동료 교수가 된 초기의 수련생들과 함께 잘 고안된 실천 표준들을 보여 줄 수 있는 훈련 모형을 만들었다. 이 개념이 학계에 대중화되기 수년 전부터 사실상 치료 교본이었던 이 책을 활용하여 실천을 구체화하였다. 정교하게 고안된 실천은 상향식의 경험적이고 절차적인 역량의 우뇌와 하향식의 선언적인 지식의 좌뇌를 통합하는 데 초점을 두었다. 또한 지속해서 반복되는 '탁월함의 순환cycle of excellence'을 통해 작동되고 있다. 하지만 고립aloneness을 해소하는 것이 모형의 주요 원칙이기 때문에, AEDP 치료는 두 사람이 짝이 되어 실천훈련에 임함으로써 AEDP의 짝을 바탕으로 한 명상과 교육 훈련 등이 강화되었다. 이자관계의 상호작용을 강조하는 AEDP 치료에서 2인 1조의 예시로 나타난 '탁월함의 순환' 원리는 다음과 같다.

고안된 실천의 원리	AEDP 훈련의 중요 구성요소
• 자신의 수행에 대한 지속적인 관찰	• 통제된 비디오 녹화.
• 관찰된 수행에 대한 전문가의 매 순간의 피드백	• 훈련생의 비디오 녹화에 대한 전문 감독의 매 순간의 피드백. • 훈련생이 슈퍼비전에 대한 자신의 반응을 매 순간 확인하고 감독과 공유. 감독은 확인과 추가 교육을 제공. • 모든 훈련에서 숙련된 치료자의 매 순간의 비디오 분석을 제공.
• 자신의 성장을 확장하는 작은 학습 목표 설정	• 훈련생이 '제대로' 수행한 것을 확인시켜 줌. • 훈련생이 학습할 새로운 AEDP 치료기술을 시도해 보도록 공감적으로 제안. • 훈련생이 새로운 학습을 이룰 수 있도록 지원.
• 핵심 기술의 반복적인 예행연습	• 경험 조력자, 감독, 훈련자의 지지적이고 공감적인 참여하에 소집단 경험적 기술 연습의 기회를 훈련 시간 동안 충분히 보장.
• 자신의 수행과 지속적 발달에 대한 평가	• 치료자, 감독, 교수진의 멘토링을 포함한 다단계의 멘토링과 피드백을 지속적으로 제공.

2015년부터 시작한 AEDP의 두 번째 10년 주기에는 두 가지 작업에 집중하고 있다. 첫째, 지난해에 출간된 최신 AEDP 저서(Fosha, 2021)에 나타난 치료 모형을 지속적으로 임상적, 이론적으로 발전시키는 것, 둘째, 실증적 타당화의 요소를 강화하여 AEDP 치료의 효과성을 확인하는 연구를 수행하는 것이다.

파스타인과 레벤슨(Faerstein & Levenson, 2016)은 AEDP 치료에 필수적인 것으로 여겨지는 치료 기술을 효과적으로 설명하는 충실도 척도AEDP Fidelity Scale 항목을 개발하였다. 이 척도는 249명의 AEDP 치료자의 사전 및 사후 연구에 적용되었는데, 연구 결과로 AEDP 훈련이 훈련생의 지식과 역량을 증진시키는 데 효과적이라는 것이 밝혀졌다.

AEDP 치료의 발전과정에 또 하나의 중요한 이정표는, AEDP의 실천-연구 네트워크AEDP's Practice Research Network가 2015년에 발족되었으며, 전 세계 AEDP 커뮤니티의 연구자와 임상 실천가 간에 전례 없는 협력을 기반으로 AEDP 치료 과정-결과 연구가 진행되고 있다는 것이다. 실천-연구 네트워크에서는 16회기의 AEDP 치료 형식을 채택하였고, 5개 나라에서 자연적으로 의뢰된 외래 내담자들에 대한 치료를 시행하고 그 효과성을 파악하는 연구를 실행하였다. 내담자는 AEDP 치료 사전과 사후, 16회기 치료 종료후 6개월과 12개월 후에 사후 조사에도 참여하였고, 모든 치료 회기는 비디오로 녹화되었다. 연구자들은 치료적 2인 1조를 구성하여 16회기의 AEDP 치료를 받은 63명의 성인에 대한 성과를 검증하여 효과성 연구를 발표하였다(Iwakabe et al., 2020). 연구자들은치료 전후에 다양한 심리적 문제, 주관적인 걱정, 긍정적 심리 기능 등에 대한 자기보고식 평가에 참여하였고, 연구 결과는 AEDP가 우울증, 경험 회피, 일반적 염려 증상, 감정조절의 어려움 그리고 내담자의 주요 문제에 걸쳐 유의미하고 중요한 개선을 이루는 데효과적임을 실증적으로 증명하였다. 또한, 전반적인 인지와 자동적 사고 등은 AEDP의주요 초점이 아님에도 불구하고, 부정적 자동적 사고가 현저히 감소됨을 발견하였다.더불어, 자기 연민, 자존감과 같은 긍정적 능력에 집중된 비병리적 측정에서도 중요한향상이 있었다. 이러한 연구 결과는 AEDP 치료의 목적이 부정적 영역에서 정상적 영역으로(즉, 정서적 고통의 감소) 치료적 변화를 일으킬 뿐 아니라, 정상 범주에서 더욱 건강한 기능으로 향상(즉, 번성의 촉진)되는 데 기여하고 있음을 보여 준다.

AEDP 치료 효과성 연구는 AEDP의 장기 효과와 치료 종료 후에도 치료 효과가 유지됨을 보여 주었다(Iwakabe et al., 2022). 63개의 치료팀에 대한 연구에서, 내담자들은 치료 종료 후 6개월, 12개월 각각의 기간 후에도 치료 효과를 유지하였다. 정신병리 측정(예: 우울증, 부정적 자동 사고, 경험적 회피)에서의 감소와 긍정적인 정신 건강(예: 웰빙, 자기 연민)의 향상 측면에서 모두 큰 효과 크기($d=0.74 \sim d=1.60$)를 보여 주었다. 보다 깊고 심각한 문제를 겪는 환자에게 더 큰 효과 크기(모든 $d's > 1.0$)가 나타났고, 잠재적 증상을 가진 환자에 비해 임상적으로 더 크고 중요한 변화를 6개월과 12개월에 걸쳐 보여주었다. 이 결과들은 AEDP 치료가 정신병리적 문제를 완화할 뿐 아니라 긍정적 기능을강화하는 데 장기적인 영향을 끼친다는 것을 실증적으로 증명하고 있다. 지금도 출판을앞둔 후속 연구들이 진행되는 중이며, 필자는 연구 프로그램의 결과를 공유하면서, 임상전문가들과 연구자들로 함께 구성된 이 국제 연구 공동체의 열정, 에너지, 확고한 헌신에 깊이 감동하고 마음이 고양됨을 느낀다.

이 책이 출판된 지 22년이 지난 지금, AEDP 치료는 이제 한국의 정신건강 전문가 커뮤니티와 공유되기에 이르렀다. 여러분의 참여로 더욱 풍성해질 전 세계 AEDP 커뮤니티에 한국인들을 초대하게 되어 기쁘고 영광스럽다고 생각한다. 고요한 아침의 나라 한국에서도 각각의 내담자와 진행되는 쌍방적 관계에서 고통을 번성으로 변형시키는 치유의 여정을 여러분과 함께 걷게 되기를, 필자는 마음 깊이 소망한다. 상냥하고 따뜻한 미소와 함께 여러분에게 진정 "감사합니다."라는 말을 전하고 싶다. 앞으로의 AEDP 여정에 발을 들여놓은 것을 진심으로 환영하며, 이 여정 가운데 여러분은 혼자가 아님을 늘 기억하시기를 바란다!

2022년 6월
뉴욕 시티에서
다이애나 포샤Diana Fosha

차 례

제1부 AEDP의 이론적 토대

제3부 **개입 전략**

제 1 부

AEDP의 이론적 토대

도입

변화 정서 모델이 걸어온 길

상담 장면의 비디오에 등장하는 내담자는 지적이고 잘생긴 남성이었는데 그의 비꼬는 듯하며 냉담한 표정 바로 밑에는 인생을 살아오며 생겨난 절망 같은 것이 놓여 있는 것 같았다. 치료자인 다반루Habib Davanloo는 이렇게 첫 질문을 시작하였다. "어떤 부분에 도움을 받기 원하시는지 말씀해 주시겠어요?" 내담자는 눈을 마주치지 않고 천장만 바라보며 대답했다. "아니, 뭐…… 저는 사실 뭐가 문제인지 그저 막연하게 생각만 있을 뿐이에요……. 그러한 어려움들이 인간으로서 정상적 부분인지도 잘 모르겠어요……." 치료자는 모호한 부분을 파악하려 하였으나 내담자는 계속 얘기하였다. "제가 말하고자 하는 것은, 음…… 그럴듯한, 더 그럴듯한 이유로, 선생님께서 알게 되셨을 수 있는데…… 저는 헌신에 문제가 있는 것 같습니다. 물론 제가 그 부분에 문제가 있었다는 것을 깨닫는 데도 많은 시간이 걸렸어요. 제 말은, 살아 있는 동안 거의 어둠 속에서 터벅터벅 걸어온 거 같아요……. 그래서 또 다른 점이 떠오르는데, 아마 제가 감정에 문제가 있는 것 같아요."(Davanloo, 1990, pp. 9-10) 이 상담 장면 비디오를 보면서 나는 마음에서는 분열적(schizoid) 혹은 깨지기 쉬운(fragile) 등과 같은 단어들과 감정이 소용돌이치면서, 숙련된 치료자라 할지라도 수년이 걸려서 작업해야 할 누군가를 지켜보고 있다는 느낌이 들었다. 그러나 2시간 동안 치료자는 집요하고도 격렬하게, 때로는 노골적으로 거침없이 상호작용을 한 후 내담자의 인생 이야기는 놀라운 일관성과 날카로움으로 옮겨 갔다. 그 과정에서 내담자의 눈은 맑아졌고, 시선은 분명해졌으며, 분노하고 울음을 터트리고 나서 그는 변형되어 있었다(Davanloo, 1990, pp. 1-45). [1]

---

1) 독일인 건축가의 사례이다.

이론을 찾는 치료

그동안 받아 왔던 정신분석 심리치료의 어떠한 수준 높은 훈련도 이런 종류의 효과를 내기 위해 나를 준비시키지는 못했다. 나는 내가 목격한 것을 하는 법을 배워야 했다. 얼마 지나지 않아 나는 다반루 박사와 함께 훈련을 시작했다. 시간이 지남에 따라, 그리고 나중에 많은 개인적 · 작업적 변혁이 일어나면서, 변화 정서 모델the affective model of change과 그것이 알려 주는 치료 방법인 속성경험적 역동심리치료(Accelerated Eperiential-Dynamic Psychotherapy: AEDP)가 등장하고 발전했다.

변화 정서 모델은 단기역동심리치료Short-term Dynamic Psychotherapy(이하 STDP)의 경험 없이는 결코 탄생할 수 없었을 것이다. 이 책의 두 번째 부분에서 자세하게 설명한 입장과 기법들은 이론적 모델의 자연스러운 결과물이 아니라 오히려 그것에 박차를 가하는 자극제이다. 여기서 임상적 경험은 이론을 형성한다. 자기self를 변형하기 위한 핵심 정서의 힘을 깨닫는 것, 그것을 어떻게 설명해야 할지 알게 되었다. 이 책의 제1부는 감정적으로 연결된 이자관계dyad 내에서 경험하는 감정 주도적 변형을 위한 개념적 토대를 제공하는 것을 목표로 한다.

다반루 박사와 함께 일하면서, 나는 온몸으로 경험되는 감정의 본능적 힘에 대해 배웠다. 그의 비범하고도 독특한 임상적 작업을 지켜보고, 실질적이고 지속적인 심오한 변화가 빠르게 일어날 수 있음을 보게 되었다. 나는 종종 비효율적 기법이 내담자의 취약성에 대한 가정을 합리화한다는 것을 깨달았다. 손쉽게 취약하다고 가정하거나, 임상적 개입을 억제해서는 안 된다. 임상적 평가는 사실 내담자와 쌍방 간의 역동적 상호과정에서 이루어져야 하는 것이다. 마침내 나는 내담자들(혹은 우리 모두)이 언제나 완벽하지 못한 돌봄을 받은 산물이라는 것을 깨닫게 되었다. 그들 스스로가 진품이고 가치 있는 존재임을 감지한다면, 그들은 놀라울 정도로 이상한 상황을 견딜 수 있고 제공되는 것을 최대한 활용할 수 있다. 따라서 치료적 표현에 대한 자동적 제약은 근본적으로 필요가 없고 오히려 역효과를 낳기도 한다. 내담자들의 심리적인 현상은 꽤 강력하다. 잘 훈련된 임상가는 비효과적인 개입이나 개입을 회피하는 것이 때로는 직접적 개입으로 인한 피해보다 더 크다는 것을 안다.

다반루 박사의 임상 훈련 과정에서 비디오를 통해 그 내용을 노출하여 배우는 방법에 몰두를 하고 나니, 더 이상은 과정 노트로 돌아가서 기록을 가지고 일대일 슈퍼비전을 하는 게 불가능해졌다. 즉, 금기가 깨지고 있었다. 더 이상 심리치료 세션에는 지성소가 없었다. 거기에는 비디오카메라가 있었다. 더 이상 일대일 슈퍼비전의 아늑한 사생활은 없었다. 배우고자 하는 집단이 거기에 존재했다. 과정 노트에 대한 자기 보호가 필요하지 않았고, 작업은 비디오테이프에 담겨 내 인식의 범주, 내 발언의 특징과 스타일의 특이성이 여과 없이 드러났다. 이를 공개하는 것만큼 끔찍한 고통은 없었지만 동전의 양면처럼 또 다른 흥분감이 거기 있었다. 나는 본 것을 느끼게 되었고, 진정으로 배울 수 있게 되었다.

그러나 시간이 지남에 따라 다반루의 공격적 개입 방법이 그의 접촉방식으로는 적합했지만 나에게는 잘 맞지 않다는 것이 점점 명확해졌다. 더욱이, 실제로 강력한 방법을 사용하면서도 이는 어떻게 이루어지는 것인지 충분히 명료하게 표현되지 않았고, 단지 스승에서 견습자에게로 옮겨지는 것 외에는 전달되는 메커니즘이 없었다. 다반루의 단기역동심리치료의 바탕이 되는 정신역동적 틀은 수용된 추동(즉, 초자아 이론)에 기초하고 있는데, 도출한 현상의 급진적 특성과 변형적 영향을 안정적으로 다루지 못했다.

단기역동심리치료 운동이 급증함에 따라, 나는 더해 가는 불편감을 비슷한 훈련을 받은 동료들과 공유하게 되었다(Alpert, 1992). 우리의 고군분투는 다반루의 치료 효과의 본질, 즉 내담자와 처음 마주친 초기 순간부터 신체 본능적 경험의 힘과 신속하게 도달할 수 있는 능력을 보존하는 동시에 깊은 감정적 작업을 유지하기 위해 친화적인 모드를 발전시키는 것이었다. 점차적으로 급격한 도전과 압박에서 정서적 공감과 조율, 공명, 공유, 긍정, 자기공개를 통한 감정적 참여가 일어났다. "내담자에 대한 급진적인 수용"(Osiason, 1995)으로 특징지어지는 입장을 통해 핵심 정서 현상에 대한 접근도 가능했지만, 내담자와 치료자들은 새로운 불안감을 드러냈다. 오직 정서적으로 관여될 수 있는 능력이 있는 치료자만이 사랑, 긍정 그리고 진정으로 파악되는 좋은 감정의 공포를 구별할 수 있다는 것이다.

이제 정서적으로 관여된 입장에서 감정을 다루는 경험적 힘을 이론적으로 설명하고 변형 과정에 뿌리를 둔 현상을 명확하게 설명하기 위해 메타심리학을 발전시켜야 되는 때에 이르렀다. 이 책이 가진 사명이 있다면 이 두 가지를 모두 설명하는 것이다. 임상 경험이 이론의 창조를 형성한 이상, 왜why가 무엇이what, 어떻게how보다 우선하게 된다.

프로이트는 치료실에서 관찰한 병리학적 현상에서 발달 이론을 추론했다. 임상 현장에서 정신분석은 그 정체를 설명하는 데는 능숙하고 타의 추종을 불허하지만, 변화에 관해서는 그렇지가 않다. 대조적으로, 분석적 정보에 입각한 애착 이론가와 엄마-유아 상호작용을 조사하는 임상 발달학자의 작업은 철저히 변화 지향적이다. 변화 정서 모델과 애착 이론, 그리고 매 순간 어머니-유아 상호작용 사이의 유사점은 놀랍고, 매우 설득력 있어서 변화 정서 모델과 애착 이론 사이에서 매 순간 엄마-유아 상호작용 사이의 유사점은 기이하고 설득력이 있어 상호 간 정서 조율의 매 순간 변화와 애착 현상에 대한 관심이 이 새로운 치료 기술에 기초를 제공해 준다.

변화 정서 모델과 속성경험적 역동심리치료

변형을 위한 감정의 힘은 실로 대단하다. 다른 변화 과정과 같지 않게 점진적으로 축적되지는 않고 강하고 속성으로 이루어지면서도 심리역동 작업 전체와 깊이에 있어 더 견고한 변화를 일으킨다. 이러한 임상적인 사실은 변화 정서 모델을 개발하고 형성하는 데 기여하였으며, 감정의 힘을 파악하고, 치료 관계에서 작용한다는 것을 확인하는 기회가 되었다. 비슷하게, 애착 과정도 비록 완전히 다른 시간들 안에서 작용 할지라도 매우 크게 변화한다. 우리가 누구인지는 유아기부터 맺어 온 유대관계의 역사를 반영한다. 감정과 애착이 상승적으로 연결됨으로써, 감정의 폭발적인 변형력은 관계적 과정을 통해 활용될 수 있으며, 최상의 지속적인 치료 용도로 사용될 수 있다. 이 책의 과제는 변화의 정서 이론과 임상적 입장, 그리고 이것을 안정적으로 이끌어 내기 위한 일련의 기술들을 설명하는 것이다. 중요한 질문은, 치료자가 어떻게 정서적 경험의 변형력이 내담자의 본질적 자기의 출현과 발달에 기여할 수 있는 관계적 환경을 환기시킬 수 있는가 하는 점이다.

감정과 애착의 주제는 매일 일상의 경험에 지속해서 스며들어 있다. 이는 우리가 하는 모든 것에 특징적인 현상학적 느낌과 질감을 불어넣는다. 우리는 평생 감정과 애착의 문제에 대해 관리하고 대응한다. 따라서 잠재적으로 그러한 문제에 초점을 맞춘 치료가 정말 변형적일 수 있다는 것이다. 이는 우리가 매일 정서적 삶을 살고 있으므로, 그 경험의 질감에 도달하도록 한다.

너무나 많은 병리가 불안과 수치심, 고독감과 정서적 자원에 대한 접근 부족의 결과로 온다. AEDP의 목적은 그 과정을 되돌리는 것이다. 전통적인 정신분석은 성인의 일상생활에서 어린 시절 경험의 재창조를 추적하는 것과 전이 과정에 매우 능하다. 이는 특별히 방어의 기원의 본성을 이해하는 데 있어 매우 중요하다. 변화 정서 모델은 내담자에게 감정의 깊은 강을 타고 이전에는 이용할 수 없었던 자원의 사용을 기반으로 새로운 경험을 만들 기회를 주는 감정에 대한 잠금 해제에 초점을 맞춘다. 이 변화 정서 모델은 치유 중심healing-centered이며, 적응적 노력과 변화에 대한 깊은 동기부여를 통해 치유로 나아가는 특권을 지니고 있다. 함께 연결됨과 잠금 해제를 통해, 정서적 정보 처리 과정의 본질은 치료적 목표로 변화해 나아간다.

애착과 감정의 시너지는 안전의 구축과 그에 상응하는 불안의 감소, 그리고 차례로 방어 필요성의 경감과 핵심 정서에 대한 그들의 폭발적인 치유 특성에 대한 접근을 촉진하고 허용한다. 경험이 가장 중요하다. 하나의 치료가 중요하다고 정의 내릴 수 있는 측면은 경험적이라는 점 때문이다. 임상 현상은 추론되지 않고, 참조하고, 해석되거나 혹은 단지 이야기되고 있다. 즉, 내담자는 그것들을 경험한다. 애착 관계의 맥락에서 생생한 정서들의 경험은 삶에서 그리고 치료에서 감정 변형의 주요 매개체가 된다.

관계적 뒷받침이 없다면, 강렬한 감정들은 최적의 기능과 안녕을 증진하는 대신 독이 될 수 있다. 애착 형태가 자신의 감정을 안전하게 느낄 수 있도록 개인을 지원할 수 없을 때, 정서적 경험은 자기와 관계의 통합을 압도할 수 있으며, 혼자 직면할 때 참으로 견디기 어려울 수 있다. 자신의 자원이 부족하다는 것을 고통스럽게 인식하면서도 살아남기로 결심한 개인은 감정적 경험을 방어하기 위한 보호 전략을 생각해 낸다. 그러나 단기적으로는 적응력이 있는 방어 조치들은 결국 내담자들이 도움을 찾게 하는 일종의 정신적 고통으로 이어진다. 개인은 강력한 성장 원천을 빼앗기고, 성격에 이런 측면이 반영된다. 여기가 병리의 씨앗이 되는 지점이다. 정서적 환경이 제공되지 못한 결과로 감정적 경험이 방어에 대한 의존으로 만성화되면, 심리발달은 경로를 벗어난다. 따라서 압도적인 정서적 경험에 직면했을 때 고독함은 정신병리의 발전에 주요한 역할을 한다.

내담자는 진퇴양난에 빠졌다가 지푸라기를 잡는 심정으로 치료에 오게 되는데, 이는 희망을 반영하는 것이다. 촉진하는 환경에서 정서적·관계적 반응의 잠재력은 항상 살아 있다. 한 사람의 삶에서 가장 큰 친밀감과 취약점을 다루기 위해 전혀 모르는 사람과 약속을 하는 것 자체가 심오한 믿음의 행동이다. 정서 중심 치료의 목적은 내담자의 적응적 잠재성과 치유를 위한 거대한 자원이 드러날 수 있도록 촉진적 환경이 나타나기를 기다려 모든 것을 견고하게 하는 것이다. 심리적 항상성이 건강의 방향으로 이동됨에 따라, 개인의 성장을 지원하지 못한 환경에 뿌리를 둔 왜곡된 해결책(즉, 방어 메커니즘)은 버려질 수 있다.

우리는 내담자의 고통과 절망, 사기 저하, 패배가 공존하는 위험과 신뢰에 대한 기꺼운 의지를 강조하고자 한다. 병리학적 생성 패턴의 반복을 강하게 인식하여, 우리는 내면의 생명력을 긍정하고 새로운 과정, 특히 환경의 감정 촉진 실패를 되돌리고 치유 정서의 상호적 힘의 경험을 촉매로 새로운 시작을 모색한다. 내담자의 치유 가능성이 강조되는 것처럼 치료자의 힘도 효과적이고, 치료 과정에 기여하며, 영향을 미친다. 특별한 개입 전략들을 통해 치료자는 핵심 정서적 경험에 접근하고 처리할 수 있는 힘을 부여한다. 이러한 기법들은 정서적으로 관여된 치료적 입장과 함께 변화 정서 모델의 기본적 정체성의 특성이다.

이 책의 구성

제1장은 정서 모델과 관계 매트릭스에 뿌리를 둔 변형의 힘에 관하여 설명하고 있다. 정서 이론에 의해 제공된 핵심 정서의 임상적인 기반의 구성이 여기에서 분명하게 표현되고 발전된다. 다른 사람에 대해 개방적이고 수용적인 표현과 의사소통은 완전하게 경험하기 위한 필수적 측면이며 궁극적으로 자기의 변화를 이끈다. 의사소통을 통해 정서를 온전하게 경험적인 순환 과정으로 처리한다는 본질적인 측면을 앎으로써, 정서적 요소와 관계적 요소들은 여기서 다루고 있는 핵심 현상 내에서 유기적으로 연결되어 있음을 알 수 있다.

제2장과 제3장은 정신분석 지향의 발달학자들과 애착 이론가들의 연구를 통해 변화 정서 모델의 구체적인 관계적 토대를 찾고자 하였다. 더 나아가 애착 관계를 유지하기 위한 적응적 노력의 출현을 포함하여, 감정의 렌즈를 통해 작동하는 것을 보는 것은 유아와 양육자 모두가 정서적 유능성(관계를 유지하면서 다루고 느끼는 능력)을 구성해야 함을 소개하고 있다. 이러한 논의는 무엇이 최적의(안전과 회복력 증진의 측면에서) 쌍방향 상호작용을 구성하는지를 확인하기 위해 충분한 양육자(어머니 또는 치료자), 내적 작동 모델 및 성찰적 자기 성찰을 정서적으로 재구성한다. 각각의 이자관계에 고유한 관계 방식의 내면화에는 트라우마 후에도 순간순간의 삶에 스며드는 병리학과 치유의 씨앗(병리학의 세대 간 전달과 보상의 동기)이 있다. 정서적 유능성의 주요 측면은 이러한 자기 복원 경향에 대한 반응성이다. 회복reparation은 양쪽의 파트너 모두의 경험을 조직하는 결정적인 힘이기 때문이다. 회복 가능성에 대한 기대는 견고하게 애착된 관계의 기초가 되는 상호 정서적 조정 상태를 확립하는 데 핵심적이다.

제4장은 감정을 처리하는 능력이 손상되어 나타나는 산물로서 정신병리를 다룬다. 중추적 개념은 심리치료 과정의 바로 중심에 있는 외로움aloneness이라는 병원성 힘이다(외로움은 심리치료적 과정의 바로 그 중심에 있다). 이 논의는 방어에 대한 만성적 의존으로 이어지는 병리적 순서, 즉 개인의 안전의 어떤 기준과 자기 통합과 매력적 관계의 조화를 제공하는 것조차 기능적으로 제한하는 추동의 독성—적응—방어에 만성적인 의존을 하므로 얻게되는 병적인 과정을 연속적으로 추적하는 것이다.

제5장은 앞서 설명한 개념에 활기를 불어넣고 이후 임상적 도구를 적용하는 속도의 변화(긴밀하게 주석이 달린 치료 일화)들을 제시하고 있다. 치료자는 내담자의 관계 회피 방어를 우회하기 위해 성찰적 자기 기능을 명시적으로 사용하여 내담자가 어떻게 자신의 마음과 정신에 존재하는지 공개하고 치료자의 정서적 개입이 내담자의 경험을 끌어내는 과정을 보여 주고자 한다.

변화 정서 모델의 요소들은 이제 제자리를 찾았고, 책의 나머지는 이것이 어떻게 작동되는지를 살펴보고자 한다.

제6장에서는 존재의 두 가지 모드인 '최악의 기능 상태'와 '최상의 기능 상태'를 소개하고, 임상 작업에서 매 순간의 변화를 분류하기 위한 세 가지 대표적 도식을 구체적으로 소개한다. 이러한 도식은 내담자의 내적 역동을 내면적으로(갈등 삼각형), 관계적으로(자기-타인-정서 삼각형), 그리고 역사적으로(비교 삼각형) 이해하는 데 기여한다. 자기-타인-정서 삼각형의 도입은 치료자가 경험적 감정 작업(갈등 삼각형)과 역사적-역동적 작업(비교 삼각형)을 관계 매트릭스 속에서 명확하게 이해할 수 있도록 돕는데, 이때 자기, 타인, 자기-타인 상호작용과 정서는 불가분으로 뗄 수 없이 연관되어 있다.

제7장은 핵심 감정 경험(방어 및 혐오 신호 감정이 나타나지 않으며 상태의 변형을 일으키는 능력이 특징임)에 대한 현상학적 설명과 함께 핵심 감정 경험이 아닌 것을 구분하는 데 초점을 두고 있다. 앞 장이 정신역동적 기능에 따라 정신 내용을 구분하는 반면, 이 장에서는 치료자들이 다른 지도에 나타나지 않은 지형을 통과하도록 지도하기 위해 정서적 현상을 코드화하고, 깊은 치료 작업이 일어날 수 있는 깊은 개방성, 자기 조율, 그리고 타인 수용성 등의 핵심 상태(core state)의 개념을 소개하였다. 핵심 감정 경험의 영역은 범주적 감정(예: 두려움, 혐오, 분노, 기쁨, 슬픔)에 더하여 자기 경험(진정함, 실제적 느낌)과 관계적 정서 현상(친밀함, 동기화)을 포함하도록 더욱 확장된다.

제8장에서는 치료적 또는 매우 긍정적인 경험의 결과로 발생하는 보편적인 핵심 감정과 상태인 치유 감정healing affects에 대해 논의한다. 여기에는 자부심과 역량에 대한 자기 경험, 사랑, 감사, 감동의 관계적 경험 등이 포함된다. 치유 효과가 집중되고 경험적으로 정교해질 때, 뒤이은 상태 변형을 특징짓는 적응적 행동 경향성은 내담자에게 엄청난 이익이 된다. 이러한 순간에 치료자는 진정한 타인true other이라는 내담자의 경험과 진정한 자기true self라는 이자관계의 경험적 상대의 패러다임 속에 등장하게 된다.

제9장은 사례작업을 통해 내담자와 치료자가 공동으로 정신역동적 사례개념화로 초기 인터뷰를 수행하는 데 이 모든 개념이 어떻게 사용되는지를 설명하면서 무엇이 핵심

정서적 경험인지에 대한 명확한 감각을 포함하여 다양한 도구와 기술의 유동적인 적용을 보여준다.

제3부에 속하는 다음 세 장은 개입 또는 참여 전략을 식별하여 보여주고자 한다. 각 각은 핵심 감정 경험을 촉진하고, 관계 개방성을 증진하며, 불안과 수치심과 같은 방어 및 혐오적 억제 감정의 영향을 최소화하는 서로 다른 방법을 보여준다.

제10장에서는 관계적 전략을 살펴보는데, 친밀감에 초점을 맞춤으로써 내담자와 치료자 사이의 친밀감을 심화시키는 방법(여기서는 배경 유지 환경이 아닌 전면과 중심에 있는), 그리고 친밀감으로부터 최대한의 치료적 마일리지를 도출하는 방법이다.

제11장에서는 재구조화 개입을 탐색하고자 하는데, 이는 내담자 기능의 유형화된 측면과 작업하는 전통적 정신역동적 방법을 포함하지만, 공감적 관점에서 대화에 접근하며, 내담자의 인식과 기여를 분명하게 중요시 여기며 향상시키고자 한다.

제12장에서는 감정의 온전한 변형 능력을 위해 경험적–감정적 개입을 제시하고자 하였다. 이러한 개입 전략으로 고조된 정서 상태의 촉진, 처리, 심화, 그리고 작용이 최선의 치료 목적으로 사용될 수 있도록 하는 다양한 방법들을 명시하고 있다. 사례 예시를 통해 내담자가 어두운 감정의 심연에 들어갔을 때에 그 바닥에 닿고 그 시간을 혼자서 경험하는 것이 아니라 함께 경험함으로 통제를 잃지 않고 숙달되도록 돕기 위해 어떻게 작업해야 하는지를 사례 예시를 통해 보여 주고 있다.

마지막 장에서는 적절한 또 다른 확장 사례를 제시한다. 만약 제5장에서 제시한 사례 예시가 깊은 감정과 함께 관계적 작업을 보여 주고, 제9장의 사례가 내담자의 압도적으로 혼돈된 경험을 이해하는 것을 돕기 위해 정신역동적으로 일관된 이야기의 구성을 강조한다면, 이 장의 사례는 주로 경험적인 영역에서 일어난다. 내담자와 치료자는 회기가 끝날 무렵에 내담자가 출발했던 곳과는 완전히 다른 해안으로 향하는 두 가지 큰 파도를 경험하게 된다. 이를 통해 내담자 자신에 대한 경험이 바뀔 뿐만 아니라, 자신의 관점과 이 여정을 계속할 수 있는 자원에 대한 감각까지도 변화하게 된다.

제1장

감정 그리고 변형

감정은 마음과 뇌의 가장 근본적 요소이다.

중력, 바람 그리고 번개라는 물리적 요소들과 같이

정서는 힘과 방향이 있다.

Garfield, 1995, p. xi

　가장 중요한 인간관계는 변형적 관계이다. 감정은 관계에서 핵심 역할을 하고, 핵심 감정은 한 사람의 본질적이고 진정한 자기의 가장 가운데에 존재한다.

　어려움과 그보다 더한 인생의 비극 앞에서도 충만하고 연결된 삶을 살기 위해 자신의 정서적 경험을 느끼고 활용할 수 있는 능력이 필요하다. 사람들을 심리치료로 이끄는 가족 그리고 사회생활에서의 소외와 갈등의 많은 부분은 감정이라는 골칫거리가 남긴 흔적임을 발견할 수 있다. 느낌이 이끄는 대로 압도당하거나 굴욕감을 느끼거나 결핍이 드러나는 것이 두려워 정서적 경험과 단절하는 사람들은 이후에 우울, 고립, 불안이라는 방식으로 대가를 치르게 된다. 치료 환경에서 내담자가 감정으로 가득 찬 경험에 대한 두려움을 줄일 수 있도록, 즉 충분히 안전하다고 느낄 수 있도록 도움을 받는다면, 핵심 감정 상태 안에는 강력한 적응력과 엄청난 치료적 잠재력을 내포한 과정이 함께 있기 때문에 굉장한 이점을 얻을 수 있다.

1. 감정의 본질

감정은 인간 경험에 내재된 적응적 · 표현적 · 의사소통적 측면으로 개념화된다 (Bowlby, 1980; Damasio, 1994, 1999; Darwin, 1872; Ekman & Davidson, 1994; Goleman, 1995; Greenberg, Rice, & Elliott, 1993; James, 1902; Lazarus, 1991; Nathanson, 1992; Tomkins, 1962, 1963). 감정은 개인과 개인의 정서적 환경 사이에서 상호작용을 조정하며, 정보와 개인적 의미의 원천이자 진정성과 생동감을 경험하는 바탕이 된다.

우리가 하는 경험의 신경물리성에 근거를 두고 있는 감정은 다면적 현상이다. 즉, 각 측면은 자기, 타인 그리고 그들 사이의 관계에 대한 개인 경험의 복잡한 양상을 드러낸다. 생물학적인 경험과 심리학적인 경험, 선천적인 경험과 학습된 경험, 감각의 경험과 운동 신경의 경험, 정보 처리의 경험과 의미 생성의 경험, 경험에 의하거나 표현되어진 경험의 모든 부분은 감정이 해석되고 작용하는 방식에 함께 영향을 미친다. 감정은 인간 행동의 중요한 동기 요인이며 조직체이다. 감정적 신호가 양육자의 행동을 안내하듯, 정서적 표현은 자기 조절(예를 들어, 환경의 자극에 대한 유아의 반응을 조직화하는 것)과 타인의 경험 조절에 주요한 역할을 하는 것으로 나타났다(Beebe & Lachmann, 1988, 1997; Stern, 1985; Tronick, 1989).

주관적으로 보면, 감정을 경험하는 것은 우리에게 살아 있음, 현실감, 진정성을 느끼게 하고, 우리를 자발적으로 만들며, 우리의 삶에 의미를 부여하는 것이다. 전두엽 피질에 신경생리학적인 손상을 입어 감정에 대한 접근이 결핍된 사람은 삶의 색깔과 질감을 빼앗길 뿐만 아니라 삶의 의미를 부여하는 정보에 접근하지 못한다. 또한 대인관계 기능이 판단, 의사결정, 다른 복잡한 실행 기능과 더불어 손상되는데, 자기에 대한 감각이 저해되고(Damasio, 1994; Shore, 1994), 타인에 대한 감각도 마찬가지이다.

심리적 트라우마로 인해 감정적 경험을 처리하고 그 과정에서 이점을 얻을 수 있는 개인의 능력이 제한될 때 유사한 장애가 발생한다(Herman, 1982). 심리적 장애는 효율적으로 정서를 처리하는 과정에서 발생하는 어려움과 깊은 관련이 있다. 만약 그러한 처리 과정이 없다면, 사람은 중요한 정보의 원천(Damasio, 1994), 적응적 행동 경향성 (Darwin, 1872; Frijda, 1986; Greenberg & Safran, 1987; McCullough, 1997), 그리고 내적 활력과 자발성(Ferenczi, 1931, 1933; Winnicott, 1949, 1960)을 박탈당한다. 결국 깊은 감정 없이 깊은 관계를 맺을 수 없다.

1) 핵심 감정

정서에 관한 주요 연구들(Darwin. 1872; Ekman, 1984; Lazarus, 1991; Tomkins, 1962, 1963 비교)은 모두 정서가 개인의 적응에 기여하는 방식을 강조한다. 각각의 연구는 인지, 의사소통, 발달 또는 생리학에 더 초점을 둘 수 있지만, 정서가 어떻게 해석되든 인간이 최적으로 존재하는 데 있어 기본이라는 점은 분명히 하고 있다.

임상 심리치료의 실제라는 관점에서 마찬가지로 주목해야 하는 것은 사람들이 자신의 삶에서 정서의 강력하고 변형시키는 영향을 약화시키고, 방해하며, 줄이기 위해 하는 무수한 노력이다. 분명히 정서는 좋게도 나쁘게도 변할 수 있으며, 정서의 경험과 표현에 접근하지 못하도록 고안된 심리적 책략 또한 맞서야 할 강력한 힘이다. 그날그날 행해지는 임상 작업은 사람들이 적응의 원천으로부터 자신을 단절시키는 많은 방식을 드러낸다. 따라서 치료 작업은 정서적 경험을 통해 다시 사람들이 자양분을 공급받는 데 도움을 주도록 구성되며, 애초에 왜 정서가 지하로 들어가야 했는지, 소외되거나 잊혀야 했는지에 대한 정확한 이해를 포함한다.

여기서 제안하는 감정에 대한 관점은 명백하게 임상적 관점에서 비롯된다. 핵심 감정 core affect이라는 용어는 방어 전략과 같이 자발성을 억제하려는 노력이 작동하지 않을 때 표면화되는, 필수적이고 자발적인 것을 간단하게 언급하기 위하여 선택되었다. 이 작업의 목적은 치료자가 경험에 대항하는 힘(방어)에 효과적으로 맞서고, 그러한 힘을 부추기는 두려움, 예를 들어 불안, 무기력, 수치심 등을 완화하고, 핵심 감정 경험의 힘을 활용하여 개인의 삶을 풍요롭게 하고 향상시킬 수 있도록 돕는 것이다. 핵심 감정의 촉진은 내담자의 적응력을 강화하고, 내담자의 고유한 욕구와 특성 및 삶의 과제를 충족시키는 데 필요한 내적 자원에 접근하도록 돕는다.

핵심 감정, 더 정확하게 말하자면 핵심 감정의 경험은 우리가 그 경험을 감추고, 차단하고, 왜곡하고, 또는 심하게 약화시키려고 하지 않을 때의 정서적 반응을 말한다. 핵심 감정의 경험에 대한 정의에는 다음이 포함된다. 주관적이면서 개인적으로 설명된 경험, 신체 상태의 일부 변화, 어떤 표현적 행동을 향한 적응적 경향성의 표출이다. 이때 표현적 행동을 향한 적응적 경향성이란 "각각의 정서는 행동하기 위한 독특한 준비 상태를 제공하는데, 그것은 인간의 삶에서 반복되는 도전을 다루기 위해 잘 작동하는 방향을 가리킨다."(p. 4)라고 했던 골먼(Goleman, 1995)이 광범위하고 심리학적으로 정의한 적응적 행동 경향성이라고 알려진 것이다. 핵심 감정은 공포, 슬픔, 기쁨, 분노와 같은 범주적 정서뿐만 아니라 자기와 관계적 감정 경험도 포함한다. 여기서 말하는 범주적 정서 categorical emotion는 사건들에 대한 자기의 반응이다. 그러나 자기의 감정 경험은 자기 자신에 대한 자기 읽기이고, 관계적 감정 경험은 관계의 감정적 상태에 대한 자기 읽기이다(제7장에서 자세히 논의). 핵심 감정과 접촉할 때, 핵심 감정적 현상은 깊은 변형 과정을 활성화한다(이러한 경험과 감정이 실리기는 하였으나 변형이 쉽게 일어나지 않은 다른 경험 간의 구별에 대해서는 제6장과 제7장 참조). 핵심 감정의 정의적 특징은 방어를 하지 않고, 불안과 수치심 같은 정서의 차단이 없는 상황에서 경험했을 때, 잠재적으로 치유적 상태 변형을 불러일으킬 힘을 가지고 있다는 것이다.[1] 제임스(James, 1902)가 말했듯이, 강렬한 정서는 그것들이 발견한 것을 거의 그대로 두지 않으며, 이것은 신체, 자기, 관계에 적용된다. 그것들은 모두 핵심 감정 경험의 깨달음 안에서 변형된다.

핵심 감정은 임상적으로 잉태된 감정과 정서 이론에 의해 잉태된 감정 사이의 접점에 존재한다. 정서 이론가들(예: Darwin, 1872; Ekman, 1984; Ekman & Davidson, 1984; Frijda, 1986, 1988; Lazarus, 1991)과 현대 신경과학자들(예: Damasio, 1994, 1999; LeDoux, 1996)은 정서가 최적의 적응과 기능에 필수적이라고 생각한다. 정서 이론은 그 관점을 "정서에 대한 생물학적·진화적 관점과 통합하며, 정서를 환경과 상호작용하는 자기self에 대한 생물학적으로 연결된 형태의 정보로 간주한다."(Safran & Segal, 1990, p. 57). 정서 이론가들의 연구는 정서가 우리의 전체적인 계획 안에서 어떻게 기능하는지, 즉 우리가 의도한 대로 작업할 때 정서들이 어떻게 작용하는지를 설명한다. 하지만 임상적으로, 우리는 그 유기체적인 과제로부터 우리가 어떤 일탈을 겪게 될지 충분히 잘 알고 있다. 일상생활에서의 감정이 순수한 형태로 드러나는 경우는 거의 없다. 변화 정서 모델 the affective model of change은 임상에서 경험하는 세계를 정서 이론과 연결하고, 핵심 감정의 영역 안에서 경험적 세계가 정서 이론으로부터 이익을 얻게 한다.

---

1) 이에 대한 신경과학적 유사점은 다마시오(Damasio, 1994)가 자발적으로 나타나는 '진정한' 미소(핵심 감정)와 의도적인 거짓 미소 또는 사회적 미소와 관련된 뇌 활동 및 신경근육계를 비교하여 언급한 연구에서 찾을 수 있다. 즉, "진정한 미소는 변연 피질에 의해 조절되며 아마도 기저 신경절을 사용하여 표현한다."(pp. 140-141) 다마시오에 따르면, 다윈과 동시대인인 뒤셴은 "진정한 기쁨의 미소는 두 근육, 즉 대광대근과 안와근의 불수의적 수축이 연합되어야 한다고 결론지었다. 그는 후자의 근육이 무의식적으로만 움직일 수 있다는 것을 추가로 발견했다." 그리고 그는 안륜근의 불수의적 활성기를 "영혼의 달콤한 정서"라고 칭했다(Damasio, 1994, p. 142).

> **용어와 용어 사용에 대한 노트**
>
> 전반적으로 감정affect과 정서emotion는 바꿔 사용할 수 있다. 범주적 정서categorical emotion는 두려움, 분노, 기쁨, 슬픔과 같이 뚜렷한 보편적 정서를 말하며, 특유의 생리적 특징 및 연관된 적응적 행동 경향성을 내포한다. 핵심 감정 경험(또는 줄여서 핵심 감정)은 방어와 불안이 없는 상태에서 직접적이고 신체본능적으로viscerally 경험하는 감정적 삶의 모든 측면을 말한다. 핵심 감정은 범주적 감정, 자기 및 관계적 감정 경험을 포함하지만, 반드시 이에 국한되지는 않는다(제7장에서 설명).

2) 무엇이 핵심 감정이고 무엇이 아닌가

제6장과 제7장에서는 핵심 감정의 특징, 다른 유형의 임상 자료, 특히 감정이 실리기는 했으나 변형이 쉽게 일어나지 않는 경험과 핵심 감정을 구별하는 방법에 대해 자세히 논의한다. 예를 들어, 핵심 감정은 불안과 수치심과 같이 방어나 신호 감정이 없는 상태에서 경험될 때 잠재적으로 치유적 상태 변형healing state transformation을 일으킬 수 있다. 바로 그 경험은 물리적 특징을 지닌다. 변형이 쉽게 일어난다는 특성으로 정의되는 핵심 감정 경험과 대조적으로 감정적 접근의 차단으로 나타나게 되는 경험은 '맴도는' '어디로도 가지 않는' '갇혀 있는' 특성을 갖는다.

'……을 느낀다.'라는 말이 반드시 모두 핵심 감정을 의미하는 것은 아니다. '나는 오늘 아침 딱딱한 베이글이 된 느낌이다.'라는 말은 확실히 핵심 감정이 아니다. 그러나 '나는 슬프다.' 또는 '나는 화가 난다.'라는 선언도 핵심 감정을 다루고 있다고 결론짓기에 충분하지 않다. 왜냐하면 언어 표현에 수반되는 어떠한 내적으로 떨리는 감각(신체본능적 또는 운동 근육의 자극)에 알맞은 신체적 구성 요소가 필요하기 때문이다. 신체와 분리된 발언은 결코 핵심 감정 상태를 반영하지 않는다. 어떤 식으로든, 신체가 관여한다.

3) 변형 현상과 촉진 조건

변화 정서 모델에 기반을 둔 심리치료의 목표는 상담자의 자세와 기법을 통해 핵심 감정 현상의 출현과 처리 그리고 그것이 촉발하는 변형 과정을 촉진하는 것이다. 표면의 것들이 사라지고 두려움이 진정될 때 핵심 감정은 경험의 전면에 등장한다. 이 책의 기술적 관심사 중 상당 부분은 어떻게 그와 같이 알맞은 상태가 가장 효율적이고 안정적으로 초래되는지, 그리고 자발적으로 이미 만들어진 핵심 감정 경험이 스스로 드러났을 때 그 순간들을 어떻게 활용하는지에 관한 것이다.

치료적 관계 안에서 일어나는 강력한 감정은 자기self의 변형에 기여한다. 이자관계적 맥락에서 감정은 치료적 변화를 책임지는 중심 주체이다. 그러나 치료 상황만이 감정을 이끌어 내고, 그 변형의 힘을 활용하는 것은 아니다. 감정적 역동에 대한 묘사와 이해는 유사한 감정 현상과 변형 과정을 탐구한 다른 네 가지 맥락의 연구로부터 헤아릴 수 없을 정도로 많이 얻을 수 있었다.

첫째, 다윈(Darwin, 1872)은 정서가 신체 깊숙이 뿌리를 내리고 무한히 긴 시간에 걸쳐 정제되고 형성되었으며, 종의 생존에 필수적인 것으로 이해하였다. 그는 최초로 범주적 정서의 현상학과 핵심 역동을 체계적으로 표현하였다. 다윈은 종, 연령, 문화 전반에 걸친 관찰을 통해 문화적으로 습득된 표시 규칙(Ekman & Friesen, 1969)에 의해 야기되는 분산을 제거하고 불변의 보편적 정서에 이르렀다.

둘째, 임상 발달주의자들(Beebe & Lachmann, 1994; Emde, 1988; Sroufe, 1995; Stern, 1985; Tronick, 1989)은 양육자와 정서적으로 충전된 상호작용의 맥락에서 빠르게 변하는 아기의 세계에 몰두하고 있다. 양육자-자녀 관계는 치료적 관계와 마찬가지로 장기적인 영향과 함께 빠르게 진화하는 변화를 수반하는데, 여기서 이자관계에서의 감정적 의사소통의 운명은 한 개인의 감정 처리 특성에 반영된다. 볼비(Bowlby, 1991)가 시사한 바와 같이, 타인(어머니)과 소통할 수 없다면 자기 자신과도 소통할 수 없다. 이러한 유사성은 감정 렌즈를 통하여 제2장과 제3장에서 살펴볼 애착 이론을 떠올리게 한다.

셋째, 낭만적 열정과 사랑에 빠진 상태에 관한 퍼슨(Person, 1988)의 연구는 핵심적으로 핵심 감정 경험의 본성, 개인의 변형으로 이어지는 과정 그리고 그것을 특징짓는 역동을 다룬다.

낭만적 사랑은 순간의 흥분은 물론 극적인 자기 변형의 가능성을 제공한다. 그것은 사실 변화의 주체이다. …… 낭만적 사랑은 내면의 심리적 장벽과 금기를 돌파할 수 있는 성격의 유연성을 만들어 내는 한에 있어서만 의미를 부여하고 주관적인 해방감을 제공한다. …… 그것은 성격의 유동성, 변화의 가능성을 만들고, 삶의 새로운 단계를 시작하고 새로운 노력을 하도록 자극한다. 따라서 성격과 가치의 중요한 재정렬을 위한 어떠한 패러다임으로 볼 수 있다(p. 23).

넷째, 제임스(James, 1902)의 빛나는 업적은 변형의 또 다른 이자관계, 즉 신앙심이 깊은 개인과 신God 사이의 관계에 초점을 맞추고 있다. 종교적 개종과 다른 종교적 경험의 증언으로 기술된 현상은 개인에게 지속적인 영향을 미치는 뜻깊은 치료 경험의 특징과 크게 다르지 않다.

　종교적 믿음을 갖는 것, 사랑에 빠지는 것, 보살핌을 받는 것, 그리고 종이 생존하는 것이 강력한 심리치료와 어떠한 공통점이 있을까? 각기 다른 맥락에서 나타나는 현상과 과정에 대한 설명에 내포된 유사성은 다양한 방법으로 각각의 환경에서 밝혀진 변형적 감정 경험의 깊은 불변성에 대해 신빙성을 부여한다. 유기체의 유전적인 형태적 · 생리적 성질의 차이에도 불구하고, 심층적으로 수렴된 내용에 관한 연구를 통해 감정의 변형적 힘을 촉진하는 데 필요한 조건의 본질을 추출할 수 있게 되었다.

　생존, 유대, 사랑, 믿음의 우위는 궁극적으로 방어가 지배하는 것을 막는다. 그리고 방어를 넘어서는 것이 변화 정서 모델의 핵심이다. 유대의 힘(애착에 관한 장에서 논의)과 유대가 만들어 내는 안전성은 연결을 통해 불안감, 즉 우리가 드러내기보다는 위축되고 철수하게 하는 두려움을 완화하여 기본 정서의 힘에 대한 경험 및 후속적인 사용을 막는 다른 중요한 장벽을 제거한다.

2. 핵심 감정: 변화의 중심 주체

　정서적 사건들은 …… 정신적 재배열을 촉발하는 데 매우 강력하다. 누구나 자신을 사로잡는 사랑, 질투, 죄책감, 두려움, 후회, 분노의 갑작스럽고 폭발적인 방식에 대해 알고 있다. 희망, 행복, 안전, 결심도 …… 똑같이 폭발적일 수 있다. 이렇게 폭발적으로 발생하는 정서는 어떤 것들을 원래 그대로의 상태로 두는 일이 거의 없다(James, 1902, p. 198).

　성격은 시간이 지남에 따라 애착 대상과의 경험으로 형성되지만, 종종 짧은 기간의 강렬한 정서적 경험으로도 형성된다. 비비와 라흐만(Beebe & Lachmann, 1994)은 정서가 일으키는 상태 변형state transformation의 결과로서 변화에 영향을 미치는 고조된 감정적 순간의 잠재력에 초점을 맞추었다. 그들보다 거의 한 세기를 앞서 윌리엄 제임스는 지속되는 성격의 변형으로 이끄는 강렬한 정서의 힘에 관하여 탐구하였다. 시간의 흐름에 따른 느린 변화 과정을 다루는 다른 발달주의 기반 모델과 달리, 정서 중심 변화모델

affect-centered models of change에서는 빠른 변형을 다룬다. 두 가지 유형의 변화 모두 지속적인 영향을 미칠 수 있다. 작업을 할 때 감정을 매개체로 선택하는 경우, 내재적으로 갖게 되는 감정적 채워짐이 충분히 투입되면 점진적인 과정이 보다 빠른 변화의 영역으로 들어올 수 있다.

정서 이론가들과 연구자들(예: Darwin, 1872; James, 1902; Nathanson, 1992; Tomkins, 1962, 1963)은 변형의 잠재력이 정서의 본질에 내재하며, 강렬한 정서 경험에 대한 거의 변함없는 부산물이라고 언급했다. AEDP의 목표는 그러한 경험에 쉽게 접근하게 함으로써 정서의 변화시키는 능력을 사용하는 것이다. 내담자가 깊고 진정한 신체본능적 경험을 할 때 방어와 불안은 최소화되므로, 발달 모델의 점진적 변화 특성과 비교하면 감정적 변화가 빠르게 일어난다. 영화 〈모든 대통령의 사람들All the President's Men〉의 등장인물인 딥 스로트(Deep Throat)의 대사를 바꿔 표현하면, 우리는 '감정을 따라갈' 필요가 있다.

치료 관계 안에서 깊은 정서를 신체본능적으로 경험하면, 삶에 심오한 영향을 미치며 절대적으로 필요한 심리적 처리 과정에 내담자가 숙달될 수 있도록 도와준다. 깊은 정서의 신체본능적 경험은 상태 변형을 수반한다(Beebe & Lachmann, 1994). 이러한 변형된 상태에서 치료는 더 빠르고, 더 깊어지고, 더욱 순조롭게 진행된다. 또한 내담자는 '진실'이라는 주관적 감각, 그리고 진정성과 활력이라는 고양된 감각을 가진다. 치료자도 매우 빈번하게 그러한 경험을 한다(Fosha & Osiason, 1996). 치료적 활동은 우리가 이 상태를 벗어날 때마다 우리를 그곳으로 되돌리는 것을 목표로 한다. 새로운 자기 인식과 정서적 자원의 해방으로 치료 결과가 증폭된다. 결국 내담자들이 자신을 약하고 무기력하기보다 강하고 효과적이며 자원이 있다고 경험함에 따라 정서적·관계적 이야깃거리가 기하급수적으로 확장된다.

상태 변형은 핵심 정서와 핵심 상태라는 두 가지 유형의 핵심 감정 경험에 접근함으로써 달성될 수 있다. 분노, 기쁨, 슬픔, 두려움, 혐오라는 범주적 정서와 같은 핵심 정서는 그 자체가 하나의 부류이다. 그것들은 실제로 태어날 때부터, 어릴 때부터 존재하는 보편적이고 연결된 유기체적 반응이라는 점에서 본래적이다. 핵심 정서는 감각 운동과 신체본능적으로 상관관계를 가진 뿌리 깊은 신체적 반응이다. 이러한 정서들 가운데 다수는 그것들만의 특정한 생리학과 각성 패턴(Ekman, 1983; Zajonc, 1985)뿐만 아니라 각각의 고유한 역동 구성(Darwin, 1872; Nathanson, 1992, 1996; Tomkins, 1962, 1963)이 있다. 이러한 정서들의 신체적 상관관계는 매우 중요하며, 우리가 그것들을 경험하는 방법의 필수적 측면이다.

여기서 소개하고 상세히 기술하는 핵심 상태라는 개념은 개방성과 접촉의 변화된 상태를 말하며, 개인은 본인이 하는 경험의 본질적 측면과 깊이 접촉한다. 핵심 상태는 자기에 의해 생성되는, 내적 감정의 안아 주는 환경이다. 이 상태에서 핵심 감정 경험은 강렬하고, 깊이 느껴지며, 명확하고, 서술적이다. 즉, 감각이 고조되고, 이미지가 생생하며, 빠르게 광적으로 말하지 않고, 이야기 내용이 쉽게 바뀐다. 수월하게 초점을 맞추고 집중하는 것도 핵심 상태의 특징이다. 자기 조절과 타인에 대한 수용이 쉽게 공존하기 때문에 관계 맺기가 깊고 명확하다. 의사소통은 주관적 확신과 종종 놀랄 만큼 마음을 움직이는 힘이 담긴 말로 특징지어진다. 이는 이야기 내용이 새롭든, 그렇지 않든 처음 일어나는 느낌이다. 치료자와 내담자 모두 순수함, 깊이, '진실'에 대한 주관적 경험을 갖게 된다.

결론적으로, 변화 정서 모델은 관계의 핵심 감정이 변형의 중심 매개체인 이자관계적 모델이다. 이 모델의 관심은, 첫째, 장애물과 장벽을 초월하는 현상의 힘, 둘째, 어떻게 두 사람이 안전함을 구축하고 불안을 완화하는지, 셋째, 어떻게 변형 그 자체의 경험이 끝없이 순환하며 더 적응적인 변형으로 이어지는지이다. 따라서 극복해야 할 장애물로서 불안과 방어가 함께하는 핵심 감정, 이자관계, 그리고 변형은 변화 정서 모델의 요소이다.

3. 핵심 감정 경험은 어떻게 치유적인가

- 핵심 감정 경험은 그 자체로 치유이다. 그 감정이 고통스럽고 두렵다 하더라도 내담자는 증가한 생동감과 의미를 경험한다.
- 오랫동안 두려워했던 정서를 경험함으로써 이에 대해 숙달된 느낌을 받는다. 과거에는 압도되어 회피해 왔던 것을 직면하고 극복하여 힘을 더욱 키운다.
- 정서에 대한 신체본능적 경험은 집합적으로 적응적 행동 경향성이라고 불리는, 새로운 자원, 새로워진 에너지 그리고 행동의 적응적 레퍼토리에 접근하게 한다. (이러한 집합적 경향성 중 많은 부분이 특정 정서에 응집되어 있으며, 그 결과 더 쉽게 접근될 수 있다. 예를 들어, 분노를 충분히 경험할 수 있는 능력은 종종 새로워진 힘, 자기 주장, 자신의 권리를 지키려는 결단으로 향한다.)

- 감정은 대체로 무의식으로 가는 왕도이다. 깊은 경험은 더 깊은 경험의 잠금을 해제하고 이를 통해 이전에는 이야기할 수 없었던 내용의 전체 영역, 예를 들어 불안, 방어 및 정신적 고통이 수반되는 기억, 환상 및 상태를 처리할 수 있다.

4. 자기와 타인을 품어 주는 환경

감정의 변형적 마법을 작동시키기 위해, 감정은 상당히 온전한 자기 또는 관계적으로 품어 주는 환경의 조절을 요구한다. 감정은 자기와 타인 사이에 존재하는 변형적 공간에서 발전한다. 그곳에서 감정은 자기와 타인에 의해 성찰되고, 상호 보완적인 반응을 통해 풍요로워짐으로써 의미와 질감을 얻는다. 자기 밖으로 비친 자신의 감정을 보는 것은 서로 깊은 공명을 하며 연결감을 더 많이 느끼도록 한다. 감정은 더욱 생생해지고 차별화된다. 타인과의 감정을 공유하는 것은 개인의 정서적 레퍼토리를 확장하고 지지함으로써 감정 경험에 압도되지 않도록 한다.

감정을 공유하는 과정에서 개인은 두렵고 강렬한 느낌에 대하여 홀로 존재하지 않는다. 오히려 공명과 개인적인 의미의 층이 의사소통을 통해 개발되고 발견되도록 허용함으로써 새로운 의미의 덩굴이 싹트고, 이전에는 분화되지 않았던 자기 경험의 측면을 분명하게 표현한다. 거기에는 또한 감정 공유를 통해 타인과 조정된 상태를 이룰 기회(Tronick, 1989)가 생기는데, 이는 애착 체계(Costello, 2000)의 정해진 목표이자 치료 동맹(Safran & Segal, 1990)의 주요 측면이다. 충분히 경험되고 관계적으로 정교한 감정은 어떻게 진정한 자기와 깊은 관계적 연결이 충돌하지 않을 뿐만 아니라 공명적인 반응의 순환을 통해 서로를 크게 강화시킬 수 있는지를 명확하게 한다. 감정의 공명 과정을 통해 핵심 감정은 진정성과 친밀감을 동시에 키울 수 있다.

자기와 타인 사이의 감정 경험은 결국 개인의 심리구조 내면에 정서적인 측면에서 품어 주는 환경이 생기는 것과 유사한 형태로 내면화되고 반영된다.

5. 핵심 감정의 완전한 처리와 변화 정서 모델

정서를 인식하고, 접촉하고, 표현할 수 있는 것은 개인이 자신의 삶을 다루는 데 있어

도움이 되는 생물학적으로 적응적인 정보에 접근할 수 있도록 한다(Greenberg & Safran, 1987). "생물학적 조절의 중심 측면으로서, [정서는 합리적 과정과 비합리적 과정의 사이, 피질 구조와 피질하 구조의 사이에 다리를 제공한다."(Damasio, 1994, p. 128) 범주적 정서 내에 존재하는 계통 발생학적으로 갈고닦은 적응력(가장 친숙한 예로 투쟁-도피 반응의 활성화) 외에도, 정서는 '자신이 누구인가'라는 존재의 본질에 뿌리를 두어서 그만큼 중요한, 보다 독특한 이점들을 줄 수 있는 잠재력이 있다. 따라서 핵심 감정 경험은 적응적일 뿐만 아니라 자기의 고유한 실존적 과제를 실현하는 데 결정적이다.

감정은 자기 자신과 세계에 대한 자기의 생각에 접촉하는 가장 심오한 방식이다. 또한 자신에 대한 필수적 정보를 타인들과 소통하는 방식이기도 하다. 자신이 말하는 '정보'가 진심에서 우러나오고 진실할 때(핵심과 주관적으로 같을 때), 이때 상대방의 반응도 같다면 진정한 정서적 성장의 기회를 맞게 된다.

핵심 감정 경험을 완료하기 위한 구성 요소는 무엇이며, 이것이 어떻게 개인의 적응을 향상하는가? 핵심 감정 경험이 일으키는 순환은 주의, 평가, 경험, 표현, 동기부여, 의사소통 및 상호 조정을 포함한다. 그와 같은 감정 경험의 완전한 처리를 통해, 즉 정신 내적 경험, 적응적 표현, 의사소통, 뒤따르는 타인과의 상태 조정에 대한 장애물 없이, 정서를 경험하는 사람은 새로운 장소에 도달하여, 퍼슨(Person, 1988)이 묘사한 "성격 안에서의 끊임없는 변화, 변화의 가능성, 그리고 삶의 새로운 단계를 시작하고 새로운 노력을 수행하는 자극"(p. 23)을 키운다.

핵심 감정은 궁극적으로 자기 그리고 상호 조절 및 상태 조정과 연결된 정신 내적 그리고 대인관계적 현상이다. 타인의 내면에 있는 정서는 변화 정서 모델의 핵심 측면이다. 충분한 변형의 이점을 얻기 위한 핵심 감정 경험의 완전한 처리는 타인과의 수용적이고 개방적인 의사소통에서 최적으로 마무리된다.

1) 주의

정서는 우리의 초점을 자동적으로 전환한다. 즉, 우리의 주의를 특정한 관심사에 집중하게 하고, 다른 것들을 배경으로 사라지게 한다. 정서는 "중요한 무언가가 일어나고 있다는 강력한 신호 역할을 한다. 또한 이 중요한 사건을 중심으로 조직된 이후의 행동에 동기를 부여한다. 사실상, 개인은 적응적 현저성이 맨 처음에 새로운 반응을 만들어 낸 새로운 접촉에 주의를 기울이고 처리해야 한다."(Lazarus, 1991, p. 17)

톰킨스(Tomkins, 1970)는 감정의 증폭 기능에 대하여 다음과 같이 설명한다. "감정은 좋은 것을 더 좋게 또는 나쁜 것을 더 나쁘게 만든다. …… 이는 강렬하게 보상 또는 처벌하는 특별한 유추적 특성을 추가함으로써 이루어진다."(pp. 147-148)라고 했다. 감정과 감정이 초래한 주의는 고조된 감정 경험의 현저성을 위한 장을 마련한다. 감정은 동기를 부여하고 새로운 가능성을 열어 주며, 새로운 배치, 방향, 목표를 생성하며, 새로운 목표는 새로운 사건을 조직한다.

2) 평가

평가는 정보 처리, 핵심 감정 작동의 정신 내적 측면이다. 이는 환경의 영향이 어떻게 자기에게 인식되고, 정서가 어떻게 동기를 부여하는가를 보여 준다. 정서는 개인이 한 상황에서 일어나는 일과 어떻게 연관되어 있는지 말해 준다. 정서에 접촉하지 않으면, 타인의 의도를 이해할 수 없다(Costello, 2000). 정서는 개인이 스스로 생각한 것을 알 수 있도록, 그리고 자신의 적응적 행동 경향성을 알려 주는 방식으로 환경에 대한 자기의 평가를 반영하는데, 이는 더 논의되어야 할 핵심 감정의 중요한 측면이다.

핵심 감정은 타인에 대해 자기와, 그리고 자기에 대해 타인과 소통한다. "심리학의 어떠한 개념도 (정서만큼) 개인이 삶과 물리적·사회적 환경의 특성과 관련되는 방식을 풍부하게 드러내지 않는다."(Lazarus, 1991, p. 7) 여기서 논의되는 평가는 정서의 피질하 반응에 뿌리를 둔 순수 생리학적 기반의 평가일 뿐만 아니라, 개인적 영향과 반향으로 가득 차 있는 개인이 처한 상황의 중요성에 대한 정제되고 관계에 입각한 평가로서, 자기의 본질적 과제를 충족 또는 좌절시킬 수 있는 가능성의 관점에서 상황을 평가한다(Slavin & Kriegman, 1998).

3) 신체본능적 경험과 신체

신체본능적 경험은 핵심 감정 순환의 중심이자 변화 정서 모델의 필수 요소이다. 핵심 감정을 직접적이고 깊이 있게 경험할 수 있는 능력에 다른 모든 것이 의지하며, AEDP 개입 전략은 내담자가 직접적이고 깊이 있는 핵심 감정 경험을 확실하게 하도록 촉진하는 것을 목적으로 한다. 핵심 감정 경험에 대한 접근이 차단 또는 왜곡되면, 순환의 다른 모든 단계가 똑같이 손상된다. 이것이 변화 정서 모델의 전형적 특징이며, 학문적(즉, 비임상적) 정서 이론과 다른 정신역동(즉, 비경험적) 치료가 서로 구별되는 지점이다. 핵심 감정 경험에 대한 신체본능적 접근이 가능할 때까지 모든 임상적 노력은 감정적 차단물의 제거 또는 우회에 초점을 둔다.

정서는 신체에 자리 잡는다

신체본능적Visceral 경험에 있어, 우리는 자기의 신체적 고향인 몸과 연결된다. 거기에는 '목이 메는' '무거운 가슴' 또는 '피가 끓는'과 같이 정서에 대한 심오한 신체적 경험이 있다. 특정한 정서는 없지만 그 대신 전반적인 평온과 이완의 느낌이라 할 수 있는, 특이하지 않은 잠잠한 핵심 상태를 다룰 때에도 몸의 느낌에 특별한 풍경이 있는데(Damasio, 1994, 1999), 이는 감정 상태와 신체적 상관관계가 있다. 각양각색의 신체 풍경은 개인의 주관적 경험뿐만 아니라 말의 속도와 패턴, 내적 경험에 대한 다양한 접근, 그리고 집중력, 주의력 및 관계 맺기라는 다른 특성에서도 나타난다.

마음의 내용을 신체 감각에 뿌리를 둠으로써, 심리적 경험은 근육과 힘줄, 선명함과 힘, 견고함과 현실을 담으며 내장에 뿌리를 내린다. 마찬가지로 몸의 경험을 마음의 대상으로 만듦으로써 몸이 경험적으로 이해될 때 유한한 신체에 붙어 있는 한계가 사라진다. 피부로 둘러싸인 내부 공간은 내적 정신 공간과 실재적 상관관계가 생긴다. 따라서 더 많은 경험적 전개에 대한 무한한 가능성을 고려해 볼 때, 끊임없이 펼쳐지는 경험은 신체적 실제를 획득하고, 신체의 물리적 유한성이 초월된다.

4) 표현

다마시오(Damasio, 1994)가 지적한 바와 같이, "정서emotion라는 단어의 어원은 신체로부터 외부로 향한다는 것을 잘 제시하는데, 정서는 문자 그대로 '빠져나간다'를 의미한다."(p. 139) 어떻게든 정서를 충분히 경험하는 것은 표현, 즉 정서가 밖으로 내보내지는 것과 몸으로 되돌아가는 움직임 및 타인과의 의사소통 모두를 포함하는 방식에 달려 있다. 감정 표현은 감정 경험을 심화한다. 감정 경험의 전체 범위에 대한 접근은 정서가 순수하게 내적으로 경험될 때보다 정서가 표현될 때 더 쉽다. 정서의 기능이 중요한 것의 증폭이라면(Tomkins, 1970), 표현은 감정 경험의 정서적 · 언어적 · 감각적 · 운동적 측면을 충분히 관여하도록 만드는 더 큰 증폭, 즉 메타 증폭이다.

핵심 감정이 전달되고 외면화됨에 따라 더욱 변형된다. 심리 내적 경험은 내담자와 치료자가 함께 펼쳐서 보는 (또한 각자 보는) 대인관계적 공간이라는 화면을 향해 외부로 투사된다. 일단 그것이 표현을 통해 내적 심리 공간이라는 격리된 상태에서 벗어나면, 핵심 감정 경험은 외적인 현실의 일부가 되고, 자기가 반응할 수 있게 된다. 부분적인 주관성을 잃고 부분적인 객관성과 현실성을 얻으면서, 핵심 감정 경험은 표현만 되면, 밝은 빛 아래로 드러나 살펴보고 파악될 수 있다. 새롭게 정의된 도전에 따라 행동의 과정, 즉 정서적 행동이 진화할 수 있다. 핵심 감정, 특히 고통스럽고 두렵고, 무서운 핵심 감정은 자기가 해결해야 하는 외부 환경에 도전하게 된다. 이러한 도전은 적응적 행동 경향성의 이어지는 파도, 즉 다음에 다룰 지각적·인지적·정서적 대처 반응의 복잡한 그물망을 촉발한다.

5) 동기: 핵심 감정에 의해 표출된 적응적 행동 경향성

본질적으로 모든 정서는 행동을 일으키는 자극이며, 진화가 우리에게 심어 준 절박한 계획이다. …… 정서가 행동을 이끈다는 것은 동물이나 어린이를 관찰할 때 가장 명백하다. 행동에 대한 근원적 자극이자 명백한 반응과 분리된 정서는 오직 '문명화된' 성인에게서만 매우 자주 발견되는데, 이는 동물의 세계에서 엄청난 변칙이다. …… 신체와 뇌를 관찰하는 새로운 방법을 통해 연구자들은 각 정서가 어떻게 각기 다른 성질의 반응으로 몸을 준비시키는가에 대한 생리학적 세부 내용을 더 많이 발견해 가고 있다(Goleman, 1995, p. 6).

각각의 핵심 감정 경험은 "표현적 자극"(Lazarus, 1991, p. 272) 또는 "행동할 독특한 준비성"이 있는 특정 행동 성향(Safran & Segal, 1990, p. 57)과 관련이 있다(Goleman, 1995, p. 4).

따라서 특정 정서 상태는 특정 행동 성향과 연결된다. 예를 들어, 분노는 폭행을 경험한 사건에 대한 반응으로 발생하며 자기 보호적이고 보복적인 행동과 연관이 있다. 두려움은 위험하다고 평가되는 사건에 의해 유발되며 과잉 경계 및 도주와 관련이 있다. 사랑은 친밀한 행동과 연결된다. 따라서 감정 경험의 핵심은 자연 선택 과정을 통해 생물학적으로 연결된 행동 체계와 관련하여 조직된 표현적 운동 행위로 구성된다(Safran & Segal, 1990, p. 57).

적응적 행동 경향성, 즉 핵심 감정을 충분히 경험함으로써 표출되는 대처 반응 및 자원은 정서의 충분한 경험 이전에는 접근할 수 없었던 자기 자신, 타인, 상황에 대한 새로운 정보에 접근하게 되었을 때 나타나는 개인의 새로운 반응을 반영한다. 예를 들어, 어린 시절에 돌아가신 아버지의 죽음을 슬퍼한 적이 없는 어느 내담자가 있다. 그는 상실에 대해 충분히 슬퍼하고 나서야 20년 넘게 자신이 아버지의 죽음을 정서적으로 부인하고, 동일시를 통해 아버지를 붙잡고, 자기 자신을 '죽은' 사람으로 경험하며 살고 있었다는 것을 깨달았다. 그는 무덤에 가서 아버지에게 작별 인사를 하고, 그 후에야 진정으로 자신의 삶을 영위할 수 있었다. 자신의 정서적 진실에 접근함으로써 그 개인은 역설적으로 이전에는 결코 가져 본 적 없던 것을 되찾는다. 정서적 진실의 질은 우리가 항상 알고 있던 익숙함과 동시에 숨이 멎을 듯한 새로움이다(Bollas, 1987, 1989; James, 1902; Person, 1988).[2]

자기 경험에 초점을 맞추는 것과 마찬가지로, 타인과의 관계가 변화 정서 모델의 본질적인 측면이라는 점에서 두 가지 새로운 용어가 도입된다. 적응적 관계 경향성Adaptive relational tendency은 애착, 상호성, 친밀감의 과정을 중재하는 상호 조정된 상태를 연결하고 달성하려는 성향으로 표현되며, 따라서 자기의 관계적 과제에 기여한다. 적응적 자기 행동 경향성Adaptive self action tendency은 자기실현을 촉진하는 태도와 행동을 가정함으로써 자기의 고유한 과제에 기여한다. 이는 종종 자신의 기본적 욕구의 본질에 대한 인식(Greenberg, Rice, & Elliott, 1993)과 그러한 욕구 충족 행동의 형태로 나타난다.

점진적인 재초점화를 통한 치료 과정은 표현을 통해 외면화된 정서가 적응적 행동 경향성에 연속적인 파도를 일으켜 적응에 기여하는 방법을 보여 준다. 예를 들어, 한 내담자가 아내에 대한 사건을 이야기한다. 치료자는 "그래서 당신은 그에 대해 어떻게 느꼈습니까?"라고 묻는다. 어떤 면에서 치료자의 개입은 치료자가 내담자의 경험에 함께 머물고, 심화 · 묘사 · 정교화하는 것을 보여 준다. 그러나 그 이상으로, 변형의 이자관계적 과정은 이미 원활하게 시작되었다. 이 간단한 질문으로 치료 과정이 시작되고 진행된다. 치료자와 내담자가 함께하는 탐색은 사건에 대한 설명에서 내담자의 경험에 대한 묘사로 바뀐다. 경험이 관계적 맥락에서 펼쳐지면 진화하고, 심화와 묘사를 통해 변화가 일어난다.

---

2) 볼라스(Bollas, 1987)는 『생각하지 않고 아는 것(Unthought Know)』에 대한 분석에서 이 역설을 담아낸다.

6) 의사소통과 상호 조정

볼비(Bowlby, 1991)는 "정서의 주된 기능은 의사소통인데, 즉 개인이 현재 동기가 부여된 상태를 자기 자신과 타인에게 전달하는 하는 것"(p. 294)이라고 주장한다. 볼비와 마찬가지로 다윈(Darwin, 1872) 역시, 정서 표현의 주요 기능을 개인 간의 의사소통으로 보았다. 정서는 타인에게 특정한 정서적 또는 동기적 상태를 보여 준다. 행동에 대한 특정한 정서와 내재적으로 관련된 어떠한 것을 하게 하는 동기는 암시적이다. 다윈은 인간이 타인에 대한 진화된 동정심을 가지고 있기 때문에 타인의 반응에 큰 영향을 받는다고 보았다. 즉, 그는 인간이 자신들의 의사소통이 타인에게 미치는 영향에 반응하도록 진화했다고 믿었다.

의사소통을 위한 표현: 감정적 의사소통 체계

왜 단순히 생각하고 느끼는 것보다 누군가에게 무엇인가를 말하는 것이 심지어 상대방이 듣기만 하더라도 더욱 효과적인가? 타인과의 의사소통이 왜 그렇게 큰 차이를 만들어 내는가? 표현하고 상대로부터 반응을 얻는 과정을 통해 핵심 감정 처리의 전체 순환이 완료된다. 감정 경험으로 의사소통하면서 타인이 이전에는 생각할 수 없었고 견딜 수 없었지만, 이제는 받아들일 준비가 되었다는 것에 대한 발견은 더 크고 끝없는 우주를 만들어 낸다. 핵심 감정 경험의 영역에서, 고립과 상호 관계의 주류인 공동체에 통합되는 감각 사이의 차이는 개방적이고 관심을 보이는 타인과의 정서적 의사소통 행동에 의해 만들어진다.

의사소통은 대화를 의미하며, 감정 상태의 조정을 가능하게 하고, 타인과 타인의 상태 모두와 관련이 있다(Costello, 2000). 핵심 감정을 충분히 경험하면서도 상대가 수용적이지 않을 때는 자기 자신에게 전달할 수 있다. 그러나 정서적 대화가 상호적일 때, 변화가 시작되고 상대도 변화시킨다. 상호적 변형의 의사소통은 변화 정서 모델의 본질을 분명하게 표현한다.

타인과 함께 감정적 조정 상태에 도달하는 것은 더 깊은 관계의 발전을 조성하고, 친밀감과 친근감을 증진하며, 그 안에서 타인과 자기에 대한 지식을 더 깊게 하는 적응적 관계 경향성(제2장과 제3장에서 정서적 유능성에 대해 논의)을 표출시킨다. 탐색과 심리적 회복탄력성을 강화하고 확인함으로써 애착의 안전성이 높아지는데, 핵심

감정의 관점에서 탱고를 추기 위해서는 두 사람이 필요하다. 조정된 핵심 감정 상태
와 뒤이은 적응적 관계 경향성의 표출에 도달하는 것은 상대방의 수용성과 개방성
에 달려 있다. 근본적인 중요성은 치료자가 내담자 또는 자신의 정서에 압도되거나
적대적이지 않고 감정적으로 유능해야 한다는 것이다. 여기에 AEDP 치료자의 자세
에 대한 주요한 함의가 있다.

6. 치료적 자세와 변화 정서 모델

······ 한계를 직면할 수 없는 사람은 핵심을 볼 수 없다.

루이스 글룩(Louise Gluck)의 〈키르케의 힘(Circe's Power)〉 중에서

변화 정서 모델에서 치료자 존재의 본질은 타인으로서 내담자의 세계 안에 있고, 내
담자는 그것을 느끼고 인식하는 것이다. 그러한 존재가 있을 때 내담자의 세계가 열린
다. 이 존재, 즉 아는 것과 알고 싶어 하는 것, 거기에 있는 것과 있고 싶어 하는 것과 같
은 부분은 누군가에게 고통스럽고, 숨겨져 있고, 두렵고, 끔찍하고, 위험하고, 혼란스러
운 자신의 어떤 부분에 대해 이야기하게 만든다. 핵심 감정 경험과 내담자를 두렵게 하
거나 고통스럽게 하거나 들뜨게 하는 것 모두를 조정하는 과정을 포함하는 공감은 암
묵적 경험을 명확히 표현하기 위해 내담자의 세계에 대한 치료자의 몰입을 요구한다
(Gendlin, 1991; Safran & Segal, 1990).

치료자의 자세는 공감, 감정의 전염, 감정적 조율과 공명, 조정된 상태의 도달이라는
감정 현상의 이해로 알 수 있다(Gold, 1996; Stern, 1985; Tronick, 1989). 내담자의 감정
경험에 대한 치료자의 감정 반응은 감정적 공명, 공유, 그리고 공감을 통해 내담자의 감
정 경험을 증폭시키는 역할을 한다. 예를 들어, 예전에 다른 사람들로부터 무관심과 멸
시를 겪었던 내담자 경험의 한 측면에 의해 움직이는 치료자의 존재는 내담자가 그것
을 하찮거나 무가치하다고 떨쳐 버리게 함으로써 내담자가 겪고 있는 고통에 대한 인식
과 슬픔을 풀어 주는 매우 강력한 방법이다. 이것이 사람의 내부와 외부에 있는 자세,
존재, 존재 방식이다. 치료자는 위니컷이 말한 바와 같이 진정으로 중간적transitional이 된
다. 만과 골드먼(Mann & Goldman, 1982)은 깊이 이해된 감정의 영향에 대해 다음과 같

이 말한다.

> 내담자는 마치 누군가가 자신의 옆에 그리고 자신 안에 도움을 주기 위해 그곳에 머물겠다고 제
> 안한 것처럼 느낀다. 치료자가 겁먹거나, 우울하거나, 역겨워하지 않고 아주 깊이 다가가 도움을
> 주기 위해 그곳에 머물겠다고 제안한다는 사실은 내담자들에게 생애 초기 경험을 떠올리게 하는
> 감사와 신뢰의 감정을 불러일으킨다(p. 36).

진실로 친밀하고 매우 다정하게 그리고 아주 가깝게, 감정이 풍부한 상태로 바로 옆
에 존재하는 것은 저항을 녹인다. 내담자는 이전에 자신뿐만 아니라 세상으로부터 숨겨
져 있던 자기의 본질적인 부분을 발견하고 자연스럽게 드러내며 말하기를 원하고, 공유
하고 싶어 하는 자기 자신을 발견한다.

> 치료자의 초기 활동 …… 그리고 내담자가 도움을 받을 수 있다는 자신감 때문에, 내담자는 다
> 른 치료 방식에서는 일반적으로 빠르게 볼 수 없는 강한 신뢰의 태도를 발전시킨다. …… 자아
> (ego)가 이러한 신뢰 구축에 있어 판단을 유보하지 않았다는 점을 강조할 필요가 있다. 내담자가
> 평생 가지고 있던 감정적 문제를 치료자가 정확하고 명확하게 진술하기 때문에 그것은 이러한 신
> 뢰에 대한 현실적 근거에 관여하고 관찰한다(Mann & Goldman, 1982, p. 49).

원하고, 의도하고, 원기를 회복시키는 외로움과 대조적으로 의도하지 않았고, 원치 않
았던, 두려운 외로움의 비참한 경험과 이에 수반되어 생기는 병리적 불안은 마음을 마
비시키고, 필연적으로 자기의 거대한 영역에 접근할 수 없게 만든다. 두려움을 조장하
는 외로움은 자기가 빈약할 때 타인이 반응을 보이지 않고, 필요해도 함께하지 않는 것
에 대한 반응으로 반복적으로 발생한다는 것이 중요하다(Bowlby, 1991). 그러나 상대방이
정서적 의사소통을 수용할 때 병리의 원인과 동인으로서의 외로움이 제거된다.

발달이 충분히 좋은 방식으로 진행될 때, 공감, 연민, 이타주의, 자부심, 관대함, 기쁨
은 이기심과 공격성만큼이나 우리를 구성하는 요소이자 부분이다. 깊이 느끼는 능력이
온전할 때 우리는 그 깊은 유기체적 자원을 이용할 수 있다. 다시 말해서, 고귀한 정서
는 기본적으로 연결되어 있으며 삶에서와 마찬가지로 치료에서도 그러하다. 이것은 자
연스러운 심리적 속성과 힘이다. 오직 최적의 발달이 궤도를 이탈할 때 이러한 속성이
손상, 결핍 또는 왜곡되거나 거의 존재하지 않는다. 건강한 개인에게서 우리는 연결성

과 독립성, 자신과 타인에 대한 즐거움, 자기 관심과 타인에 대한 배려, 공감과 연민, 서로 주고받을 수 있는 능력을 찾을 수 있다.

우리는 대상관계가 직조된 세계에서 정서적 생존에 결정적인 잘 분화된 대인관계의 감정적 상호작용을 통해 고도로 사회적인 종으로 진화했다. 즉, 이것이 관계 적응적 핵심 감정 경험이다. 긍정적인 경험에 대한 어휘가 빈약하다면, 그것에 대한 이론적 사고가 분화되지 않는다면, 그리고 변화와 긍정적인 동기부여를 위한 힘과 치유의 정서 경험을 표현하고 개념화하기 위한 치료적 구조가 불충분하다면, 치료자들은 이러한 내적이고 대인관계적인 영역에 대한 탐색에서 내담자를 안내할 수 없을 것이다. 구조의 분화가 결핍된 것을 현상의 결핍과 동일시하지 않아야 한다. 비비, 엠데, 스턴과 트로닉(Beebe, Emde, Stern, & Tronick)은 이 분야에 관한 연구를 개척하고 있다. 우리는 미생물을 설명할 수 있는 현미경을 개발하는 과정에 있는데, 미생물의 존재를 알고 있고, 그에 관한 연구를 하는 중이지만, 우리에게는 완전히 차별화된 분류 체계가 없다. 다음 장에서 긍정적 감정 경험과 관계적 경험 모두를 포함하는 핵심 감정 경험에 대한 어휘의 발달을 촉진할 것으로 기대한다.

7. 요약

타인과의 강렬한 상호작용을 통한 발달 과정은 연속적 변형을 거치며 끊임없이 진화하는 진정한 자기true self로 이끈다. 공명과 조정의 과정을 통해, 개인의 내적 경험의 근간으로 돌아가고, 내담자의 내적 경험을 순수하고 진실하게 표시하고, 접촉하게 하고 핵심 감정을 촉진함으로써 내담자의 진정성은 성장하고 견고해진다. 가능할 수 있을 만큼의 진정성을 가진 타인과 함께, (치료자 자신의 핵심 감정 경험과의 접촉을 통해) 가능할 수 있을 만큼의 진정성을 가진 사람이 되도록 격려받으며, 내담자는 가식적이며 감정적으로 무서웠던 상호작용으로 인해 굳어졌던 겉껍질을 벗는다. 연속적 변형을 통해, 진정한 자기의 경험에 점점 더 접근하기 쉬워진다. 진정한 자기의 목소리가 발견되고 강하게 커진다. 이러한 일이 일어날 때, 한 내담자의 말처럼 이는 "금관 악대의 플루트 소리"와 같다.

핵심 감정은 과정의 모든 단계에서 표식이자 촉매이다. 다시 말해, 그 자체로도 강력한 변형의 동인이며, 상태에 대한 표식이고, 타인에게 자신의 상태를 전하는 심오한 의사소통의 수단이기도 하다. 또한 그것은 자기 자신과 타인에 대한 정보의 원천이다. 마지막으로, 핵심 감정은 자기와 타인 사이의 조정을 일으키는 매개체로, 각각은 타인에 대한 변형의 매개체가 될 수 있다. 변화 정서 모델에서, 결국 치료자는 깊은 참여와 감정 촉진을 통해, 점점 더 본질적이고 진실한 상태, 즉 새롭게 변모한 모습이 되기 위해 내담자가 사용하는 자기 대상이 된다.

철학적이고 개념적으로 진정한 자기는 구조적이거나 재인식된 것이 아니라 경험적인 구조라는 점에 주목해야 한다. 진정한 또는 본질적 자기와 같은 것은 없다. 우리는 모두 다양한 자기와 무언가를 가지고 있다. 하지만 진정한 또는 본질적 자기의 즉각적 경험 같은 것이 있으며, 바로 이러한 진정성의 경험이 엄밀하게 탐구해야 할 대상이다. 그 순간, 직접 경험한 본질적 자기는 무엇이 옳고 진실한가를 안다.

제2장

감정의 렌즈로 들여다본 애착

> 가장 강렬한 정서의 대부분은 애착 관계의 형성, 유지, 분열, 회복 중에 발생한다. …… 그러한 정서는 일반적으로 사람의 감정적 유대 상태를 반영하므로 정서에 대한 심리학과 정신병리학은 감정적 유대에 관한 심리학과 정신병리학 전반에 걸쳐 확인된다.
>
> Bowlby, 1980, p. 60

애착은 현상과 구조 모두로서, 밀접한 감정적 유대를 형성하려는 인간의 기본 욕구를 의미하며, 심리적 삶의 근간이 된다. 감정과 같이 애착은 여러 수준에서 작동한다. 그것은 인간 심리의 가장 미묘한 변동을 이해하기 위해 매 순간 임상 노력을 기울이는 것만큼이나 진화생물학의 시대를 초월한 관점에서 의미가 있다. 볼비(Bowlby, 1980)는 정서에 대한 심리학과 정신병리학이 대체로 감정 유대에 관한 심리학과 정신병리학이라고 믿었다. 이 장과 다음 장에서 이러한 개념의 치료적 의미에 대해 살펴볼 것이다.

애착 이론과 변화 정서 모델은 개념적으로 공명한다. 두 가지 모두는 대처 전략, 즉 고통스러운 정서적 경험과 관계 상실에 대한 방어의 결과로 생긴 성격 구조로 이해된다. 이러한 전략은 개인의 환경이 최적으로 촉진되지 않을 때 나타나기 시작하여 정서적 자원을 최대한 활용할 수 있는 능력을 방해한다.

공포와 정서적 고통을 최소화하기 위한 전략으로 방어가 나타나는 것은 애착 이론과 정신역동에 기반한 변화 정서 모델의 공통적 특징이다. 개인이 탐색하는 데 필요한 안전을 제공하는 안전한 관계가 애착의 특징이며, 변화 정서 모델의 필수적인 측면이기도

하다. 관계적 안전은 탐색을 촉진하는데, 이는 AEDP에서 심층 치료적 변화에 매우 중요한 핵심 감정 현상에 자기 자신을 경험적으로 몰입하려는 의지로 해석된다.

1. 애착 이론에서의 애착, 양육 및 탐색과 AEDP 치료

애착 이론(Ainsworth et al., 1978; Bowlby, 1973, 1980, 1982)은 양육자와 아이의 유대의 질이 어떻게 아이의 발달에 영향을 미치는지에 대해 설명하는 이론이다. 애착은 서로 함께하는 두 사람의 유대 관계에서 둘 중 취약성을 가진 구성원이 "보통 더 강하고/또는 더 현명하다고 여겨지는 선호하는 개인"인 타인과 유대감이 일어날 때 생기는 결과이다 (Bowlby, 1977, p. 203). 더 강하고/현명한 타인도 그 상대와 유대 관계를 맺는다. 이러한 관계는 상호 조절되지만, 매우 비대칭적이다. 각자의 감정은 동시에 그 영향이 양방향으로 작동하고, 타인에 의해 영향을 받는다(Beebe & Lachmann, 1988; Beebe, Lachmann, & Jaffe, 1997; Emde, 1981; Tronick, 1989, 1998).

볼비(Bowlby, 1982)가 정의한 바와 같이, 애착은 우리 안에서 작동하는 세 가지 행동 체계로 구성되며, 평생 최적의 적응을 제공한다. 그 세 가지 행동 체계는 주된 기능이 보호적인 애착 행동 체계, 주된 기능이 촉진적인 돌봄 또는 양육 행동 체계 그리고 주된 기능이 환경에 대한 학습을 촉진하는 탐색 행동 체계이다(Ainsworth et al., 1978).

1) 애착 행동 체계와 그 감정 표식으로서의 안전감

볼비(Bowlby, 1982)는 보호해 주는 성인과의 애착 유대가 아동에게 있어서 안전을 유지하고 조절하기 위한 기본 메커니즘이라고 제안했다. 양육자는 아이의 안전 경험을 촉진하고 두려움을 완화시키는 안전기지의 역할을 해야 한다(Ainsworth et al., 1978). 두려움은 결정적인 역할을 하는데, 애착 행동을 활성화하고 탐색을 억제한다. 애착 유대를 통해 아이는 자신과 양육자의 자원으로부터 이익을 얻으며, 처리해야 할 위험이 무엇이든 혼자가 아니게 된다. 애착 체계는 "요람에서 무덤까지 …… 괴롭거나 아프거나 두려울 때" 활성화된다(Bowlby, 1977, p. 203). 아동에게 "애착 행동은 특히 …… 어머니가 근처에 없거나 어머니 가까이에 가기 어려울 때 활성화된다."(Bowlby, 1988, p. 3). "안전기지는 가용성, 민감성, 반응성 및 유용성에 달려 있다. …… 볼비는 공포라는 용어는 초치 자극을 직면할 때의 두려움으로, 불안은 양육자의 접근 불가능 또는 무반응에 대한 두려움으로 봐야 한다고 제안한다."(Costello, 2000) 양육자가 '접근 불가능하거나 무반응적'일 때 아동의 정서 세계에는 일차적 위험이 일어나며, '양육자의 접근 불가능 또는 무반응'으로 불안은 애착 체계의 추진력이 되고 성격의 조직화로 귀결된다.

양육자와의 근접성, 즉 신체적 가까움뿐만 아니라 정서적 친근감을 통해 견딜 수 없는 불안과 두려움이 억제되고, 아동은 안전감을 경험한다(Sandler, 1960; Joffe & Sandler, 1965). "대상의 현존이 행복한 상태의 조건이라는 것은 분명하다."(Joffe & Sandler, 1965, p. 399) 진짜 행복하다는 감각, 그리고 단순히 불안의 부재가 아닌 안전감(Sandler, 1960)은 안정 애착과 경험적 상관관계를 가진다. 이것은 신체본능적·감각적·심리적 측면을 가진 내적 상태이며, 느긋하고, 편안하고, 차분하고, 새로운 도전을 할 자신이 있음을 경험적으로 나타낸다. 안전감이 우세할 때, 개인은 최상의 상태에 있게 된다. 걸음마 연습 단계의 아기와 어느 정도 비슷하지만, 세상에 못할 것이 없다. 안전감이 안정 애착과 경험적 상관관계가 있다는 사실에서 보면, 세상을 탐험할 자유는 안전감을 주는 존재, 그리고 안전감을 느낌으로 인한 행동 결과이다.

2) 양육 행동 체계

애착 행동 체계와 대응 관계에 있는 것이 동등하게 연결된 타고난 육아 기능 또는 양육 행동 체계이다. 그것은 취약한 아이를 위한 안전기지(Ainsworth et al., 1978)로서 참여하는 부모나 양육자의 보호와 돌봄 행동을 일컫는다(Bowlby, 1988, 1991; Costello, 2000; George & Solomon, 1999; Shane, Shane, & Gales, 1997). 양육 행동 체계는 애착과 탐색이 작동하는 환경을 만든다. 즉, 품어 주는 환경이 활성화된다(Costello, 2000).

> 양육 행동은 상황이 촉발되면 일정한 방식을 따라 발전할 준비가 되어 있다. 예를 들어, 정상적인 상황에서, 부모가 아기를 안아 주고, 울면 달래 주며, 따뜻하게 해 주는 등의 보호하고, 먹이고 싶은 강한 충동을 경험한다는 것을 의미한다. …… 즉, 양육 행동은 이와 관련된 강력한 정서를 설명하는 강한 생물학적 뿌리를 가지고 있다(Bowlby, 1988, pp. 4-5).

양육은 양육자의 많은 욕구를 충족시키며, 그중에서도 사랑하고, 사랑받고 있으며, 필요하고, 유용한 존재라는 느낌을 느끼게 한다. 타인에게 긍정적인 영향을 미치는 것은 자기의 핵심적이고도 실존적인 경험이다. 다만, 애착 현상이 아기들에게만 국한되지 않는 것처럼 양육 기능도 공식적인 양육자로 지정된 어른에게만 국한되는 것은 결코 아니다. 공감과 배려의 반응성은 어린아이들에게도 매우 일찍부터 존재한다(예: Zahn-Waxler & Radke-Yarrow, 1982; Radke-Yarrow, Zahn-Waxler, & Chapman, 1983). 그것은 치료자를 향한 내담자들에게도 존재하며, 이러한 반응에 대한 표명, 환영 그리고 인정이 매우 중요하다.

3) 탐색 체계와 그 감정 표식으로서의 기쁨, 설렘, 활기, 자부심

안전한 상태에서 탐색, 호기심 충족, 새로운 경험에 대한 열망(Lachmann & Beebe, 1992; Tomkins, 1962)과 같은 다른 주요 동기가 나타날 수 있다. 더는 두려움에 압도되지 않고, 아이는 자신의 세계를 탐험하고 새로운 상황에 숙달됨으로써 새로운 학습을 획득할 수 있으며, 이로써 적응 자원을 증대시킬 수 있다. 호기심과 열정으로 이러한 추구에 참여하면 기쁨, 설렘, 활기, 자부심과 함께(Emde, 1988; Kissen, 1995) 효율성과 능력에 대한 감각을 경험한다(White, 1959, 1960). 이러한 긍정적 감정은 탐색 행동 체계의 감정 표식이다.

따라서 AEDP 치료자의 목표는 관계적 안전을 증진하고 정서적 탐색을 강화하기 위해 "처음부터 신뢰를 확립하고 안전한 환경을 촉진하는 것"(Fosha & Slowiaczek, 1997)이다. 내담자가 치료자와의 관계에서 안전감을 느낄수록, 성장을 억제하는 방어를 기꺼이 포기하고, 감정을 느끼고 상호작용하는 새로운 방식에 대한 위험을 감수하게 된다. 새로운 정서와 이전에 견딜 수 없을 정도로 두려워했던 정서를 포함하는 깊은 감정적 경험을 해 보고, 처리하고, 표현하는 것은 탐색 체계가 드러내 보이는 AEDP의 영역이다.

바흐텔(Wachtel, 1993)은 불안이 정신병리학의 정신역동적 이해에 대한 핵심이라고 지적했다. 애착 이론에서처럼 불안-안전 차원은 변화 정서 모델의 핵심 좌표이다. 중요한 것은 애착 대상과의 접촉이 불안을 상쇄하는 반면, 고립의 경험은 불안을 악화시킨다는 것이다. 안전감이 회복탄력성과 최적의 심리적 건강에 대한 이해의 핵심이듯, 심리적 위험으로 경험되는 것을 직면하면서 겪는 고립은 AEDP의 정신병리 발생에 대한 이해의 핵심이다. 잘 이루어진 애착 상황에서와 같이, 치료의 목표는 치료자가 필요할 때 사용될 수 있고, 반응해 주는 것을 기반으로 치료자와 내담자 관계에서 만들어지는 안전을 공고히 하여 병리적 고립에 대응하는 것이다. 자기 경험의 넓은 영역을 배제시키는 불안의 상태는 내담자들을 치료받으러 오게 하는 병리적 부분과 관련이 있다. 볼비(Bowlby, 1988)는 치료자의 역할을 다음과 같이 설명한다.

치료자의 역할은 내담자가 자신의 삶, 과거, 현재의 불행하고 고통스러운 면을 탐색할 수 있도록 안전기지를 제공하는 것이다. 내담자는 지지, 격려, 동정, 그리고 때로는 안내해 줄 믿을 만한 동반자가 없으면, 돌이켜볼 필요가 있는 그러한 불행과 고통의 많은 측면에 관한 생각을 발견하기 어렵거나 아마도 할 수 없을 것이다. …… 치료자가 내담자에게 지금까지 상상할 수도, 생각할 수도 없는 것으로 여겨졌던 부모에 관한 생각과 감정을 고려할 수 있게 하는 경우는 드물지 않다. 그렇게 함으로써, 내담자는 자신이 강한 정서들에 영향을 받고 있음을 알게 될 것이다. …… 그가 발견한 정서의 대다수는 그가 두려워하거나 생경하고 받아들일 수 없는 것들이다(pp. 138-139).

이전에는 허용되지 않았던 경험을 탐색할 수 있을 때, 내담자는 자신의 안에서 그것들을 더 잘 다룰 수 있게 되고, 삶을 위축시키는 불안감은 사라진다. 내담자와 치료자 사이에서 그리고 또한 내담자 내면에서 개방성이 초래되면(Bawlby, 1991) 신뢰가 깊어지고, 연결이 강화되며, 자신감이 증가되어 미래에 훨씬 더 큰 위험(즉, 새로운 학습)을 감수할 수 있게 한다. 상황을 위험하다고 경험하는 임계점이 높아지고, 개인의 경험과 반응에 대한 이야깃거리가 깊어지고 다채로워진다.

치료 작업은 두 부분으로 되어 있다. 지지, 타당화, 격려 등을 포함하는 관계적이고 안전을 증진하는 작업(점진적 과정)과 불안이 주도하여 일으키는 위축에 대항하여 개인이 자신의 정서 세계를 확장할 기회를 갖게 하는 탐색 작업(핵심 감정 표출 과정)이 그것이다. 둘 다 "진정한 자기True Self가 스스로의 역량을 발휘할 수 있는 상태"를 제공하려고 노력한다(Winnicott, 1960, pp. 142-143).

AEDP 모델의 치료적 현존 및 작용은 또한 애착의 양육 행동 체계에 뿌리를 두고 있다. 강조점은 "거기에 현존하는 것", 안전을 증진시키는 것, 탐색적 여행에서 "신뢰할 수 있는 동반자"(Bowlby, 1973, 1988)가 되는 것, 그리고 본질적인 방식으로 불안을 부추기는 고립에 맞서는 것이다. 양육 반응성caregiving responsiveness은 "조건이 촉발될 때 일정한 방식을 따라 발달할 준비가 되어 있다는 것이며"(Bowlby, 1988, pp. 4-5), AEDP는 내담자의 요구에 대한 반응성과 도우려는 의지가 치료적 자세의 핵심 요소라는 전제하에 구축된다. 내담자의 고통은 우리 안에 있는 양육 반응을 이끌어 낸다. AEDP의 정신은 이러한 생물학적 기반의 욕구를 사용하고 개발하는 것이다. 잠재력을 최대한 발휘하기 위해 육성되고 훈련되어야 하는 재능과 같이, 고통에 대한 타고난 양육 반응이 치료적 양육을 구성하는 숙련된 반응으로 발전하기 위해 육성되고 훈련되어야 한다.

치료자는 내담자의 안전을 증진시킬 뿐만 아니라 그의 감정적 탐색 여정에 동행하고자 한다. 적절히 조율하는 부모는 아이가 스스로 대상을 발견하는 경험을 할 수 있게 하는 방식으로 아이 앞에 대상을 놓아주는 것처럼(Winnicott, 1963a), 치료자는 때때로 미지의 상태에 있는 내담자가 자기 경험을 확장시킬 수 있는 정서 영역을 탐색하도록 안내할 수 있다.

그러한 목표에서 나오는 치료적 자세는 사실 치료적 중립성에서 급진적으로 벗어나는 것이다. 분석 이론은 항상 초기 부모-자녀 관계 안에서 내담자-치료자 관계에 대한 이해를 기반으로 한다. 하지만 전통적으로 분석의 초점은 관계 안에서 정신병리의 발생적 측면에서 반복되는 전이에 있다. 애착으로 치료적 관계를 구축함으로써, 초점이 내담자의 최적의 안전, 탐색 및 성장에 도움이 되는 관계적인 상태로 전환된다.

2. 재현적 과정: 내적 작동 모델과 성찰적 자기 기능

1) 내적 작동 모델

"생후 1년 동안 시작하여 아동기와 청소년기에 거의 매일 반복되는"(Bowlby, 1980, p. 55) 반복적인 양육 경험을 기반으로 애착 관계는 재현되고 내면화되며, 개인은 자기 self가 양육자 역할을 하는 특정 타인과의 역동적 관계에서 재현되는 관계의 내적 작동 모델을 형성한다. 예를 들어, 울음 이후에 마음이 진정되는 반복된 경험을 하게 되면 "고통은 안심과 위로로 채워질 것이라는 기대로 이어진다."(Fonagy et al., 1995, pp. 234-235). 감정에 대한 끄덕임에 주목하라. 즉, "이 기대는 통합되고, 통합하면서, …… 이러한 상호작용과 연관된 정서적 경험이 된다."(Fonagy et al., 1995, pp. 234-235). 내적 작동 모델은 자기 자신의 경험, 탐색 행동 및 애착 대상과의 관계에 대한 개인의 조절을 안내하고, 마침내 자식에 대한 양육까지 안내한다. 애착은 상호작용에서 자기와 타인에 대한 내적 표상을 구조화함으로써 발달을 구체화한다. 애착 유형으로 나타나는 이러한 내적 표상은 감정 경험의 관계적 처리가 성격과 기능을 어떻게 형성하는지에 대한 이해의 기초를 제공한다.

긍정적이고 안정적인 애착 경험은 "좋은 환경에서 초기 경험이 통합되고, 의미 있는 타인이 필요할 때 사용될 수 있고, 이해해 주고, 반응할 것이라는 점에 대한 개인의 자신감을 반영하는 무의식적 신념 체계"를 나타내는 내적 작동 모델로 이어진다(Fonagy et al., 1995, p. 234). 이러한 내적 작동 모델에서 하나는 안정적인 애착을 특징짓고, 다른 하나는 반응적이고 신뢰할 수 있는 것으로 표현되며, 이때 자기는 보호받고 반응을 받을 가치가 있는 존재가 된다.

필요할 때 사용할 수 있고, 반응해 주는 양육자와의 안정 애착 관계에 안전감의 근원이 있는 것처럼(Bowlby, 1988; Sandler, 1960), 불안과 불안을 유발하는 방어 기제도 원할 때 사용할 수 없고 반응하지 않는 양육자와의 애착 관계로부터 기원한다. 방어적 배제(Bowlby, 1980)는 양육자의 가용성과 반응성을 회복시키고 양육자와의 상호 감정 조정 상태를 회복하기 위한 주요 전략이 된다(Tronick, 1989). 양육자의 불안은 양육자가 아동과 반응할 수 있는 관계를 유지하는 데 중요한 역할을 한다. 아동은 양육자가 자신에게서 떠나는 것과 사용할 수 없게 되는 것을 방지하기 위해 양육자가 용인할 수 없는 자기 경험의 모든 측면을 배제시킨다. 이에 따라 아동은 자신의 현실, 관계, 감정이 있는 내적 삶의 충만함을 희생한다. 이 전략의 성공은 메인(Main, 1995)이 이차적 안전감이라고 부르는 성취에 반영되는데, 이는 양육자와의 특정 상호작용에서 성장하는 내적 작동 모델을 기반으로 하는 아동의 기능 경험을 특징짓는다. 안전감은 그러한 패턴을 유지시키는 강력한 힘이다.

결국 이를 통해 어머니에게 전달되는 것과 자기에게 전달될 수 있는 것 사이에 동형이상isomorphism(Costello, 2000)이 나타난다. 양육자와의 의사소통에서 제한된 것은 결국 그 개인의 경험과 사고, 심지어 내적 삶의 은밀한 부분에도 제한을 가하게 된다. 관계적 상실에 대한 공포와 두려움을 다루기 위해 생겨난 방어적 배제의 메커니즘은 개인의 방어 구조로 압축된다. 그것은 내적 작동 모델에 반영되고 개인의 애착 유형에 나타난다(Bowlby, 1980).

이 공식에서 근본적인 것과 AEDP에 정보를 제공하는 정서 변화 모델에서 중심적인 것은 타인의 영향이 자기의 발달을 위해 개념화되는 것이 얼마나 강력한가이다. 우리의 자율성, 탐색, 개별적 성장 등의 기초가 되는 바로 그 안전감은 타인의 실제 가용성, 이해 및 반응성을 기반으로 하여 타인과의 경험을 통해 발달하는 타인에 대한 믿음에 뿌리를 두고 있다. 우리가 부모, 의미 있는 타인 또는 치료자로서 타인의 역할을 할 때, 영향을 미칠 엄청난 기회를 얻게 된다.

관계적 친근감을 유지하기 위해 사용되는 전략으로서 방어 개념(Bowlby, 1980; Main, 1995)은 감정을 촉진하는 환경affect-facilitating environment의 실패를 보상하기 위해 사용되는 전략으로서의 AEDP의 방어 개념에 대한 상대적 개념이다. 방어는 개인이 내적ㆍ외적 세계를 다루는 데 있어, 안전의 원천인 애착 대상을 얻지 못할 때 야기되는 불안을 다루기 위해 전면에 등장한다. 양육자의 가용성 여부에 따라, 개인의 행동은 양육자가 이용 불가능하거나 반응하지 않을 때는 보수적인 안전 회복(즉, 방어/보호 전략의 개시)을 목표로 하고, 양육자가 이용 가능하고, 반응적이며, 아동이 안전하다고 느낄 때는 내적ㆍ외적 세계에 대한 성장 강화와 자기 확장적 탐색을 목표로 할 것이다.

2) 환경의 실패에 대한 반응으로서의 방어

아동의 애착 유형은 '낯선 상황' 패러다임에서 나타나는 행동에 따라 분류된다(Ainsworth et al., 1978).[1] 안정 애착에서는 신뢰할 수 있고, 반응적인 양육의 결과로 두려움과 불안이 억제된다. 불안정 애착 유형에서는 방어 기제에 의존하여 두려움과 불안을 억제한다. 하지만 혼란 애착은 양육자의 분열된 보호 능력을 보상할 만큼 방어 기제가 충분히 강력하지 못했기 때문에 안전의 구조를 깨부수는 두려움에 대한 돌파를 반영한다.

안정 애착 유형과 불안정 애착 유형에 대한 구별의 핵심은 양육자가 반응적이고 도움이 되는 양육을 제공하지 못함에 따라 발생하는 파괴적 불안에 대응하기 위한 시도로서의 방어 개념으로, 이는 개인의 내적 작동 모델에 통합되고 애착 유형에 반영된다(Bowlby, 1980). 방어 과정은 고통스러운 경험을 최소화하기 위한 조직적인 대처로서 보호 기능을 하지만, 부적절한 결과도 가져온다. 관계 안에서, 세상 안에서 기능하는 방어의 정도는 특히 불안정한 내적 작동 모델을 특징으로 하는 성격 형태로 발달하는 정신병리에 대한 회복탄력성과 증가된 취약성 사이의 구분점이 된다.

안정 애착은 정신병리 발달에 대한 강력한 보호 요소이다. 특히 트라우마가 미치는 부정적 영향에 대한 보호 요소이다(Alexander et al., 1995; Eagle, 1996에서 인용). 반면, 불안정 애착은 정신병리 발달의 임계점을 더 낮춘다(Coates, 1998; Dozier, Stovall, & Albus,

---

1) '낯선 상황' 패러다임에서는 흥미로운 장난감이 가득한 방에서 아이와 양육자가 잠시 함께 논다. 잠시 후, 양육자는 아이를 친근한 낯선 사람(즉, 실험자)에게 남겨 두고 떠난다. 약 3분 후 양육자가 돌아온다. 양육자와 아이는 잠시 다시 함께 논다. 그다음 양육자와 실험자가 모두 떠나고, 아이는 3분 동안 혼자 있게 되고, 그 후 양육자는 돌아와 계속 함께 머문다. 그 상황의 괴로운 특징은 낯선 방, 낯선 사람, 두 번에 걸친 부모와의 3분간 분리, 고립 그 자체의 경험을 포함한다.

1999; Urban et al., 1991). 직관적으로 예상할 수 있듯이 트라우마와 상실은 안정 애착의 형성을 방해하며(Lyons-Ruth & Jacobvitz, 1999; Main & Hesse, 1990), 안정 애착은 최적의 발달을 촉진한다(Coates, 1998; Erickson, Sroufe, & Egeland, 1985; Urban et al., 1991).

3) 정서적 유능성

변화 정서 모델의 우세한 관점에서 보면, 애착 이론은 강렬한 감정 경험의 관계적인 처리와 그러한 경험에 대한 이자관계에서의 처리를 내재화하는 장기적인 결과 모두에 관한 것이다. 감정은 치료라는 변형 과정에서 그러하듯 애착 유형의 진화에 중요한 역할을 한다. 관계를 맺으면서 느끼고 다루는 정서적 유능성은 내적 작동 모델이 이자관계에서 정서적 경험의 처리를 어떻게 반영하는지 재구성하는 방법을 소개한다.

정서적 유능성은 안전을 보장하는 관계, 즉 애착과 자기의 본래 모습을 유지하면서, 최적의 기능을 위해 정서를 느끼고 처리할 수 있도록 한다. 느끼지만 다루지 않는 것(감정에 압도되어 대처할 수 없음)과 다루지만 느끼지 않는 것(대처하기 위해 감정을 '계속해서 자동적으로' 제거함) 모두 방어 전략의 산물이다. 친근감은 손상된 외적 기능(저항 애착 유형)이나 내적 유연성과 활력의 상실(회피 애착 유형)을 대가로 이루어진다.

애착 범주는 다양한 유형의 정서적 유능성을 반영한다. 즉, 그것들은 강렬한 감정 경험을 다루는 데 있어서 구별되는 관계 전략을 나타낸다. 안정 애착에서 유연한 전략에 기반하여 감정을 관계적으로 건강하게 처리하면 풍부한 감정 경험이 가능해진다. 불안정 애착에서는 감정 촉진에 실패한 정서적 환경에 대한 반응으로 두 가지 방어적 해결책이 생긴다. 무실서/혼란 애착 유형에서 방어 전략은 두려움이 접근하지 못하도록 저지함으로써 심리적 응집력의 유지에 실패한다.

(1) 안정 애착

관계 속에서 감정을 느끼고 다루기. 안정적으로 애착이 형성된 아동은 분리와 재회에 대한 감정을 경험할 수 있고, 그것에 압도되지 않으며, 회복탄력성의 근원이 되는 애착 강도를 높인다. 분리에 맞닥뜨리자 아동은 울고 저항하며 놀이에 흥미를 잃는다. 그러나 어머니와 재회하면, 아동은 어머니로부터 위안을 받을 수 있고, 다시 차분하게 열정적인 탐색 놀이를 시작한다.

(2) 불안정 애착

감정을 느끼지만 다루지 않기. 관계를 놓을 수 없고, 자신의 감정도 조절할 수 없는, 불안정하고 저항하는 아동은 어머니와의 분리로 인해 울지만, 어머니가 다시 돌아와도 마음을 진정하기 어렵다. 계속 칭얼거리고 매달리느라 놀이를 다시 시작하지 않는다. 관계 유지는 아동의 독립적인 기능과 환경 탐색이라는 대가를 치른다. 여기서 문제는 지나치게 많은 감정이 아니라, 예측할 수 없는 양육자의 신뢰성에 의해 촉발된 감정과 뒤섞인 과도한 불안이다. 저항하는 아동의 칭얼거림과 울음은 가눌 수 없는 슬픔(상실로 인해 유발되는 핵심 감정)의 경험과는 거리가 멀다. 대신, 슬픔, 불안 그리고 애착 관계를 과도하게 위협할 수 있는 분노의 방어적 배제가 혼합되어 있다. 여기서 퇴행적 방어는 불안이 더 가득 찬 다른 감정을 방어하기 위해 특정 감정을 사용한다. 여기에도 방어적 배제가 있는데, 탐색과 독립적 기능은 애착 관계를 방해할 수 있는 감정들과 마찬가지로 아동의 정서 어휘 목록에서 제거된다. 저항 애착 유형은 최적의 기능에 좋은 영향을 주기보다는 방해하는 정서성emotionality(핵심 정서가 아님)에 대한 단계를 설정한다.

감정을 다루지만 느끼지 않기. 불안정하고 회피적인 아동은 기능하기 위해 감정적인 삶을 희생한다. 아동은 시종일관 양육자의 분리와 재회에 대해 무관심한 모습으로 이별에 대한 괴로움도, 재회에 대한 기쁨도 보이지 않는다. 그러나 생리학적 관찰 결과는 이들 역시 애착의 변화에 따라 표현을 더 하는 다른 유형의 아이들과 마찬가지로 자극받는다는 것을 보여 준다(Cassidy, 1994). 회피하는 아이들의 놀이가 흥미와 즐거움의 차원에 있어서 안정 애착 유형 아이들의 놀이와 구별될 수 있을지 관찰하는 것은 흥미로울 수 있다. 여기에서 작동하는 파우스트식 거래로 이루어지는 방어 전략은 관계의 중요성을 최소화하고 정서적 감동을 억제함으로써 관계를 유지한다. 하지만 그러한 정서 억압, 즉 감정을 느끼지 않는 것은 미래에 아이의 문제로 나타날 수 있다. 따라서 감정을 느끼는 것과 관계를 맺는 것은 밀접하게 얽혀 있기 때문에 정서 억제는 최소한의 관계적 참여와 관련이 있다. 회피 애착 유형은 미래의 고립, 소외, 정서적 빈곤 그리고 고착해야 자기의 불안정한 통합을 위한 장을 마련한다.

(3) 무질서/혼란 애착

감정을 느끼지도, 다루지도 않기. 무질서/혼란 애착에서, 부모가 물리적으로는 존재하나, 그들의 일시적인 정서적 상실뿐만 아니라 부모에게서 자녀로 전달되는 두려움과 혼란의 전염(Main, 1995; Main & Hesse, 1990)은 극심한 불안과 압도적인 감정을 유발한다. 이러한 결합은 무질서를 초래하는 의식의 분열로 이어진다. 애착 유대 자체가 위협을 받는다. 분리에 대한 취약성은 비록 오래가지 않더라도 아동이 경험하는 위험을 고조시키고, 끔찍한 외로움을 느끼게 만든다. 이때의 감정은 주로 공포이며, 인지와 행동의 구조를 파괴하고, 자기의 온전성을 해체한다. 무질서/혼란 애착은 두려움을 완화하는 가장 기본적인 지원조차 제공하지 못하는 관계의 실패에서 비롯되고, 파괴적인 영향을 보여 준다. 대신, 겁먹거나 겁주는 것을 번갈아 경험하는 양육자와의 바로 그러한 관계는 (Main, 1995) 성격의 해리와 분열이 위험에 직면한 상태에서 더 만연해지는 정신적 분열을 막기 위한 단 하나의 실행 가능한 전략이 되는 토양을 비옥하게 하면서, 아동의 공포 반응을 증가시킨다. 품어 주는 환경의 붕괴라는 트라우마에 대한 반응에서 무질서한 아동들의 행동은 신체가 충격에 빠지는 것과 같이 심리적으로도 그러하다.

4) 성찰적 자기 기능

성찰적 자기 기능(Fonagy et al., 1991)은 타인의 경험을 자기 자신의 경험과 다른 것으로 성찰함으로써 타인의 반응을 경험할 수 있는 것을 포함하여, 정신 상태 측면에서 타인의 소망, 의도, 행동을 알아차릴 수 있는 능력을 말한다. 성찰적 자기 기능은 아동이 자신의 마음과 타인의 마음 모두에 대한 마음 이론을 가지고 있음을 보여 준다. 이글(Eagle, 1995)이 묘사한 것처럼, 그것은 "본인의 초기 경험에 대해 성인이 되어서 취하는 자세"이다. 코아테스(Coates, 1998)는 성찰적 자기 기능을 자기 자신의 마음을 소유하면서 타인을 마음에 두는 능력으로 본다.

사람은 고유의 마음 상태를 그대로 인식한다. 자신의 고유한 신념과 의도하는 선호를 알고 있다. 여기에는 타인들은 상당히 다르게 느낄 수 있다는 가능성이 함축되어 있다. …… 이러한 인식의 발달에 있어서 나타나는 중요한 결과는 정신 상태가 어느 한 시점에서 다음 시점으로, 그리고 어느 한 상황에서 다음 상황으로 변할 수 있다는 점을 이해하게 된다는 것이다. 또한 정신 상태도 실수할 수 있으며, 사람마다 다를 수 있다(pp. 120-121).

포나기와 동료들은 성찰적 자기 기능의 발달이 아동의 안정 애착과 상관관계가 있다는 것을 입증했다(Fonagy et al., 1991). 최소한 한 부모에게 안전하게 애착을 형성한 아동들은 일찍이 마음 이론을 발달시키고, 정서적으로 충만한 상황에서 그것을 더 잘 사용할 수 있다.

한층 더 강력한 이유로 불안감을 주는 애착 경험에 대한 성찰을 허용함으로써 성찰적 자기 기능은 방어적 배제와 반대가 된다. 감정적으로 알려진 정보에 근거한 성찰 능력은 자기가 위축되고 왜곡하는 방어에 의존하지 않고, 양육의 한계를 극복하도록 한다. 그것은 역경에 직면해도 두려움을 관리하고, 안전을 제공하는 친근감을 강화하며, 탐색을 촉진하기 위한 또 다른 도구들을 제공함으로써 개인이 최적의 적응을 하도록 진전시킨다.

성찰적 자기 기능을 발휘함으로써, 개인은 트라우마를 초월할 수 있다. 자신의 경험을 성찰하면서 타인의 반응을 인지적으로뿐만 아니라 감정적·공감적으로 이해할 수 있는 것은 자기에게 더 많은 자유와 선택권(예를 들어, 더 정서적으로 가까워질지 더 거리두기를 할지 등)을 준다. 그것은 아동에 대한 양육자의 느낌을 포함하여, 양육자의 현실을 내면화하기에 앞서 중요한 별도의 단계를 추가한다. 예를 들어, 양육자가 아동이 무가치하거나 나쁘다고 믿는 것이 양육자의 행동에 담겨 있다 해도, 아동은 그것이 양육자만의 견해라고 처리할 수 있고, 스스로에 대한 파괴적이고, 고통을 유발하고, 부적응적인 관점을 자동적으로 내면화, 즉 소유할 필요가 없다. 감정적으로 혐오스러운 상황에서, 높은 성찰적 자기 기능은 방어적 배제의 욕구가 시작되는 임계점을 높이며, 개인이 트라우마를 초월하도록 돕고, 정신병리보다는 회복탄력성을 위한 씨앗을 뿌린다.

3. 애착 현상과 관련된 감정

감정은 애착 과정 작업에서 기본이 된다. 모든 애착 노력은 감정 경험, 즉 안전감에 대한 자기의 경험에 의해 인도된다. 하나의 경험 상태(안정감)를 달성하고, 또 다른 상태(두려움/공포/불안)를 피하고 대응하는 것의 기능적 목표는 본질적으로 애착을 조절하는 것이다(van den Boom, 1990). 두려움과 안전감의 상대적 균형이라는 감정 경험은 개인이 세 가지의 애착 행동 체계를 다루는 데 사용하는 것이다.

모든 애착 경험을 심리적으로 도전적이게 만드는 것은 그것이 일으키는 감정이 너무 강렬하기 때문이다. 두렵고 실제적인 상실, 분리, 버림받음, 고립된 상태, 재회는 모두 강력한 정서를 불러일으킨다. 반응적인 애착 대상과의 친근감은 평온, 행복, 자신감의 상태 및 안전감과 관련이 있다(Sandler & Joffe, 1965). 실제적인 것이든, 두려운 것이든 분리와 상실은 공포, 분노, 슬픔, 고통, 비탄뿐 아니라 의지할 곳 없는 느낌, 무력감, 버려진 느낌과 같은 고통스러운 고립 상태와 관련된 감정 경험을 유도한다. 애착 대상과의 재회는 안도감과 기쁨을 가져다줄 뿐 아니라 행복감을 회복시킨다. 또한 풍부함, 열정 및 숙달 경험과 관련된 정서는 안전감을 배경으로 이루어지는 탐색을 수반한다. 반응적인 타인과의 친근감 자체는 그 사람에 대한 깊은 사랑의 감정으로 이어진다.

1) 애착 경험의 경험적 구성 요소

애착과 관련된 감정 경험의 현상학, 즉 실제 경험적 특성은 이론적으로나 경험적으로 충분히 연구되지 않았다(Eagle, 1996, p. 111). 우리는 행복감, 평안, 자신감의 상태뿐만 아니라 상실, 슬픔, 두려움, 기쁨의 현상학에도 익숙해질 필요가 있다. 하지만 슬픔, 분노, 기쁨과 같은 핵심 정서와 핵심 감정 상태 외에도, 인식되고 정교해질 필요가 있는 수용적 감정 경험이 많다(Fosha & Slowiaczek, 1997; McCullough, 1997). 예를 들어, 많은 깊은 감정은 특히 보다 성숙한 사람들에게 보살핌을 잘 받은 것에 대한 반응으로 생겨난다. 볼비가 말했듯이, "더 강하고 현명하게 보이는 누군가가 반응적이고 깊은 사랑을 준다면, 그 사람과 가까워지고 싶거나 친밀해지고 싶은 욕구는 인간 본성의 필수적인 부분으로서, 삶에서 중요한 역할을 하는 것으로서 인식된다."(Bowlby, 1991, p. 293).

우리의 개념적 모델은 수용적 경험은 물론 사랑, 감사, 연결, 공감 그리고 깊은 보살핌과 이해를 받음으로써 발생하는 다른 모든 정서 상태에 대해 묘사하고 이야기하는 방법을 포함하도록 확장되어야 한다. 애착 현상과 관련된 감정 경험을 개념적이고 임상적으로 최대한 발달시키기 위해서는 그것을 단순히 추상적 구조가 아니라 경험적 상관관계와 특성을 가진 접근 가능한 현상으로 탐구하는 것이 필수적이다. 예를 들어, 이글(Eagle, 1996)은 "자신의 애착 욕구를 공개적으로 경험할 수 있는 능력"(p. 133)을 포함하여, 안정 애착의 성숙한 표현에 대한 특성을 묘사하였다. 여기에 애착 경험과 관련된 부정적/긍정적 감정을 모두 공개적으로, 즉 불안이나 수치심 없이, 경험하고 표현할 수 있는 능력이 추가되어야 한다. 제7장은 애착 현상과 관련된 감정을 포함하여 핵심 감정에 관한 현상학적 탐구에 전념한다. 이러한 감정 경험을 촉진하기 위해 핵심 감정 경험의 현상학적 기초를 알아야 한다. 그 경험에 신체본능적으로 기반한 작업은 치료적 변화의 견고성을 강화할 뿐만 아니라 변형 과정에 필수적이다.

4. 요약

지금까지 우리는 애착의 구성 개념에 대한 몇 가지 측면, 즉 애착을 구성하는 세 가지 행동 체계, 애착의 재현적 측면(관계의 내적 작동 모델 및 성찰적 자기 기능), 애착 경험의 조절과 내면화에서 근본적인 역할을 하는 애착 현상과 관련된 감정에 관해 살펴보았다.

신뢰할 수 있는 동반자와의 유대에 의해 조성된 안전감은 두려움(공포/불안)을 상쇄하고, 탐색과 위험 감수를 촉진하며, 충만한 감정 경험을 키운다. 안전감이 없으면 모든 정신병리의 어머니인 불안이 자리 잡는다. 불안은 양육자가 소용이 없거나 반응을 보이지 않는 것에 대한 반응으로, 심리적 위험에 직면했을 때 혼자라는 느낌에 뿌리를 두고 있다. 방어는 애착 관계가 안전을 확립하지 못한 곳에서 안전의 재확립을 위해, 그리고 한계가 있는 애착 대상으로부터 비롯되는 사용 가능한 양육을 최적화하기 위해 발생한다. 방어의 기능은 자기의 온전성과 애착 관계의 생존 가능성을 위협하는 심리내적이고 대인관계적인 감정 경험을 배제하는 것이다.

내적 작동 모델은 이러한 패턴을 포착하여 심리구조로 표현한다. 성찰적 자기 기능은 방어의 발달에 대한 적응적 대안이며, 안정 애착과 회복탄력성을 촉진한다. 실제로, 성찰적 자기 기능에 대한 능력은 방어적 배제의 반대인데, 이는 타인의 상태에 대한 확고하고 충분한 지식을 포함하기 때문이다. 성찰적 자기 기능의 작동은 환경의 실패에 직면하여 일어나는 병리 발달의 임계점을 높인다.

안정 애착과 성찰적 자기 기능은 또한 감정적 접근을 극대화하게 된다. 불안정 애착과 혼란 애착은 낮은 성찰적 자기 기능에 기반한 기능뿐만 아니라 감정 경험에 대한 접근성의 감소와 관련이 있으며, 이는 결국 적응 능력이 손상되었음을 반영한다. 감정 경험에 충분히 접근하지 못하면, 관계의 세계를 탐색하기 위해 사용하는 나침반이 손상되고, 성격은 활력과 풍요로움을 빼앗긴다.

애착 모델의 치료적 의미는 명확하다. 내담자가 치료자와의 관계에서 안전감을 느끼는 것이 핵심이다. 이는 불안을 줄이고, 방어에 대한 의존 욕구를 없애고, 감정 경험에 대한 깊은 탐색을 돕는데, 이것이 AEDP가 촉진하고 노력하기 위해 추구하는 심오한 변형의 열쇠이다.

다음 장에서는, 어떻게 안정 애착이 촉진되는지, 즉 무엇이 충분히 좋은 양육자를 정말 충분히 좋게 만드는지 고려하고자 한다. 주요 주제는 감정 관리와 치료적 노력에 관한 연구 결과의 적용에 관한 것이다.

제3장
충분히 좋은 양육자와 최적의 이자관계적 과정

최적의 발달을 촉진하기 위해 안정 애착의 힘을 확립하였으므로, 이제 양육자의 어떤 자질과 반응이 아동을 위한 안전 기지로서 기능할 수 있도록 이끄는지, 변화 정서 모델 the affective model of change에서 치료자가 어떻게 양육의 필수적 측면을 치료적 역할에 통합할 수 있는지를 탐구하기 위해 양육 체계에 관심을 돌린다. 우리의 탐구는 다음 질문들에 대한 답을 찾아가면서 이루어진다.

- 양육은 어떻게 발달하는 자기self를 변형시키는가?
- 충분히 좋은 양육의 교훈을 치료에서 어떻게 사용할 수 있나?
- 애착과 변화 정서 모델에서 무엇이 안전하고 덜 방어적인 상호작용을 증진하는가?
- 어떻게 AEDP 치료자의 자세와 기술이 안전하고 덜 방어적인 상호작용의 촉진이라는 과업에 놀라울 정도로 적합한가?

감정이 관계적으로 처리되는 방식인 정서적 유능성은 충분히 좋은 양육자를 충분히 좋게 만드는 것의 토대로서 드러나게 된다. 양육자의 민감한 반응성, 안정 애착, 높은 성찰적 자기 기능에 대한 능력의 정도는 정서적 유능성의 발현으로 재구성될 수 있다. 또한 감정 관리라는 주제를 따라가는 것은 변화를 불러일으키고 지지하는 치료적 노력과 그 잠재력을 조명한다.

만약 아동에게 있는 정서적 유능성이 양육 관계를 유지하고, 세상을 계속해서 발견해 나가는 동안 분리, 재회, 상실이라는 애착 사건들과 연합된 강렬한 감정을 관리하는 데 관여한다면, 충분히 좋은 양육자의 정서적 유능성이 검증될 때 부담이 커진다. 양육자의 정서적 유능성은 자신의 감정을 관리하는 것은 물론 아동이 감정을 다루도록 도울 수 있는 능력을 포함한다. 양육자는 자기와 타인, 감정과 행동, 공감과 진정성, 민감성과 효율성 사이를 유연하게 오갈 수 있어야 한다. 이러한 이분법적 용어들이 충돌 또는 양립할 수 없는 것으로 경험될 때 문제가 발생한다. 양육자가 지닌 최적의 정서적 유능성은 두 사람 가운데 어느 누구라도 감정 상태 조율을 위해 희생할 필요가 없이, 변증법적 참여의 미묘한 균형을 반영한다.

1. 양육자의 민감한 반응성과 유용성

많은 연구(예: Ainsworth et al., 1978; Bates, Maslin, & Frankel, 1985; van den Boom, 1990)에서 애착 상태와 양육자의 민감한 반응성과 유용성 사이의 상관관계를 보고한다. 중요한 것은 민감성과 조율이 학습되고 증진된다는 것이며(van den Boom, 1990), 즉 애착 상태는 환경의 변화에 따라 유동적이고 반응적이라는 것이다.

1) 어머니의 민감한 반응성과 유용성

메리 아인스워스가 안정 애착을 보이는 자녀의 어머니들을 특징짓는 두 가지 용어, 즉 부드럽고 조심스럽게 안아 주기와 유아의 신호와 의사소통에 얼마나 민감하고 반응적인가를 일관되게 언급하는 것은 감정 처리의 다른 측면을 암시한다. 하나의 용어는 어머니-자녀 상호작용의 감정적 측면(부드럽고, 민감한)과 관련되어 있는 반면, 다른 용어는 자녀에 대한 어머니의 감정과 조율이 어떻게 상호작용(조심스럽고, 반응적인)에 영향을 미치는가와 관련이 있다. 네 가지 용어들을 모두 사용하는 것은 최적으로, 어머니가 상호작용에서 매 순간의 변화를 처리하면서 동시에 본인의 정서적 반응뿐만 아니라 자녀의 감정 상태에 접근할 필요가 있다는 것을 나타낸다.

그러한 처리는 정서적 유능성의 한 측면이다. 또 다른 것은 아기의 정서 상태를 인식할 때, "거울반응하기를 넘어서" 그 정서에 숙달하고, 정서에 압도되기보다는 "고통을 다루는" 양육자의 능력에 달려 있다(Fonagy et al., 1995, p. 243). 이것이 실제적인 유용성의 차원이다(Bates, Maslin, & Frankel, 1985). 포나기와 타깃(Fonagy & Target, 1998)의 말에 따르면, 주사 맞은 아기를 효과적으로 달래는 어머니의 거울반응하기는 "유머, 회의 감, 역설과 같은 아기의 현재 느낌과 공존할 수 없는 감정의 표현으로 인해 '오염'되며, 이는 대처, 신진대사화, 또는 담아 주기를 반영한다."(p. 94) 양육자가 자신을 뚜렷하게 타인으로 드러내는 이러한 비수반적 반응성은 아기의 고통을 즉시 반영하고, 어머니(또는 치료자)의 고유한 감정 대처 기술을 사용하게 한다. 따라서 양육의 수혜자(아이 또는 내담자)는 그 능력을 더 쉽게 내면화할 수 있게 되고, 결국 자신의 고통을 스스로 조절할 수 있게 된다.

2. 애착의 안전한 내적 작동 모델과 성찰적 자기 기능

어떠한 부모 특성이 아동의 안정 애착을 촉진하는가를 평가하기 위해, 포나기와 동료들, 메인과 동료들은 양육자의 재현적representational 과정, 즉 내적 작동 모델과 성찰적 자기 기능의 속성이 아동에게 미치는 영향에 대해 연구하였다. 애착의 안전한 내적 작동 모델과 높은 성찰적 자기 기능에 대한 개념은 정서적 유능성의 매우 강력한 유형을 구성한다. 두 가지 모두 아동에게 본인만의 안전과 관계성을 일으키고, 세상을 탐색할 수 있는 수단으로 내면화되고 제공될 수 있는 긍정적인 경험을 포함하며, 치료적 노력으로 많이 전이될 수 있다.

양육자 자신의 애착에 대한 안전한 내적 작동 모델에 기반한 충분히 좋은 양육은 정서적 유능성을 생산하고, 방어적 책략을 요구하지 않는 일종의 감정적-관계적 경험을 촉진한다. 양육자의 높은 성찰적 자기 기능을 기반으로 한 충분히 좋은 양육은 아동에게 자신이 깊이 있고 다정스럽게 이해받고 있다는 강력한 감각을 불러일으킨다. 아동은 자신의 경험을 성찰하는 능력을 발달시키며, 이는 역경을 초월하는 회복탄력성과 능력을 증진한다.

1) 정서적 유능성과 양육자의 애착 유형

성인 양육자의 재현적 과정에 관한 연구는 모두 애착과 관련된 성인의 심리 상태를 알아보는 도구인 성인 애착 면담Adult Attachment Interview: AAI을 기반으로 한다(Main & Goldwyn, 1990). "놀라운 무의식"(George et al., 1985: Main, 1995 인용)으로 묘사된 기법을 사용하는 반구조화 면담은 사랑받거나 사랑받지 못한다는 느낌, 화가 나거나 아픈 기억, 이별과 상실에 대한 기억과 같은 어린 시절의 애착과 관련된 경험의 기억을 살핀다. 연구참여자들은 안정-자율, 불안정-집착, 불안정-무시, 미해결-혼란이라는 네 가지 애착 유형으로 분류된다.

(1) 안정 애착: 정서적 유능성

관계하면서 감정을 느끼고 다루기. 방어 전략에 의존하지 않고 고통스러운 감정을 다룰 능력이 있는 안정-자율형 양육자는 압도되거나 거리두기를 할 필요가 없는 감정인 애착과 관련된 정서성이라는 롤러코스터에 아동을 태울 수 있다. 아동은 결국 자신의 정서적 유능성으로 발전하는 정서적 자신감과 균형을 내면화한다.

(2) 불안정 애착: 절충된 정서적 유능성

감정을 느끼지만 다루지 않기. 불안정-집착형 양육자는 자신의 감정을 조절할 수 없다. 그것의 강도에 의해 야기된 불안은 그들을 압도하고 기능하는 것을 방해한다. 그들은 아이의 고통을 안정적으로 처리하는 데 어려움을 겪으며, 도움을 받지 못한 아이는 심지어 양육자를 돌봐야 할 수도 있다. 그러한 양육자를 둔 불안정-저항형 아이는 일관성 없는 양육과 싸워야 한다. 그들의 대처 패턴, 즉 어머니가 다시는 사라지지 않을 것이라고 자신을 안심시키기 위해 어머니를 면밀하게 주시하고 매달리는 것은 비일관성과 관련된 두려움과 고통을 관리하는 방식이다.

감정을 다루지만 느끼지 않기. 불안정-무시형 양육자는 관계의 중요성을 방어적으로 최소화하고, 과거를 거의 기억하지 않으며, 감정적으로 냉정함으로써 평정심을 유지한다. 이러한 양육자는 자신 또는 타인과 정서적으로 관계를 맺지 않는다. 아이의 정서적 각성은 정서적 거리를 더할 뿐이며, 그 결과 아이는 버림받았다고 느끼고, 자신의 정서를 무가치하고 수치스러운 것으로 경험하게 된다. 초기의 정서적 각성에 압도되고 평가절하된 느낌으로 인해 더욱 고립되었기 때문에 지금은 회피형이 되어 버린 아동은 정서적으로 반응하지 않는 양육과 관련된 거부의 고통에 대처하는 방식으로 양육자의 내적 작동 모델을 내면화한다. 그 고통은 아이가 혼자 감당하기에 정서적 능력을 넘어선다.

(3) 미해결 혼란 애착: 정서적 유능성의 실패

감정을 느끼지도 다루지도 않기. 미해결-혼란형 양육자는 접촉과 일관성 모두를 잃어버린다. 잠깐 해리 상태의 어느 한쪽이 마비되었기 때문에 양육자는 양육을 할 수 없게 되고, 그 순간 아이는 상실의 트라우마를 겪게 된다. 주요한 분열적 감정인 두려움이 관계 안에 담기지 못하면, 무력한 부모의 포기 앞에서 충분히 보호받지 못한 채 남겨진 아이에게 전해진다(Lyons-Ruth & Jacobvitz, 1999).

앞서 설명한 바와 같이, 양육자는 내적 작동 모델을 자녀에게 전하며, 부모에 대한 자녀의 애착에 관해서도 그러하다는 점이 연구 결과로 뒷받침된다. 안정된 부모는 자신과 안정적으로 애착된 자녀를, 불안정한 부모는 자신과 불안정하게 애착된 자녀를 갖게 된다. 일반적으로 부모와 자녀 애착 상태를 특징짓는 유사한 유형의 불안정성이 나타난다(Fonagy et al., 1991; Levine, Tuber, Slade, & Ward, 1991; Main & Goldwyn, 1990; Steele, Steele, & Fonagy, 1996). 애착 연구는 특히 유아기 애착 유형의 관계 특정적 본질이 내포된 환경적 요인에 대한 경험의 반응성을 증명한다(Fonagy et al., 1991; Steele, Steele, & Fonagy, 1996; Main, 1995). 즉, "아동은 관계에서 부모의 작동 모델의 발현에 기초하여, 아동의 주양육자와 관련된 구별 가능한 일련의 기대를 발달시키고 유지한다."(Fonagy et al., 1995, p. 240) 이 나이에, 애착 안정성은 아동의 관계 양상을 전반적으로 설명하는 아동의 특성이 아니다. 대신에, 다양한 부모-자녀 관계에 대한 각기 다른 내적 작동 모델을 찾는다. (같은 부모에 대한 다른 자녀들의 애착 상태를 탐구한 연구는 매우 적거나 거의 없다. 그러한 연구는 각 자녀와의 관계 양상에 영향을 미치는 양육자의 다양한 내적 작동 모델을 반영하면서, 관계에 국한되어 있을 가능성이 높다.) 애착 상태는 타인의 변화에 반응적이다. 즉, 짧은 시간에, 아동의 애착 상태는 어머니의 민감한 반응성이 증가함에 따라 점점 더 안정되며, 이는 그것을 강화하기 위해 특별히 고안된 개입에 대응하여 변화된다(van den Boom, 1990).

변화 정서 모델에서 특정 조건에 대한 반응성 및 유연성과 함께 시간에 따른 관계 양상의 연속성은 과거를 형성하는 힘(내담자가 가지고 온 것)과 순간의 힘(내담자와 치료자 사이에 일어나는 것) 모두를 허용한다. 거기-그때(형성된 과거)와 지금-여기(현재의 역동) 모두는 두 사람과 그들의 상호작용에 대한 매 순간의 경험을 구축하는 데 기여하고 만들어 간다.

전통적인 정신분석학은 현재를 형성하기 위하여 과거의 힘에 특권을 부여하였다. 변화 정서 모델은 둘 다 강력한 영향을 미친다고 주장하는데, 비비, 제프, 라흐만(Beebe, Jaffe, & Lachmann, 1992; Beebe & Lachmann, 1988, 1994; Beebe, Lachmann, & Jaffe, 1997; Lachmann & Beebe, 1996)이 이에 동조하는 견해를 드러냈다.

전이에 대한 우리의 관점은 전이가 상호작용을 통해 조직화되고, 발달적으로 변형되는 것을 인정한다. 분석가와 내담자의 기여는 비슷하지도, 동등하지도 않지만, 상호작용을 통해 내담자의 단단하게 유지되었던 구조에 분석적으로 관여하고, 반응하며, 변형시킬 수 있다. 따라서 새로운 경험과 새로운 기대를 위한 기회를 제공하는 분석은 새로운 주제를 조직할 수 있다(Lachmann & Beebe, 1992, p. 145).

새로운 경험을 조직할 수 있는 새로운 기대와 함께 새로운 경험에 대한 이러한 기회들은 변화 정서 모델의 핵심이다. 치료자와의 경험을 통해 만들어지는 상호작용적 구조는 내담자의 레퍼토리가 되고, 내담자의 기대를 만들고, 미래의 상호작용에 기여하며, 과거의 상호작용에서 비롯된 내담자의 표상을 재구성한다.

2) 양육자의 성찰적 자기 기능과 애착

성찰적 자기 기능에 대한 의존은 심리적 역경에 직면하여 일어나는 방어적 배제에 대한 의존과 반대되는 것으로 이해할 수 있다. 부모의 높은 성찰적 기능은 다음 세대를 매우 안전하게 보호한다(Coates, 1998; Fonagy, Leigh, Kennedy et al., 1995; Fonagy et al., 1995; Main & Hesse, 1990). 실제로, 이 연구들은 트라우마 및 조기 상실이라는 실제적 개인사보다 삶의 정서적 사건을 처리하는 양육자의 능력이 자녀의 애착 안정성에 대한 훨씬 더 강력한 예측 요소임을 보여 주고 있다.

성찰적 자기 기능은 트라우마와 내적 작동 모델 특성 사이의 주요한 매개 변인이다. 성찰 능력은 회복탄력성을 키우고, 병리의 원인이 되는 외상성 스트레스 요인의 힘을 없애며, 병리에 대한 원인의 세대 간 대물림을 막는 힘이 있다(Fonagy et al., 1995, p. 255). 따라서 성찰적 자기 기능은 두 번째 기회를 제공하며, "성찰적 과정이 발달하는 데 있어서 심지어는 단 하나의 안전/이해하는 관계만으로도 충분할 수 있다."(Fonagy et al., 1995, p. 258). 여기에서 자기 복원 경향성의 강인함에 대한 추가 증거가 제시된다. 지배적인 애착 대상이 될 필요가 없는 사람이라도 이해해 주는 타인과 맺는 오직 하나의 관계를 통해서도 트라우마의 영향이 변형될 수 있다. 이러한 연구들은 매우 불리한 상황에서도 회복탄력성과 자기 치유에 도움이 되는 성찰적 자기 기능의 힘을 조명한다. 이것은 내담자의 자원과 능력에 대한 강조, 치료자와의 관계가 갖고 있는 변형의 잠재력이라는 AEDP의 두 가지 중심적 주제와 매우 일치한다.

이 자료들은 이제 AEDP의 핵심 가정을 경험적으로 지지한다. 즉, 이해해 주는 타인과 함께 경험을 처리하는 능력은 변형을 일으키기 쉽다. 경험, 자기 그리고 필시 타인도 변화시킨다(Beebe & Lachmann, 1994; Beebe, Lachmann, & Jaffe, 1997; Seligman, 1998; Tronick, 1989 참조). 이제 우리는 그것이 상호작용으로 소통되고 세대에서 세대로 대물림되는 것을 변화시킨다는 강력한 증거도 가지고 있다.

삶에서처럼, 치료에서 발달된 성찰적 자기 기능은 병리의 세대 간 전수를 멈출 잠재력을 보여 준다. 그러한 기능이 없는 사람들은 치료자와 같이 그에 대한 능력이 높은 타인과 맺는 하나의 관계 속에 존재하는 상황에서 그 기능을 키우고 개발할 수 있다. 이러한 잠재력을 충족시키기 위해 치료자가 해야 할 일이 이 책의 주요 관심사이다. 이어서, 치료자의 자세와 개입, 즉 치료자의 높은 성찰적 자기 기능의 구현이 어떻게 내담자의 성찰적 자기 기능을 활성화하고 강화할 수 있는지 구체적으로 살펴본다.

양육자와의 관계적 경험이 심리구조에서 사라지지 않는다는 증거는 초기 경험이 평생의 관계 양상에 영향을 미칠 수 있는 힘을 가지고 있다는 전제를 뒷받침하며, 변화에 타협적이라도 오래된 경험에 의해 형성된 성격 구조에 새로운 경험이 미치는 영향이 제한적이라는 것을 암시한다. 그러나 현재 상황에 대한 반응성의 증거, 특히 자기 복원 경향성을 선호한다는 증거는 새로운 경험이 내적 경험과 그에 따른 심리구조에 빠르고 의미 있는 영향을 미칠 수 있음을 시사한다. 그렇다면 어떻게 이러한 모순처럼 보이는 결론과 치료에 대한 함의를 조화시킬 수 있을 것인가?

엠데(Emde, 1981, 1988)는, 이글(Eagle, 1995)이 동조한 바와 같이, 시간이 지남에 따라 심리구조의 분명한 안정성은 환경 조건의 안정성에 근거를 둔다고 지적한다. 비록 아동이 생후 12개월이 되면 부모의 애착 상태를 내면화하지만, 그 관계가 바뀌거나(van den Boom, 1990; Lamb, 1987) 아동이 다른 관계에 관여될 때, 아동 고유의 애착 상태는 새로운 경험과 일치하는 양상을 반영하기 위하여 바뀔 것이다.

현재 상황에 대한, 특히 회복적이거나 자기 복원 경향성을 선호하는 것에 대한 그러한 반응성은(Emde, 1981, 1988) 변화 정서 모델에 기반한 심리치료에 매우 좋은 소식이다. 그런데도 심리구조가 가소성을 가지고 있다면, 좋은 감정을 촉진하는 상황에 대한 반응을 유지하면서 병리를 유발하는 환경에 대한 면역성을 어떻게 발달시킬 수 있는가? 우리의 관심사는 치료자와의 경험이 여러 상황, 특히 타인이 항상 충분히 좋지 않은 상황(즉, 감정을 촉진하지 않는 경우)에 걸쳐 일반화될 수 있는 과정이다. 그렇다면 어떻게 고도로 적응적인 내적 작동 모델이, 특히 촉진적이지 않은 상황에서 덜 건강한 다른 내적 작동 모델보다 우위를 점할 수 있을 것인가?

그 해답은 경험을 성찰하는 능력에 있다. 여기서 우리는 치료 과정과 그 치료 과정에서의 변형적 힘에 대한 자신감에 가장 강력한 지지를 발견한다. 포나기는 타인과의 안전한 관계 하나만으로도 회복탄력성이 강화되고, 트라우마로부터 보호된다는 것을 증명하였다(Braithwaite & Gorden, 1991; Fonagy, Leigh, Kemmedy et al., 1995). 또한 트라우마적인 병력을 가지고 있지만, 성찰적 자기 기능이 높은 부모가 자신의 과거사를 극복하고 세대 간 대물림의 순환을 깨뜨린다는 증거도 있다(Fonagy, Leigh, Kennedy et al., 1995; Fonagy et al., 1995; Main, 1995). 심리치료의 측면에서 이러한 발견들은 하나의 안전한 관계가 역경을 이겨 내는, 또는 적어도 그 역경 때문에 파멸되지 않게 하는 회복탄력성을 개인에게 불러일으킬 잠재력을 가지고 있다는 것을 나타낸다.

알아차림이 변화를 일으킬 수 있다. 보다 구체적으로 말해, 변화 정서 모델은 깊은 정서적 경험에 확고하게 뿌리를 두고 성장하는 알아차림을 지지한다. AEDP에서 경험적 작업의 파도는 성찰 작업의 파도와 번갈아 나타난다. 그 목표는 새로운 적응적인 내적 작동 모델에 내면화될 수 있는 새로운 안전을 생성하는 경험을 키운 다음, 이러한 경험을 성찰하는 것이다. 감정적 정보에 근거한 성찰 능력은 현재의 혐오스러운 경험을 초월할 두 번째 기회를 제공한다. 또한 긍정적인 새로운 경험으로부터 일반화하고 현재 상황을 넘어 그것들을 최대한 활용할 기회를 만든다. 성찰은 내담자가 행복감에 도움이 되는 환경을 만들고, 활력을 고갈시키는 경험들이 행복감에 정서적으로 해롭다는 것을 이해함으로써 그에 대한 면역력을 키우도록 힘을 부여한다. 특히 자기 복원 경향성(Emde, 1981, 1988)에 우호적이며, 시간의 경과에 따른 관계 양상의 지속성과 환경 조건에 따라 반응하는 가소성 모두를 인정하는 모델은 현재를 형성하는 과거의 힘과 개인을 변형시키는 지금-여기의 힘 모두를 고려하게 한다.

3) 타인의 마음과 가슴에 존재하기

셀리그먼(Seligman, 1998)은 "이해는 경험에 관한 것이 아니다. 그것은 그 자체로 경험이며, 이러한 경험은 부분적으로 타인에게 이해받는 느낌 덕분에 안전을 느끼게 하는 그 타인의 매우 중요한 현존에 관여한다."(p. 84)고 주장하였다. 왜 높은 성찰적 자기 기능이 "안전을 경험하는 데 있어서 중요한 요소"인가?(Eagle, 1996, p. 135) 포나기(Fonagy, 1996)에 따르면 성찰적 자기 기능이 높은 양육자의 자녀는 타인의 마음속에 존재하는 경험,

다시 말해 이해받는 경험을 한다. "이해받고 싶은 생물학적 욕구는 …… 거의 모든 다른 목표에 우선한다."(Fonagy et al., 1995, pp. 268-269)

이해받고 싶은 욕구는 생물학적 욕구의 수준으로 높아졌다. 포나기는 성찰적 자기 기능을 통해 민감하고 반응적인 양육에 대한 매 순간의 조율과 애착 체계의 복잡하고 생존에 좌우되는 기능을 결합한다. 하나의 뚜렷한 움직임인 공감은 인간의 가장 기본적인 적응 목표를 충족시키는 중심 도구가 된다.

안정 애착의 근저에 있는 필수적인 과정 중의 하나로서 아이의 정신 상태에 대한 부모의 자신감 있는 기대에 강조점을 두는 것은 우리로 하여금 아이의 마음속에 있는 안전의 본질을 재고하게 만들 수 있다. …… 아이는 자신의 경험을 바탕으로 본인의 정신 상태가 적절히 반영되고 정확하게 반응받을 것이라는 가정이 가능한 범위 내에서 양육자와 관계될 때 안전하다고 말할 수 있을 것이다(Fonagy et al., 1991, pp. 214-215).

아동을 양육하는 것과 마찬가지로 치료에서도 치료자의 공감과 그에 대한 개인의 경험은 변화의 모든 것이 존재할 수 있는 토대를 제공한다. 셀리그먼(Seligman, 1998)이 말했듯이, "점진적 발달 및 정신분석 과정은 모두 그 핵심에 역동적이고 통합적인 관계 체계와 불가분의 부분으로서, 성찰적 이해와 사회적 상호작용에 동시에 의존하는 두 사람의 변형적 상호작용에 관한 특별한 유형들로 구성된다."(p. 83) 감정 경험을 신진대사 할 수 있는 능력, 즉 정서적 유능성은 성찰적 자기 기능에 필수적이다. 포나기 외(Fonagy et al., 1991)는 "자기와 타인의 심리적 기능에 대한 정신적 표상 능력의 발달은 감정 및 그에 대한 조절과 밀접한 관련이 있다."(p. 206)고 보았다.

포나기는 '타인의 마음속에 존재하기'를 강조하지만, 성찰적 자기 기능이 애착 안정성으로 이어지려면 아동은 타인의 가슴에도 자신이 존재한다는 감각을 가져야 한다. 인지적 품어 주기보다 훨씬 더 깊이 있는 성찰적 자기 기능은 감정적 품어 주기를 제공한다. 즉, 냉정하고 객관적인 성찰이 아니라 공감과 돌봄에 영향을 받는 성찰인 것이다. 어머니의 능력이 아이의 고통을 반영할 뿐만 아니라 "거울반응하기를 넘어서"(Fonagy et al., 1995), 그 고통을 줄이는 데 효과적이라는 것은 어머니가 아이를 알고 있고, 아이가 어머니의 마음속에 자기 자신으로 존재하며, 어머니가 돌본다는 것을 의미한다.

정서적 경험에 대해 성찰하고 마음챙김을 하는 능력이(Epstein, 1995; Goleman, 1995) 성찰적 자기 기능에 내재되어 있다(제8장의 메타경험적 처리, 즉 경험하는 것에 대한 경험 참조). 성찰적 자기 기능이 작동함으로써 타인과 자기 자신 모두를 위해 느끼고 존재할 수 있는 '공간이 만들어지는' 결과로 이어진다. 마음챙김은 자신의 경험과 완전히 접촉할 수 있게 해 주며, 동시에 타인의 경험이 얼마나 다를 수 있는지 이해할 수 있게 해 준다. 서로 분리하고 접촉하고 상호작용하며 끊임없이 변화하고 변형되는 정서적 경험의 두 영역은 공존할 수 있고 행동에 영향을 미칠 수 있다. 그리고 친밀감이 증진된다.

보통의, 충분히 좋은 돌봄은 마음속에 타인을 두는 것과 민감성, 조율, 그리고 진정한 도움을 통해 마음챙김을 표현하는 것을 포함한다. 그 결과, 아동은 타인의 마음과 가슴 속에 존재하는 것에 안전함을 느끼게 되고, 다른 마음들의 존재에 대한 개념, 즉 자신에게 도움이 될 자기만의 성찰적 자기 기능을 개발하게 된다.

(1) 자신의 마음과 가슴에 스스로를 품을 수 있는 능력

어머니의 민감성 및 안정 애착과 마찬가지로 높은 성찰적 자기 기능은 자신과 타인 사이를 오갈 수 있으며, 감정을 경험하고 조절할 수 있는 능력을 포함한다. 또한 성찰적 자기 기능의 작동은 타인에 대한 공감과 자기에 대한 공감을 오가는 것을 포함한다. 양육자가 아동의 정서적 경험뿐만 아니라 자신의 경험에도 마음챙김을 하는 것이 중요한데, 즉 양육자는 자기 자신으로서 자신의 마음속에 존재해야 한다. 양육자가 아동에게만 집중하고 자신을 잃는다면, 양육자는 신체본능, 진정성 그리고 생물학적-심리적-사회적 애착 체계를 계속 활기차게 하는 견제와 균형의 복잡한 체계로부터 단절되는 대가를 치르게 된다. 자기를 희생하면서 상대방을 돌보는 데 자신을 바친 양육자는 실제로 자신이 돌봄 받고자 하는 대로 상대방을 대하기 때문에 상대방도 놓치고, 결국 무의식적으로 자기 자신을 돌보게 된다(Winnicott, 1949). 거짓 자기의 발달은 그러한 돌봄을 받는 것에 뿌리를 두고 있다.

(2) 양육의 과실을 성찰하는 능력

중요한 임상적 반향을 지니며 정서적 유능성에 관여하는 성찰적 자기 기능의 또 다른 측면은 양육의 과실 그리고 이에 대한 수정을 허용한다는 것이다(Safran & Muran, 1996; Safran, Muran, & Samstag, 1994 참조). 여기서 겹치는 부분은 위니컷의 충분히 좋은 이라는 개념이다. 자신과 타인에 대해 마음챙김을 하면, 양육의 과실을 반성하고 인정할 수 있게 된다. 인정을 하면 고칠 수 있는 충분한 기회가 온다.

관계적 혼란에 직면할 때 감정을 촉진하는 비결은 아동과 양육자 사이의 심리적 공간에 있다. 과실과 실패에 대한 양육자의 인정, 정직, 수용은 물론, 바로잡으려는 준비는 신뢰할 수 있는 타인과 함께 고통스러운 문제를 이야기하고, 느끼고, 경험하고, 처리할 수 있는 영역으로 다시 가져온다. 특히 부정적인 감정이 바로 그 타인에 대한 것일 때 그렇다. 진정으로 감정을 촉진하는 환경에서 상실, 실망, 모욕, 실수 및 그에 수반되는 정서적 고통은 방어적 배제를 요구하지 않는다(Bowlby, 1980). 즉, 그 고통을 버려 두고 분리시키거나 혼자 짊어질 필요가 없다. 강렬한 감정을 가능한 최대로 처리하는 것은 개방적이고 수용적인 타인과의 의사소통으로 최고조에 달하는데, 그 타인의 감정 경험은 방어적 배제로 인해 왜곡되지 않는다.

정서적으로 고통스러운 문제를 의사소통하는 데 있어 양육자의 개방성은 어려운 정서적 경험을 아이의 전능감omnipotence에 통합시킬 수 있게 한다(Winnicott, 1963a). 초기의 압도적 경험은 아동이 통제, 숙달, 자율성을 느끼는 심리적 공간에서 다룰 수 있게 된다. 따라서 그것들은 관계 경험을 풍성하고 깊게 하는 데 사용될 수 있고, 각자에게 점점 더 유연한 자기로의 접근을 제공할 수 있다. 의사소통에 대한 양육자의 개방성은 아동의 양육자에 대한 정서적 접근을 촉진한다. 이러한 정서적으로 열린 대화는 개인이 자신에 대해 자유롭게 생각할 수 있는 심리내적 유동성에 내면화되고 반영된다(Bowlby, 1991). 다시 한 번, 충분히 좋은 감정을 촉진하는 데 필요한 것은 막힘없는 공감이나 흠 없는 이타심의 완벽함이 아니라 진심으로, 연민의 마음으로, 책임감 있게 관여하려는 의지와 더 관련이 있다. "양육자가 이해심과 부드러움, 그리고 드문 경우이긴 하지만 완전한 진정성을 가지고 있다면, 아이는 기억상실이나 신경증적 증상 없이 심각한 충격까지도 극복할 수 있다는 느낌을 갖게 된다."(Ferenczi, 1931, p. 138)

(3) 성찰적 자기 기능에 반영된 정서적 유능성

자신의 경험에 접촉하고, 자녀에게 초점을 맞추고 조율할 수 있는 어머니는 정서적 유능성을 반영한다. 그녀는 자녀의 언어로, 그러나 부드러움과 진실(Ferenczi, 1931) 그리고 즐거움(Ainsworth et al., 1978; Winnicott, 1963b)으로 응답할 수 있다. 어머니는 "계속해서 그녀 자신으로 있으면서 아기에게 공감하고, 자연스러운 몸짓을 받아 주기 위해 그곳에 있고, 기뻐할 수 있는 특별한 기능을 가지고 있다."(Winnicott, 1963b, p. 76) 바로 이러한 자질은 우리가 성찰적 자기 기능, 메타인지 모니터링(Main, 1995), 혹은 정서적 유능성이라 부르는 것과 상관없이 아동의 안정 애착을 촉진하는 핵심이 된다.

방어적 배제에 의존하지 않고 정서적으로 혐오스러운 상황을 견딜 수 있는 회복탄력성과 능력의 근원은 사랑하고, 적절히 반응하고, 침착한 타인에게 이해받고, 그 사람의 마음과 가슴에 존재한다는 느낌에서 찾을 수 있다. 따라서 성찰적 자기 기능은 방어적 배제의 필요성을 차단한다. 이러한 방식으로, 성찰적 자기 기능은 불가피한 환경적 실패에 대한 반응으로 발생하는 마음에 대한 위니컷(Winnicott, 1949)의 이해와 관련이 있다(그러나 같은 것은 아니다). 마음에 대한 위니컷의 개념은 방어적이고 육체에서 분리된 측면, 즉 정신과 몸의 분리로 인한 결과에 초점을 맞춘다. 감정의 렌즈를 통해 재구성하면, 성찰적 자기 기능의 본질은 피할 수 없는 양육의 과실과 운명의 타격으로 인해 생긴 간극을 감정적으로 충만한 실체로 연결하는 것이다.

3. 최적의 발달: 매 순간 일어나는 어머니와 아이의 감정적 상호작용

양육자의 기여에 대해 살펴보았으므로, 이제 우리는 이자관계 상호작용 그 자체가 하는 기여하는 바에 관해 탐구하고자 한다. 최적의 이자관계 과정에 담긴 어떠한 특성이 안정 애착과 그에 따른 최적의 발달을 초래하는가? 치료적 측면에서, 깊은 감정적 탐색과 해결 과정을 촉진할 수 있는 최적의 내담자−치료자 상호작용의 특성은 무엇인가? 발달에 대한 참고문헌들은 이자관계 상호작용을 통해 양자 간에 공동 구성된 경험이 어떻게 아동의 최적의 발달을 촉진하는지를 보여 준다(Beebe & Lachmann, 1988, 1994; Beebe, Jaffe, & Lachmann, 1992; Gianino & Tronick, 1988; Lachmann & Beebe, 1992, 1996; Stern, 1985, 1998; Tronick 1989, 1998).

트로닉(Tronick, 1989)은 생후 1년 동안에 일어나는 최적의 이자관계 상호작용이 감정적 의사소통으로 주고받는 것의 핵심이라고 주장한다. 그는 변화 정서 모델과 공명하면서, 상호작용의 맥락에서 감정 경험을 변화의 중심 주체로 본다. 정서적 유능성의 특정 구성 요소가 점점 더 정확하게 구별되고 있다. 안정 애착은 이해받고 있다는 느낌에 뿌리를 두고 있음이 밝혀졌다. 트로닉(Tronick, 1989, 1998; Gianino & Tronick, 1988)은 이해받는 느낌이 양육자와 아동의 매 순간의 상호 정서적 조율에 대한 초기 경험에 뿌리를 두고 있다는 것을 보여 준다.

1) 감정적 의사소통 체계

감정적으로 공명하는 상호작용의 중요한 특징은 각자 상대방에 의해 변형되고, 상대방을 변형시킨다는 것이다. 실제로 "상대방의 정서적 경험과 행동"(Tronick, 1989, p. 112)을 변화시키는 각자의 감정적 상호작용은 그에 상응하는 자기의 변화를 가져온다. 이러한 과정에 대한 설명은 변화 정서 모델의 본질을 분명하게 보여 주며, 경험적 연구에 의해서도 입증되었다. 예를 들어, 상대방의 정서 표현을 표정으로 재현하여 모방하는 것은 상대방의 정서 표현에 상응하는 정신생리학적 상태를 일으킨다(예: Ekman, 1983; Zajonc, 1985). 상대방과의 비슷한 행동을 통해 각자 정신생리학적 측면에 변화가 일어난다.

어머니가 자신의 정서적 경험을 조절하는 것은 아기의 경험을 조절하는 데 매우 중요하다. 완화하고, 조율하고, 반응하는 감정적 처리로 이어지는 조절은 일반적으로 최적의 발달과 특히 애착 안정성을 유지하게 한다. 어머니는 아기의 상태를 읽고, 그에 따라 반응하기 위해 아기의 감정을 사용한다. 결국 아기는 어머니 그리고 어머니와의 상호작용뿐만 아니라 세상에서 하는 새로운 경험의 안전성에 대한 귀중한 정보를 얻기 위하여 어머니의 감정을 사용한다(Emde et al., 1978; Klinnert et al., 1983). 포나기와 같이 트로닉에게 있어서 감정적 상호성은 "거울반응하기를 넘어" 계속된다.

> 명백히, 타인들의 정서 상태는 유아의 정서 상태에 근본적으로 중요하다. 그리고 이러한 중요성은 거울반응하기와 같은 수동적 처리 과정의 결과가 아니라는 것에 주목하라. 오히려 그것은 유아가 사건을 인식하고 행동하는 데 상대방의 정서적 표현을 적극적으로 사용한 결과이다 (Tronick, 1989, pp. 114-115).

그러한 설명은 상대방을 읽을 수 있고, 그가 꼭 맞게 충분할 수 있다고 분명하게 가정한다. 스턴(Stern, 1985)이 언급했듯이, "사람들 사이의 정신 상태는 …… '읽히거나', 일치하거나, 서로 맞춰지거나, 조율될 수 있다. 또는 잘못 읽히거나, 잘못 일치되거나, 잘못 맞춰지거나, 잘못 조율될 수 있다는 뜻이기도 하다."(p. 27) 서로 정신 상태를 잘 읽어 주는 사람들은 공명 상태와 긍정적 감정을 일으킨다. 기능적으로 그렇게 하지 못하는 사람들은 바람직한 상호관계 상태를 구축할 수 없다.

정서는 일상적이고 지속적인 상호작용의 부분이며 요소이다. 여기에서 감정적으로 품어 주는 환경holding environment이 구축된다. "예측할 수 있고, 기대할 수 있으며, 일관성 있고 조정된" 방식으로 감정을 경험하고, 표현하며, 유연하게 관리하도록 하여 일상생활에서 통합된 감정을 유지하는 것이 그 목표이다(Beebe & Lachmann, 1994, p. 133). 앞으로 알게 되겠지만, 조정된은 작동적 개념이다. 이것은 정서적 삶의 분위기가 설정되고, 감정적 기대가 구조화된 영역이며, 최적의 상호작용을 촉진하는 각성 수준인데, 이때 각성 수준이 반응을 이끌어 내기에 너무 적거나 너무 많으면 결국 방해가 될 수 있다. 또한 무엇에 반응하고 반응하지 않는지, 무엇이 허용되고 그렇지 않은지, 무엇이 표현되고 그렇지 않은지 등 상호작용의 흐름 내에서 안정적으로 조절될 수 있는 감정의 범위와 강도이기도 하다. 이러한 이자관계적 구성 패턴은 두 사람 모두의 기질적 필요조건을 반영하는 주고받음을 기반으로 한다. 이자관계적 패턴은 그들이 누구인지, 그들이 서로에게 어떻게 반응하는지에 따라 그들이 달성할 수 있는 조정의 성격을 반영한다. 그러나 여기에서 전반적으로 더 넓은 범위의 선택권 덕분에 양육자는 감정적으로 품어 주는 환경의 매개변수를 구성하는 데 더 큰 역할을 한다.

2) 조정된 상태와 감정적 표식

트로닉은 최적의 감정적 상호작용을 어머니와 아이가 서로 조율되는 '조정된 상태'를 이끌어 내는 '상호 긍정적 교환'이라고 조작적 정의를 내린다. 이러한 조정된 상태에서 어머니와 아이는 각자의 표정으로 나타내는 표현(예: 무표정한 어머니와 아기)과 표정으로 나타내는 표현의 변화 방향(예: 아기의 미소로 밝아지는 어머니)을 맞춘다. 이러한 맞춤은 얼굴 표정, 발성 패턴 및 리듬, 눈 맞춤, 또는 다른 관계 지표를 포함할 수 있다. 라흐만과 비비(Lachmann & Beebe, 1992)는 "그렇게 일치되는 경험들은 알려지고, 이해되고, 연관되어 있다고 느끼는 이후의 상징화된 경험의 중요한 요소"(p. 146)라고 제안하였다. 상호 조정 상태를 위한 노력은 강력하며 근본적으로 이자관계의 상호작용을 이끌어 낸다. 자니노와 트로닉(Gianino & Tronick, 1988)은 종종 발생하는 이탈을 나타내기 위해 상호작용 오류라는 이름을 붙인다. 말이 통하지 않는 것은 '상호작용 오류'를 반영하고, '조정이 잘못된 상태'로 이어진다. 이러한 구조들은 동기를 부여하는 강력한 추진력과 연결된 감정적 표식을 가지고 있다.

• 즐겁고 긍정적인 감정은 조정된 상태를 동반한다. 이를 달성하기 위한 양쪽 모두의

활발한 노력을 고려할 때, 우리가 상호 조정 상태를 추구하도록 설계되었다는 것을 강력하게 시사한다.

• 부정적 감정은 "조정이 잘못된 상태"의 표식이다(Tronick, 1989, p. 116). 이러한 현상의 발생은 현재의 매우 불쾌한 상태를 완화하려는 욕구를 유발하고, 긍정적 감정으로의 빠른 전환을 추구한다. 따라서 부정적 감정은 회복에 대한 동기를 부여한다.

❖ **일치 경험을 동반하는 긍정적 감정**

어머니와 아기의 상호작용에서 일치 경험을 동반하는 긍정적 감정은 심리치료에서 성인의 핵심 감정 경험에 세 가지 대응물을 가진다.

• 이자관계에서 상대방의 반응에 대한 자기의 경험을 나타내는, 이해받고 공감되는 느낌과 관련된 수용적 감정 경험
• 다른 긍정적 핵심 감정 경험에 대한 반응으로 발생하는 치유 감정(제8장 참조)
• 공명과 상호성의 감정(제8장 참조), 예를 들어 조정된 상태에 대한 반응으로 일어나는 "공명, 흥분, 경외 그리고 상대방과 같은 파장으로 존재하기라는 절정 경험"(Beebe & Lachmann, 1994, p. 157)

트로닉은 상호작용 상태를 평가하기 위해 감정적 표식을 사용한다. 유사하게, 변화정서 모델에 기반한 치료에서, 만약 감정적 접근이 가능하고 내담자가 부정적 감정을 자유롭게 표현하는 것도 포함하여 의사소통에 개방적이라면, 내담자와 치료자의 관계는 감정적으로 조정된 상태에 의해 생성된 견고한 기반 위에 있을 것이다. 저항의 증가는 여러 가지 이유로 발생하는데, 종종 말이 잘 통하지 않는 것, 즉 내담자와 치료자 사이의 조정이 잘못된 상태와 이해받지 못한다는 느낌에 해당하는 내담자의 경험이 치료 과정의 흐름을 방해하는 원인이 될 수 있다.

3) 충분히 좋음을 구성하는 것

비록 '감정적으로 긍정적이고, 상호 조정된 상호작용 상태'를 위해 노력하지만, 그로부터의 이탈은 빈번하게 일어난다. 일반적으로 최적의 상호작용이 이루어지는 이자관계에서, 함께 있는 시간의 약 30% 동안만 실제로 감정적으로 긍정적이고 조정된 상호작

용 상태에 있게 된다(Gianino & Tronick, 1988). 나머지 시간은 조정이 잘못되거나, 부정적 감정이 수반되며, 조정된 상태와 긍정적 감정으로 되돌아가려는 시도를 한다. 일치된 상태와 일치되지 않는 상호작용 사이의 끊임없는 진자 운동이 일어난다. 즉, "황홀경의 이야기는 끝없는 실패담이다. 언제나 이별이 찾아오기 때문이다. 그리고 본질적이고 찰나적 통합을 향한 여정이 다시 시작된다."(Hart, 1991, p. 75)

완벽하게 조율되어 상호 간 행복이 연속되는 상태가 가장 좋은 것은 아니다. 그 대신, 서로가 집중적인 노력을 기울여 잃어버린 낙원을 되찾아 낙원을 다시 얻는 것이 더 좋다. 최적의 것은 좋은 심리적 장소에서 보낸 전체 치료 시간의 30%이다. 30%는 완벽과는 거리가 멀지만, 위니컷이 말했듯이 충분히 좋은 정도로 판명되었다. 게다가 말을 통하게 하는 본래의 능력만큼 (그 이상은 아니더라도) 중요한 것은 말이 통하지 않는 상태를 복구하여 최적의 연결을 다시 설정할 수 있는 능력이다. 말란(Malan, 1976)은 말이 통하는 행복의 상태보다 성공적인 회복의 중요성을 강조한다. 즉, 치료자와 내담자가 치료적 불화를 가까스로 복구했던 어려운 사례에서 의기양양하게 정상 궤도로 돌아온 이야기를 하며, 이 사례의 슈퍼바이저인 말란은 "내 생각에 우리는 잘못되었다가 몇 번이고 다시 회복되기를 바라는 것 같다."(p. 333)라고 하였다.

4) 매 순간 작동하는 회복 기능

자니노와 트로닉(Gianino & Tronick, 1988)은 조정이 잘못된 상태에서 조정된 상태로 이동하는 과정을 상호작용적 회복이라 명명하였다. 상호작용 오류에 뒤따르는 성공적인 상호작용의 회복이 반복되는 경험은 "회복이 가능하다는 기대"를 하게 만든다(Beebe & Lachmann, 1994, p. 143).

회복에 대한 열망과 능력은 이미 아기에게 존재하고 있으며, 그 정도가 강하다. 아기는 상호작용 오류를 수정하고, 어머니와 조정된 상태를 되찾기 위해 열심히 노력한다(Beebe & Lachmann, 1994, p. 144). 또한 아기는 어머니가 회복적 노력을 최대한 하도록 연결되어 있으며, 어머니는 주요 병리가 없는 경우 아기의 회복적 노력에 깊이 반응한다. 여기에서 우리는 매 순간 작동하는 회복력reparative force을 본다. "거기에는 생물학적 소인이 있다. …… 부정적인 환경적 상황 때문에 경로에서 어떠한 굴절이 일어난 뒤에 자기 복원 경향성이 내장된다."(Emde, 1981, p. 213)

상호작용적 회복 경험과 부정적 감정의 긍정적 감정으로의 전환은 아기가 …… 스트레스에 직면했을 때 외부 환경과의 관계를 유지할 수 있게 한다. 성공과 회복의 축적과 반복으로 아기는 긍정적 감정의 핵심을 형성한다(Tronick, 1989, p. 116).

성공적인 회복의 역사는 아기의 회복탄력성 및 적응적 끈기와 관련이 있다(Gianino & Tronick, 1988). 스트레스에 직면해도 관계를 유지하는 것은 회복탄력성의 핵심 요소이다.

정상적인 상호작용을 하는 동안 더 많은 회복을 경험한 아기는 어머니가 불안하고 스트레스를 주는 행동(예: 무표정)을 할 때 어머니에게서 정상적인 행동을 얻으려고 할 가능성이 더 크다. 이러한 아기는 정상적인 상호작용의 경험을 바탕으로 회복 가능한 상호작용의 표상과 스스로가 회복을 만드는 데 효과적이라는 표상을 갖게 된다(Tronick, 1989, pp. 116-117).

회복에 대한 확신이 있으면, 희망이 쉽게 무너지지 않는다. 긍정적 감정의 핵심(Emde, 1983), 즉 정서적 유능성의 핵심을 소유한 아동은 무너지는 느낌 없이, 방어 전략을 개발할 필요 없이 계속해서 감정을 느끼고 다룰 수 있다. 여기에서 성찰적 자기 기능이 병행된다. 이는 좋은 소식이자 두 번째 기회에 대한 시나리오이다. 조정된 상태는 훌륭하다. 하지만 장기적으로 더 나은 것은 무언가 실패한 후, 그러한 잘못된 것을 수습할 수 있었던 경험들의 축적이다(Kohut, 1984, pp. 66-67; Safran & Muran, 1996; Safran, Muran, & Samstag, 1994). 그러한 성공은 역경에 대한 효율성과 자신감에 더하여 타인에 대한 신뢰와 반응성, 특히 회복에 대한 개방성을 키워 준다.

효율적 자기, 반응적 타인, 그리고 회복 가능한 상호작용이라는 내적 작동 모델은 상호 조율되고 효율적으로 조정된 상호작용의 긍정적 감정과 조정이 잘못된 상태를 나타내는 참을 만한 부정적 감정 모두와 관련이 있다. 안정 애착에서 부정적 감정을 견딜 수 있게 만드는 것은 약간의 노력으로 그것을 긍정적 감정으로 바꿀 수 있다는 자신감이다. 즉, 과도한 불안을 동반하지 않는다. 반복적으로 복구를 시도했음에도 불구하고 조정을 회복하려는 노력이 실패하면, 불안은 부정적 감정을 견딜 수 없게 만들고 방어 전략을 촉발시킨다.

깊은 감정을 촉진하고자 하는 치료자를 위해 트로닉의 결론은 다양한 감정 상태의 관계적 의미를 이해하는 방법과 이러한 상황이 발생했을 때 치료적으로 무엇을 목표로 해야 하는지를 조명해 준다. 최적의 상호작용을 하는 내담자−치료자라는 이자관계가 상호 조정과 그들 사이의 긍정적 감정을 회복하는 데 효과적이라고 말하는 것은 과언이 아니다. 내담자와 치료자 모두 말이 통하는 상태를 회복하기 위해 열심히 노력하기 때문에, 즉 좋은 치료 동맹을 맺고 있기 때문에 내담자는 긴 시간 동안 부정적인 관계적 감정을 경험하지 않는다. 그러한 이자관계 안에 있는 치료자는 조율된 방식으로 반응하고, 내담자의 반응을 수정하며, 내담자의 회복 계획에 민감하게 반응할 수 있는 능력이 있다. 그들 사이의 상호작용 오류와 수반되는 부정적 감정은 성공적인 회복 노력에 오히려 박차를 가한다. 그러한 상황에서 내담자는 잘못을 바로잡는 데 효과적이다. 회복에 수반되는 긍정적 감정(제8장 참조)인 치유 감정에 초점을 맞추면서 유대를 더욱 굳건히 하고 치료 작업을 심화시킨다.

5) 상호 조정 상태와 상호작용적 회복을 위한 단호한 노력: AEDP에 대한 함의

(1) 최적의 치료 과정을 위한 감정적 표식

앞서 언급된 내용들이 긍정적인 관계적 감정, 즉 내담자와 치료자의 상호작용 경험에 반응하여 발생하는 감정을 의미한다는 것에 주목하는 것이 중요하다. 긍정적인 관계적 감정과 효과적으로 작동하는 이자관계에서 "음~" "으음"과 같이 교감이 오가는 소리는 심도 있는 치료 작업을 수행할 수 있게 하는 안전감을 생성한다. 강렬하고, 부정적이고, 고통스러운 감정을 처리해야 하는 치료라는 어려운 탐색 작업을 하기 위해 긍정적인 관계적 감정은 치료자의 도움과 함께 내담자의 능력을 강화한다. 내담자가 가진 병리의 핵심과 관련된 부정적 감정을 경험하고 작업하는 내담자의 능력은 치료 관계를 반영한다. 이전에 견딜 수 없이 두려워했던 핵심 감정을 내담자가 안전하다고 느끼고, 좋은 관계적 감정이 치료자와의 사이에 생기면, 불안이나 방어 없이 이 어려운 작업을 진행할 수 있다. 하지만 부정적인 관계적 감정은 치료적 상호작용에서 무언가가 잘못되었음을 시사한다. 이런 경우, 내담자의 핵심적인 심리 내적 경험이 부정적이든 긍정적이든 상호작용 오류가 수정될 때까지 허용치를 벗어나 있게 될 것이다. 건강한 치료 관계에 대한 명시적 지표와 암묵적 지표가 있다. 명시적 지표는 특히 내담자와 치료자의 상호작용과 관련된 긍정적인 관계적 감정의 존재이고, 암묵적 지표는 관계적으로 구성된 안전이라는 배경에서만 일어날 수 있는 깊은 치료 작업의 흐름이다.

(2) 치료적 반응성 척도 그 이상을 위한 호소

심리치료적 노력에서의 회복적 욕동drive은 기본적 동기이자 최적의 상태를 회복하려는, 특히 상대방에게서 반응성과 조율을 회복하려는 유아기부터 활성화된 강력한 욕동의 증거이다. 그것은 건강과 치유를 위한 매 순간의 욕동이다. AEDP는 우리가 활용하고자 하는 동기의 주요 원천을 깊이 인식하고 있다. 병리에 초점을 맞추고, 주로 자기파괴의 증거를 찾기 위해 임상적 자료를 읽는 대신, 우리는 내담자의 회복적 욕동과 자기 복원 능력에 반영되어 있는 엄청난 적응적 노력의 증거에 주시할 준비가 되어 있다. 그 증거들을 찾아내고, 희미한 형태로 있는 것들을 다루며, 치료 초기부터 사용하고자 한다. 그리고 정체와 침체를 초래하는 보수적이고 자기 보호적인 경향성보다 그 증거들에 우선순위를 두고 반응한다.

내담자에게 회복적 노력에 성공할 기회를 제공하는 것의 중요성은 아무리 강조해도 지나치지 않는다. 오직 이러한 관점에서 본다면, 중립성과 무반응성의 개념은 지지할 수 없을 것 같다(Tronick et al., 1978). 정서적으로 조정이 잘못된 상태를 복구하는 데 있어서 내담자의 성공에 대한 치료자의 반응성과 촉진이 치유의 핵심 요소이다.

4. 충분히 좋은 양육자의 정서적 유능성

여기에서 안정 애착을 조성하는 사람으로 정의된 충분히 좋은 양육자는 안정감을 느끼게 하고, 더욱 확장된 탐색을 촉진하면서 아동의 안전 기지 역할을 한다. 이 모든 과정에서 양육자의 정서적 유능성(정서의 관리)은 감정을 촉진하는 관계적 환경을 만들어 낸다. 이러한 양육자는 "긍정적이고 상호적인 교환"(Tronick, 1989)에서 조율된 거울반응하기에 관여할 수 있는 능력이 있으며, '거울반응하기를 넘어' 아동이 자신의 경험을 조절할 수 있을 때까지 스트레스와 고통에 대처하도록 실제로 도울 수 있다.

자기와 관계적 연결의 토대는 감정적으로, 인지적으로, 기능적으로 압도되지 않고 자신과 타인의 강한 정서를 적응적으로 처리할 수 있는 능력에서 발견된다. 감정을 촉진하는 것의 목표는 관계, 자기 또는 세상 안에서 기능하는 것을 포기하지 않고, 상호작용을 지속하면서 긍정적이고 부정적인 강렬한 감정을 견디는 것이다. 만약 이것이 성취되면, 자기가 조절자로서 감정에 전적으로 의지할 수 있기 때문에 적응이 강화된다.

"비유와 은유"(Lachmann & Beebe, 1996)를 통해 치료자로서 우리는 내담자가 최적의 기능을 하도록 촉진하기 위해서 우리 자신의 기능에서 어떤 측면을 강조하거나, 무시하거나, 개선해야 하는지를 이해하려면, 충분히 좋은 양육자를 정의하는 특징을 살펴볼 필요가 있다. AEDP 치료자는 감정적으로 관여되어야 하며, 현재 진행되고 있는 감정 경험을 기꺼이 공유할 필요가 있다. 아동에게 안정 애착을 촉진하는 어머니처럼, AEDP 치료자는 두 가지의 관계 방식을 가지고 있는데, 민감한 반응성(조율)과 거울반응하기를 넘어서는 것이다. 이때 거울반응을 넘어서는 것이란 내담자가 이전에 너무 압도되었던 것이나 숙달 영역을 벗어난 것을 처리하도록 돕기 위해 치료자 자신의 감정 관리 기술을 사용하는 것이다. 점진적 단계의 과정과 감정을 표출하는 과정에 반영되는 두 가지 관계 방식은 조정된 상태의 달성과 조정이 잘못된 상태를 복원하는 데 기여한다.

치료자의 자세와 기술은 감정을 경험하고, 다루고, 반영할 수 있는 환경을 만드는 것을 목표로 한다. 품어 주기, 지지, 공감, 감정적 공유를 통해, AEDP는 내담자가 방어 수단에 의지하지 않고 감정을 처리하고 사용할 수 있도록 감정을 더 견딜 만하게 만든다. 내담자에 대한 치료자의 경험과 그 경험을 적극적으로 사용하는 방법(제10장 참조)에 초점을 두는 것은 타인의 가슴과 마음에 존재하는 내담자의 경험을 촉진하고, 그 속도를 높이며, 심화시킨다.

충분히 좋은 어머니처럼, AEDP 치료자는 본인 감정의 강렬함에 압도되지 않고 그것에 접근해야 한다. 치료자는 내담자에게 집중하는 동안 자신의 경험에도 주의를 기울일 수 있어야 하고, 둘 사이에서 유동적으로 움직일 수 있어야 한다. 그리고 과거에 내담자가 했던 것처럼 감정을 모두 부인하거나 기능을 멈추는 대신, 감정을 관리하는 방법을 모델링할 수 있다. 또한 내담자가 자신의 감정적 삶을 관리할 수 있는 역량을 갖게하는 중간 역할로서 돕고자 한다. 마지막으로 치료자는 자신의 잘못을 인정하고 처리할 수 있는 용기를 가져야 하며, 치료적 불화의 처리에 따른 강렬한 감정을 견뎌야 한다.

분열로 인해 야기된 부정적 감정을 다루고, 위기가 발생했을 때 치료자가 차지하는 부분에 책임을 지는 것에 더하여, 감정을 촉진하는 충분히 좋은 치료자는 복구의 기회를 찾아야 한다. 내담자와 치료자 모두 분열을 복구시키는 과정에 참여한다. 치료자가 반드시 회복 과정의 개시자가 될 필요는 없지만, 내담자의 회복 노력에는 반응해야 한다. 복구하고, 잘못을 바로잡고, 조정된 상태와 행복감을 되찾으려는 욕구는 강력하게 작동되는 적응력이다. 이것이 육성되고 촉진될 때, 우리는 장기적 정신 건강에 강력하게 공헌하는 "대처에 대한 기대, …… 다시 올바르게 되는 것과 희망"(Beebe & Lachmann, 1994, p. 140)의 힘을 발견한다. 회복 노력을 인식하지 못하면 안전과 조정된 상태를 되찾을 기회가 사라질 뿐만 아니라 내부에 있는 강력한 적응력이 약해져서 손상을 입는다.

회복의 계획을 최대한 활용하기 위해 넘어야 할 장애물 중 하나는 친밀감, 친근감, 감사에 대한 경험으로 발생하는 관계적 감정을 처리하는 어려움이다. 일반적으로 알려진 것보다 훨씬 더 강렬한 긍정적 감정은 많은 사람이 견디기 어렵다. 당신은 칭찬을 얼마나 잘 받아들이는가? 내담자가 당신에게 깊은 감사나 사랑을 표현할 때 어떻게 느끼는가? 강렬한 긍정적 감정은 때로는 사람들을 당황하게 하고, 자신을 의식하게 만들며, 통제를 어렵게 하고, 취약하게 만든다. 회복의 긍정적 감정을 견디는 것은 때때로 분열의 부정적 감정을 견디는 것만큼이나 어렵다. 긍정적 경험은 유례없이 무장해제되며, 취약성은 무서운 경험이 될 수 있다. 감정에 대한 두려움은 관계적 회복의 자연적인 과정을 심각하게 방해하거나, 적어도 최대한의 치유 잠재력을 방해할 수 있다.

충분히 좋은 양육에 필수적인, 정서적 유능성의 균형을 잡는 대담한 행동은 치료에서도 필수적이며 힘들고 어렵다. AEDP는 다음과 같은 균형을 추구한다.

- 진실성과 진정성으로 조율된 공감(Osiason, 1998; Slavin & Kriegman, 1998)
- 내담자가 경험의 더 깊은 층을 발굴하기 위해 노력하는 것을 충분히 수용하기 (Greenberg, Rice, & Elliott, 1993)
- 내담자가 압도되는 감정을 느낄 때 기꺼이 도움이 될 수 있는 내담자 자신의 자원을 발견하도록 허용하기(Fosha & Slowiaczek, 1997)

애착에 관한 문헌은 전통적인 정신역동적 입장에서 출발한 일부 AEDP에 대한 타당성을 제공하며, 이는 빈 화면이라는 은유보다는 돌봄이나 양육의 은유적 맥락에서 치료자가 자신의 정서적 경험을 적극적으로 사용하는 것에 초점을 맞춘다(Bowlby, 1988; Costello, 2000; George & Solomon, 1999). 많은 치료자가 내담자에 대한 이해를 알아내기 위해 자신의 정서적 경험을 사용하지만, 내담자에게 과도하게 영향을 미칠 것에 대한 우려로 대부분 이를 개인적으로 처리한다. 하지만 AEDP 치료자는 이를 적극적으로 사용함으로써, 이자관계에서의 감정적 의사소통 체계 내에 존재하는 역동의 절반을 희생하기보다는 개인적 경험의 변형적 잠재력을 활용하고자 한다. 포커페이스로 깊은 감정 작업을 하는 것은 자멸적인 일이 될 것이다.

제4장

정신병리의 발달

> 모든 것이 무너진다. 중심을 잡을 수 없다.
> 무질서만이 세상에 펼쳐진다.
>
> W. B. Yeats, 〈재림(The Second Coming)〉

　정신병리는 개인이 혼자서 정서 경험을 조절할 수 없을 때 조절을 촉진하는 정서적 환경의 실패, 즉 생략의 오류(무시, 불충분) 또는 간섭의 오류(명백한 학대, 굴욕, 거부)에 뿌리를 두고 있다. 개인의 감정적 욕구가 상대방의 정서적 유능성을 초과할 때 자기self는 환경적 실패를 보상해야 한다. 필연적으로 스스로 양육자가 되어야 하기 때문에 자기는 분열되고, 더 큰 노력이 안전을 작동시키는 데 투입된다(Sullivan, 1953, 1956). 개인은 방어를 발달시킬 필요를 느끼는데, 방어의 적응적 목표는 정신이 견딜 수 없고 압도될 것으로 우려되는 감정의 영향을 제한하는 것이다. 심리구조 안에 이러한 방어를 내면화하고 감정적 제한을 구축한 결과가 정신병리이며, 치료는 이를 되돌리려는 것이다. 치료자는 환경이 아니었던 것(즉, 감정을 촉진하고, 내담자와 함께 견디고, 공유하고, 이해하고, 공감하기 위해 기꺼이 그곳에 있는 것)이 됨으로써, 병리적 상태를 되돌리고, 자기 복원 경향성이 나타날 수 있는 환경을 세우고자 한다.

　강렬한 감정적 경험을 경험하고 처리하는 능력은 심리적 건강에 필수적이다. 이 능력에 대한 방해는 정신병리 발생의 주요 요인이다. 감정은 최적의 상태로 자신과 타인 사이의 전이적 공간에서 발달하는데, 타인에게 반영됨에 따라 의미와 풍부함을 얻으면서,

그곳에서 펼쳐지고, 진화하며, 공명할 수 있다. 자신의 감정을 자기의 바깥에서 봄으로써, 다시 말해 타인의 표정 속에서, 감정은 더 진짜가 된다. 감정의 경험은 연상의 층들을 통해 더욱 생생하고 질감이 생기며 차별화된다. 이렇게 공유된 감정은 내적 자원에 기여하기 위해 개인의 레퍼토리에 통합된다. 좋든 나쁘든 감정 경험이 이런 방식으로 경험되고 처리될 수 있는 한, 아동의 성격은 고유한 모양과 선호를 획득하며 발달한다. 일이 순조롭게 진행되지 않더라도 성격이 발달되며, 거기에서 성격적 정신병리는 일어나지 않는다.

문제의 시작은 감정을 촉진하는 환경이 없을 때, 즉 자기와 관계 경험이 생성한 감정을 처리할 수 없을 때이다. 최적의 발달 목표는 개인이 자신의 감정을 희생할 필요가 없도록 안전을 배경으로 하여 자기와 관계의 욕구를 충족시키는 것이다. 여기서 정서적 환경 또는 양육자의 정서적 유능성이 중요한 역할을 한다. 촉진적인 정서적 환경은 아이가 자신의 내적 자원을 최대한 만들도록 도울 수 있다(Kohut, 1977, 1984; Winnicott, 1965). 그것은 아이의 욕구에 반응함으로써 그렇게 된다.

충분히 좋은 부모는 돌봄, 안전, 사랑, 이해, 존중에 대한 자녀의 자기와 관계적 욕구를 인식하고 이에 반응한다. 충분히 좋은 양육은 성장을 촉진하며, 완벽함을 요구하지 않는다. 사실, 아이의 욕구와 정서적 환경 간의 일부 불일치는 종종 심리적 성장을 촉진한다. 자기-타인 경계, 분리-개별화 과정, 건강한 공격성, 상징적이고 창조적인 능력, 상호주관성은 좌절과 조화의 결여라는 맥락에서 꽃을 피울 수 있다(Mahler, Pine, & Bergman, 1975; Stern, 1985; Winnicott, 1963c). 이 정도의 불일치와 실패는 거의 필연적이며, 충분히 좋은 개념에 의해 매우 많이 다루어질 수 있다.

충분히 좋은 양육은 운명의 타격으로부터 아이를 보호할 수는 없지만, 아이의 발달 능력을 넘어서는 요구와 상황에 압도되지 않도록 아이의 정서적 자원을 보호함으로써 어려움을 겪을 때 어린이를 '품어준다.' 구조, 도움, 안내, 지지, 신체적 접촉, 애정 및 이해를 제공하는 것은 양육자가 자신의 심리적 자원을 자원의 지지와 공급이 필요한 아이와 공유하는 방법이다. 그러한 반응은 아이가 극도로 고통스러운 사건을 처리하는 데 있어서 지속적으로 큰 도움이 되며, 그에 따라 트라우마의 가능성과 장기적인 정신적 왜곡을 줄인다. 제때에 발생하는 어떠한 고통스러운 정서라도 심리적으로 처리될 수 있으며, 그러한 정서들로 인한 심리적 대혼란에 대한 두려움을 막을 필요는 없다.

핵심 감정은 인간 유기체의 지혜에 대한 표현이다. 그 안에 치유의 씨앗이 들어 있다. 모든 자연적 과정과 마찬가지로 지지받고 방해받지 않는다면, 기본 정서는 스스로 조절되며 최적의 적응을 위해 기능할 것이다. 완벽한 예시는 죽음에 따르는 사회적·종교적 의례이다. 그러한 의례들이 동시에 생성하는 정서적 환경은 정상적인 애도 과정을 촉진하고 냉담하거나 병리적인 애도의 발생 가능성을 줄인다(Volkan, 1981). 그렇다면 핵심 감정이 지지받지 못하고, 개인에게 정서적 환경이 실패할 때 어떤 일이 발생하는가?

부모의 실패는 "아이의 매우 기본적이고 필수적인, 신뢰하여 의지하는 능력에 도전한다."(Davies, 1996, p. 199) 아이의 감정적 욕구가 양육자의 정서적 유능성의 한계를 넘어 확장될 때, 양육자 대부분은 자주 부적절하고 무력하며 공황 상태에 빠지는 느낌에 자극받아 방어적 반응을 보인다. 아이의 정서 경험은 양육자에게 강렬한 정서를 불러일으키며, 조절 능력에 부담을 준다. 아이의 경험을 촉진하기보다는, 양육자와 아이의 정서 모두가 부인되고, 회피되고, 최소화되거나 보다 원시적인 여러 메커니즘을 통해 처리된다.

감정 경험이 환경적 실패에 부딪히면 감정에 대한 태도가 바뀐다. 즉, 감정은 정보와 활력의 원천이 되기보다는 (상실, 자기 상실, 사랑, 거절 등에 대한) 불안, 무력감, 죄책감, 수치심, 두려움으로 바뀐다. 이러한 극도로 혐오스러운 경험은 어떤 대가를 치르더라도 피해야 하며, 결국 정신병리로 이어지는 해결책을 향한 압박이 강화된다.

1. 감정을 다루는 세 가지 원칙

비비와 라흐만(Beebe & Lachmann, 1994; Lachmann & Beebe, 1996)은 상호작용이 변형적 영향을 미칠 수 있는 방식, 즉 상호작용이 변형 과정에서 두드러지게 되는 방식을 설명하는 세 가지 원칙을 분명히 밝히고 있다. 지속적 조절의 원칙은 규칙적이고 평범하며 일상적인 매 순간이 처리되는 방식과 그에 따라 발생하는 기대를 다룬다. 이러한 변화 과정 유형은 느리고, 점진적이고, 누적되고, 반복에 의해 구동된다. 고조된 감정적 순간의 원칙은 강렬한 감정 경험이 유도하는 변화의 과정을 설명한다. 여기서 변형을 담당하는 주요 요소는 지속 시간이 아니라 강도이다. 마지막으로 진행 중인 조절의 분열 및 회복의 원칙은 관계 규범으로부터 벗어난 것을 정리한다. 즉, 관계적 분열이 처리되는 방식을 통해 변화가 발생한다.

감정적 현저성의 원리로 다시 설명하면, 이러한 상호작용을 사용하여 어떻게 감정이 발달을 형성하는지, 그리고 감정 경험을 관계적으로 처리하지 못하는 것이 어떻게 병리로 귀결되는지를 탐구할 수 있다. 특정한 자녀-양육자의 이자관계적 처리 방식이 아동의 애착에 대한 내적 작동 모델로 표현된다(Cassidy, 1994, p. 230). 이자관계의 감정적 방법론은 개인이 어떻게 중요하고 사소한, 평범하고 특별한, 부정적이고 긍정적인, 온화하고 강렬한 감정에 접근하는지를 내면화하고 형성한다. 따라서 관계에서 감정을 다루는 방법은 애착의 전반적인 질에 영향을 미치며, 이는 결국 지속적인 피드백의 연결고리를 이어 가며, 감정 경험의 본질에 영향을 미친다. 궁극적으로, 애착 유대는 아이가 정서를 조절하는 것을 배우는 맥락이다(Fonagy, 1997). 방어적 작전이 필요하지 않은 안전한 상태에서 감정 경험은 제약받지 않는다. 방어적 배제를 요구하는 자기 경험의 측면 없이, 주의 깊고, 동기를 부여하고, 의사소통하는 감정의 특성은 관계적 기능에 충분히 영향을 미칠 기회를 갖는다. 상호 조정 상태는 온전한 자기의 기능을 기반으로 마련될 수 있다. 앞에서 언급했듯이, 타협된 정서적 유능성은 자신의 감정 처리 능력이 부족한 양육자와 함께 안전을 회복하는 대가이다. 방어에 의해 감정 접근이 차단되면, 개인의 적응 능력이 손상된다. 상호 조정 상태는 오직 자기 경험의 중요한 측면을 제외함으로써 달성될 수 있다.

1) 일상생활에서 감정 다루기의 실패

일상생활에서의 감정 조절 실패는 정서가 부정, 무시, 회피될 때, 또는 감정의 잘못된 조율을 만날 때 발생하며, 이는 항상 부정적 감정으로 이어진다(Gianino & Tronick, 1988). 다음의 예에서 감정은 이자관계 사이를 오가는 공명을 통해 발전할 기회를 갖지 못한다. 감정은 단독으로 전달되거나(Stern, 1985) 배제된다(Bowlby, 1973, 1988). 이러한 감정들은 그 자체로 특별히 강렬하거나 문제가 있는 것이 아니라, 반응 또는 반응의 결핍 때문에 그렇게 된다는 점에 주목할 필요가 있다.

- 어린 소녀는 곧 의사가 올 것이라는 생각에 슬프고 두려운 표정을 보인다. 그 소녀의 어머니가 울기 시작했고 결국 약속을 취소한다.
- 생일파티에 크게 들떠 신난 아이들은 웃으면서 제멋대로 뛰어다닌다. 부모는 예고도 없이 들어와 생일의 주인공인 아들을 꾸짖고 파티가 끝났다고 선언한다.
- 생후 10개월 된 아기가 "어떤 감정을 드러내면서, 다소 흥분된 채 팔을 흔들며 밝은 얼굴로 어머니를 바라볼 때마다" 그 어머니는 계속 아기의 감정 수준과 맞지 않게 대하였고, 아기의 활동 수준을 "살짝 부족하게" 떨어뜨려 흥분을 가라앉혔다. 그녀의

전략에 관하여 물었을 때, 그녀는 "자신이 아들과 충분히 똑같이 함께하면" 아들이 주도성을 잃을까 봐 걱정된다고 말했다. 이어진 질문을 통해 그녀는 '아들이 몹시 수동적이고 침울한 아이 아버지를 너무 닮았다고 생각했다'는 것을 밝혔다(Stern, 1985, pp. 211-212).
- 사춘기 소년이 과학 경시대회에서 3등을 한 것을 자랑스러워하며 집으로 돌아온다. 그의 아버지는 소년에게 자만한다고 비난하지만, 그래도 나중에 자신의 모든 친구에게 아들의 업적을 자랑한다.

이러한 일상의 감정 경험이 응답되고, 인정되고, 공유되고, 다루어진다면 파괴적인 강도로 확대되지도 않고 지하로 내려가도록 강요받지도 않는다. 상호작용하는 삶의 흐름이 방해받지 않는다. 이것은 긍정적인 경험뿐만 아니라 부정적인 경험에도 적용된다. 이러한 상황에서 어떤 식으로든 정서적 신호들은 정신병리의 토대를 마련하는 데 반응하지 않는다(Cassidy, 1994).

2) 강렬한 감정 경험 다루기의 실패

고조된 감정 경험에 직면하여 감정을 촉진하지 못하면, 그러한 경험의 감정적 가치를 유지하며, 그것들이 생성하는 더 심오한 영향에 비례하여 정신에 각인된다. 사건이 대인관계적이든 그렇지 않든, 의도적이든 우발적이든 개인에게 깊은 영향을 미치며, 종종 압도적이고 무력감을 느끼게 하는 강렬한 정서를 생성한다. 감정의 강렬함은 변형적 성장을 위한 비할 데 없는 기회를 제공하나, 압도적일 수도 있다. 부정적이고 긍정적인 강렬한 감정 모두를 조절하고 적절한 방식으로 처리하는 개인의 능력은 그러한 경험과 관련된 높은 각성에 의해 도전을 받는다.

(1) 부정적 감정 경험
- 한 아버지가 에스컬레이터에 아들의 손이 끼는 것을 속수무책으로 지켜본다.
- 아이에게 관심을 가져 준 유일한 사람이자, 아이가 가장 좋아하는 선생님이 암으로 사망했다.
- 두 살의 에드거 앨런 포(Terr, 1990)는 죽은 지 이틀이나 된 아름답고 젊은 어머니의 시체 옆에서 홀로 발견된다.

- 한 여성이 몇 번의 유산 끝에 만삭이 되어 아기를 낳았으나, 바로 몇 시간 만에 아기가 사망한다.
- 한 남자는 전투에서 가장 친한 친구의 갑작스럽고 폭력적인 죽음을 목격한다.
- 한 아이가 이웃이 개를 때려서 죽이는 것을 본다.

(2) 다루기 어려운 긍정적 감정 경험

- 교사가 학생들에게 공개적으로 올해의 교사상을 받고 압도되었다. 종강 날, 학생들은 작별 인사와 감사를 그 교사에게 전하러 왔으나, 어디에서도 그를 찾을 수 없다.
- 전국협회장 당선의 홍분에 충만한 젊은 전문가는 점점 더 체계적이지 못한 상태가 되고, 결국 불명예스럽게 물러나게 된다.
- 무용수가 자신의 분야에서 저명한 사람을 위해 공연을 하는데, 그 저명 인사는 그에게 진정한 재능이 있고 장래가 촉망되는 경력을 가지고 있다고 말한다. 얼마 지나지 않아 그 무용수는 춤을 포기한다.

긍정적이든 부정적이든 견디기 힘든 것을 통해 환경이 개인을 품어 주지 못할 때 압도된 자기는 생존이 위태롭기 때문에 스스로에게 주의를 기울여야 한다.

3) 감정이 가득한 상호작용 다루기의 실패

양육의 상호작용은 종종 매우 정서적이며, 여기에는 충분히 좋은 감정 촉진 및 관리라는 세 번째 과제가 있다. 양육자 측의 관계적 혼란 및 회복에 대한 직면에서 감정 촉진의 실패란 트로닉(Tronick, 1989)이 상호작용 오류라고 부르는 것과 유사하다. 양육자의 정서적 유능성이 당면한 감정 과제를 처리할 수 없을 때, 관계적 연결의 운명과 감정은 얽히게 된다. 개인은 관계적 혼란과 감정적 강렬함을 동시에 다루어야 하며, 혼자 처리해야 한다. 이럴 때, 양육자 자신의 감정 조절에 대한 어려움으로 인해 자녀의 감정 경험을 최적으로 다룰 수 없다.

정서적 환경은 좋은 의도에도 불구하고 도움을 주지 못하는 생략된 상호작용 오류와 도움의 실패뿐만 아니라 개인의 적응적이고 회복적인 노력을 적극적으로 방해하는 간섭적 상호작용 오류를 초래함으로써 개인을 망칠 수도 있다. 두 경우 모두, 양육자는 개인의 실제적이거나 두려운 정서적 반응을 견딜 수 없으며, 이러한 감정의 편협성은 종종 병리와 그에 수반되는 고통으로 절정에 이르는 일련의 과정을 시작하는 정신 내적 위기를 만든다.

다음에 이어지는 각 예는 양육자 측의 상호작용 오류를 나중에 내담자가 제시하는 문제와 연결시킨 것이다.

(1) 나쁜 뉴스: 생략된 상호작용의 오류

- 아기의 옹알거리는 소리와 미소는 바닥을 응시하며 아기가 누워 있는 요람을 흔들고 있는 우울한 어머니의 반응을 끌어내지 못하고 있다. 내담자는 온통 스며든 '좋지 않은' 느낌을 느끼며, 치료자와의 눈 맞춤에 엄청난 어려움을 겪는다.

- 부모가 서로 좀처럼 다투지 않기 때문에 그 둘 사이의 폭력적인 싸움을 본 적이 없는 자녀가 어느 날 엄마가 칼을 들었다가 떨어뜨리고 집 밖으로 뛰쳐나와 차를 몰고 떠나는 모습을 목격한다. 그 누구도 아무 말도 하지 않는다. 다음 날 아침, 어머니가 돌아오고 가족은 아무 일도 없었다는 듯 일상을 다시 시작한다. 행복한 가정의 신화는 어떠한 말도 없이 복원된다. 내담자는 섭식 장애, 심한 우울증 및 무기력한 미루기의 오랜 병력을 가리는 완벽한 겉모습과 매력적인 태도로 나타난다.

- 소년이 캠프에 있는 동안 그의 아버지가 사망한다. 2주 후 집에 돌아올 때까지 어머니는 그에게 그 소식을 전하지 않는다. 그녀는 소년의 즐거움을 방해하고 싶지 않았다며 이 '사건'이 새 학년에 지장을 주지 않아야 한다고 한다. 20년 후, 내담자는 아버지의 무덤까지 20마일 이상 걸어갔음에도 자신이 어디에 있는지에 대한 자각이 결핍된 상태에서 기억상실증으로 입원한다.

- 사춘기를 앞둔 소녀가 매일매일 방에 들어가 주체할 수 없이 운다. 소녀의 아버지는 확실하지는 않지만, 그녀가 혼자 있고 싶을 거라고 생각하면서 무엇이 잘못되었는지 묻지도 않고, 방문을 닫은 후 '그녀에게 약간의 시간을 주기 위해' 나머지 가족들을 데리고 저녁 식사를 하러 나간다. 내담자가 치료를 왔을 때, 그녀는 우울하고 편집증적이며, 자신에 대한 친절은 저의가 있는 동기와 숨겨진 문제에 대한 증거라고 확신한다.

생략된 상호작용의 오류와 함께 부인의 규칙과 양육자의 정서적 부적절함은 회피, 불안, 마비 및 방치로 반영된다. '품어 주기'가 절실한 아이에게 암묵적으로 부모의 방어를 모방하거나 자신의 감정을 스스로 다룰 수 있는 선택권이 주어진다. 무시되거나 방치되고, 자신의 감정과 욕구를 부정하도록 강요받으며, 아이는 지지를 받지 못하고 도저히 이해할 수 없는 감정적 상황에 대처하고 있고, 언급하기 꺼려지는 감정적 문제가 아예 없는 척하고 있다. 하지만 그는 정서적 욕구가 있다는 이유로 공격을 받지 않는다. 애착 유대는 감정적 부인과 감정 단절을 통해, 그리고 반응과 도움에 대한 환경적 실패와 관련된 추가적인 고통을 어떻게든 흡수하기 위한 개인의 관리를 통해 유지된다. 자기-타인-정서 도식, 즉 감정에 따른 AEDP의 내적 작동 모델(제6장 참조)에서 보면, 자기는 너무 결핍되고 요구가 많다. 타인은 통제하고 있는 것처럼 이상화되거나, 그렇지 않으면 연약하고 처리할 수 없는 것처럼 보호되고 조심스럽게 다뤄지며, 그렇지 않으면 냉정하고 무관심하게 미움을 받는다. 그리고 감정은 수치스럽거나, 압도적이거나, 폭발적이거나, 좌절된 것으로, 즉, 골칫거리와 '너무 지나친 것'으로 경험된다.

(2) 더 나쁜 뉴스: 간섭적 상호작용의 오류

- 여섯 살짜리 소년이 드문 경우지만 자신의 일거수일투족을 통제하려는 어머니에게 저항하자 어머니는 자살하겠다고 위협하면서, 흥분하고 히스테리를 일으키며 집 밖으로 뛰쳐나온다. 소년은 공포에 질려 그녀를 뒤쫓으면서 "미안, 미안해, 다시는 그런 짓 안 할게요."를 반복하며 그녀에게 집으로 돌아오라고 설득한다. 성인이 된 그는 극도로 위축되어 있고, 아내의 기분을 상하게 하여 자신을 떠날 것에 대하여 두려워하고 있으며, 통제에 대한 엄청난 욕구로 인해 치료를 받으러 왔다.

- 사춘기 딸의 독립과 싹트는 성적 관심을 참지 못하는 정신이상의 어머니가 있다. 그녀는 거울을 보며 화장 연습을 하는 딸의 손에서 속눈썹 뷰러를 빼앗고 때리며 창녀라고 부른다. 내담자는 성적 요구가 거의 학대에 가까운 모욕적인 남편을 떠나지 못하는 것에 대해 깊은 불만을 품고 마비가 되는 우울증을 나타낸다.

- 한 어린 소녀가 용기를 내어 어머니에게 자신이 얼마나 엄마를 그리워하는지를 이야기한다. 어머니는 밀어내는 몸짓과 함께 대답한다. "지루하게 굴지 마, 애야. 감정은 새를 위한 것이란다."라고 말한다. 내담자는 성인이 되어 신경학적 근거가 없는 다발성 경화증과 유사한 우울증 및 신체적 증상으로 치료받게 된다. 초기 평가에서 그녀는 자신의 정서적 반응에 맞는 단어를 찾는 데 어려움을 겪지만, 치료자의 공감적 반응에 깊은 정서적 반응을 보인다. 두 번째 세션에서 치료자를 비꼬고 경멸하면서 그녀는 자신의 반응을 무시한다.

간섭적 상호작용의 오류는 불안과 취약성이 더 큰 양육자에게서 일어나는 경향이 있다. 이 시나리오에서 아이는 참을 수 없는 두려움을 견디도록 도움을 받지 못할 뿐만 아니라 수치스럽거나, 비난당하거나, 거부 또는 처벌받거나, 경험이나 표현이 금지되거나 조롱받는다. 버려짐에 대한 두려움, 수치심과 죄책감, 그리고 실망, 거부, 굴욕이라는 정신적 고통이 가중될 때 참을 수 없는 두려움은 더욱 걷잡을 수 없게 된다. 아이의 감정이 심각하게 불안하다는 것을 알게 된 부모는 통제 불능, 무력감, 수치심을 느끼며, 자신의 그러한 감정를 폭로한 아이에게 분개한다. 아이의 자기 감각과 관계가 위태로워지기 때문에 아이의 정서적 경험은 부모의 자기 조절 욕구에 대한 인질이 된다. 정서는 무섭고 고통스러울 뿐만 아니라 수치심, 죄책감 또는 처벌로 여겨질 만큼 나쁜 것이 된다. 강렬한 정서 처리에 대한 실패 외에도 자기에 대한, 또는 애착의 안정성에 대한 추가 공격이 있으며, 이는 그 자체적으로 독성이 있는 강렬한 정서를 생성한다. 가장 큰 피해는 보호자가 되어야 할 사람들이 위험의 근원이 될 때, 그리고 삶을 가치 있게 만드는 것들이 힘 있는 사람들의 분노와 멸시의 대상이 될 때 발생한다. 즐거움, 기쁨, 부드러움과 같은 긍정적 정서와 온화함, 독립성, 감정적 민감성, 지성, 관대함과 같은 매우 긍정적인 또는 적어도 유익한 특질, 특성, 존재 방식은 역사적-역동적 이유로 인해 양육자가 견딜 수 없다고 생각할 때, 그것들이 보통 참을 수 없는 취약성을 불러일으키기 때문에 심각한 감정적 고통의 원인이 될 수 있다.

심리적 발달에 반향을 일으킬 수 있는 일회성 사건과 달리, 앞의 모델 장면들 (Lachmann & Lichtenberg, 1992)은 잘못된 조절, 잘못된 조율 및 감정 촉진의 실태로 나타나는 끝없이 반복되는 상호작용을 응축하며, 이는 다시 일상적인 감정 생활에서 계속 진행 중인 조절의 특징으로 나타난다. 유아가 잘못된 조절에 대한 기대를 발달시킬 때, 이미 방어적 배제와 왜곡에 대한 필요의 특징을 지닌 연관된 자기 조절 유형(Beebe & Lachmann, 1994; Gianino & Tronick, 1988; Tronick, 1998)도 발달시킨다. 환경적 실패가 복합적으로 작용한 트라우마를 개인이 어떻게 다루는지는 참을 수 없는 감정 경험의 개념을 탐구한 후에 검토하게 될 것이다.

2. 견딜 수 없는 감정 경험

> 나는 가끔 우리의 물리적 존재인 몸은 마음이 얼마나 고통을 견딜 수 있는지에 대해 한계를 둔다고 생각했다.
>
> Peter Høeg, 『센스 오브 스노우(Smilla's sense of snow)』

정서의 경험, 특히 견딜 수 없는 정도의 심리적 고통에는 뿌리 깊은 육체적 측면이 있다. 마음과 몸은 충격, 마비, 해리와 같은 다른 메커니즘이 자리를 잡기 전에 오직 어느 정도만 견딜 수 있다. 참을 수 없을 정도로 두려운 고통의 특성은 다음의 감정 경험들에 적용된다.

- 비탄과 외로움과 같이 본질적으로 고통스럽고 견딜 수 없는 감정 경험
- 긍정적이든 부정적이든, 그 강렬함이 자기의 온전성을 압도할 수 있기 때문에 두려운 감정 경험(통제력 상실, 분열)
- 수치심을 만난 성적 느낌, 버림받음을 만난 분노 감정, 가학적인 조롱을 만난 욕구와 취약성의 표현, 도덕으로 위장된 비판을 만난 기쁨의 표현 등과 같은 개인의 정서적 환경에서 부정적인 반응을 유도하는 긍정적 또는 부정적 감정 경험

본질적 고통, 강렬함, 회피의 결과라는 이러한 특성들은 어떠한 조합 안에서 무엇이라도 견딜 수 없이 두려운 감정의 특성으로 이어질 수 있다.

참을 수 없는 경험의 정의된 특성에는 시간적 차원도 포함된다.

- 공포, 불안 또는 두려움은 아직 실현되지 않은 위협이나 위험을 예상하여 발생한다.
- 무력감은 압도적인 상황이 진행 중일 때 경험된다. 개인은 자신에게 일어나는 일을 멈추는 데뿐만 아니라 그에 대한 자신의 반응을 통제하는 데 무력감을 느낀다.
- 조프와 샌들러(Joffe & Sandler, 1965)가 말한 일차적 우울 반응(환경이 변화하려는 노력에 반응하지 않을 때 좌절에 대한 신경심리적 반응)에는 절망과 무관심이 포함되며, 고통스럽거나 압도적인 상황이 바뀔 수 없다는 결론에 도달한 다음에 드러난다. 우리에게

영향을 미치는 힘에 대한 통제력을 행사할 수 없다는 것은 견딜 수 없는 일이다. 이러한 반응은 현재로 일반화되고 미래에 투사되는 과거 경험의 결과로 발생한다.

두려움, 무력감 그리고 일차적 우울 반응은 각각 불안 장애, 외상 장애, 우울 장애의 특징이다.

1) 견딜 수 없는 정신적 고통의 특성

영원히 위대한 유추론자인 프로이트(Freud)는 정신적 고통을 이해하기 위해 육체적 고통의 개념으로 간다. 무언가가 우리에게 영향을 미치지만, 우리는 그에 대한 통제감이 없다(Freud, 1926, 부록 C). 정신적 또는 정서적 고통과 유사하게 외부의 무언가가 우리를 침해하고 침입하며, 보호 장치를 부수고, 그것을 멈추려는 개인의 노력에 반응하지 않는다. 우리는 그것을 피하거나 막을 수 없고 그것에서 벗어날 길이 없다는 무력감을 느낀다.

2) 지배당한다는 느낌

강력한 정서는 우리를 지배하고 일시적으로 우리의 자기에 대한 감각을 종속시킨다. 비탄, 흥분, 열정, 분노, 심지어 사랑과 같은 가장 강렬하고 신체본능적 현상들은 그것을 억제할 수 있는 우리 능력을 한계까지 밀어붙인다. 강렬한 정서는 특히 우리가 익숙하지 않다면, 침략처럼 느껴질 수 있다. 종종 정서의 브레이크를 밟지 않으면 통제력을 상실할 것이라는 두려움이 수반된다. 반대로, 인식은 우리가 개시자 또는 실행자로서 우리 자신에 대한 더 많은 감각을 유지할 수 있게 해 주는 훨씬 더 통제적인 특성을 갖는다.

지배당한다는 느낌은 부정적이거나 고통스러운 정서에만 적용되는 것이 아니라, 우리의 통제에 도전하는 어떤 감정 경험에도 적용된다(Kissen, 1995 참조). 긍정적 정서를 끈질기게 피하는 내담자는 그것을 억제할 수 있다는 확신이 없었다. 반면, 그의 잘 다듬어진 정서적 유능성은 실망과 역경을 관리하는 데 있었다. 깊은 행복이나 연민을 느낀다는 것은 "나는 더는 '나'가 되지 않겠다."라는 의미이다. 오직 경험적 처리와 표현, 의사소통을 통해서만 강렬한 정서적 경험이 우리 자신의 것으로 다가온다.

견딜 수 없는 것으로 경험되는 정서는 우리 각자에게 개인적인 통제라는 연속체의 끝에 있다. 건강한 경계를 가진 개인에게 정서적 항복은 통제와 모순되지 않는다. 정서에 대한 긍정적인 경험의 역사를 가진 사람은 스스로를 지배하도록 허용한다. 개인의 기능이 최적에 가까울수록 참을 수 있는 것에 관한 임계점은 높아진다. 빈약한 감정 구조와 조절을 가진 더 취약한 사람들 사이에서는 낮은 수준의 강렬함이라도 감정이 압도적으로 보이므로 경계, 정체성 및 통제에 대한 감각을 위협할 수 있다. 이 경우에 자기는 정체성과 응집력에 대한 감각을 보존하기 위해 어떤 희생을 치르더라도 그러한 정서를 줄이려고 할 것이다.

정서에 압도되는 공포가 개입에 대한 필요를 만든다. 만약 개인이 자신의 감정 경험을 다시 조절할 수 있을 때까지 타인들이 기꺼이 심리적 자원이 되어 준다면, 자기는 장기간 지속되는 손상 없이 정서적으로 살아남을 수 있다는 희망을 유지한다. 만일 그렇지 않다면, 주요한 치유의 기회는 사라진다.

3. 모든 것이 무너진다: 참을 수 없는 경험에 직면하는 외로움

아이가 버려진 자신을 발견할 때 삶에 대한 모든 욕망을 잃는다. …… 때때로 이 과정은 너무 지나쳐서 내담자가 가라앉고 죽는 느낌을 갖기 시작한다. …… 여기서 우리가 목격하는 것은 이해할 수 없고 견딜 수 없는 슬픔에 따르는 정신적 그리고 육체적 고통의 재생산이다(Ferenczi, 1931, p. 138).

"고독, 심리적 고독은 불안의 어머니다."(Wolf, 1980, p. 128: Stern, 1985, p. 109 인용) 만약 양육자가 도울 수 없거나 반응하지 않는다면, 아이는 압도적으로 끔찍하고 고통스러운 정서적 경험을 하면서 혼자인 자신을 발견한다. 그 자체로 무섭고 고통스러운 홀로 있음과 외로움은 우리가 겪고 있는 어떠한 다른 고통스러운 경험을 하게 할 가능성을 지닌다. 아이가 감정 처리에 도움이 되는 정서적 환경의 실패에 직면했을 때, 즉 감정 경험이 개인의 기본적인 안전감을 방해할 때 아이는 애착 유대, 자기, 감정적 삶의 온전성을 보존하기 위해 무엇을 할 수 있는가?

때때로 회복탄력성이 뛰어난 개인들과 함께, 우리는 심오한 위기로 인해 발생하는 비범한 창의력 또는 경외심을 불러일으키는 풍부한 자원을 마주한다.

트라우마 이후의 갑작스럽고 놀라운 새로운 능력의 상승은 마술 지팡이를 휘둘러 일어나는 기적과도 같다. …… 큰 결핍, 특히 치명적인 불안은 가장 깊은 고요함 속에서 갑자기 잠에서 깨어나 발달을 기다렸던 잠재된 성향을 작동시키는 힘이 있는 것 같다(Ferenczi, 1933, p. 165).

그러나 더 일반적인 시나리오에서, 개인은 그의 애착 유대의 온전성을 보존하는 것과 감정적인 자기 경험의 온전성을 보존하는 것 사이에서 선택해야 한다. 거의 변함없이, 감정 경험은 희생되고, 감정에 대한 접근과 그것을 경험하는 데 내재하는 모든 적응적 자원과 풍부함이 심각하게 손상된다. 이러한 안전과 감정적 영혼을 맞바꾸는 파우스트식 거래는 감정 경험에 대항하는 방어 메커니즘을 통해 영향을 받는다.

4. 중심을 잡을 수 없음: 방어의 도입

방어의 도입은 신체적 트라우마에 대한 몸의 적응적 반응인 충격에 대한 정서적 대응물이다. 방어의 목표는 항상 안전감을 회복하고 혐오스러운 정서 경험을 제거하는 것이다. "방어는 불안감을 유발하는 생각과 감정을 의식하지 않기 위해 내담자가 사용하는 인지적·정서적·대인관계적 전략으로 구성된다."(Coughlin Della Selva, 1996, p. 8) 보다 구체적으로, 방어 전략은 다음을 추구한다.

- 자기 및 관계 경험은 물론 세상에서 개인의 기능을 위협하는 감정으로부터 보호하기
- 그러한 감정과 연결된 참을 수 없는 경험(희망, 수치심, 무력감, 절망감)을 회피하기
- 불안하게 하며 혼란스러운 감정의 추가적 각성을 최소화하기 위해 관계적 현실을 관리하기

볼비(Bowlby, 1973, 1988, 1991)는 애착 대상과의 유대를 위협하는 모든 것에 대한 방어적 배제에 관해 기록했다. 방어적 배제는 자기 구성체의 온전성을 위협하는 모든 것에도 적용된다. 따라서 감정, 불안 및 관계적 현실에 대한 방어는 견고한 애착 유대 및 응집적 자기 감각과 관련된 안전이라는 배경을 복원하려는 적응적 목표를 공유한다. 그러나 단기적으로는 적응적이지만, 장기적으로는 부적절하다. 이것은 최적의 환경보다

훨씬 못 미치는 상황에서 애착 유대 그리고 몸과 영혼을 함께 유지하는 데 필요한 자기 왜곡과 관련된 이차적 안전감(Main, 1995)이다.

1) 방어의 분류

방어 전략(Freud, 1937; Vaillant, 1993)에는 다음이 포함된다.

- 심의 내적으로 작동하는 공식적 방어(예: 억압, 부인, 최소화, 감정의 고립, 반동 형성)
- 현실 조작을 목표로 하는 더욱 원시적인 방어(예: 외현화, 투사, 신체화, 내사, 투사적 동일시)
- 자기 구조에 영향을 미치는 방어(예: 해리)
- 관계적 접촉에 작동하는 방어(예: 장애물, 벽)

다반루는 의사소통의 비언어적 측면을 포함하도록 방어 영역을 확장했다. 따라서 눈 맞춤 회피, 중얼거림, 자세 변경, 얼굴과 목소리의 긴장, 몸 무장하기 등이 방어적 목적에 기여할 수 있다. 다반루는 또한 전략적 방어에 주의를 기울였다. 즉, 말하기 습관(예: 모호함, 애매함, 소극적인 목소리, 주제 변경, 3인칭 또는 2인칭으로 말하기) 또한 감정과의 연결을 피하는 역할을 한다. 코플린 델라 셀바(Coughlin Della Selva, 1996)는 다음과 같이 설명한다.

전략적 방어에는 의미 있는 접촉을 회피하거나 방지하기 위해 내담자들이 개인 대 개인 간에 사용하는 모든 언어적 · 비언어적 책략이 포함된다. 언어적인 전략적 방어에는 애매함과 일반성에 대한 경향, 모순된 진술의 사용, 빈정거림, 대화를 불가능하게 만드는 높은 수준의 언어 활동, 또는 한 주제에서 다른 주제로 뛰어넘는 산만함이 포함된다. 비언어적인 전략적 방어의 예로는 눈 맞춤 회피, 미소와 낄낄거림, 눈물을 자아냄, 또는 무관심한 태도 등을 들 수 있다. 자세 또한 여기에 포함된다. 심한 경직이나 움직이지 않음, 굼뜬 것은 의미 있는 대인 접촉에 대한 방어 장벽이 있다는 것을 나타낸다(p. 9).

핵심 감정이 아닌 감정 또한 방어 기능을 할 수 있다. 방어적 감정은 다른, 더 위협적인 감정의 경험에 간섭하고 선점하기 위해 전개될 수 있다. 맥컬러(McCullough, 1991)가 지적했듯이, "경계선 분노는 …… 충족되지 못한 거대한 슬픔, 경험의 타당화에 대한 자연스러운 갈망을 숨긴다."(p. 42)

(1) 방어가 기능하는 방법

실패한 정서적 환경의 본질, 더 구체적으로 자기-타인 상호작용의 본질이 방어의 작동에 이상하게 반영되어 있다. 본질적으로 아이는 양육자의 손상된 정서적 유능성을 내면화한다. 아이는 양육자가 자신을 다뤘던 것처럼 자기 자신을, 자신만의 감정 경험을, 결국에는 타인을 다룬다.

고립의 두려움은 감정 경험의 문제를 다룰 뿐 아니라 고립의 고통을 해결하는 방어적 과정에 박차를 가한다. 의미 있는 타인의 방어를 내면화함으로써 심리적 근접성에 대한 욕구를 어떤 식으로든 충족시킨다. 애착 대상에게 아기가 겪는 바로 그 스트레스와 고통에 대한 책임이 있는 경우에도, 아장아장 걷는 아기가 포옹을 위해 애착 대상에게 달려가듯이, 성인 역시 우리에게 가장 친숙한 돌봄의 안전 조치를 채택함으로써 더 상징적인 방법으로 정신적인 근접성을 추구한다. 벤자민(Benjamin, 1997)은 이러한 내재화 복제 과정의 메커니즘을 '대인간계 DNA'에 상응하는 것이라고 부른다. 그녀는 정서적으로 중요한, 지정된 양육자와 관련하여 세 가지 복제 과정을 확인한다(Benjamin, 1997).

- 동일시: 자신이 정서를 다루는 방식, 특히 타인들을 다루는 방식은 양육자가 자신을 다루었던 방식과 같다[이것은 안나 프로이트(Freud, 1937)의 공격자 동일시와 유사하다].
- 재현: 마치 양육자가 항상 그 자리에 있고, 책임을 지고 있는 것처럼 행동한다(처벌, 굴욕 또는 방치에 대한 불안 상태에 있다. 양육자의 정신적 현존이 항상 함께하고 있고, 타인들이 양육자인 것처럼 그들을 대한다).
- 내사: 양육자가 그랬던 것처럼 자신을 대한다(정서적으로 되는 것에 대한 수치심, 죄책감, 자기 경멸 및 다른 형태의 자기 처벌로 반응한다).

따라서 방어 패턴과 드러나는 성격은 의미 있는 타인과의 상호작용을 지배하는 '규칙'의 어떠한 형태를 반영한다. 이러한 아주 오래된 규칙에 따른 경험 관리(그리고 그에 따른 고통 감수)의 목표는 정서적 환경에서 본인들이 확언한 것에 대해 끝까지 버티는 희망이다.

(2) 방어의 결과

왜곡된 기능과의 동일시를 통한 병리의 발달과 관련하여, 포나기는 정신병리를 발달시키는 것이 타인과 공명하는 방식이라고 지적한다. 우리가 이해받고 확인받아야 할 필요의 크기는 방대하다. 그것은 방어에 대한 의존 동기를 만든다. 샌들러(Sandler, 1960)가 명확히 했듯이 방어의 작동은 혐오감을 제거하는 것 이상이다. 실제 긍정적 정서 상태, 즉 행복감이 뒤따른다. 친숙한 관계 방식과 관련된 긍정적 정서를 다시 동원하여 감정 경험을 위협하는 것과 관련된 불안을 줄이는 것은 비록 단기적이긴 하지만 이득으로 해석된다.

사람들이 약에 의존하듯 방어 전략에 의존하는 것은 효과가 있기 때문이다. 방어를 통해 달성하고자 의도했던 것을 성취한다. 정신적 평형은 회복되고, 자기는 일관성을 되찾으며, 주요 양육자와의 관계는 안정을 되찾는다. (장차 그렇게 될) 부적응적 메커니즘에 대한 의존과 관련된 안전과 감정적 행복감의 즉각적 경험은 그러한 방어들을 유지하게 하는 가장 강력한 요소 중 하나가 된다. 방어는 개인에게 공포, 죄책감, 수치심, 굴욕, 무력감으로부터 휴식을 취하게 한다. 그러나 그 휴식의 대가는 엄청나다.

방어에 대한 만성적 의존은 관계 경험과 감정 경험 모두를 위축시키고 왜곡한다. 너무 고통스럽고 강렬한 슬픔과 분노와 같은 정서뿐만 아니라 그러한 정서에 내재된 통찰력, 자존감 그리고 힘과 같은 적응 기능이 방어적으로 배제되고 매장되기 때문이다. 비극적으로, 자기 온전성과 타인과의 관계성을 보호하기 위해 안전 조치를 취한 바로 그 경험이 자연스럽고 자발적인 감정의 흐름이라는 연료 없이 고통받고 왜곡된다.

5. 정신병리의 적응 모델

연결과 자기 조절을 유지하고, 혐오 경험을 최소화하려는 적응적 노력에 따라 개인은 방어 기제를 개발한다. 감정적 생존을 보장하고 안전감을 회복하기 위해 개인은 감정 경험의 환경적 편협성을 내면화하고, 그 과정에서 감정의 변형적 특성을 희생하고, 그로 인한 생동감과 진정성이라는 자신의 핵심 감각에 대한 손상을 수용한다. 방어는 적응적이지만, 방어가 발생하는 독특한 환경에서만 그러하다. 전반적인 정서 세계에서는 부적응적이다. 진정한 감정 경험에 대한 방어에 장기간 의존하는 정신병리는 부적응적인 결과를 낳는다.

적응이 정신병리 발달의 숨은 원동력이라는 견해는 임상적 함의를 가지며, AEDP 모델을 구별하는 기술에 대한 정보를 제공한다.

6. 병리와 병리적이지 않은 자기

> 마음이 멈추지 않을 뿐이에요. 당신이 살아 있는 한, 생존 방법을 찾는 것을 멈추지 않을 거예요. 마치 당신 안에 다른 누군가가 있는 것처럼, 더 순진하면서도 더 집요한 누군가가 있지요.
>
> Peter Høeg, 『센스 오브 스노우(Smilla's sense of snow)』

파괴적인 정서적 환경에 적응하는 사람들의 방어적 경향성의 힘에도 불구하고, 건강한 정서 반응의 잠재력은 가장 불안정한 개인들 안에서도 여전히 살아 있고, 적절한 환경 조건이 활성화되기를 기다린다(Emde, 1981; Winnicott, 1960). 반복은 불가피한 것이 아니라, 두려움이 만연할 때만 지배적이다. 희망에 찬 동기가 우세할 때, 새로운 패턴의 생성으로 이어지는 새로운 대응이 가능해진다. 자기는 자연스러운 감정적 과정이 번성하도록 허용되도, 그리고 수정하거나, 복구하거나, 새롭게 창조할 기회가 있는 환경을 항상 경계한다. 개인이 주어진 상황에 그러한 잠재력이 있다고 희망할 이유가 있을 때, 방어는 잠시 철회될 수 있고, 그 개인은 진실하고 자발적인 정서적 반응을 이끌어낼 수 있다. 이것이 AEDP가 촉진하고자 하는 것이다.

특정한 내적 작동 모델은 특정 관계에 뿌리를 두고 있다. 지배적인 것이 병리적 기능으로 이어질 때, 다른 관계에서 비롯된 다른 것들이 비록 억압 또는 분리되거나 덜 두드러지더라도 이야깃거리의 어딘가에 있다는 것을 기억하는 것이 중요하다. 그것들이 감정을 촉진시키는 환경에서 더 쉽게 전면에 등장할 수 있다는 사실은 속성 치료가 어떻게 작용할 수 있는지를 이해하는 데 중요한 점이다.

제5장

양육에 대한 이해:
임상 작업에서 성찰적 자기 기능에 대한 사례

다음 임상 사례의 내용은 이론적인 구성 요소(핵심 감정, 감정의 렌즈로 들여다본 애착, 성찰적 자기 기능)와 이후에 소개되고 설명될 기술적 도구 및 자료들을 연결하는 다리 역할을 한다.[1]

4개로 구분된 임상 사례 축어록은 치료자가 구축한 안전 기지로 인해 공감적 지지를 느낄 수 있는 관계가 이루어지는 치료 작업에서 성찰적 자기 기능의 중요성과 작동을 강조한다. 내담자가 안전감을 더 느낄수록, 즉 치료자와 내담자 사이의 애착 유대가 강해질수록, 치료 작업은 더욱 집중적이고 가속화된다. 그렇다면 이러한 유대 관계를 견고하게 조성하려면 어떻게 해야 하는가?

성찰적 자기 기능이 주는 교훈은 내담자가 치료자의 마음과 가슴 안에 존재한다는 증거의 강도에 비례하여 내담자가 치료자에게 안전하게 애착되었음을 느낄 것이라는 점이다. 따라서 치료자의 심리적 실제에서 내담자의 존재를 드러내고, 내담자의 실제와 공명하는 개입이나 발언은 치료자가 내담자에게 적용한 성찰적 자기 기능을 드러낸다. 그러나 고통, 불안, 실망감에 온통 빠져 있는 내적 작동 모델에서 비롯된 방어적인 불안정 애착의 내담자는 치료자와의 연결을 경험할 수 없을 것이다. 치료 관계에 있어서 최적의 반응, 공감, 지지, 안전과 보호의 구축이 필요하며, 따라서 치료자는 반드시 내담자가 정서적이고 관계적인 경험을 막는 방어를 극복할 수 있도록 도와야 한다. 그렇지 않으면 내담자는 결코 긍정적인 치료적 연결에서 오는 이점을 충분히 인식할 수 없을 것이다.

개인적 성찰은 회기에서의 내담자의 존재와 무관하게 비공식적으로 치료자의 의식에

---

[1] 임상 자료의 주석 가운데 일부 용어는 이후 장까지 명시적으로 정의되지 않지만, 그 의미는 사례의 맥락에서 암시되며, 변화 정서 모델의 관용구에서 그 용어들의 중추적 역할이 명확해질 것이다.

서 내담자의 존재를 확인할 수 있다("당신이 지난주에 떠난 후, ……" 또는 "내가 그 영화를 보았을 때/그 기사를 읽었을 때 당신을 생각했습니다. ……"). 공식적인 수준에서 치료적 자기개방, 특별히 치료자에 미치는 내담자의 영향에 대한 자기개방은 급진적이고 극적일 수 있다. 이로써 치료적 관계에 있어서 내담자가 정서적 실제에 초점을 둘 수 있게 된다.

AEDP 치료의 목표는 이어지는 치료 회기의 축어록과 설명에서 표현되었듯이 암묵적인 것을 드러내는 것이다. 이러한 내담자와의 작업 목표는 내담자의 관계적 경험, 치료자에 대한 내담자의 경험, 그리고 내담자에 대한 치료자의 경험에 관한 내담자의 경험에 중점을 두고 돕는 것이다. 내담자의 성찰적 자기 기능의 추가적 발달은 치료자에게 내담자가 영향을 준 것에 의해 부분적으로 촉진된다. 타인에게 영향을 준 것에 대한 감각은 치료에 임하는 두 사람 모두에게 중요한 실존적 경험이 된다.

1. 임상 작업

31세의 여성인 내담자는 심한 우울증을 치료하고자 왔다. 절망의 가장 중요한 원인은 그녀가 연애를 해 본 적이 없고, 여생을 혼자 보낼까 봐 두려워한다는 것이었다.

바바라의 삶은 감정적으로 연결되는 것이 감정적 고통을 의미하므로 회피적 관계 유형으로 살아온 고통스러운 애착 역사의 구현이었다. 회피 애착 유형을 가진 내담자의 전형이 그러한 것처럼 내적 작동 모델에도 '타인'이 존재하지 않는다. 관계적 접촉을 피함으로써 자기의 온전성과 정서적 고통에 대한 회피가 유지된다. 완전히 방어적으로 배제되면서 내담자는 혼자가 된다. 세상에서 고립을 택함으로 안전감을 느끼고, 과장되게 자신만을 의지하는 존재 방식은 정신병리, 특히 자살 충동을 일으키게 할 정도의 고립 감과 공허감을 발달시킨다(마음 아프게도, 내담자와 하나님과의 관계는 완전한 절망에 대한 보호 요인으로 작용했다).

상담 장면의 마지막에 이르러, 심리치료 8회기의 첫 부분과 9회기의 다른 세 부분에서 내담자는 두 사람이 함께 존재하는 내적 작동 모델로 기능하게 되었고, 고통이 아닌 안전감과 도움을 받는 느낌으로 정서적 연결을 경험하였다. 추가적인 탐색적 치료 작업을 위한 토대가 마련되었다.

1) 상담 장면 1: 관계에 대한 방어와 자기 보호

참을 수 없는 고통과 거부로부터 모든 관계적 친근감에 반하여("조용히 …… 냉정하게 …… 사람들을 만나고 싶지 않았고 …… 벽"), 방어에 의존하지 않을 때 느끼는 불안("두려운…… 불편한…… 드러난…… 예민한")과 핵심 감정 경험, 이 경우에는 그녀의 진정한 자기("부드럽고" "연약한" 자기의 숨겨진 부분, "모든 것에 민감한")에 대항하여 자신을 보호하기 위해 방어가 필요했다고 내담자는 자신의 언어로 자신의 심리구조를 이야기한다. 이러한 방어들은 보호를 위해 고안되었다.

이어지는 다음의 상담 장면에서 임상 자료의 비언어적, 유사 언어적 측면들을 소괄호 안에 표시하였으며, 용어에 대한 정의와 설명이 들어 있는 장에 대한 표시와 함께, 주석은 대괄호 안에 표시하였다.

내담자: 이걸[즉, 치료] 해야 하고, 내가 원하는 것이라는 걸 알 것 같아서, 기분 좋아요……. 나에게 초점을 둔다는 게…… 하지만 동시에 불편하기도 해요. [불안]

치료자: 네.

내담자: 난 나 자신을 공개하는 것을 좋아하지 않아요……. 노출된 느낌이 들고, 예민해지네요. 상처받고 싶지 않아요. 그래서 입을 다물고 아무렇지도 않은 척을 계속해요. [방어: 제6장] 그래서…… 내 모든 부분이 약해요(매우 부드럽고, 약한 어조로). 그게 진짜 내 안에 있어요. 정말로 안에 있어요. (두 손을 모으며) [핵심 감정 경험] 사람들이 거기에 들어오는 걸 허락하지 않아요. …… 과거에 이미 상처받은 적이 있거든요. …… [과거 상처에서 비롯된 방어의 근원] 아마도 사람들이 거기 있는 걸 원치 않나 봐요. …… 그건 나니까요. …… 나를 그다지 많이 드러내고 싶지 않고, 어느 시점이 되면 나 자신을 개방하겠지만, 그건 정말 약해요, 너무…… 정말로 약하다고요. [핵심 감정 경험의 특성: 제7장]

치료자: 으음.

내담자: (매우 부드럽고, 연약하고, 상처받은 목소리로) 그래서 …… 사람들이나 무엇에게도 나에 대해 보여 준 게 없어요……. 벽을 치고 살았네요. …… (왜냐하면) 거기 있는 모든 것이 모든 것에 대해 약하고 민감했어요……. 정말로요……. [취약성에 대항하는 관계적 방어]

치료자: (매우 부드럽게) 약했군요. [감정적 공명: 제12장]

내담자: 네, 너무 너무 약했어요.

치료자: 그래요. 그리고 그 감정을 혼자 느꼈고요. [공감적 설명: 제10장]

내담자: 그래서 여기 안에 있어요. (두 손을 다시 모으며) 그리고 사람들을 거기에 들이고 싶지 않아요. 이 세상에서 미칠 것 같았죠. …… 박사님은…… 논리적으로 생각해 보면, 박사님은 자기 방어를 할 수 있어요. …… 천국에 가면(목소리가 갈라지며), 나올 수 있을 거예요……. 왜냐하면 이 세상에서는 절대로 일어날 수 없는 일이기 때문이죠(눈물을 글썽이며).

이 상담 장면에서, 내담자는 명백하게 그녀의 회피 유형을 보여 주었고, 그녀의 방어 구조를 분명하게 설명하고 있다. 상처 입는 것에 대한 두려움은 관계적 거리두기를 하게 만들었고, 이를 통해 자기의 핵심 감각을 방어하고 있다. 그녀는 자신과 타인들 간에 벽을 세워 두고 있다. 방어가 누그러질 수 있는 감정 촉진적 환경이 천국이라는 내담자의 생각에 주목하라. 그녀가 이 세상에 존재할 수 있을 것이라는 희망을 가지기에는 여기에서의 경험이 그녀를 너무나 힘들게 하고 있다. 그녀의 말은 동시에 완전한 (그리고 쓰라린) 무망감과 (비록 이상화되었지만) 희망을 전하고 있다.

그녀가 자신이 사람들을 불신하고 있다는 말을 하는 동안, 치료자에게는 마음을 열고 연결되어 있었으며, 그녀의 가장 깊은 경험의 측면들을 드러냈다는 점에 주목하라. 이것은 점진적 단계의 과정이 진행되는 동안 일어나는 많은 예이다(제10장에서 더 논의될 것이다).

2) 상담 장면 2: 경험적으로 탐색된 방어의 결과

다음 부분에서, 내담자는 자신의 방어 유형으로 인한 정서적인 결과들을 분명하게 표현한다. 자살 충동을 일으킬 정도의 우울, 외로움, 고립, 절망이 그것이다. 그녀가 하는 경험의 특성은 관계적 친근감에 대한 방어에 의존한 결과로 생긴 '공허'와 '암흑'이다. 직접적이고 명백하게, 초점은 그녀 자신의 내부 경험에 대한 방어를 우회하고 있다. 치료자는 자기 안의 깊은 감정 상태에 접근함으로써(느리고 감정이 가득한 목소리의 어조에 주목하라) 내담자가 공명의 작동과 조정된 상태(Tronick, 1989)를 향한 욕동을 통해 참여하기를 희망한다. 실제로 내담자가 느려지고, 경험을 깊게 함에 따라 더 감정적인 상태가 된다. 내담자가 절망의 깊이에 닿을 수 있도록 내담자의 경험에 대한 치료자의 거울반응하기가 어떻게 방어를 쉽게 우회하고(그녀가 강조했던 실제 이야기), 경험의 깊이를 더하는지에 주목하라. 고통스러운 감정은 혼자 견뎌 낼 수 없다. 신뢰할 수 있는 동반자와 함께 감내할 수 있으며, 이것은 그들의 궁극적인 변형의 첫 번째이자 중요한 단계이다. 작업의 대부분은 치료자에 의해 이루어지는 경험의 초점화와 공감적이고 경험적인 거울 반응하기를 통해 내담자의 고통스러운 감정인 외로움과 절망의 경험을 촉진하는 데 목적이 있다.

내담자: 삶은 나에게 있어 그저 공허해요. …… 이보다 더한 게 있을까요? 하나님이 안 계신다면, 그 끝에 행복도 없다면, 터널의 끝에 빛이…… 만약 박사님이 그 빛을 가져가 버리면, 많이 어두울 거예요. [절망과 무망감: 제6장]

치료자: (부드럽고, 깊으며, 우울한 어조로 매우 천천히 말하며) 어둡다……. [감정적 공명]

내담자: 네.

치료자: 어두워요.

내담자: 그래서 뭐, 박사님은 삶을 증명하며 헤쳐 나갈 것이고, 일하며 살아가겠죠. 내 말은…… (여기서는 상당히 빠르게 말하는데, 경멸하는 목소리 어조로) [비언어적 방어로서 말의 압박, 냉소적 태도: 제6장]

치료자: 좋아요, 좋아, 좋아. …… 만약(천천히) 한 순간에, …… 또는 두 순간에 (가벼운 농담조로)

내담자: 또는 두 순간(웃음).

치료자: 만약 "그래서 뭐." 또는 "이게 삶이야."라고 농담처럼 대신 한다면요. [방어를 식별하고, 내담자가 방어를 철회하도록 독려하기: 제11장]

내담자: 으음.

치료자: 만약 당신 자신을 이런 감정 속에 머무르게 한다면(천천히, 깊고, 우울한 어조로), 공허감은, 이 내면의 감각은…… 음(깊게 한숨 쉬고, 진지한 목소리의 어조로) …… 어떤 식으로든 간직하기가 힘들 거예요. [고립감의 어두운 특성에 감정적 공명, 활력 감정: 제7장]

내담자: 네……. (또한 천천히 그리고 우울하게) 지쳐요. [방어의 결과로 인한 신체본능적 경험: 제6장]

치료자: 너무나 지치는 일이죠. …… (기진맥진한 억양을 증폭하며). 음……. [감정 경험 증폭하기: 제12장] 바로 지금 우리가 밖에서 이것에 접근하고 있다고 느껴져요. [방어]

> 왜냐하면 거긴 너무나 무서운 곳이기 때문이죠. [불안]
>
> 내담자: 맞아요, 으……. 음……. 모르겠어요. 가끔 이게 뭔가 싶어요. 삶이 도대체 뭐지? …… 공허해요……. (고통스러운 어조)
>
> 치료자: '뭔가'라는 게 뭐죠? 공허감을 이야기할 때…….
>
> 내담자: 삶이 뭐냐는 거죠. 그게 다인가?
>
> 치료자: 이런 어두운 순간에 공허함은 무엇과도 같죠? [경험적 설명으로의 초대]
>
> 내담자: 암흑이요……. (긴 침묵)
>
> 치료자: 암흑……. (긴 침묵) [감정적 공명]
>
> 내담자: 어……. (눈물을 참으며) 여기 있어야 할 필요가 없는 거 같아요. …… 내가 그런 식으로 생각한다면 말이에요. [깊은 절망과 관계적 거리두기 방어의 결과에 대한 추가적 설명: 제6장]
>
> 치료자: 으음.

3) 상담 장면 3: 경험의 감정적 공유와 수용 경험(이해받은 느낌)

이번에는 불안이나 방어 없이 그러한 고통스러운 핵심 감정을 깊이 경험할 수 있는 내담자의 능력이 그녀가 혼자라고 느끼지 않는다는 증거이다. 하지만 그녀의 관계적 방어는 그녀가 치료자와의 진화하는 관계에서 친밀감과 친근감을 인식하고 충분히 경험하려면 극복되어야 한다. 이때의 관계는 그녀의 지배적인 내적 작동 모델과 상당히 다른 방식으로 정교화된다. 따라서 같은 회기에서 몇 분 후, 치료자는 내담자에게 치료자에 대한 그녀의 경험, 더 구체적으로 그녀에 대한 치료자의 반응에 대한 그녀의 경험에 집중하고 명확하게 설명하도록 독려한다. 그녀의 방어 구조를 나타내는 또 다른 표현인 동굴 은유는 관계적 돌파에 대한 장면을 설정한다. 내담자는 자발적으로 치료자에게 자신의 내면세계를 탐험하는 데 자신과 함께하자고 촉구한다. 내담자가 안내자라는 점에 주목하라. 그녀는 지배력과 통제력이 있으며 불안보다는 관련된 긍정적인 감정을 경험한다("이것이 내가 느끼는 방식이라는 것을 누군가에게 보여 주는 게 좋아요"). 익숙하지 않은 관계 영역에 있음에도 불구하고, 핵심 감정 경험의 확고한 특성으로 내담자가 주도한다.

> 치료자: 나에게 있어서…… (깊은 한숨) 이렇게 깊고, 두려움으로 가득한 곳은……. 이 암흑 ……. 이 고립감…… [더 많은 감정적 공명과 증폭] 으으으음……. 이건 사적이

고 은밀한 지옥이라고 말하려고 해요. [심리적 실제에 대한 진술의 정도 올리기] 뭐
랄까, 음, 이걸 뭐라 말할 수 있을까요? 나와 함께 무엇을 말하게 될까요? 당신에
게는 어떨까요? [내담자가 치료자와 함께 그녀만의 고통을 공유한 경험을 좀 더 구체적
으로 설명하도록 초대하기: 제10장, 제12장]

내담자: 글쎄요, 그건 일종의…… 우리가 걷고 있거나 하이킹하는 거예요. (표정이 밝아
지기 시작하면서) …… 그리고 우리는 점점 더 어두워지는 동굴을 함께 걷고 있어
요. 정말로 정말로 어두워져요. [초대에 응하며 자발적인 묘사를 함: 제12장]

치료자: 음음.

내담자: 그리고……. 아마도 거기에 있는 벽에 이런 작은 구멍이 있어요. (손으로 작은 원
을 만들며) 그리고 박사님한테 이렇게 가고 싶은 것 같아요. (손짓을 하며)

치료자: 으음.

내담자: (좀 더 생기 있게) 그리고 이 문을 열고, 이미 벌써 우리가 함께 있다는 느낌도 들
어요. 입구는 넓은데 점점 좁아지는 터널이 있고, 그 구멍이 있는 문을 열고 박
사님께 말하고 있어요. "포샤 박사님, 안을 좀 보세요. 문을 여세요." [관계적 친근
감에 대항하는 방어의 돌파: 내담자는 자발적으로 치료자를 그녀의 내적 경험을 공유하
도록 초대한다]

치료자: 그래서 당신은 거기에 있었군요…….

내담자: 네, 내가 어떻게 느끼는지……. 이것이 내가 느끼는 방식이라는 것을 누군가에게
보여 주는 게 좋아요. [좀 더 관계적 돌파: 내담자는 자신이 느끼는 정서적 실제를 다
른 사람과 함께 나누고 싶은 갈망을 가진다] 박사님이 내가 누구인지 더 생각하게 만
들어 주셨기 때문에, 박사님도 그 일부라고 정말로 느껴요. 왜냐하면 박사님은
자신도 모르게 제게 영감을 주셨거나, 아니면 다른 무엇이든지……. [치료자의 성
찰적 자기 기능을 받아들임으로써 연결됨] 박사님은 그 일부인 것 같아요. 나를 바
라보게 한 과정의 부분이요. 박사님은 내 얼굴 앞에 거울을 비춰 주셨고, 나 자
신까지도 보게 했어요. 들여다보고…… 나 자신을 들여다보고……. [관계적 친근
감과 감정적 공유에 대한 자발적인 경험적 설명: 내담자 자신의 성찰적 자기 기능이 시
작되고 있다]

치료자: (깊고 느린 어조로) 나는 어디에 있나요? 아니면 나는 어떤가요? 어쩌면 내가 훨씬
더 많이 있을지도요? [이 묘사 안에서 치료자에 대한 내담자의 경험을 설명하게 하는
것이 목적이며, 치료자는 내성적이거나 부끄러워할 시간이 없다: 제12장]

내담자: 이 전체 시나리오에서요?

치료자: 으음.

내담자: 박사님은 바로 제 뒤에 있어요……. [내담자는 본인이 치료 과정에 책임을 지고 있다고 느끼고, 그녀가 치료자를 이끌고, 본인의 내적 세계를 안내한다]

치료자: 그래서 그 기분이 어때요? 동굴에 우리가 함께 있는 지금 이 순간, 여기가 점점 더 어두워지고 어두워지고 어두워지고…….

내담자: 맞아요.

치료자: 그리고 나는 바로 당신 뒤에 있고, 당신은 나에게 어두워지는 것을 말하고 있어요. 그리고 나는…….

내담자: 비슷한 것 같아요…….

치료자: …… 당신과 함께 어둠을 보고 있어요.

내담자: 처음이에요. 박사님이 처음이에요. …… 박사님은 어둠을 보는 걸 별로 개의치 않는 것 같아요. 박사님은 상처를 받거나 어둠에 굴복하지 않는 거 같다고 느껴요. 박사님은 "그래요, 맞아요, 바바라. 나는 어둠을 보고 싶지 않아요"라고 하지 않는 것 같아요. …… 박사님은 그걸 보고 싶어하고, 항상 나를 재촉하지요……. [내담자와 거기에서 함께하고자 하는 치료자의 적극적 열망에 대한 내담자의 경험] 그리고 난 박사님에게 어둠을 보여 주고 있어요. 그러면서 박사님을 통해 내가 어디에서 왔는지 이해하게 되었어요……. [타인의 눈으로 내담자 자신을 바라봄으로써 자기에 대한 감각 발달시키기] 내 상황에 대한 이해도 생겼고요……. 뭐랄까……. 박사님이 어디에서 왔는지 보고 있어요. …… 박사님은 내가 누구인지 더 잘 이해하려고 노력하고 있고, 그래서 박사님이 그것을 보는 걸 허락하게 돼요……. [인정해 주는 타인과 함께하는 본인의 경험을 자발적으로 표현하고, 과거에 멸시하는 타인에게서 거부당했던 경험과 암묵적으로 대조하고, 인정해 주는 타인과 함께하는 것이 본인의 경험을 공개하고 공유하는 것을 원하게 만든다]

치료자: …… 그래요.

내담자: 박사님은 어둠을 보여 주기에 매우 안전한 분이에요. 왜냐하면…… 지난 몇 주 동안 우리는 이 어둠에 대해 모든 것을 자연스럽게 이야기했기 때문이죠. …… 박사님은 이해하려고 애쓰시고, 그 어둠을 밝게 만들려고 하지 않았고, 그래서 내가 박사님께 보여 드려도 괜찮겠구나라고 느끼게 했기 때문이에요. …… 누군가에게 그걸 보여 줄 수 있겠다고 느끼게 만들었고, 그래서 나와 함께할 누군가

가 있으면 좋겠구나 하고 느끼게 했기 때문이에요. [과거 경험과 대조하여 암묵적으로 참을 수 없이 고통스러운 감정을 혼자 느끼지 않았다는 현재의 경험] 아마도 박사님은 제가 문을 열었을 때 무슨 일이 일어났는지 모르셨을 거예요. 하지만……난 누군가와 "내가 살아야 했던 게 바로 이거야. 이것이 진정으로 내가 느끼는거야."라는 것을 공유하고 있어요. [감정으로 인해 두려움을 느끼지 않는 감정 촉진적 타인과 함께하는 경험은 내담자가 지금까지 부인해 왔던 관계적 공명을 향한 갈망을 드러내면서 자신의 부정적 감정의 깊이를 공유하게 허용한다] …… 그동안 사람들에게 결코 나의 내면을 보여 주지 않았어요……. 그래서…… 잘 모르겠어요……그냥…… 음 …… (마음이 움직이고, 울컥하며) 마음이 편해요. …… 안도감도 좀느껴지는 것 같고요. …… 어쩌면 이 세상에 누군가가(이제는 눈물을 참으며) 내가누구인지 이해할 수 있는 누군가가 있는 것 같아요. (내담자가 눈물을 터트린다)[이해받는 느낌에 대한 깊은 열망을 설명하고, 이해받는 경험을 하고, 처음에는 안도하고, 그다음에는 이전에 이해받는 느낌에 대한 좌절된 열망과 연관된 정서적 고통을 해소한다]

치료자에 대한 경험에 내담자가 초점을 둠으로써, 치료자는 내담자의 세계에서 실제를 느끼게 되고 치료자와의 연결은 실제가 된다. 치료자에 초점을 둠으로써, 내담자는 타인이 바로 거기에, 자신의 옆에, 자기 안에 있다는 것과 더 이상 혼자가 아니라는 것을신체본능적으로 인식하게 된다(Mann & Goldman, 1982 참조). 연결에 대한 감각은 작업을 하는 내내 팽배했다. 이 점진적 단계의 과정에 대한 예시의 어느 지점에서도 저항이나 고착된 방어에 대한 징후는 없었다(제10장에서 자세히 설명됨). 내담자는 자신의 은밀한 세계에 그 누구도 들이지 않았다는 것에 대해 치료자에게 말하고 있지만, 모순적으로치료자를 그 세계에 들어오게 했다. 치료자에 대한 경험에 명백하게 초점을 두게 함으로써 내담자는 정서적으로 타인과 연결됨을 느낄 뿐만 아니라 자신이 연결되었다는 것을 인식하고, 그 경험을 충분히 자각하여 경험적으로 구체화한다.

내담자가 "박사님이 내가 누구인지 더 생각하게 만들어 주셨기 때문에, 박사님도 그일부라고 정말로 느껴요. 왜냐하면 박사님은 자신도 모르게 제게 영감을 주셨거나, 아니면 다른 무엇이든지…… 박사님은 그 일부인 것 같아요. 나를 바라보게 한 과정의 부분이요. 박사님은 내 얼굴 앞에 거울을 비춰 주셨고, 나 자신까지도 보게 했어요. 들여다보고…… 나 자신을 들여다보고……"라고 말할 때, 그녀는 본인이 받아들였던 성찰적 자기 기능을 가진 타인과 이해하고 수용하는 관계를 통해 자신의 성찰적 자기 기능의 발달을 명확히 설명하고 있다.

여기서 중요한 것은 그녀의 강렬하고도 부정적인 고통스러운 감정을 향한 치료자의 태도에 대한 그녀의 경험이 개방성과 수용성('당신은 알기를 원한다.') 그리고 더 많이 알고자 하는 열망이라는 것이다. 이 시점에서 세부 사항을 명시하지 않았지만, 이 새로운 경험은 과거의 양육자와 대조되는데, 아마도 내담자의 회피적 애착 유형에 상당한 기여를 했을 것이다. 분명히 그들은 내담자의 정서성emotionality에 기분이 상하고 거북했을 것이다. 그녀의 부정적인 감정의 깊이에 두려워서 그들은 그녀에게 감정을 느끼지 말고 처리하라고 촉구했고, 그녀는 하지 않을 수 없었을 것이다. 그들과 다르게 다음과 같이 말했다.

> 박사님은 어둠을 보는 걸 별로 개의치 않는 것 같아요. 박사님은 상처를 받거나 어둠에 굴복하지 않는 거 같다고 느껴요. 박사님은 "그래요, 맞아요, 바바라. 나는 어둠을 보고 싶지 않아요."라고 하지 않는 것 같아요. …… 박사님은 그걸 보고 싶어 하고, 항상 나를 재촉하지요. …… 그리고 박사님은 어둠을 보여 주기에 매우 안전한 분이에요. 왜냐하면…… 박사님은 이해하려고 애쓰시고, 그 어둠을 밝게 만들려고 하지 않았고, 그래서 박사님께 보여 드려도 괜찮겠다고 느꼈기 때문이에요.

이 몇 마디 말 속에 평생의 고통이 응축되어 있다. 내담자는 완벽을 필요로 하지 않고, 충분히 좋은 것의 충분함에 대해 모든 것을 알고 있다. "아마도 박사님은 제가 문을 열었을 때 무슨 일이 일어났는지 모르셨을 거예요. 하지만……"처럼 말이다. 내담자는 받아들여지고, 이해받는 느낌을 통해 깊이 배려받고 있다고 느낀다.

> 그리고 난 박사님에게 어둠을 보여 주고 있어요. 그러면서 박사님을 통해 내가 어디에서 왔는지 이해하게 되었어요 …… 내 상황에 대한 이해도 생겼고요. …… 뭐랄까……. 박사님이 어디에서 왔는지 보고 있어요. …… 박사님은 내가 누구인지 더 잘 이해하려고 노력하고 있고, 그래서 박사님이 그것을 보는 걸 허락하게 돼요…….

그녀 자신으로서 타인의 가슴과 마음에 존재하는 수혜자의 경험을 이보다 더 잘 표현하는 것이 가능한가?

4) 상담 장면 4: 병리적 외로움의 해소-진정한 자기의 출현

치료자는 내담자에게 본인에 대한 치료자의 정서적 반응을 경험하는 것에 구체적으로 초점을 두도록 요청한다. 치료자의 눈에서 무엇을 보았는지, 그것이 어떻게 느껴졌는지에 대해 묻는다.

치료자: 바바라, 당신은 내게 말하고 있어요…….

내담자: 으음.

치료자: …… 이것이 당신의 여정이라고 보는 게 아니라, 그것은 우리의 여정이고 내가 어떤 식으로든 거기에 당신과 함께 있다는 것을 통해 어떤 감각이 발달하게 되었는지요. [외현적 인정을 통해 친밀감과 친근감 증진하기]

내담자: (눈물과 함께 끄덕이며) [깨달음의 눈물: '소유하지 못했던' 것에 내담자가 접촉하며 '소유하는' 경험]

치료자: …… 아…… 하.

내담자: 네, 확실히 …… 박사님이 방금 이야기한 것을 말로 어떻게 설명해야 할지 모르겠어요, 네……. 어떤 말로 표현해야 할지 모르겠지만, 박사님의 이야기로 보면, 우리가 함께 이것을 통과하고 있는 것 같아요. 맞아요. …… 분명히 이런 느낌인 것 같아요. (긴 침묵) [내담자는 치료자와 함께 거기에 있는 느낌에 대해 이야기하고 있으나, 치료자가 함께 성찰하는 것을 듣는 것은 그것을 새롭게 보이게 한다]

치료자: 오, 충분해요, 충분해. (침묵) [다른 작업으로 넘어가기 전에 지금까지 해 왔던 작업에 대한 인정: 제10장] 나 또한 당신에게 내가 다른 때에 어떻게 느끼는지 말했기 때문이에요. (여기에 포함되지 않은 이전의 상호작용에 대해 언급하며) …… 하지만 당신이 무엇을 보는지, …… 내 얼굴에서 무엇을 보는지, 당신이 나에게 말하고 있는 것에 대한 반응으로 내 눈에서 당신이 무엇을 보는지 궁금해요. [내담자가 치료자의 비언어적 반응에 대한 상호 모니터링에 참여하고, 그녀의 경험적 관찰을 말로 표현하게 하도록 독려하고(제10장), 내담자의 수용적 경험에 대해 더 자세히 설명하도록 장려하기]

내담자: (마치 아기가 어머니의 얼굴을 탐색하는 것과 같이 주의 깊게 치료자의 얼굴을 들여다보면서) 오, 내가 어디에서 왔는지 박사님이 이해한 것 같고, 거기에 함께 머무르고, 마치 함께 이 여행을 하는 것 같아요. …… 박사님도 아시겠지만, 연결이

있는 것 같아요. …… 그게 연결이 있다고 느끼는 방식이고, 이해도 있고……. 음……. 연민……. 박사님은 내가 어디에서 왔는지 진짜 느끼세요. 그리고…… 음, 박사님도 아시다시피…… 나는 일정 부분…… 신뢰감도 느낀 것 같아요. …… 왜냐하면 내가 이야기할 때마다 박사님은 솔직한 얼굴로 그걸 진짜 느끼고 있는 것 같거든요. (웃음, 치료자의 표정을 흉내 내면서 얼굴을 찡그리며) …… 내가 박사님께 어떤 것을 이야기할 때, 박사님이 내가 어디에서 왔는지에 대해 좋은 감정을 진짜 느끼는 것처럼, 고통스러운 감정도 같이 느끼고 얼굴에도 나타나요. …….

치료자: 글쎄요, 네…….

내담자: (말을 막고 웃으면서) 박사님이 어떠신지는 잘 모르겠지만, 분명한 건 박사님이 매우 고통스러워 보였다는 거예요…….

치료자: 가끔은 당신이 이야기하는 게 너무나 고통스러워요. (고통스러운 목소리로) 난 그때 당신이 얼마나 괴로웠을까 생각했어요. …… 당신도 그 고통이 당신에게 어떻게 느껴지는지를 알죠. (당신의) 고통으로 많이 괴로워하죠. 정말, 정말, 느끼기 힘든 고통이었어요. 느끼는 것이 거의 참을 수 없을 정도로요. …… 그리고 내 반응을 보는 것도 고통스러울 거예요. [내담자의 고통스러운 감정을 치료자가 공감적으로 거울반응한 것에 대한 내담자의 경험 탐색하기: 제10장]

내담자: 재미있기는 하지만, 그게 누군가 나를 이해하고 있다고 느끼게 해 줘요(가벼운 어조로 미소를 지으며). 그래서 이제 그것과 씨름할 필요가 없어요. ……. [정서적 고통 공유하기, 정서의 공유와 변형 인정하기: 제7장]

치료자: 음. (내담자와 기분에 맞추고, 미소 띤 목소리로)

내담자: 안도감이 느껴져요. 이 세상에서 내가 어디로부터 왔는지 이해하는 다른 누군가가 있다고 생각하면. …… 기분 좋아요. (활기 있는 목소리로, 기분이 점점 더 밝아지며) 그래서 잠시 동안 박스 안에 고통을 담아 둘 수 있어요. 이 세상에서 혼자라고 느끼지 않아요. 누군가가 그것을 보았기 때문에 나는 혼자가 아니에요. 이상해요. 하지만 지난 회기 이후부터 계속 행복해요……. [다른 사람과 정서적 고통을 공유하는 것은 경험을 깊게 하고, 변형시킨다. 안도감과 행복은 심지어 연결이 어둡고 고통스러운 감정을 포함할 때조차도 연결의 경험과 연관되어 있다: 제8장] '아, 그걸 매번 숨길 필요가 없다는 걸 누군가가 아는구나. 누군가가 거기를 알아주고 있어.'라고 느끼기 때문에요. (안도의 한숨) …… 그리고 넘길 수 있어요. …… 박

사님과 진짜 함께 있을 수 있는 게 좋아요. 내가 원하는 않는 어떤 것도 될 필요가 없어요. 나는 나예요. 나 자신이 될 수 있어요. 그게 좋아요……. 내가 나 자신일 수 있다는 거요. 직장에서 나는 나 자신이 아니에요. 내 말은 나이기는 하지만, 내가 아니라는 거죠. 내가 무슨 말을 하는지 아시겠어요?

치료자: 무슨 말인지 알아요.

내담자: 나는 내가 될 수 있고, 그렇게 느끼게 해요. …… 박사님이 다른 사람들에게 박사님의 이런 모습, 박사님 자신의 더 내밀한 모습을 보여 주면, 조금 가벼워지는 느낌을 느끼잖아요. (깊게 숨을 들이쉬며) 박사님도 하시겠지만요. 숨도 더 잘 쉬게 된 것 같아요. …… [변형 상태의 감정적 표식: 안도감과 '가벼운' 느낌: 제8장] 그 모든 과정이 카타르시스를 느끼게 했든, 뭐든지요. 누군가와 그 고통을 함께 봤기 때문에 기분이 한결 나아졌어요. 혼자라 느끼지 않는 것도요. 그리고 어떤 면에서는 그것도 좋은 느낌이에요.

내담자가 이제 다른 사람이 자신의 고통을 봐 주었기 때문에 적어도 잠시 동안 그 고통을 내려놓을 수 있다고("기분 좋아요. …… 그래서 잠시 동안 박스 안에 고통을 담아 둘 수 있어요. 이 세상에서 혼자라고 느끼지 않아요. 누군가가 그것을 보았기 때문에 나는 혼자가 아니에요.") 말할 때, 그 의미는 고통이 그녀가 누구인지에 대한 경험의 큰 부분이기 때문에 스스로 자신의 고통을 품어 줄 필요가 있다는 것이다. 고통이 목격되기도 전에 떠나보내고, 타인의 정서적 실제 속에 존재하는 것을 통하여 현실을 얻으면, 자신의 일부분과 접촉할 기회를 잃게 될 것이다. 하지만 일단 고통이 타인에 의해 목격되고 이해되면, 그것은 현실을 획득하고, 타당화될 수 있다. 그녀는 더 이상 그 고통을 힘들게 붙잡을 필요가 없다.

2. 요약

앞선 임상 사례는 경험적이고 성찰적인 작업이 교대로 일어나는 파도를 보여 준다. 방어로 우회하는 내담자의 감정 경험을 거울반응해 주는 초기 경험적 작업은 내담자의 극심한 고통의 감정 경험을 더욱 깊게 한다. 치료자의 공명은 내담자의 고통 경험을 더욱 깊게 한다. 이를 통해 단지 말로 하는 것 이상으로, 내담자가 어떤 고통을 감당하고 있는지를 타인에게 보여 줄 수 있다. 경험의 깊이는 내담자가 자신의 외로움으로 인해 참을 수 없는 상태가 된 고통의 감정이 자살 사고로 이어지는 극단까지 가 보게 하는 것이다. 내담자는 치료자와 깊게 연결되면서, 실제 경험에 의해 그녀의 기분이 움직인다. 그리고 관계적 친근감은 내담자의 개방을 통해 드러나는데, 그것은 내담자가 직접적으로 접촉할 수 있는 것은 아니다. 만약 관계에서 오는 친밀감에 초점을 두지 못한다면, 아마도 내담자는 방금 겪은 관계적 경험에 대한 경험적 접근을 하지 못하고, 그녀가 어둠과 공허, 고립감으로 묘사하고 있는 정서를 제대로 경험하지 못하고, 회기가 끝났을 것이다.

성찰적 작업은 '무엇을 경험하는가?'와 '어떻게 당신은 당신의 고통과 외로움을 경험하는가?'라는 질문에서 '당신의 고통과 외로움을 나와 나눈 느낌이 어떤가?'로 그녀의 경험에 대한 초점을 바꾸었다. 전경과 배경이 바뀐 것이다. 내담자는 치료 과정에 대해 성찰하도록 요청받는다. 초점이 맞으면, 관계적 연결이 생기면서 내담자와 치료자는 서로의 경험과 성찰을 교대로 왔다 갔다 하며 한다.

상담 장면 2를 시작하고 한 이십여 분이 안 되어 숨쉬기가 나아지고, 기분이 가벼워지고, 누군가에게 자신의 은밀한 부분을 드러내게 되자 어둠, 공허 그리고 자살의 망령으로부터 멀리 떨어지게 된다.

제2부

치료를 위한 방법

제6장
구조적 도구로서의 세 가지 대표적 도식

정서적 경험을 촉진하기 위해서 치료자는 방어, 불안 그리고 반복되는 관계 패턴을 빨리 알아차려야 한다. 또한 치료자는 진정한 감정을 인식할 수 있어야 하는데, 아무리 순간적일지라도, 진정한 관계를 맺기 위해서 나타나는 감정을 잘 파악해야 한다. AEDP 치료기법은 임상 자료들 속에서 매 순간의 정확한 사정assessment을 중요시한다. 방어에 기반을 둔 자료들은 접촉하기 위한 자료로 충분하지 않으며 또다른 개입이 요구된다. 이 장에서 설명하는 도구들은 이러한 사정을 쉽고 빠르게 하고 적절한 기법을 적용할 수 있도록 돕는다. 기본적 정신역동적 구조의 도식적 표현은 이러한 작업에서 필수적이다. 개념적 틀이 가장 기본적 요소로 도식화되면 더 쉽게 사용되고, 가르치고 배울 수 있게 된다.

두 가지 도식적 표현은 경험적 단기정신역동 치료자들이 매 순간 정신심리역동적으로 정보를 얻은 기능 분석을 수행하는 데 도움을 주었는데, 갈등 삼각형triangle of conflict과, 나중에 비교 삼각형triangle of comparisons이라 재명명된 인간 삼각형triangle of person, 이 그것이다. 이 개념들은 에즈리엘(Ezriel, 1952)과 메닝거(Menninger, 1958)에 의해 처음 소개되었고, 말란(Malan, 1976, 1979)의 작업들을 통해 구체화되었는데, 단기정신역동치료(STDP)의 기초가 되었고(Crits-Christoph & Barber, 1991; Messer & Warren, 1995 참조), 치료자가 단기간에 깊이 있는 역동적 작업을 해내는 데 필수적인 내용이라 할 수 있다. 변화 정서 모델에서 세 번째 개념적 틀로 자기-타인-정서 삼각형self-other-emotion triangle도 소개되고 있다. 이는 감정적 경험이 일어날 때의 관계적-정서적 맥락을 나타내는 것이다.

갈등 삼각형, 자기-타인-정서 삼각형과 비교 삼각형은 임상 자료, 구조적 경청, 개입 효과에 대해 평가, 다음 개입을 선정하는 과업을 기능적으로 돕는다. 어느 순간에 주어지더라도 이 풍부한 자료들을 조직화하는 데 있어서, 이러한 구성은 정서적 그리고 관계적 경험을 정확히 추적하고 치료자가 임상적 가능성의 덤불 속에서 개입방법의 길을 만들어 내도록 촉진한다. 이 구조들 사이를 왔다 갔다 하는 공명 속에서 내적으로(갈등 삼각형을 통해), 관계적으로(자기-타인-정서 삼각형을 통해), 그리고 역사적으로(비교 삼각형을 통해) 내담자의 역동과 삶의 방식에 대해 깊은 이해가 생기게 된다.

1. 갈등 삼각형

갈등 삼각형은 경험적/정신역동적 치료자가 사용하는 주된 방법이다. 이를 통해 치료자는 내담자의 매 순간 정서적 경험의 구조를 파악할 수 있게 되는데, 이는 관계적 메트릭스 안에서 일어나게 된다(자기-타인-정서 삼각형에서 나타나며, 추후에 논의될 것이다).

만약 감정적 영향을 많이 받게 되는 어떤 상황이 강렬한 정서 반응을 유발한다고 가정하자. 더 나아가 이러한 반응들이 반복적으로 그 사람의 삶에서 중요한 사람들의 부정적인 반응, 즉 그 사람에게 불안과 수치심과 같은 부정적인 영향을 불러일으키는 반응들이 뒤따른다고 가정하자. 시간이 지남에 따라 어떤 감정적 동요(핵심 감정 경험)가 자동적으로 불안이나 수치심(신호 감정)을 이끌어 낸다는 본능적인 결론이 도출되는데, 이는 보호 전략(과거에 일어났던 일이 다시 일어나지 않도록 보장하는 기능을 하는 방어)을 수립하는 자극제가 된다. 갈등 삼각형은 핵심 감정 경험, 과정에서 생성된 신호 감정, 불안을 유발하는 것을 피하기 위해 사용되는 방어 메커니즘 사이에서 발생하는 피드백 고리의 관점에서 정서 경험의 정신 내적 구조를 표현하고 있다([그림 6-1] 참조).

불행히도 방어는 최선의 적응을 위해 생겨난 것이지만(Pao, 1979), 방어에 만성적으로 의존하게 되면 문제가 생긴다. 차단된 감정 경험은 항상 이전에 발생했던 상황을 떠올리게 하는 대인관계 상황에서 다시 활성화된다. 계속해서 그 방어해야 할 것의 힘과 강도가 증가함에 따라 이를 처리할 수가 없게 된다. 감정의 폭발에 대한 위협은 더 많은 불안을 낳고, 이는 현상 유지를 목표로 하는 방어 노력을 강화하게 된다. 방어 메커니즘에 대한 의존도가 높아지고 자발적인 감정 반응을 피하는 것은 결국 개인의 정신적 성장과 발달을 방해한다. DSM의 축 I의 일부 장애(예: 우울증, 불안장애, 해리장애)와 관련된 증상 및 성격장애로 인해 발생하는 생활 문제는 적응 노력이 빗나간 임상적 징후의 예이다([그림 6-2] 참조).

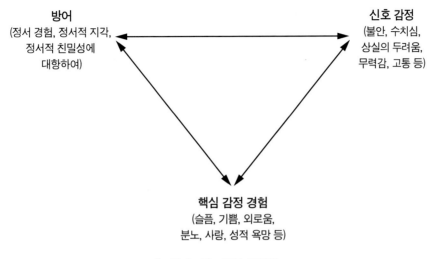

[그림 6-1] 갈등 삼각형

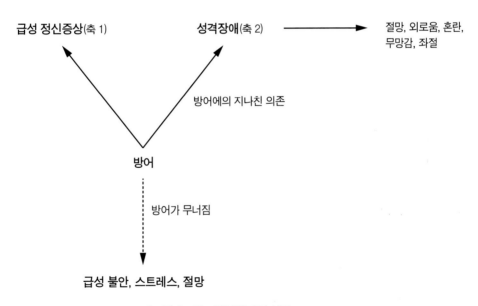

[그림 6-2] 정신병리의 시작

　제5장의 사례인 바바라의 경우, 그녀를 감정적으로 무시하는 양육자들의 반응으로 인해 그녀는 엄청난 고통을 겪었다. 결과적으로 이런 일이 다시 닥칠지도 모른다는 두려움(신호 감정)이 타인과의 상호작용에 벽을 세우고(방어), 취약한 자기감(핵심 감정 경험)을 지니고 살도록 만들었다. 그러나 자신과 타인 사이의 벽이라는 방어적 결과로 절망, 외로움, 만성 우울증 등과 같은 극심한 고통을 가져오는 정서적 고립으로 이어졌다.

이렇듯 갈등 삼각형은 내적 경험의 역동적 구조를 이해하는 데 도움이 된다. 갈등 삼각형 상단에 표시된 범주에 가장 잘 맞는 임상 현상은 이것이 최선의 적응 의도에도 불구하고 부적응적인 해결책임을 보여 준다. 동시에, 하단에 표시된 핵심 감정 경험은 그 안에 최적의 감정 기능을 위한 잠재력을 포함하고 있으며, '적절한 조건'이 활성화되기를 기다린다. 대부분의 사람은 부분적으로 또는 잠깐일지라도 이 잠재력이 되살아나 실현되는 때가 있다.

우리의 도식schemas이 병적인 반응뿐만 아니라 건강한 역동과 구조를 포착할 수 있다는 것이 중요하다. 갈등 삼각형의 두 가지 버전은 방어적 반응 삼각형과 표현적 반응 삼각형으로 나뉘는데, 이는 각각 개인의 최악의 기능 상태와 최상의 기능 상태의 구조를 묘사하고 있다.

1) 두 가지 삶의 방식: 방어적 반응 삼각형과 표현적 반응 삼각형

> 그것은 내가 이해하지 못한 채 자주 목격했던 현상이다. 누군가의 내면에는 완전히 형성되어 있고, 관대하며, 믿을 만한 타인이 존재할 수 있다. 그 사람은 부패하고 철저한 상습범에게 둘러싸여 있기 때문에 언뜻 보일 뿐 드러나지 않는다.
>
> Peter Høeg, 『센스 오브 스노우(Smilla's sense of snow)』

다양한 관계 환경에서 심리적 기능은 근본적으로 다르게 작동한다. 최적의 안전 조건과 위협적 경험의 조건들은 다른 존재 방식으로 살도록 부추기는 경향이 있기 때문이다(Mitchell, 1993 참조). 보수적이고 공포에 사로잡혀 기능하는 한 가지 방식은 프로이트(Freud, 1923)가 반복 강박repetition compulsion이라고 명명한 것에서 나타난다. 위험 감수 및 희망 중심의 다른 방식은 배상 또는 교정적 정서 경험에 대한 욕동력에 의해 구동된다(Alexander & French, 1946; Beebe & Lachmann, 1994; Emde, 1981; Fosha, 1995; Tronick, 1989; Winnicott, 1960). 우리는 각각 다른 시간에 다른 방식으로 작동한다. 일반적으로, 병리가 진행되면 위험과 해로운 과거 패턴의 피할 수 없는 반복은 더 잘 인식하게 하지만, 안전과 새로운 시나리오의 가능성은 덜 경험하게 된다. 회복력은 그 반대적 효과가 있는데, 환경이 위협적인 것으로 경험되는 임계치를 높인다. 활기차고 회복력 있는 자기의 특징 중 하나는 성장에 도움이 되는 환경을 만들고 활기를 불어넣는 시도에 면역이 되는 환경을 최대한 활용하는 능력이다.

서로 다른 정서적 환경은 서로 다른 경험 패턴을 활성화할 수 있으므로 주어진 관계 환경에 대한 개인의 지배적 경험은 갈등 삼각형 하나를 활성화하게 되는데, 이는 방어적 반응 삼각형과 표현적 반응 삼각형이라 할 수 있다.

만약에 내담자가 정서적 상황을 위험하다고 인지하면, 그때는 방어를 따르게 된다. 방어적 반응 삼각형triangle of defensive response은 병리를 지속시키는 패턴으로 공포 중심의 대응 패턴이라 볼 수 있다([그림 6-3] 참조). 이 개념은 어떤 압도적인 감정에 직면하였을 때에 정서적 역량이 손상된 양육자로부터 심리적으로 홀로 남겨진 것 같은 상태에 처하였을 때의 경험에서 비롯된 기능을 나타낸다.

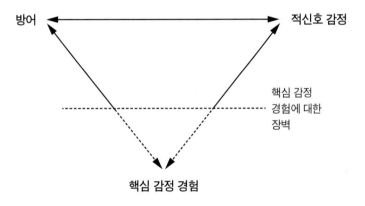

[그림 6-3] 방어적 반응 삼각형: 방어 중심 기능

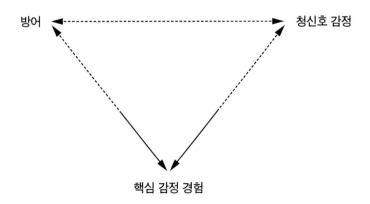

[그림 6-4] 표현적 반응 삼각형: 기능의 감정 모드

내담자가 상황에 잠재적으로 영향을 줄 수 있는 것으로 인식할 때, 그의 감정적 반응이 더 직접적으로 나타난다. 표현적 반응 삼각형triangle of expressive response은 내담자의 신중한 신뢰가 결속되고 감정적 반응이 더 많이 가능해진 희망 중심의 구성을 나타낸다([그림 6-4] 참조). 이 도식은 더 유동적인데, 비록 불안과 방어가 여전히 존재하지만, 덜 뚜렷하고 덜 확고하다. 표현적 반응 삼각형으로 묘사된 기능은 행동의 정서적 유능성을 반영한다. 이는 관계하는 동안, 서로 불협화음이 있을 때 이를 복구하고자 반응하는 정서적 유능성을 갖춘 양육자와의 관계에 기원을 두고 있으며, 관계 시에 나타나는 감정과 감정을 다루며 일어나는 미세 역동microdynamics을 도식화하여 보여 준다.

치료적 관계는 치료에서 우세한 감정 반응을 결정하는 역할을 한다. 감정affect과 애착attachment이 함께 동반되어야 상승 작용이 일어난다. 즉, 애착의 주요 기능은 불안 완화이며, 불안 완화(그에 따른 방어 필요성의 감소)는 정확히 감정의 변형적 힘을 방출하는 데 필요한 것이다. 내담자가 안전하다고 느낄 수 있는 치료적 관계를 촉진함으로써 핵심 감정은 내담자를 위한 즉각적인 치료 서비스 속에 압축될 수 있다. 정신 생활을 뒷받침하는 그 지점에서, 우리는 표현과 보호 사이에서 준비되어 있다. 즉, 관계적 환경(치료적 환경이라고 이름 지어 보자)은 우리가 동시에 심리적 온전함을 유지하고, 애착을 지탱하며, 세상에서 기능하도록 하려면 방어 메커니즘이 도입되어야 하는 바로 그 불안 쪽으로 균형을 잡는가? 아니면 그 환경이 최상의 자기 기능의 기초가 되는 안전감각의 우위에(방어적 반응 삼각형) 균형을 잡는가(표현적 반응 삼각형)?

치료 접촉의 첫 순간부터 AEDP 치료자는 표현적 반응 삼각형으로 대표되는 기능을 촉진하는 것을 목표로 삼는다. 성장하고, 연결되고, 진정성을 느끼고자 하는 욕구는 그 순간부터 시작된다. 이는 결국 감정을 촉진하는 능력 있는 타인과의 관계, 즉 개인이 유지, 수용, 이해한다고 느꼈던 과거의 관계를 발견하는 것을 용이하게 한다.

갈등 삼각형의 두 가지 버전은 치료 관계 내에서 서로 다른 경험을 제안하고 매우 다른 치료 반응과 개입을 요구한다(기법에 관한 장에서 자세히 설명). 만약 내담자에 대해 가지고 있는 자료들이 방어적 반응 삼각형 측면에서 가장 잘 이해되면 내담자가 안전하다고 느끼지 않는다는 신호이다. 안전감을 확보하고, 저항을 낮추고, 불안을 줄이기 위한 개입이 필요하다. '상호작용적 복구interactive repair'가 요구되는 '상호작용 오류interactive error'의 가능성을 고려해야 한다(Tronick, 1989; Gianino & Tronick, 1988). 그러나 자료가 표현적 반응 삼각형 측면에서 잘 이해된다면, 그것은 내담자가 치료적 관계 내에서 안전하고, 이해되고, 지지받는다고 느끼며 자신 내에서 선하고, 강하고, 유능하고, 명료하다는 표시이다. 이는 깊이 있는 감정 작업을 진행하기 위한 청신호green light라 하겠다.

핵심 감정core affect, 신호 감정signal affect 및 방어 간의 구조적 관계는 갈등 삼각형의 두 버전에 모두 적용된다. 다른 점은 전반적인 추진력이 최대한의 자기 보호를 지향하는지, 자기 표현과 의사소통을 지향하는지 여부이다. 이는 정서적 환경의 질적 영향이 느껴지는 대목이다.

- 방어적 반응 삼각형([그림 6-3])에서 내담자는 자신을 보호할 필요가 있는 위치에서 작동하며, 치료자와의 친밀감과 친근감 그리고 자기 표현 모두에 대한 저항을 가진다. 상호작용을 통한 회복의 가능성이나 그의 회복 노력에 대한 상대방의 반응에 대해서는 그다지 확신이 없다. 그림에서 알 수 있듯이 장벽barrier이 개인의 핵심 감정에 대한 접근을 차단하고 있으며, 방어 중심으로 기능(실선으로 표시)하고 있다.
- 표현적 반응 삼각형([그림 6-4])에서는 치료자와의 친밀감과 친근감, 개인적 경험을 탐구하는 데 대한 저항이 훨씬 적다. 자신을 드러내고 최적의 만남을 유지하고자 하는 욕구가 동기가 된다. 이는 "수정할 수 있는 상호작용과 이를 수행하는 데 효과적인 자신의 상호작용"에 대한 개인의 감각을 말한다(Tronick, 1989, p. 117). 그림에서 삼각형의 상단과 하단 사이에는 장벽이 없다. 따라서 표현적이고 의사소통적인 노력이 기능적으로 구동된다(그림 하단의 실선 부분).

> **예시**
>
> 치료에 들어갔을 때 클라크는 매우 이상화된 제안을 하였다. 자신이 목가적인 어린 시절을 보냈고, 그의 현재 어려움(아내와의 관계에서 그가 느꼈던 마비)은 분명히 다른 곳에 뿌리를 두고 있음이 분명하다는 것이다. 치료 도중에 클라크는 '지옥의 천사들'이라는 갱단이 어린 시절의 집을 부수고 있는 꿈을 꾸었다. 꿈에 대해 이야기하면서 그는 치료가 어떻게 그의 환상을 산산조각 냈는지, 그리고 치료자에게 얼마나 화가 났는지에 대해 말했다. 이 경우 부정적인 감정을 공개적으로 표현할 수 있는 직접성에 표현적 반응 삼각형이 반영된다. 오히려 이는 긍정적 치료 경험으로 볼 수 있다. 안전함을 느끼면서 내담자는 자신의 가족에게는 결코 할 수 없다고 생각했던 부정적인 감정을 공개적으로 탐색할 수 있게 되었다.

2) 갈등 삼각형의 구성 범주

갈등 삼각형의 다른 범주에는 어떤 경험이 표현되어 있는가? 이는 어떻게 진화했으며 그들 사이의 관계는 무엇인가? 작동 중인 삼각형 버전에 따라 해당 범주의 질적 차이는 무엇인가? 이러한 차이점은 [그림 6-5]와 [그림 6-6]에 역동적 순서로 표시되며, 이 장에 제시된 내담자인 바바라의 사례를 통해 전체적으로 설명된다.

(1) 핵심 감정 경험

갈등 삼각형의 맨 아랫단에 표시된 핵심 감정 경험은 두 버전에서 동일하다. 이는 불안과 방어가 없을 때 직접 경험하는 자연스럽고 적응적인 감정 반응이다(무엇이 핵심 감정이고, 무엇이 아닌지에 관해서는 다음 장에서 논의될 것이다). 슬픔이나 기쁨, 분노, 또는 긴장 완화나 개방의 상태(즉, 핵심 상태: 제7장 참조)는 본질적으로 적응적이다. 이는 표현과 의사소통에 대한 내재적 동기를 반영한다. 회복력 있는 자기감과 감정을 촉진하는 타인의 존재는 핵심 감정의 적응 잠재력이 실현될 가능성을 가장 높인다.

(2) 핵심 감정과 신호 감정 사이: 이차적 감정 반응

개인의 핵심 감정의 표현은 다른 사람으로부터 반응을 이끌어 내고, 이는 차례로 두 번째 감정의 파도인 이차적 감정 반응secondary affective reaction을 만들어 낸다. 혐오적 이차적 감정 반응(혐오적 감정aversive affects)은 핵심 감정에 대한 부정적인 반응에 대응하여 발생하고, 촉진적 이차적 감정 반응(촉진적 감정facilitating affects)은 핵심 감정에 대한 긍정적 반응에 대응하여 발생한다. 이러한 경험은 자기의 기능이 방어적 목적으로 움직일지 혹은 표현적 목적으로 움직일지에 따라서 결과적으로 병리적이 될지 아니면 건강하게 형성될 지에 매우 중요한 영향을 준다.

① 혐오적 감정과 방어적 반응 삼각형

이는 부적절하거나(생략된 상호작용 오류interactive error of ommission와 비교), 조롱하거나, 징벌하거나, 비하하는(즉, 간섭적 상호작용 오류interactive error of commission와 비교) 등의 경험으로 고통스럽고 압도적인 혐오감을 유발한다([그림 6-5] 참조). 정서적 표현은 정서적 고통과 함께 일어난다. 혐오감에는 공포, 수치심, 정서적 고통, 외로움 그리고 조프와 샌들러(Joffe & Sandler, 1965)가 말한 주요 우울증 반응으로 무력감, 무망감, 절망감 등이

핵심 감정 경험(주된 감정 반응)
(슬픔, 기쁨, 열망, 분노, 사랑, 성적 욕망, 친근감과 친밀함의 경험들, 애착 욕구, '참된 자기' 상태, 취약성, '조화를 이루는' 정서적 공명, 완화의 핵심 상태, 개방성, 개인의 주관적 사실에 관한 명료성)

부정적 수용 경험
(증오, 묵살된, 비난 또는 버려진 느낌, 경멸의 대상으로서 자기 경험과 감정을 느낌, 불편감, 혐오감, 고통)

혐오적 감정(이차적 감정 반응)
(공포, 수치심, 정서적 고통, 외로움, 주된 우울감의 반응: 무력감, 무망감, 절망감)

적신호 감정
[불안, 수치심, 공포(상실, 무력감, 애정 상실), 공포감, 통증 공포증]

방어
(형식적 방어, 전략적 방어, 비언어적 방어, 방어적인 감정들)

방어적 반응 기능의 삼각관계 결과
[증상 형성(예: 공포증, 우울증, 공황 발작), 병리적 성격(느끼지만 다루지 않기, 다루기는 하지만 느끼지 않기), 고립감, 의존성, 부적절한 감정, 우울, 절망]

[그림 6-5] 방어적 반응의 삼각관계를 이끄는 경험 과정의 역동적 순서

포함된다. 예를 들어, 수치심shame은 전형적인 혐오적 감정이며 병리가 진전되는 데 중요한 역할을 하게 된다. 바바라에게 진정한 자기(핵심 감정 경험)의 표현은 부모로부터 오는 무시와 거부(부정적인 수용 경험)로 인해 따라오는 감정적 고통(혐오적 감정)을 느끼게 되는 것을 의미한다.

적응적 행동 경향성은 핵심 감정 경험을 규정하는 특성이다. 혐오적 감정(예: 뼈를 으스러뜨리는 외로움, 수치심, 일차적 우울 반응 등)은 반대로 개인의 본질적인 자기 회복을 위해 아무것도 할 수 없도록 한다. 이러한 감정을 참을 수 없게 만드는 것은 그 끝이 우리 안에 있지 않기 때문이다. 그러나 이들은 그것을 멈추는 일이라면 무엇이든 하도록

핵심 감정 경험(주된 감정 반응)

(슬픔, 기쁨, 열망, 분노, 사랑, 성적 욕망, 친근감과 친밀함의 경험들, 애착 욕구, '참된 자기' 상태, 취약성, '조화를 이루는' 정서적 공명, 완화의 핵심 상태, 개방성, 개인의 주관적 사실에 관한 명료성)

긍정적 수용의 경험

(감정보류, 이해, 감사, 지지, 애정, 격려, 도움, 수용적인 자기 경험과 감정을 느낌, 환대, 반응)

촉진적 감정(이차적 감정 반응)

('조화를 이루는' 안정적 신뢰감의 상태, 친밀감과 친근감, 호기심, 흥분)

청신호 감정

(희망, 유쾌한 결과에 대한 기대감, 호기심, 흥분, 신뢰감, 자신감)

유연한 방어

(대처 전략들, 사회적 행동, 우회 가능한 방어)

표현적 반응 기능의 삼각관계 결과

(정서적 유능성, 회복탄력성, 느끼고 다룰 수 있는 능력, 지연에 대한 수용)

[그림 6-6] 표현적 반응의 삼각관계를 이끄는 경험 과정의 역동적 순서

동기부여된다. 혐오적 감정과 이들이 불러일으키는 적신호 감정은 병리 진전의 중심이 되며, 따라서 필수적인 임상 작업이 진행되어야 할 필요를 보여 준다. 핵심 감정 경험이 변형되는 동안, 혐오적 감정의 존재도 변형의 필요성을 알리는 신호를 보낸다.

② **촉진적 감정과 표현적 반응 삼각형**

만약 누군가가 본질적으로 개인의 감정을 수용하고 지지한다면, 감정 표현은 촉진적 감정, 즉 감정 반응을 촉진하는 긍정적 이차적 감정 반응을 불러일으키게 된다([그림 6-6] 참조). 긍정적 수용 경험(즉, 품어 주는 느낌, 사랑받는 느낌, 이해되고 지지받는 느낌)은 감정을 더욱 촉진시킨다. 이는 기쁨, 안도, 희망과 신뢰, 친밀감, 힘 그리고 진정성을 포

함한다. 더 많이 경험하고, 표현되고, 소통되도록 동기를 부여한다. 촉진적 감정들은 필수적인 안전과 감정을 소통하는 청신호 감정을 불러일으킨다. 바바라는 좋은 것이든 나쁜 것이든 모든 감정을 공유하고 싶다는 치료자의 깊은 소망을 통해 최적의 발달을 위해 필수적으로 요구되는 '안심'과 '신뢰'를 느끼게 되었다.

(3) 신호 감정

신호 감정은 자기를 얼마나 표현할 수 있는지 가능한 결과를 예상하는 정서 환경 읽기의 반영이다. 즉, 완전한 이차적 감정 반응(수치심, 고통, 무력감, 두려움—또는 희망, 흥분, 감사, 신뢰 등)으로 시작하는 것은 결국 정신적 위협(적신호 감정)이나 안전(청신호 감정)을 알릴 만큼 부분적 또는 최소한으로만 경험된다. 불안이나 희망과 같은 신호 감정의 본질은 평가 과정appraisal process이며, 라자루스(Lazarus, 1991)는 이를 "인지적 정서 중심 대처 과정cognitive emotion-focused coping processes"이라고 불렀다.

① 적신호 감정

정서적 환경이 좋지 않을 때, 핵심 감정 경험과 비참한 결과(즉, 혐오적 감정) 사이에 연관성이 형성된다. 이때 안전하지 않은 환경을 경험하게 되는 임계값은 낮아지고 정서적으로 일어나게 된 상황들은 적신호 감정을 더욱 촉진하게 된다. 적신호 감정은 온통 정신적 고통을 느끼지 않게, 적은 양의 신호로서 혐오적 감정을 보내어 동일한 정보를 전달한다.

위험에 대한 예기불안(Freud, 1926)은 적신호 감정이다. 불안은 모든 혐오적 감정에 의해 유발될 수 있다. 이러한 감정을 경험하는 것에 대한 두려움(수치심, 무력감, 외로움, 고통 또는 두려움)뿐만 아니라 감정에 대한 전반적인 두려움, 즉 감정 공포증affect phobia, (Perls, 1969)은 다음과 같은 경험에 방어적 배제를 시도한다.

수치심도 또 다른 중요한 적신호 감정이다. 톰킨스(Tomkins, 1963)와 그후에 네이선슨(Nathanson, 1992, 1996)은 말하기를 수치심은 그 자체로 강력한 감정이지만 "감정 체계의 보조 장치auxiliary to the affect system"이다. 창피함을 느끼게 되면 목의 긴장도 상실, 우울하고 회피적인 시선, 얼굴 붉어짐 등이 진행되면서 자신이 관심 있는 것이나 좋은 것을 증폭시키는 즐거움을 방해하게 된다."(Nathanson, 1996, p. 11) 즐거운 경험은 개인을 개방적이고 방어적이지 않게 한다. 이런 예상치 못한 취약한 상태에서 상대방이 부정적인 반응을 보인다면 더욱 충격적이고 굴욕적인 시간이 지남에 따라, 개인은 상대방의 분노와 비난을 불러일으키는 것들로부터 멀리하는 법을 배운다. 수치심을 불러일으키고, 그 결과는 다양한 제한을 가져오게 된다. Ferenczi(1933), Suttie(1935), Guntrip(1961, 1969)은 개인이 가장 좋은 것을 느낄 때 뒤따르는 정신적 충격에 대해 언급하였는데, 예를 들어 자신의 사랑 등 자신에게 가장 좋은 것이 상대방의 거절과 파괴력을 능가한다고 느낄 때 뒤따르는 파괴적인 기분이다.

감정적인 고통과 일차적 우울 반응도 모두 적신호라 볼 수 있다. 조프와 샌들러 (Joffe & Sandler, 1965)는 일반적으로 정서적 고통과 특히 일차적 우울 반응이 개인이 절망감을 느끼는 고통에 휩싸이지 않도록 다양한 방어책을 불러일으키는 비정상적인 동기부여 능력이라고 보았다. 이는 불안과 마찬가지로 고통 또한 신호나 경고 기능을 담당한다고 볼 수 있다(Sandler & Joffe, 1965; Jacobson, 1994).

② 청신호 감정

자신의 필요가 반응성을 충족되고 뒤따르는 느끼기와 다루기에서의 성공이 감정을 촉진하고, 이는 결국 더 개방적이고 덜 방어적인 경험을 장려하는 청신호 감정을 낳는다.

희망은 가장 중요한 청신호 감정 중 하나이다. 이는 경험에 대한 개방성, 모험하려는 의지, 그리고 통제될 필요가 없는 내적 활달함을 나타낸다. 안전과 안녕, 상대방에 대한 신뢰, 자신에 대한 자신감은 모두 안전의 조건이 우세할 때 탐색하고 싶은 충동의 지표인 호기심과 마찬가지로 신호의 기능 측면이 있다. 성공적인 탐구는 개인의 미래 위험 감수를 알려 주는 열정, 효능, 자부심(Emde, 1983, 1988; Kissen, 1995; White, 1959, 1960)에 기여한다.

(4) 방어

방어 메커니즘은 심리적 장애를 방지하고 안전 경험을 회복하기 위해 고안되었다. 방어는 정서적 경험을 차단하여 개인이 자신의 신호 기능이 실패할 경우 두려워하는 핵심 감정도, 본격적인 혐오적 감정도 느끼지 못하도록 기능한다. 이는 정서로부터의 고립, 투사, 부정과 같은 공식적 방어formal defenses를 포함할 뿐만 아니라, 모호함과 언어적 매너리즘과 같은 전술적 방어tactical defenses, 눈 맞춤의 회피와 같은 비언어적 방어non-verbal defenses 그리고 개인이 고통스럽게 느껴질 어떤 것을 느끼지 않기 위해 다른 감정을 더 고통스럽게 느끼도록 이끄는 방어적 감정defensive affect도 포함한다.

방어란 심리적 생활의 한 영역을 보호하기 위한 선택을 의미하는데, 환경적 실패의 경우나 자신의 욕구와 관계적 욕구가 상충하고 있을 때 다른 것을 희생하면서 심리적인 다른 영역을 보호하기 위한 선택이다. 예를 들어, 한 내담자의 방어는 스스로 자신의 상당한 강점을 지속적으로 부인하는 것에 초점을 맞추면서 나타났다. 그녀에게 독립성과 능력을 인정한다는 것은 상대방을 잃을 위험을 감수해야 하며 언젠가 그녀가 보살핌을 받을 것이라는 희망을 버려야 한다는 것을 의미하게 된다. 또 다른 내담자의 경우에는, 피상적인 관계(방어)가 지독한 고독감을 완화하는 데 아무 효과가 없지만, 중요한 타인과 정직하게 관계를 맺는 것은 자존감과 자기를 잃을 위험이 있다(즉, 상대방이 나에게 경멸을 느끼고, 나를 거부하며, 인간이 뭐 이런가라고 생각하게 되면, 결국 나는 내가 누구인지 알기가 어려워진다).

타인의 자신에 대한 부정적 반응의 영향을 최소화하기 위해(Bowlby, 1973, 1988; Freud, 1937), 방어는 다음 같은 행동을 통해 이 임무를 수행한다.

- 정신 내적으로, 정서적 경험을 차단하기
- 인지적으로, 정서적 반응을 유발한 현실에 대한 인식을 완전히 차단하기
- 관계적으로, 친밀함과 친근감을 방어하기 위해 대인관계 현실을 변화시키기

예를 들어, 분노를 유발하는 상황에서, 반동 형성reaction formation과 같은 공식적인 방어가 분노를 위장하기 위해 발동될 수 있지만 개인은 또한 분노가 촉발될 가능성을 최소화하기 위해 정서적 거리두기를 통해 방어할 수 있다. 앞에서 논의한 바와 같이, 이러한 배제 전략은 애착 관계를 보존하고 친밀감을 유지하기 위한 내적 시도를 하는 개인의 특성과 관련이 있다.

단기 적응에는 도움이 되는 방어 메커니즘을 장기적으로 의존하게 되면 개인의 경험과 기능을 제한하게 되고 결국 증상의 발달과 '생활의 주요 문제'로 이어진다(Sullivan, 1953, 1956). 방어적 배제defensive exclusion(Bowlby, 1973, 1991) 또는 선택적 부주의selective inattention(Sullivan, 1953)를 통해 경험을 제한함으로써, 방어는 학습을 제한하게 되고, 이는 결과적으로 정상적인 성장과 발달을 제한하게 된다. 특정 영역에 대한 경험은 결코 확장되지 않으며, 그 분야의 기술과 대응을 정의할 기회를 잃게 된다. 예를 들어, 아동기 우울증의 파괴적인 결과 중 하나는 그것이 사회적 능력의 발달을 심각하게 방해하면서 또래들로부터 아동을 격리시킨다는 점이다.

높은 대인관계 장벽의 결과로 인한 외로움이나 분노를 방어적으로 배제한 결과, 만성

적이며 방어에 의존하는 정서적 경험을 하는 것이 그 예이다. 많은 이들이 치료를 찾게 만드는 우울과 좌절, 혼란, 절박함 등은 방어 위주 생활의 정서적 부산물이며, 방어의 붕괴로 인한 '해체적 산물disintegration products'인 것이다(Kohut, 1984). 이는 핵심 감정도, 이차적 감정 반응도 아니다. 비록 그러한 경험이 내담자에게 진실일지라도, 그것들은 변형적이거나 적응적이지 않다.

방어적인 노력에 압도되면, 사람들은 더 이상 인식되지 않는 곳에서 작동하는 단순한 신호 경험을 다루지 않는다. 그 대신, 불안, 두려움, 수치심, 무력감, 무망감과 절망이 넘쳐난다. 더 이상 단순한 신호가 아니라, 그들은 감정의 결과에 대한 개인의 최악의 두려움을 확인하면서, 본격적인 혐오 반응으로 되돌아간다. 많은 내담자들의 '정서적'인 것과 관련된 통제력 상실은 직접적으로 경험하는 핵심 감정의 측면이 아니다. 조절되지 않는 통제 불능의 느낌은 핵심 감정과 수치심, 불안, 죄책감이 혼합된 결과이다. 개인이 적절한 지원을 받는다면 핵심 감정을 거의 참을 수 없게 되며 치유의 씨앗이 그 안에 들어 있다. 핵심 감정은 불안이나 수치심의 경험과 불가분의 관계가 될 때만 참을 수 없게 되고 자기를 압도한다. 통제 불능의 질을 가진 이 조합은 재앙에 가깝다.

한편, 유연한 방어는 감정을 고조시키거나 불안을 완화함으로써 우회 가능하다. 이것은 표현적 반응 삼각형의 영역이다. 영향을 촉진하는 환경은 고착화된 메커니즘으로 보일 수 있는 것을 중간 정도의 장벽으로 적게 변형시키는 방법을 가지고 있다. "적응할 수 있는 사회적 방식A manner, something which is adaptable"(Winnicott, 1960, p. 150)은 유연한 방어의 형태로 상황이 요구할 때, 감정을 연기하고 자신을 스스로 단련할 수 있는 능력과 함께 안전이 회복되었을 때 휴식을 취할 수 있게 한다.

여기에서 초점은 일차적 감정 반응과 이차적 감정 반응 사이의 연관성에 있지만, 신호 감정을 유도하는 것은 방어 기관에 영향을 미치는 핵심 감정뿐만은 아니다. 개인의 심리적 기능의 어떠한 측면이라도 상대방으로부터 강한 감정 반응을 끌어낼 수 있다. 이차적 감정 반응은 자기와 자기 경험의 모든 측면(예: 지성, 성, 재능, 취약성, 열망, 신체적 또는 정신적 속성, 성격 특성)과 연관될 수 있으며, 또한 이러한 측면의 운명을 결정할 수 있다.

3) 불안정 애착에 대한 방어적 반응 삼각형의 적용

먼저, 회피 패턴을 살펴보자. 아이가 양육자와 떨어지게 될 때 슬픔과 화(핵심 감정 경험)를 느끼게 된다. 다시 만났을 때 양육자가 아이의 감정을 무시하게 되면, 아이는 거부당했다고 느끼게 된다(Main, 1995). 거절감(부정적인 수용적 감정 경험)은 슬픔과 분노뿐만 아니라 두려움, 고통, 수치심(혐오적 감정)을 유발하게 된다. 아이는 정서적 고통이 순환적으로 반복되며, 다른 이들과도 가까운 관계를 만들지 못하게 되면, 보상에 대한 자극으로 부정적인 감정을 표현하려는 어떠한 희망도 포기하게 된다(Tronick, 1989). 대신에, 그는 자신의 부정적인 감정을 스스로 관리하기 위해 몰두하게 되는데, 즉시 방어하는 법을 배우게 된다. 어렴풋한 정서적 고통(적신호 감정)은 방어를 촉발하기에 충분하다. 회피형 아동의 경우, 애착과 관련된 정서적 반응은 관계적 방어를 시작하기 위해 적신호 감정들과 연결된다. 아동은 가장 중요한 애착 관계의 중요성을 무시하는 방어에 의존한다. 따라서 이들은 감정을 다루고 느끼지 않는다. 이것이 치료에 임하기 전의 바바라의 역동을 설명한 것과 같다.

몰두된 개인의 감정은 종종 핵심 감정으로 오인이 되나, 이는 불안과 퇴행적 방어의 산물로 다른 사람과 조화를 이루고 적응적 행동 경향성을 방출하는 핵심 감정과는 거리가 멀다. 집착적 애착 유형preoccupied attachment style은 감정과 집착(즉, 느끼지만 다루지는 않기)이 신뢰할 수 없는 애착 대상과의 정서 접촉 가능성을 최대화하는 환경에서 발전되었다. 퇴행적 방어 유형(성인의 경우 자신의 부적절함을 지나치게 강조하고 상대의 한계를 선택적으로 무시하는 것과 관련)은 애착 유대관계를 위협하는 관계에 대한 정보를 방어적으로 배제하는 기반 위에 구축된다. 상대방을 신뢰할 수 없어 두려워지고, 정서성emotionality과 이를 부인하는 집착적 방어를 더 부추기게 된다. 이러한 방어 수단이 없다면, 자신의 감정적 상황의 현실에 대한 명확한 시각의 접근을 통해, 개인은 분노와 슬픔뿐 아니라 외로움과 연약함이라는 무서운 감정과 싸워야 할 것이다. 집착적 유형은 진정한 정서에 대한 방어로서 감정의 강력한 예이다.

2. 자기–타인–정서 삼각형

정서적 경험은 그것이 발생하는 관계 매트릭스를 이해하지 않고는 완전히 파악되거나 평가될 수 없다. 갈등 삼각형으로 도식화된 동적으로 연결된 경험은 자신과 타인의 감정적 상호작용을 통해 구성된 관계적 맥락에서 발생한다.

자기–타인–정서 삼각형self–other–emotion triangle([그림 6–7] 참조)은 어떻게 관계 역동이 감정 경험을 구성하고 정서적 환경을 생성시키는지 설명해 준다. 이 삼각형은 어떻게 한 개인의 정서적으로 중요한 사건(갈등 삼각형에 의해 개념화된)의 경험이 자기−타인 상호작용의 매트릭스 아래 내재되는지, 자신과 타인의 표현이 어떻게 역동적으로 연결되는지를 보여 준다. 이러한 구성은 동일한 아이가 어떻게 각 구성에서 다르게 처리되는 감정과 함께 다른 양육자와 관련하여 다른 내적 작동 모델internal working model을 가질 수 있는지를 보여 주는 애착 연구의 데이터를 수용할 수 있다.

❖ 방어적 반응 삼각형과 표현적 반응 삼각형

임상 자료들이 제대로 구성되지 않을 때(즉, 막히거나 제자리를 맴도는 것), 우리는 방어적 반응 삼각형 안에 있는 것이다([그림 6-3], [그림 6-5] 참조). 방어는 견고하게 확립되어 있고 핵심 감정의 경험은 광범위하게 접촉되기 어려워 보인다. 여기에는 공개적으로 관계를 맺거나 깊게 느끼는 것에 대한 저항이 있다. 고위험 정서 상황은 오직 내담자의 방어적 노력을 강화시킬 뿐이며, 이는 결국 이자적관계 과정의 조율과 상호 상태에서의 협력을 방해하게 된다.

대조적으로, 임상 자료가 비교적 잘 구성되어 가고 내담자 역시 오직 새로운 정서적 깊이에 도달하는 과정 전에 자신의 몇 가지 두려움에 대해서 인식하는 것 정도만 필요할 때, 우리는 표현적 반응 삼각형 안에 있다고 볼 수 있다([그림 6-4] 및 [그림 6-6] 참조). 방어는 '유연해지며' 불안은 상대적으로 관리가 가능하다(Fosha, 1995). 표현은 감정과 함께 더 퍼지고 자발적으로 되며 머리보다는 내장 깊숙한 곳에서 더 올라오게 된다. 희망과 같은 청신호 감정이 그날 하루 이기고 있는 동안에, 불안, 두려움, 수치심 또는 고통 등은 여전히 존재할 수 있음을 주목하는 것은 중요하다. 그렇지만 적신호 감정은 어느 정도 더 강한 청신호 감정과 균형을 이루기에 경직된 방어를 자동적으로 유발하지는 않는다. 이것은 아직 행동에서의 감정적 유능성의 또 다른 묘사이다. 즉, 혐오적 감정은 자동적으로 방어를 유발하지 않는다. 반영적 자기 기능의 회복 증진적 영향은 또한 여기에 근거한다. 예를 들어, 개인이 돌봄을 받기 위한 깊은 갈망에 연결되어 있는 수치심을 경험할 수 있는데, 아직 이 수치심은 자동적으로 그를 폐쇄시키지 않는다. 폐쇄에 대한 설득은 끝까지 해내는 것 그리고 노골적인 해체가 아니라면 진실된 감정이 수치감의 축소를 이끄는 것과 같은 표현의 감각으로 균형지어진다. 이것은 복구에 대한 자신감 있는 기대의 본질이다. 즉, 긍정적 표현은 내담자에게 사려 깊은 정서적 표현이 두려움이나 수치심을 극복하기 위한 최상의 방법이며, 표현을 억제하는 것은 두려움과 수치심을 심화시킬 뿐임을 가르쳐 준다.

안정 애착(관계를 맺는 동안 느끼기와 다루기)은 표현적 반응 삼각형의 기능을 이끈다. 아직 불안정 애착의 두 유형(느끼고 동요하지만 다루지 않기, 또는 다루지만 느끼지 않기)은 반어적 반응 삼각형의 기능을 표현한다.

1. 핵심 감정, 신호 감정 그리고 방어의 기능적이고 질적인 구별

매 순간 우리가 갈망하는 것을 찾기 위해 위험을 감수하는 것과 안전하게 얻고자 진행하고 두려움에 귀를 기울이는 것 사이에서 교대로 번갈아 가며 줄다리기를 하게 된다. 이런 줄다리기의 운명은 개인의 순간순간의 감정적 경험을 반영하게 되는데, 이는 희망이든 두려움이든 각각에 의해 표현과 방어의 관계적 균형 속에 제공된다. 핵심 감정, 신호 감정 또는 방어와 같은 임상 자료들의 순간순간의 범주화는 내담자와의 의사소통에 의해 제공된 기능, 그 속에 반영된 동기부여에 기반한다.

감정(핵심 감정은 아님)은 갈등 삼각형의 세 꼭짓점 모두에서 기능할 수 있어서 현혹적일 수 있다.

- 방어적 감정은 정서적으로 방어적 역할을 하는 퇴행적 장애에서와 같이(Davanloo, 1986-1988) 더 성가시고 무서운 감정들에 직면하지 않도록 하려고 존재한다. 예를 들어, 거만한 아버지 때문에 수치심을 느끼는 한 내담자는 자신이 느끼는 외로움과 혐오감을 경험하지 않기 위해 분노를 방어적으로 사용하고 있다.
- 불안, 수치심, 두려움, 혐오, 무력감과 같은 혐오 감정은 자연스러운 정서적 환경의 본질에 대해 정보를 제공하는 연결자이자 경고자로 기능한다.
- 핵심 감정은 엄청난 변형적 잠재력을 갖고 있는 심오한 표현적 기능을 제공한다.

우리가 어떻게 진화해 왔고 그래서 어떻게 서로 연결되어 있는지와 관련 있는 이유들로 인해 핵심 감정 경험들이 초기에 얼마나 고통스러웠는지에 상관없이 그 경험들을 표현하면 안도감이 뒤따른다. 또한 그들은 경험적인 윤곽으로 한정지어진다(Stern, 1985 비교). 혐오 감정과 방어 감정은 이러한 두 가지 특징이 있다. 즉, 슬픔이 가라앉는 대신 퇴행적 울음은 계속될 수 있으며, 유사하게 수치심과 혐오감은 유한하지 않고 그들의 경험 또한 어떤 식으로든 만족할 수 없다는 것이다. 예를 들어, 분노는 핵심 감정 경험으로써 기능할 수도 있고, 슬픔이나 취약성에 대항하는 방어로써 역할을 할 수 있다. 전자에서 분노의 표현이 주요하고 직접적인 치료적 기회를 제공하는 한편, 후자의 분노 표현 경험은 변화가 쉽게 일어나기 어렵다. 방어적 감정의 표현은 치료적으로 매우 중요한데, 가면을 쓰고 있는 그 감정으로 향하는 길목이기 때문이다. 방어적 표현만이 지속적 가치로서 치료적 결과로 이어지는 것은 아닐 것이다. 그렇지만 감정을 이해하고 인정하는 것은 적어도 일시적으로나마 내담자가 방어적 의존과 더 심층적 경험을 수반하는 위험을 포기하게끔 허용하게 해 줄 수 있다.

2. 내담자의 관점에서 본 방어 감정, 신호 감정, 핵심 감정의 경험적 구별

이러한 상태들에 대해 내담자가 경험적으로 그 차이를 아는 것은 필수적이며 이는 치유 과정에서 중요한 역할을 한다. 즉, 그것들을 조율해 가는 것은 자신의 정서적 경험에 대한 능력을 다시 찾게 하는 첫 번째 단계이다.

- 전혀 또는 거의 핵심 경험과 접촉하지 않는 방어적 의사소통은 지루하고 무가치하게 느껴지고, 어디로든 더 나아가지 못한다.
- 표현적 반응 삼각형의 꼭대기로부터 이루어지는 의사소통은 비록 그 선에 고정되어 있더라도 본질적으로 의미 있는 것이다. 이러한 고정은 불안과 방어의 함정이다. 아무리 부드럽고 다루기 쉽더라도, 그들은 여전히 핵심 감정이 가질 수 있는 치료적 영향을 약화시킨다.
- 갈등 삼각형의 각 버전의 바닥으로부터의 의사소통에서 그 선은 매우 명확하다.

한 내담자의 경우, 핵심 감정에 접촉하는 것은 "호흡이 나오는 곳에서부터 말하는 것"처럼 느껴졌다. 그녀는 자신의 핵심 감정에 접촉하였을 때 의사소통이 매우 분명하게 흘러갔을 뿐만 아니라 자신의 몸 속이 얼마나 넓은지와 같은 신체적인 경험 역시 했다고 말했다. 이전에 고정적인 상태에서는 그런 감각이 없었으나, 넓은 것을 느낀 것은 분명한 자기감을 동반하고 있었다. 그는 "전 충만한 사람처럼 느꼈고 제가 생각하는 것을 정확하게 알고 있었어요. 전 양가적이지 않았어요."라고 말했다. 명료하고도 진정한 자기의 존재 경험(Bollas, 1989)은 핵심 감정의 이러한 '장소'로부터 흘러나온다.

자기-타인-정서 삼각형은 또한 감정과 연관된 패턴을 포착한다. 유사하게 구조화된 순간의 무수한 반복은 특정 이자관계에서 개인의 경험을 구현하는 정서적 관계 패턴으로 일반화된다. 이러한 패턴은 과거에 있었던 것을 특징짓고 상호작용적 기대를 형성하며, 이는 차례로 개인의 인식과 행동을 형성한다. 그러한 경험을 하나의 패턴으로 연결하는 것은 정서적 적합성이다. 그들은 유사한 동기부여적, 관계적 및 경험적 라인을 따라 구조화된다.

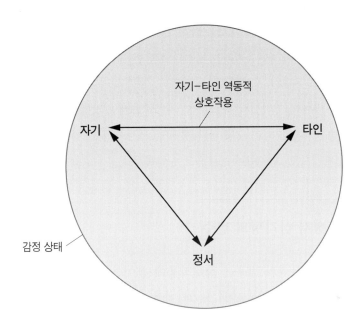

[그림 6-7]　자기-타인-정서 삼각형

내담자는 가끔 자기-타인-정서 삼각형의 한 측면에 대한 경험으로 이끌리지만, 이 특정 경험은 하나의 요소일 뿐 전체 매트릭스를 작성하는 것이 중요하다. 예를 들어, 어떤 사람과의 관계를 잃게 되면 그 사람은 타인의 상실도 다루어야 하지만, 그가 살아오던 특정한 방식의 상실도 다루어야 하는 것이다. 즉, 모든 감정은 이러한 특정 패턴과 함께 움직인다. 자기의 특정한 버전이 있는 곳에 다른 이의 특정한 버전과 그들 사이에 특징지어지는 역동적 상호작용이 있다. 그러므로 자기, 타인, 그들의 관계와 연관된 감정은 상태에 따라 달라지며, 상황 맥락적이며, 그리고 역동적으로 연결된다.

> **예시**
>
> 능력과 성취에 대한 실질적인 증거를 가진 내담자인 올리버는 결국 자신에 대해 '양방향의 개념'을 가지게 되었다. 때때로 그는 자신을 강하고 수완이 있으며 '유용하고 선한' 사람

으로 경험했다. 그러나 다른 때는 자신을 약하고 인생의 도전에 대처하기에 부적절한 사람으로 경험하였다. 각각의 자기 경험과 관련된 자기-타인-정서 삼각형을 자세히 살펴보면, 그는 '미덕을 나타내거나' 혹은 분노를 억압한 결과로써 비난적이고 비판적인 타인의 면전에서 자신을 부적절하다고 여기며 '자신이 충분치 않음에 대한 두려움'을 느끼는 경향이 있다는 것이 점점 더 명확해졌다. 다른 하나는 극심한 불안을 지닌 그의 어머니에게서 찾을 수 있었는데, 그는 어머니의 우울증을 치료하기에 '충분하지 않았다'고 확신하고 있었다. 다른 사람들과 함께할 때, 올리버는 자신의 상당한 지적 재능과 개인적인 따뜻함에 감사하며, 긴장을 풀고 온전한 자신이 될 수 있었다. '충분하지 않은' 자기-타인-정서 삼각형에서의 자기는 방어의 결과였다(즉, 자신의 자원에 크게 정서적으로 접근하지 못하고 긴장함). '유용하고 좋은' 자기-타인-정서 삼각형에서, 그는 진실한 감정과 더 많이 접촉하고, 더 느긋하며, 결과적으로 더 지략이 풍부하고 유연해졌다.

1) 자기-타인-정서 삼각형의 범주

자기-타인-정서 삼각형의 범주는 상호작용에 참여하는 개인의 "가정된 주관적 관점 assumed subjective point of view"(Stern, 1994, p. 11)에서 개념화된다([그림 6-7] 참조).

(1) 자기

왼쪽 위쪽에는 특정한 지각적 · 인지적 · 경험적 측면과 함께 자기의 표상이 있다. 여기에는 자기 개념, 행위자로서의 자기, 경험자로의 자기, 또는 다른 사람과 관계 맺는 자기에 대한 표상이 포함될 수 있다.

(2) 타인

오른쪽 위쪽에는 특정 상호작용의 맥락 속에서 한 개인이 지각하고 경험한 타인의 표상이 있다. 타인의 표상도 지각적 · 인지적 · 경험적 측면을 가지고 있다. 타인의 표상에서 결정적인 측면은 개인에 대한 감정을 포함한다. 자신에 대한 타인의 감정과 태도를 받아들이고 반응하는 것은 수용적 감정 경험의 영역을 구성하게 된다.

(3) 자기-타인 역동적 상호작용

자신과 타인을 연결하는 선은 자기-타인 역동적 상호작용을 나타내며, "다른 사람과 함께 있는 것은 일련의 역동적 사건의 기억이라는 도식"(Beebe, Jaffe, & Lachmann, 1992, p. 73)를 보여 준다. 자기-타인 역동적 상호작용을 통해 상호 조정reciprocal coordination, 잘못된 조정miscoordination 및 복구repair와 매 순간 이자관계 상호작용의 역동을 지배하는 규칙을 탐색할 수 있다. 역동적인 것은 상호적인가 지배적인가? 어떤 조건에서 한 파트너가 주도하는가? 한 파트너는 다른 파트너의 철수나 활기찬 모습에 어떻게 반응하는가?

(4) 정서

삼각형의 하단에는 상호작용에 수반되는 정서가 있다. 정서 범주는 자기, 타인, 자기-타인 역동적 상호작용의 실체와 같은 평면을 차지한다는 점에 주목하라. 비록 정서는 자기 경험의 한 측면이기도 하지만 경험적으로 그들은 종종 자기로부터 분리되어 독립적이라고 느낀다. 그것들은 독특한 감정 경험으로 만드는 타자성 또는 분리성의 속성을 가지고 있다. 스페차노(Spezzano, 1993, p. 214)는 이 현상에 대하여 "감정적 진실은 우리가 발견하는 것이 아니라 그것이 우리를 발견한다."라고 적었다.

(5) 감정 상태

감정 상태란 자기, 타인, 그리고 정서의 삼각형을 포함한 원으로 표현된다. 특정한 정서가 그들의 상호작용과 관련되어 있는 것에 더하여, 자기와 타인 사이에 계속되는 대화는 정서적 분위기(안전하거나 위협적인, 감정 촉진적이거나 감정적 완고함)를 발생시키는데, 이는 개인에게 정서적으로 중요한 사건의 경험에 의해 영향을 받거나 주로 영향을 미친다. 킬스트롬(Kihlstrom, 1987, p. 1451)이 언급했듯이, "이러한 사건들이 발생하게 되는 환경의 어떠한 표현들"은 그 경험과 자기의 정신적 표현에 연결되어야 한다. 감정 상태는 특정한 자기-타인-정서 삼각형에서 자기의 주관적 경험을 특징짓는 감정적 홍얼거림과 같은 그러한 환경이다. 최적의 상호작용을 촉진하는 감정 상태는 행복감으로써 개인에 의해 경험되는 필수적인 안정감의 아주 미세한 정서적 분위기를 만들어 낸다.

❖ **새로운 이자관계적 현상과 상호 영향의 변형적 모델**

역동적 상호작용 과정 자체는 개인의 경험을 형성하는 힘이 있다. 비비, 제프와 라흐만

(1992)은 자기에 대한 감각, 타인에 대한 감각, 자기와 타인의 역동적 상호작용의 감각이 모두 "새로운 이자관계적 현상emergent dyadic phenomena"이라고 주장한다. 한 사람만을 언급하는 것으로는 설명되지 않는다.

> 초기에 표현되는 것은 대상 그 자체가 아니라 대상관계, 즉 상대방의 행동과 그들의 이자적 조절 패턴에 관련된 자기 행동과의 관계이다. 따라서 영아가 나타내는 것은 어느 한쪽 상대에게만 존재하는 것이 아닌 새로운 이자관계적 현상이다(Beebe, Jaffe, & Lachmann, 1992, pp. 73-74).

> 개인의 성격을 개인의 기여, 정서적으로 중요한 타인, 이들의 상호작용을 반영하는 것으로 이해하려면 "상호 영향의 변형적 모델transformational model of mutual influence"이 필요하다(Beebe, Lachmann, & Jaffe, 1997). 이 개념은 변화의 쌍방향성과 개인의 심리적 구조를 구성하는 두 파트너의 적극적인 역할을 다룬다. 서로 간의 영향력은 상호적이고 변형적이며, 서로가 기여하지만, 그 기여는 동등하지도, 등가적이지 않다. 양육자는 더 넓고 유연한 레퍼토리를 가지고 과정을 만들어 가는 기회를 갖는다(Tronick, 1989). 이러한 모델은 변화 정서 모델을 반영하고 있으며, 내담자의 속성뿐 아니라 치료자(인간성, 자세, 기술)의 기여, 치료 과정을 형성하고 결과를 결정하는 내담자-치료자의 상호작용에 초점을 두고 있다.

2) 자기-타인-정서 삼각형 범주의 경험적 속성

이자관계의 정서적 상호작용dyadic emotional interaction은 다섯 가지 유형의 감정 현상을 만들 가능성이 있는데, 모두 새롭게 떠오르는 감정적 현상으로 자기 경험, 관계적 경험, 범주적 정서, 타인에 대한 감정, 감정 상태가 이에 포함된다. 이러한 감정 현상은 자기-타인-정서 삼각형의 기본 범주에 대한 자기 자신들만의 감정 경험이다. 모든 관계적이고도 가정적인 사건에서 이러한 감정 현상들은 공존하고, 탐구하고, 표현하며, 성찰하기 위해 존재한다. 치료자의 선택은 내담자가 무엇을 다루고 있는지, 그다음 무엇이 스스로 나타나는지 또는 내담자의 문제와 역동적으로 관련지어 나타나는지에 달려 있다. 어떠한 경험 범주에서 일어나는 변화도 우리를 다른 자기-타인-정서 삼각형으로 몰아넣기에 충분하다.

우리는 어떤 사람을 만나서는 매우 편안해하고 자신감을 느끼지만, 1분도 안 돼서 다른 사람 앞에서는 수줍어하고 불편한 모습을 보인다. 그것이 만들어 내는 상호작용과 정서적 배경에 따라, 우리가 그 순간에 누구인지에 대한 감각, 타인에 대한 감각 그리고 그때 경험하는 정서는 바뀔 수 있고 실제로도 변한다.

갈등 삼각형에 두 가지 기본 버전이 있는 것처럼 자기-타인-정서 삼각형도 최악의 자기self-at-worst와 최상의 자기self-at-best 기능의 두 가지 삼각형으로 나누어 이해할 수 있다. 즉, 위태로운 자기-왜곡된 타인-차단된 정서 삼각형([그림 6-8])과 효율적 자기-현실적 타인-핵심 정서 삼각형([그림 6-9])이 그것이다. 성공적인 치료 과정에서는 효과적 자기-타인-핵심 정서 삼각형이 가장 잘 특징지어지는 상태가 우세해지고, 위태로운 자기-타인-차단된 정서 삼각형이 기능을 가장 잘 포착하는 상태는 빈도와 감정적 두드러짐에서 감소함을 보인다.

❖ **모범적 장면 : 자기-타인-정서 삼각형 설명하기**

라흐만과 리히텐베르크의 모범적 장면에 대한 구성은 자기-타인-정서 삼각형 안에 그것들이 표현되는 것과 유사한 주제들을 다룬다. 모범적 장면들은 감정이 두드러지는 것 안에서, 그리고 "감정적으로 유사한 경험의 확대…… 성인의 관계와 동기의 본질"이 전달되는 것을 통하는 이루어지는 내적 작동 모델이다. 라흐만과 리히텐베르크(Lachmann & Lichtenberg, 1992)는 "모범적 장면은 행동에 기반하여 주요한 영향을 끼치는 기억 구조들이다. 핵심 감정 상황의 창문을 통하여 내담자에게 동기부여하는 것의 이해를 [그것들이 제공한다] …… 심리적 확대는 모범적 장면 안으로 유사하게 감정이 충만한 경험에의 공동 모임을 통하여 발생한다."(p. 260)라고 말한다. 치료 작업에서 모범적 장면은 우리에게 "이러한 필수적인 정신 내적 침전물과 내담자의 경험의 조직자에 접근하기 위함"을 우리에게 허용한다(p. 124). 모범적 장면은 자기-타인-정서 삼각형이 도식화되는 것을 설명한다. 후자는 전자에서 내재된 모든 요소들을 명시한다. 이러한 치료적 시도의 유형은 마레르(Mahrer, 1999)가 말했던 "매우 강력한 느낌이 오는 그 장면"이며 "감정이 가장 강하게 느껴지는 정확한 그 순간"(p. 206)의 안에 있는 것이다.

3. 갈등 삼각형과 자기-타인-정서 삼각형의 관계

자신과 타인에 대한 경험은 정서적 경험이 구조화되는 방식과 밀접하게 관련되어 있다. 정서적 경험이 어떻게 구조화되는지는 결국 자신과 타인이 어떻게 인식되고 경험되는지와 밀접하게 관련되어 있다. 서로 다른 자기-타인-정서 삼각형에서 정서가 어떻게 다르게 처리되는지 이해하려면 정서가 표현되는 각각의 바닥에 갈등 삼각형을 상상해 보면 된다.

1) 최악의 자기 기능 상태: 위태로운 자기-왜곡된 타인-차단된 정서 삼각형

방어적 반응 삼각형으로 가장 잘 포착되는 정서적 기능의 경우, 위태로운 자기-왜곡된 타인-차단된 정서 삼각형은 종종 내담자가 치료자를 찾게 만든다([그림 6-8] 참조).

이때의 개인의 자기감sense of self은 어떤 면에서 불쾌하거나 고통스럽거나 부적절하다. 타인은 왜곡되고, 2차원적 방식으로 인식된다. 자기-타인 상호작용은 기껏해야 좌절과 불만으로 가득 차 있으며, 최악의 경우 압도적이고 고통스러우며, 어떤 면에서는 자기에게든 타인에게든 파괴적이다. 내담자에게 복구 가능성은 찾아보기 어렵다. 이 구성은 내담자가 자기가 경험한 것에 대한 방어에 습관적으로 의존한 결과라 볼 수 있다. 또한 비판적이거나, 징벌적이거나, 굴욕적인 타인에 의해 유발될 수도 있다. 실제로, 그러한 인물과의 상호작용이 이런 종류의 기능을 하게 만드는 것이다. 감정에 대한 차단으로 인해 중요한 자원들로부터 단절되기 때문에 개인은 부적절함을 느끼게 되고, 그 부적절함은 정서적 사건을 다루기에 준비가 되어 있지 않다고 느끼며 방어적 의존성을 강화시킨다.

2) 최상의 자기 기능 상태: 효율적 자기-현실적 타인-핵심 정서 삼각형

효율적 자기-현실적 타인-핵심 정서 삼각형은 표현적 반응 삼각형에 의해 가장 잘 포착되는 정서 기능 유형과 관련되어 있다([그림 6-9] 참조).

핵심 감정 현상에 대한 접근과 그 안에 존재하는 심리적 자원에 대한 접근으로, 개인은 자신을 효율적이고, 현실적으로, 그리고 이 사이에서 일어나는 상호작용(긍정적이든 혐오적이든)을 관리 가능하거나 잠재적으로 치유할 수 있는 것으로 경험한다. 치료자의 회복 의지와 계획(내담자의 회복 노력에 대한 반응성)은 여기서 중요한 역할을 한다.

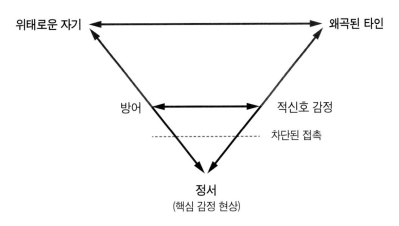

[그림 6-8]   최악의 자기 기능: 위태로운 자기-왜곡된 타인-차단된 정서 삼각형과 방어적 반응 삼각형

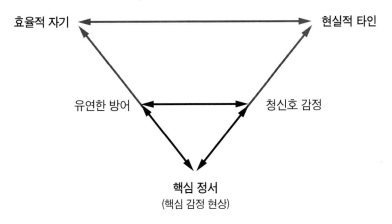

[그림 6-9]   최상의 자기 기능: 효율적 자기-현실적 타인-핵심 정서 삼각형과 표현적 반응 삼각형

예시

애지는 회기의 마지막 순간에 발생한 일을 마치 치료자가 자신을 거절하는 것처럼 경험하면서 이에 압도되어, 그녀가 치료자를 만날 수 없는 회기와 회기 사이에 극심한 정서적 고통을 겪게 되었다. 그녀는 고통과 그녀가 경험하는 취약함에 대해 "너무 과해서", 고통에서 벗어나기 위해서는 차라리 죽음을 선택하는 것이 낫다고 느꼈다. 그녀는 자신이 제 기능을 할 수 있도록 자신의 오래된 방어 메커니즘을 도입하여 고통에 대해 자신을 '강박적으로' 몰아붙였다. 방어는 점점 더 참을 수 없는 고통으로부터 그녀를 차단하는 동시에 모든 활력의 원천에 대한 그녀의 접근도 차단하였다. 그 결과, 내담자는 기능할 수는 있었지

만, 자신과도 접촉 불가, 마비, 짜증, '고갈되고 공허한 상태로 시달리는' 느낌 등을 경험하게 되었다. 그녀는 자신을 나약하고 갈급한 사람으로, 치료자는 자기중심적이고 무관심한 사람으로 느꼈다. 다음 회기에서 굴욕감을 느끼지만 애지는 치료자에게 자신이 어떻게 느꼈는지를 말하기로 하였고, 치료자는 이를 환영하고 격려했다. 치료자의 반응은, 애지의 표현을 빌자면 "완전한 포용"이었다. 치료자는 그녀에게 무슨 일이 있었는지 정확히 알려 준 내담자에게 감사를 표했고, 공감적 관점에서 애지의 경험을 재구성했다. 치료자는 내담자가 자신을 위해 계속 상담을 해 주면 좋겠다는 점을 재확인하였다. 그들이 함께 이야기를 계속하면서 애지는 자신의 방어가 완화되고 '다시 살아나는 것' 같은 주관적 경험을 하였다. 그녀는 외로움과 자책감에서부터 자신을 구한 이 연결을 통해 감정을 깊이까지 느끼는 능력이 회복되었다. "나는 내가 이제 누구인지를 다시 알게 된 것만 같아요."라고 표현하면서 치료자와의 감정 촉진, 긍정, 사랑의 연결을 통해 그녀의 핵심 감정과 본질적인 자기와의 연결은 재확립되었다.

자기-타인-정서 삼각형의 매우 구체적인 버전인 진정한 자기-진정한 타인-진정한 변형된 감정 삼각형이 AEDP치료 작업에서 두드러지게 나타난다. 이는 깊고 진정한 경험의 여파로 발생한다. 이러한 구성으로 가장 잘 기능하는 것은 상대방에 대한 깊은 이해와 사랑의 경험, 자신을 진정성 있게 여기는 경험, 정서적 환경을 안전한 것으로 여기는 경험, 그리고 본능적이고 깊은 움직임을 경험함으로써 발생할 수 있다. 이러한 순간들은 엄청난 치료적 변화가 일어날 수 있는 순간이다. 이러한 순간을 라흐만과 비비(Lachmann & Beebe, 1996)는 "고귀한 치료적 순간heightened therapeutic moments"이라고 부르고 스턴 외(Stern et al., 1998)는 "지금의 순간들now moments"이라고 불렀다. 이 상태에서 개인은 자신을 최상의 상태로 경험하고 다른 사람을 진실되게 경험한다. 그들의 상호작용은 개방성과 이완뿐만 아니라 관대함과 공감, 그리고 때로는 무지막지한 정직함으로 특징지어진다. 이 순간이 바로 엄청난 치료적 기회이다. 이러한 경험을 통해 내담자와 치료자는 이전에 살아보지 못한 세상에 살게 된다. 일단 본능적으로 경험한 현상은 내담자의 삶에 표준적인 레퍼토리의 일부가 될 때까지 처리되고, 반영되고, 연구될 수 있다(Mahrer, 1999의 '새로운 사람New Person'을 참조)

이 진정한 자기-진정한 타인-변형된 정서 상태에 관해 한 내담자는 이렇게 표현하고 있다.

이 상태에서 저는 가장 무방비하고, 광대하고, 제약이 없고, 차단되지 않고, 긍정적이고, 유창하고, 느끼고, 번성하고 있는 저와 만나고 있습니다. 저는 또한 다른 존재 방식으로부터 멀어짐을 느낍니다. 그런 낡은 방식이 느슨해지고 무너지는 것과 같습니다. 그것들은 시들어 가고 있고 훨씬 덜 발동되고 있습니다. 점점 더, 저는 그 다른 존재 방식을 현실이 아닌, 진짜 내가 아닌 왜곡으로 보고 있습니다.

위태로운 자기-왜곡된 타인-차단된 정서 삼각형에서 효율적 자기-현실적 타인-핵심 정서 삼각형으로 힘을 균형 있게 전환하기 위해 다양한 치료 전략을 구사할 수 있다. 이러한 패턴에 대한 인식이 증가하면 내담자는 어떤 감정적 환경이 긍정적인 자기 경험을 조성하고 어떤 것이 위태로운 자기 상태를 만들 가능성이 있는지 학습하게 된다. 그러나 가장 효과적인 방법은 방어를 통과하여 핵심 감정 경험에 접근하는 것이다. 일단 이것이 이루어지면, 자연스러운 핵심 감정 반응은 좋은 자기 경험을 방출하는 적응적 행동 경향성을 보여 주게 된다.

지금까지의 사례에서 크게 탐색되지 않은 것은 치료 관계에서 드러난 패턴이 내담자의 삶에서 다른 관계 패턴에도 연관되어지는지이다. 치유적 또는 병리적 관계와 같은 다른 관계에도 작동될 것인가? 치료 관계는 다른 사람들과의 관계와 어떤 유사성과 상이성이 있는가? 이를 규명하기 위해서는 마지막 도식인 비교 삼각형을 고려해야 한다.

4. 비교 삼각형

비교 삼각형은 내담자의 변형transformation에 영향을 미치는 현재 관계(current relationship: C), 매순간의 치료 관계(moment-to-moment therapeutic relationship: T), 관계 패턴이 녹아 있는 과거 관계(past relationship: P)의 세 가지 요소 안에서 관계를 탐색하는 것이다([그림 6-10] 참조). 따라서 시간 경계를 넘어 3개의 자기-타인-정서 삼각형을 연결한다. 각각의 삼각형에는 고유한 갈등 삼각형이 포함되어 있다. 모든 구성 요소(예: 방어 전략 유형) 또는 자기-타인-정서 또는 갈등 삼각형(예: 자기감과 특정 감정 상태) 요소의 패턴은 시간적으로 그리고 다양한 관계에 걸쳐 추적될 수 있다.

예를 들어, 만과 골드먼(Mann & Goldman, 1982, p. 21)은 정서적 고통은 거의 전적으로 주관적으로 경험되는 상수로서 "사적으로 느끼며, 거의 말로 표현되지 않은 현재와 만성적으로 견디는 고통"이라고 보고 있다. 그들은 정서적 고통을 "자신에 대해 어떻게 느끼고 항상 느껴 왔는지에 대한 중요한 진술"(p. 21)이라고 믿는다. 정서적 일치 패턴을 고려하여 "과거, 현재와 미래를 연결할 수 있는데, 이는 내담자가 평생 무엇을 위해 고군분투해 왔는지, 어떻게 그것을 정복하려고 노력해 왔는지, 그럼에도 불구하고 그가 겪었던 끊임없는 고통을 깨닫게 한다."(Mann & Goldman, 1982, p. 23-24)

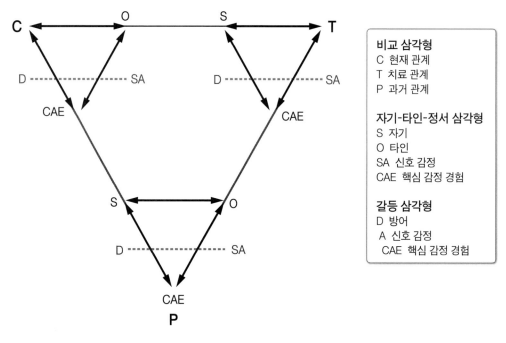

[그림 6-10] 비교 삼각형: 갈등 삼각형과 자기-타인-정서 삼각형의 관계성

우리는 과거의 정서적 고통을 가지고 있는데 이는 '내가 느끼는 방식이며 자신에게 늘 느껴 왔던 방식'으로서 과거로부터 끌고 오는 자신만의 고통이 있다. 현재의 관계 안에서 이러한 과거의 정서적 경험은 초기 병리적 패턴을 반복하는 경향이 있다. T-C-P 관계는 정신역동 작업의 중요하게 구별되는 특징이다(Malan, 1976, 1979). AEDP는 비교 삼각형을 더 포괄적으로 사용하여 정서적 유사점뿐만 아니라 정서적 차이도 탐색한다. 초점은 반복과 반복에 대한 예외 모두에 있다. 패턴이 확인되면(특히 내담자의 어려움에 중요한 역할을 한 패턴이 확인되면), 어떤 관계가 정반대 패턴으로 특징지어지는지를 찾는 데, 이는 유사한 패턴으로 묘사되는 관계(있는 경우)를 찾는 것만큼 중요하다. 또한 AEDP는 과거 경험과 비슷한 정서만 찾아내는 것이 아니라 현재 관계에서의 다른 정서

도 발견하는 것이다. 어떤 상황에서는 부정적 과거의 경험이 올라올 때 긍정적인 정서도 함께 발현되는데, 치료적 관계에서 신뢰에 기초하여 이러한 부분도 생성된다(Wachtel, 1993). 치료자와의 좋은 관계 경험이 오래도록 잊었든 자신에게 중요하지 않은 것으로 믿었든, 내담자에게 있었던 과거의 좋았던 관계 경험의 회복을 촉진한다.

다른 두 가지 대표 도식처럼, 비교 삼각형도 본질적으로 두 가지 존재 방식, 즉 감정을 억제하는 관계 삼각형과 감정을 촉진하는 관계 삼각형으로 나누어 살펴볼 수 있다. 심지어 현재 감정을 억제하는 패턴(위태로운 자기가 작동하는 영역)의 반복에 초점을 맞추고 있을 때도, 모든 것이 충분히 잘 될 수 있는 잠재력은 내담자의 마음에 강력한 힘으로 남아 있다. 비교의 긍정 삼각형은 '발견되거나' 혹은 실현될 가능성이 있다.

AEDP 치료자의 열린 전략으로서의 힘은 내담자의 병리적 믿음에 따르지 않는 방식으로 행동하는 것이다(Weiss, Sampson et al., 1986). 즉, 내담자의 현재 삶(C)과 과거(P)에서 충분히 좋지 않았던 다른 사람들과 합류하는 대신, 좋지 않은 타인, 차단된 감정 및 위태로운 자기의 T-C-P 연결을 완료하고자 한다. 우리는 즉시 비교 삼각형의 T 영역(즉, 핵심 감정에 대한 잠재적인 접근과 함께, 충분히 좋은 타인과 효율적 자기 사이의 상호작용을 포함하는 패턴을 연결하는 표현적 반응 삼각형)에 기어를 넣으려고 한다. 특정한 갈등 삼각형이 있는 하나의 자기-타인-정서 삼각형을 갖는 것은 경험적으로 정교하게 만들어진 자석 역할을 하게 된다. 일단 그 도식이 장착되면, 이는 유사한 구조의 다른 도식을 '유인'하게 된다.

종종 내담자가 치료자와의 관계에서 긍정적인 경험을 하게 되는 경우는 '맨 처음' 시간에 일어나게 된다고 경험되고 묘사되기도 한다. 이것은 마치 비교의 영향을 완화시키는 삼각형의 T 영역에서만 작동하는 것처럼 보인다. 내담자가 그의 놀랍고 새로운 T 경험을 그가 자신의 삶을 사는 C 영역으로 일반화할 수 있을 때 치료는 성공적이다(Mahrer, 1999). 처음의 작업은 치료자와의 긍정적인 경험을 기반으로 새로운 현재 관계를 개발하여 새로운 비교 삼각형의 C 영역을 채우도록 내담자를 격려하는 것으로 보인다. 긍정적 치료 경험은 일반적으로 존재하지 않는다고 믿어진 것을 발견하는 것과 같다. 새로운 비교 삼각형을 정교화하는 과정에서 종종 오랫동안 잊혀졌으나 깊이 존재해 왔던 과거 관계(P)가 발굴된다. 이 범주에서 우리는 종종 조부모, 교사, 옆집 이웃 및 애완동물 등을 찾게 된다. 다음 예에서는 자신의 언니를 재발견하고 있다.

> **예시**
>
> 한 내담자는 양쪽 부모와의 적나라한 삶을 묘사하면서 흐느껴 울면서 기분이 "안 좋은" "사랑스럽지 않은" "영원히 벗어날 수 없는" 감정을 느꼈다. 치료자는 그녀에게 예를 들어 달라고 부탁했다. 그녀는 어머니로부터 잔인하고 부당한 벌을 받았을 때의 사건에 대해 이야기했다. 지나가면서, 그녀는 언니인 매기가 그녀를 위로하기 위해 자신의 방으로 왔다고 언급했다. 그 순간 내담자의 감정이 심한 절망에서 부드러운 느낌으로 바뀌었다. 치료자는 그녀에게 언니에 대한 경험에 집중하라고 부드럽게 권했다. 내담자는 매기가 새 치마를 빌릴 수 있다고 말한 것을 기억했다. 내담자는 매기가 무슨 일이 있어도 항상 곁에 있었다는 것을 깨닫고 눈물을 터트렸다. 그녀는 감동과 감사 그리고 희망을 느꼈다. 그녀가 영양분을 공급받고 소중히 여겼던 관계를 발견한 후, 그녀는 부모님과의 초기 고통스러운 경험의 삭막함을 더 잘 다룰 수 있다고 느꼈다.

> ### ❖ 전이의 반복 없이 정서적 경험을 촉진시키기
>
> 말란과 다반루의 단기역동심리치료Short-term Dynamic Psychotherapy: STDP 모델을 포함한 대부분의 정신역동 모델은 반복적 시나리오가 불가피하며, 치료 과정은 다른 결말로 나아가기 위해 반복하도록 하는 저항을 최대한 이용해야 한다고 가정한다. 정신분석적 기법은 내담자가 정서적 접근을 할 수 있도록 돕는 방법으로 방어와 저항을 다루기 위해 정밀하게 고안되었다. 그러나 AEDP는 치료자에 의해 주도되어 치료가 길어지는 상황을 만들지 않고자 하였다. AEDP 치료자는 정서 개방과 공감 참여의 치료적 입장에서 일하며, 표현적 반응 삼각형(효율적 자기-현실적 타인-핵심 정서 삼각형 내에서)을 활성화하고, 따라서 비교 삼각형을 정교하게 만드는 것을 목표로 한다. 또한 내담자에게는 희망적이고, 조심스럽지만, 새로운 경험에 대한 준비가 되어, 반복-저항 경로를 피하도록 돕는다. 첫 번째 회기의 초기 순간부터 내담자가 정서적으로 함께하는 치료자에 의해 이해받는다고 느낀다면, 자기를 표현하고 서로 연결되기 위한 동력으로 방어력과 저항력이 추진력을 얻어 발동하기 전에 우위를 점할 수 있다.

반복-예외 모드repetition-exception mode는 내담자가 병리적 패턴의 반복과 그 패턴의 유행을 인지하고 다른 방식으로 작업을 수행하도록 결심할 때 매우 강력할 수 있다. 내담자가 자신에게 선택권이 있다는 것을 깨닫는 것은 심오한 순간이다. 셰인, 셰인과 게일스

(Shane, Shane, & Gales, 1997)는 새로운 자기와 관련된 세 가지 가능한 관계 구성의 관점에서 내담자의 선택권을 공식화하였다('새로운 자기'는 핵심 정서에 잘 접근할 수 있는 자기-타인-정서 삼각형과 내재적 적응적 행동 경향 내에서 통합된다).

- 예전에 알던 타인과 새로운 자기(즉, 내담자가 특정한 정서적 환경 속에서 특정한 사람의 한계를 인정하게 되기)
- 새로운 타인이 되어 가는 도중에 있는 예전에 알던 타인과 새로운 자기(즉 내담자의 변화에 대응하는 타인의 변화-예상보다 더 빈번한 현상)
- 새로운 타인과 새로운 자기(즉, 내담자가 건강한 구성에 도움이 되는 환경에서 계속 달라지기)

다음의 예에서, 내담자는 새로운 타인이 되는 도중에 있는 예전에 알던 타인과 새로운 자기를 일으키기를 희망하나 타인의 방어벽에 머리를 부딪힌다. 새로운 자기에 대해 예전에 알던 타인과 새로운 자기들이 비타협적이라는 점을 깨닫게 된 후 유전적으로 반향을 일으키지만 현재의 관계가 지니는 한계를 애도하며 내담자는 예전에 알던 들에게 작별을 고한다. 내담자는 자신의 삶의 다른 곳에서 분명히 새로운 자기와 새로운 타인 구성으로 새로운 자기를 육성하고 성장시킬 것이다.

> ### 예시
>
> 수잔은 아버지와의 관계에서 견디기 힘든 고통을 경험하는 동안, 현재 상사와의 관계가 과거 아버지와의 관계와 흡사하다는 점에 점점 더 충격을 받았다. 그녀는 아버지와의 관계가 얼마나 해가 되었는지 알고 있었기에, 상사와 그런 패턴을 반복하지 않기 위해 노력했다. 그녀의 상사는 방어적이고 파괴적인 패턴에 집착하기 때문에, 새로운 정직하고도 개방된 관계로 새로운 구성을 만드는 작업을 상사와 함께할 수 없다는 것을 깨닫게 되었다. 고통스럽지만 절망하지 않은 내담자는 자신이 새롭게 발견한 자기주장적이고 친밀한 능력에 대해 이렇게 말했다. "나는 이 작업을 함께할 수 있는 다른 사람들이 있다는 것을 배우고 있어요". 그런 다음, 그녀는 현실에서 아버지와 하지 못했던 일을 상사에게는 행하였다. 즉, 작별인사를 하고, 애도하고, 앞으로 나아갔다. 치료가 필요했던 병리적 핵심이었던 병적 애도를 해소함으로써 수잔은 교정적 정서 경험(Alexander & French, 1946)을 하게 되었다.

5. 요약

이 세 가지 구성에 대한 각각의 많은 버전이 주어진 시간에 작동되지만, 명확성을 위해 전체적으로 초점은 안전과 불안전의 조건하에 기능하는 두 가지 버전에 맞춰져 있다. 위태로운 자기의 주요 버전과 최상의 기능으로 우리의 병적 부분을 지배하는 효율적 자기의 주요 버전이 있다.

갈등 삼각형에서 자기-타인-정서 삼각형으로, 그리고 비교 삼각형으로 이동하면서, 우리는 감정 경험의 구조에 대한 미시적이고도 순간적인 검토를 통해 감정적-관계적 상태에 대한 근시안적 시각에서 시간에 따라 관계적이고도 감정적인 본질을 포착하는 망원경적 관점으로 이동했다. 하지만 우리가 발견하는 것은 역동적으로 이해하면, 일생에 걸친 광범위한 패턴의 구조가 치료자와의 현재 관계의 순간순간의 역동적 변화와 유사하다는 점이다. 그것은 시인들이 늘 표현해 온 것과 일치한다.

한 줌의 모래 같은 세상,

그리고 들꽃 속의 천국을 보기 위해

당신의 손바닥에 무한과

한 시간 안에 있는 영원을 잡으시오

William Blake, 〈순수의 전조(Auguries of Innocense)〉

제7장

핵심 감정 경험의 다양성

> 사람은 감정의 바깥에 서서는 그 감정을 헤아리거나 예측할 수 없다.
> …… 각각의 감정은 자신의 논리에 복종하며 다른 논리로는 그럴 수 없다는 추론을 한다.
>
> William James, 『종교적 경험의 다양성(Varieties of Religious Experience)』

핵심 감정 현상은 연결만 된다면 심층적인 변형 과정을 실행시킨다. 핵심 감정의 적나라한 경험은 변형 상태에 개입하는 것을 말한다(Beebe & Lachmann, 1994). 이 변형된 상태에서, 내담자가 다음과 같이 접근하고자 할 때 심층적 치료 작업이 진행된다.

- 현재 작업 가능한 더 깊은 무의식 층의 재료들(Davanloo, 1986-1988, 1990)
- 감정이 차단되었을 때 상실된 생명력 및 에너지의 필수 공급원(Herman, 1982; Winnicott, 1960)
- 핵심 감정의 경험에 내재된 적응적 행동 경향성(Darwin, 1872; Frijda, 1986; Goleman, 1995; Greenberg & Safran, 1987; Lazarus, 1991; Safran & Greenberg, 1991) 및 탐색적 노력을 추구하는 개인의 자유를 반영하기(Ainsworth et al., 1978; Bowlby, 1982)
- 더 큰 개방성과 더 깊고 만족스러운 관계에 대한 능력으로 나타나는 적응적 관계적 행동 경향성
- 기본적인 욕구와 바람에 대한 명확성에 기초한 적응적 자기 행동 경향성(Greenberg, Rice, & Elliott, 1993; McCullough, 1997) 및 그러한 기본 욕구와 바람의 충족에 충실하

기 위한 헌신

- 본질적 혹은 진정한 자기와 접촉하는 감각(Bollas, 1987, 1989; Heart, 1991; Perls, 1969; Winnicott, 1949, 1960)

치료자와의 관계에서 심층적인 정서를 적나라하게 경험하면 내담자는 이를 통해 살아 있는 심리적 과정을 숙달하게 된다. 적나라하게 감정을 경험하는 것은 매우 중요하다.

핵심 정서에 닿고 핵심 상태에 이르는 것은 진실한 변형을 가지고 온다. 핵심core이라는 용어는 정서 이론에서 말하는 기본primary 또는 기초basic라는 용어와 혼동해서는 안 된다. 핵심은 임상 현상을 검증하는 두 가지 기준을 가지고 있다. 기능적으로는 깊고, 빠르고, 변화하는 치료의 심오한 기회가 존재하는 상태를 말하는 것이고, 질적으로는 방어나 적신호 감정이 없는 감정적 표현을 가리키는 것이다.

범주적 정서categorical emotions 또는 핵심 정서에는 슬픔sadness, 분노anger, 기쁨joy, 두려움fear 및 혐오감disgust이 포함된다. 진실된 상태(즉, 방어 및 적신호 감정이 없는 상태)에서 핵심 감정의 경험과 표현은 자동적인 상태 변형automatic state transformation으로 이어진다. 핵심 상태는 개방성과 접촉의 하나인 변화된 상태를 말한다. 그 안에서 개인은 자기 자신과 관계 경험의 본질적인 측면과 깊이 접촉하며, 그 자체가 다양한 핵심 감정 경험으로 잠재적인 변화된다. 이러한 감정 경험에는 상대방에 대한 감정(예: 연민, 기쁨, 증오), 진정한 자기 상태 또는 자기 경험(예: 강력함, 섹시함, 공격적, 취약성 등을 느낌), 관계적 경험(예: 친밀감, 거리감, 동조감) 등이 포함된다. 마지막으로, 활력 감정vitality affects은 감정 경험의 끊임없이 계속 진행 중인 측면을 구별하는 '솟구침surging' '퇴색fading' 또는 '폭발적explosive'과 같은 "역동적이고 운동적인 특성의 감정dynamic, kinetic qualities of feeling"(Stern, 1985, p. 156)을 나타낸다.

핵심 감정 경험의 영역 내에서, 범주적 정서와 핵심 상태 사이에는 한 가지 차이가 있다. 또 다른 구별은 개인이 어떤 경험의 영역(예: 사건, 자기, 또는 관계)에 있는가에 기초한다. 예를 들어, 범주적 정서(및 느낌)는 일반적으로 환경에 대한 경험적 판독을 기반으로 하는, 다른 사람과 관련된 대인관계 사건에 대한 개인의 반응이다. 자기 감정적 경험Self-affective experiences은 개인의 경험적 판독 그리고 자기 자신과 그 상태에 대한 평가를 포함한다. 관계 감정적 경험relational-affective experiences은 엠데(Emde, 1988)가 "다른 사람과 공유된 현실을 능동적으로 경험하는 것"이라고 부르는 것에 근거하여 개인이 관계와 관계 상태를 경험적으로 판독하는 것을 말한다.

다음 내용에서는 잠재적으로 경험을 변화시킬 수 있는 형태를 식별하고, 그에 수반되는 임상 및 기법적인 의미를 드러내기 위해 다양한 핵심 감정 경험을 설명하고자 한다.

1. 범주적 감정

범주적(또는 핵심적) 감정은 예를 들어, 슬픔, 분노, 두려움, 기쁨 또는 혐오와 같이 "독특한 생물학적 특징"으로 특징지어지는 핵심 정서 현상이다(Goleman, 1995, p. 6). 범주적 감정은,

적응적으로 유용한 것으로 입증되었기 때문에 진화를 통해 유전적으로 전승된 보편적인 생물학적 규칙을 표현한다고 한다. 이들은 유전된 신경 구조에서 발생하고, 특징적인 신경 근육 반응 패턴을 포함하며, 각 범주적 감정에 대한 독특하고 주관적인 특성과 관련이 있다.…… 얼굴은 복잡하고 상호 연결된 일련의 근육을 통해 종의 진화에서 인간이 물려받은 기본 감정에 타고난 표현을 제공하며, 각 감정의 표현 패턴은 그 종에게는 보편적이다. 비록 사회문화적 변수가 표현의 패턴과 시기에 어느 정도 영향을 미칠 수 있고, 감정적인 얼굴은 효과를 위해 억제, 위장, 또는 생산될 수 있지만, 인간에게는 사실상 분노의 얼굴, 공포의 얼굴, 행복한 얼굴 등이 있다(Lazarus, 1991, pp. 70-71).

범주적 감정은 갈등 삼각형과 자기-타인-정서 삼각형의 하단에 나타나는 현상으로 자기, 타인, 행동과 관련된 정서적으로 의미 있는 대인관계 사건에 대한 반응으로 발생하는 뚜렷한 감정이다. 위니컷(Winnicott, 1960, p. 141)이 유아에 대해 언급할 때에 그 충동이 "천둥 치는 소리"와 같이 외부적인 것처럼 보인다고 표현했는데, 우리는 종종 범주적 감정을 고유한 생명력이 있는 현상으로 경험한다. 현상학적으로 설명하면,

범주적 감정은 종종 에너지가 급증하거나 몸통 부위에서 말단 쪽으로, 몸 밖으로 이동하는 움직이는 온화한 흐름의 감각으로 경험된다. …… 이러한 솟구침이나 흐름은 어떤 사건에 적응적으로 적용된다면 안도감이나 만족감으로 이어지는 행동 경향성을 발생시킨다. 어떠한 상황에서는 깊은 슬픔이나 단언하는 것assertion과 같은 반응이 문제의 해결로 이어질 수 있다(McCullough, 1997, p. 232).

범주적 감정은 다른 핵심 감정 경험과는 다르다(Darwin, 1872; Ekman, 1983; Goleman, 1995; Izard, 1977; Lazarus, 1991; Nathanson, 1992; Tomkins, 1962). 범주적 감정의 경험과 표현 자체는 상태 변형을 포함한다(다른 감정 경험의 경우, 우리가 보게 되겠지만, 그들의 경험과 표현은 핵심 상태, 즉 개방성, 이완, 깊은 관계 연결의 변형된 상태와 함께 발생할 때 변화가 쉽게 일어나게 된다).

예를 들어, 분노, 슬픔, 기쁨, 그리고 사랑에 빠지는 것과 같은 핵심 감정들은 주로 활성화 기능이나 표현적 기능을 가지고 있다. 두려움과 수치심과 같은 것들은 갈등 삼각형의 바닥에서 적신호 감정으로 작동할 수 있다. 적신호 감정의 주된 기능은 다른 감정의 경험과 표현을 억제하는 것이다. 수치심은 보통 다른 유쾌한 감정 상태의 억제제로 기능한다(Nathanson, 1992, 1996).

범주적 감정은 개인의 고유한 생리 및 각성 패턴(Ekman, 1983; Zajonc, 1985)과 그들 자신만의 특정 역동 체계(Darwin, 1872; Nathanson, 1992; Tomkins, 1962, 1963)에 뿌리를 둔 깊은 신체 반응이다. 예를 들어, 분노나 격노는 투쟁 또는 도피를 준비하는 생리적 특성을 따르고 분노의 현상에 대한 다윈(Darwin, 1872, pp. 238-241)의 광범위한 논의에서 출발한다. 즉, "이마와 목에 있는 핏줄과 함께 얼굴이 붉어지거나 자주색이 된다 …… 가슴은 들썩이고 확장된 콧구멍은 떨린다. …… 흥분한 뇌는 근육에 힘을 주고, 동시에 의지에 에너지를 준다" 또한 "피가 손에 흘러들어 무기를 쥐거나 적을 공격하기가 쉬워지고, 심박수가 증가하며, 아드레날린과 같은 호르몬의 급상승은 격렬한 행동을 할 만한 강한 에너지 펄스를 생성한다."(Goleman, 1995, p. 6) 셰익스피어의 헨리 5세는 전투 직전 부하들에게 영감을 불어넣으면서 "전쟁의 폭발이 우리 귀에 울릴 때" 이렇게 말한다.

그러고 나서 호랑이의 행동을 따라 해 보라.

힘줄을 굳게 하고 피를 불러일으키고

호의적인 분노로 공정한 성격을 위장하라.

그런 다음 눈을 무섭게 부릅떠라.

…… 이제 이를 세우고 콧구멍을 크게 벌리고,

숨을 들이쉬며 모든 영혼을 구부려라.

그의 완전한 높이까지!

『헨리 5세』, (3.1.6-17)

분노의 경험 및 표현과 관련된 전형적인 불안에는 통제력 상실에 대한 두려움이나 보복에 대한 두려움, 분노의 대상을 파괴하는 환상에 대한 죄책감이 포함된다. 충분히 경험된 분노에 의해 방출되는 적응적 행동 경향성은 종종 정신적 힘, 자기 가치, 정서적 유능성의 재발견에 뿌리를 둔 힘의 감각sense of empowerment과 주장성assertiveness을 포함한다.

1) AEDP에서 특별히 관심을 가지는 범주적 감정

① 슬픔과 정서적 고통

안전한 치료 관계 안에서, 내담자는 자신이 견뎌야 했던 것과 놓쳤던 것을 마주할 수 있게 된다. 이러한 상실, 박탈, 놓친 기회들(내담자가 그동안 이에 완전히 동참하지 않았으므로 더욱 악화됨)은 깊은 정서적 고통을 불러일으키는데, 이 정서적 고통은 자기를 대상으로 하는 슬픔이다. 톰킨스(Tomkins, 1963)의 도식에서 슬픔grief이나 정서적 고통emotionl pain 또는 정신적 고통distress의 현상에는 눈물, 리드미컬한 흐느낌, 아래로 내려진 눈, 아치형 눈썹, 아래로 처진 입, 때로는 내담자가 심장 주위의 가슴이나 눈 주위에서 경험하는 실제적인 신체적 고통도 포함된다.

많은 감정의 경험과 표현은 그와 관련된 정서적 고통에 대한 강렬한 두려움에 의해 억제된다. 치료자와의 연결은 내담자가 혼자서는 견딜 수 없는 것을 직면할 힘을 준다. "정서적 고통은 어떤 경험을 견딜 수 없게 만드는 그러한 고통을 말한다. 일반적으로 정서 고립은 고통을 견딜 수 없게 만들며, 치료자와의 연결이 치유에 있어 가장 중요하다."(McCullough, 1997, p. 275). 고통을 나눌 수 있는 다른 사람과 함께 내담자는 슬퍼하기 시작할 수 있다. 슬픔과 정서적 고통의 완전한 경험에서 방출되는 적응적 행동 경향성은 자신과 타인에 대한 연민을 새롭게 하고, 잃어버린 시간을 만회하려는 열망에 영감을 받아 충만하게 살고자 하는 의지를 재확인하는 경우가 많다.

② 감동과 감사를 느낌

이 복합적인 감정은 이전에 두려웠던 상황을 이해하고 마스터하는 데 도움이 되는 느낌과 같은 치유 경험의 결과로 발생한다. 이는 성숙한 인식과 삶의 경험이 있어야 하므로 유아기에는 존재하지 않는 감정이다. 감동과 감사의 본질은 감정적으로 갈망했지만 한 번도 경험한 적이 없는 무언가를 얻는 것이다. 감동하고 감사하는 감정은 깊은 변화를 끌어내며, 다른 범주적 감정들과 구별되는 특징을 지닌다. 두드러진 신체적·생리학적 모습으로는 기쁨과 고통 모두를 표현하는 눈물, 고양된 시선, 그리고 내면적 에너지의 분출 등이다. 적응적 자기와 관계적 행동 경향성은 자신과 타인에 대한 더 깊고 자신감 있는 사랑과 이해뿐만 아니라 공감과 자기 공감을 위한 더 큰 능력을 포함한다.

2. 핵심 상태

핵심 상태core state는 자신의 경험에 대한 자신의 정서적 유능성을 반영하면서 자기 내부에서 감정적으로 품어 주는 환경이다. 핵심 상태는 상호작용을 선행하고 형성하거나 그것으로부터 발전할 수 있는데, 안정 애착의 경험적 상관관계인 안전감이 핵심 요소이다.

핵심 상태는 손쉬운 집중, 편안함과 여유, 주관적인 명료성, 순수함, 공평한 진실, 그리고 종종 놀라운 표현력으로 특징지어진다. 감정 경험은 고조되고, 분명하며, 선언적이다. 감각이 강화되고, 이미지가 생생하며, 말에는 압박이 없고, 자연스럽게 흐른다. 관계 맺기는 명확하고 쉽게 접촉하는 것이 특징이다. 핵심 상태는 높은 개방성, 자기 조율 그리고 깊은 치료 작업이 일어날 수 있는 타인 수용성의 상태이다.

1) 핵심 상태와 활력 감정

지속적인 경험(예: 안녕 상태)은, 집중하지 않는 한, 자신의 정서적 환경에서 존재하여 관여하는 개인이 만들어 내는 배경으로서 웅얼거림으로써 기능한다. "배경 감정은 정서 사이에서 만연한 신체 상태와 대응된다. …… 배경 감정은 정서에 의해 흔들리지 않을 때 신체의 모습을 이루는 우리의 이미지이다."(Damasio, 1994, pp. 150-151) 다마시오가 여기에서 배경 감정이라고 부르는 것은 스턴(Stern, 1985)이 활력 감정vitality affects이라고 부르는 것과 유사한 것으로, 이는 별개의 범주적 감정 사이에서 발생하는 것으로 간주한다. 활력 감정은 조율의 과정에 매우 중요하며, 이를 점진적 과정little-step-by-little step process이라고도 한다(제10장 참조).

평균 수준으로 엄마와 아기가 상호작용하는 동안 불연속적인 감정 표현은 아주 가끔(아마도 30~90초마다) 나타난다. 이것이 범주적 감정에만 국한된다면, 타인에 대한 정서적 추적이나 조율은 연속적 과정으로 일어날 수 없다. 조율을 다시 하기 위해 놀람 표현과 같은 별개의 범주적 감정의 표현이 일어날 때까지 기다릴 수 없다. 조율은 중단되지 않는 과정처럼 느껴진다. …… 생명력을 추적하고 적응하는 것은 한 인간이 거의 지속적으로 내적 경험을 공유한다는 의미에서 다른 인간과 '함께할' 수 있게 한다.…… 감정 연결에 대한 우리의 경험은…… 모든 행동에서 순간적으로 진행되는 활성화 윤곽을 찾고 그 윤곽을 사용하여 교감의 실마리를 끊지 않게 유지하는 것이다 (Stern, 1985, pp. 156-157).

그러나 이러한 연속적인 경험에 주의를 기울일 때 배경과 전경이 이동하고, 배경 감정은 경험의 최전선으로 옮겨진다. 그들 역시 독특한 경험적 특성을 갖게 된다.

2) 핵심 상태와 신체

생리학적으로 핵심 상태란 행복, 사랑, 부드러운 감정, 성적 만족과 같은 신체의 전체적 조망을 보여 주는 것이다.

행복 속에서의 주요한 생물학적 변화는 부정적인 감정을 억제하고 사용 가능한 에너지의 증가를 촉진하는 뇌 센터의 활동 증가와 걱정스러운 생각을 진정시키는 것이다. 그러나 생리학적으로는 특별한 변화가 일어나지 않으며, 신체가 감정을 상하게 하는 생물학적 흥분으로부터 더 빨리 회복되도록 돕는 휴지기를 보인다. 이 구성 조합은 몸에 일반적인 휴식을 제공할 뿐만 아니라 당면한 임무에 대한 준비와 열정과 다양한 목표를 향한 노력을 제공한다. 사랑, 부드러운 감정, 성적 만족은 부교감 신경계의 각성을 의미하는데, 이는 두려움과 분노가 공유하는 '투쟁 또는 도피 Fight-or-Flight' 동원과 생리학적으로 반대의 상태를 의미한다. '이완 반응'이라고 일컫는 부교감 신경계 반응은 전반적으로 침착하고 만족스러운 상태를 생성하여 협력을 촉진하는 일련의 광범위한 신체 반응이다(Goleman, 1995, pp. 6-7).

핵심 상태의 맥락에서, 첫째, 상대방에 대한 감정, 둘째, 자기 경험, 셋째, 관계 경험이 심화되고 변화를 이끌 수 있다. 그리고 적응적 행동 경향성, 적응적 자기 행동 경향성, 적응적 관계 행동 경향성이 출현하게 된다. 이러한 감정 경험은 자기-타인-정서 삼각형의 자기, 타인, 자기-타인 역동적 상호작용 범주와 함께 진행된다.

3) 느낌

타인에 대한 느낌은 핵심 감정 현상이다.

> 핵심 감정 현상은 아래 언급된 다섯 가지의 [범주적 감정]의 미묘한 변형이다. ······ 행복감 euphgia과 황홀감ecstasy은 행복의 변형이다. 우울감melancholy과 아쉬움wistfulness은 슬픔의 변형이다. 공황panic과 수줍음shyness은 두려움의 변형이다. 이 두 번째 다양한 감정은 경험에 의해 미세 조정되는데, 이때 인지 상태의 미묘한 음영이 정서적인 신체 상태의 미묘한 변화와 연결된다. 그것은 우리가 후회, 당혹감, 남의 불행에 대해 갖는 쾌감, 정당화 등의 그늘을 경험할 수 있게 해 주는 복잡한 인지 내용과 사전에 구성된 다양한 신체 상태 프로파일 사이의 연관성이다(Damasio, 1994, pp. 149-150)

후회, 당혹감, 환희와 같은 감정들과 함께, 우리는 사랑, 연민, 자존심, 증오, 부드러움을 느낌의 범주에 포함시킨다.

범주적 감정은 원초적이고 보편적이며 본능적이다. 일반적으로 정의되는 느낌이란 특이하며, 개인적 의미 및 인지적-감정적 혼합으로 묶여 있다. 느낌이 변형적 영향을 미치려면 핵심 상태와 연계해 발생할 필요가 있다.

(1) AEDP에서 특별히 관심을 갖는 느낌들

AEDP가 관심을 가지는 내담자의 느낌에는 내담자의 연민, 관대함, 상대방(종종 치료자를 일컬음)을 배려하는 감정을 들 수 있다. 사랑하고 공감하고 베풀 수 있는 내담자의 능력에 초점을 맞추면서, 우리는 그동안 잘 인식되지 않고 때로는 공격의 대상이 되었을 수도 있는 심오한 관계적 능력과 자원(적응적 관계 행동 경향성)을 인식한다. 내담자의 사랑과 관대함에 대한 인식은 긍정적인 영향을 미치고 생산적인 방식으로 효과적일 수 있는 그의 능력에 대한 인정과 함께 힘을 부여하고 확인시켜 준다.

이러한 기본적인 감정은 내담자가 줄 수 있는 최고의 것이다. 사랑하는 감정을 유독한 것으로 취급하는 것보다 정서적으로 더 파괴적인 것은 없다(Guntrip, 1961). 사랑이 조롱, 거절 또는 굴욕을 당할 때 상실, 학대 또는 자기 소멸과 동일시된다. 사랑하는 사람을 잃은 후 압도된 다른 내담자들은 사랑을 죽음과 연관 짓게 되고 전체적으로 감정적 거리를 두는 입장을 선택하여 인격의 피폐를 가져오게 된다. 그러나 정서적 환경이 내담자가 위험을 감수하고 방어를 해제하기에 충분히 안전하다고 느끼도록 도울 수 있을 때, 바로 그때 이러한 핵심 감정에 접근할 수 있다. 사랑할 수 있는 능력을 소유하고 인정받을 수 있다는 기쁨과 안도감과 함께, 내담자는 자신의 깊은 부분이 파괴되거나, 애착 대상과의 유대감을 잃는 것 사이에서 하나를 선택해야 했던 지난날에 대해 슬픔을 느낀다.

전체적으로 AEDP의 작업은 내담자의 경험에 들어갈 수 있는 치료자의 능력과 내담자가 치료자의 공감 반응을 알아챌 수 있는 능력에 달려 있지만, 내담자 자신과 다른 이들에 대한 공감 능력도 중요하다. 공감 능력의 상실은 종종 관계 경험으로부터 무차별적으로 방어하는 결과를 만들며, 이는 반드시 다루어져야 하는 부분이다.

> ### 예시
>
> 클라크는 정신적으로 우울한 어머니와 매우 가까웠다. 그녀의 억누를 수 없는 흐느낌과 자살에 대한 갈망을 여과없이 표현하는 것은 네 살짜리 소년에게는 "마음이 백만 조각으로 산산이 부서지는" 것과 같이 끔찍한 일이었다. 시간이 지나면서, 그는 방으로 가서 문을 닫고, 완벽하게 질서정연한 환경을 만드는 습관을 길렀다. 그의 방은 그의 내면과 객관적인 상관관계를 가지게 되었고, 그곳에서 그는 지저분한 감정과 관련된 모든 것을 차단하는 데 성공했다. 성인 시절 그는 감정과 욕구를 약점으로 여겼고, 논리적이기보다는 감정적으로 반응할 때마다 자책감에 시달렸다. 아내의 유산에 감정적으로 반응하지 못하면서 촉발된 부부 위기는 그를 치료로 이끌었다. 그는 자신의 대응 부족에 대해 죄책감을 느꼈지만, 아내에 대한 동정심도, 자신의 슬픔도 보여 주지 못했다. 치료에서 치료자가 보여 주는 연민의 감정은 불편감을 가득 느끼게 함과 동시에 마음 깊은 곳에서 기쁨도 솟구치게 하였다. 그는 치료자에게 "더욱 프로이트적"이 되라고 촉구하였다. 그는 "저는 선생님께서 더 객관적이어야 한다고 생각했습니다. 내담자에 대한 감정이 규칙에 어긋나는 것 아닙니까?"라고 말하였다. 그러나 그의 편에서 공감 경험의 첫 돌파는 치료자 자신이 수술이 필요하여 몇 주 동안 외출하지 못한다고 말했을 때 일어났다. 그의 눈은 즉시 눈물로 가득 찼다. "저는 선생님께 무슨 일이 일어나고 있는지 견딜 수 없습니다. 선생님께서 고통받지 않기를 바라고, 고생하시는 모습을 생각하면 마음이 아픕니다."라고 표현하였다. 치료자는 그에게 감사를 표했고, 그의 반응에 감동했으며, 그에게 감정을 유지하면서 눈 맞춤을 하라고 하였다. 그의 눈빛과 표정은 계속 부드러워졌다. 그는 두려움을 느끼게 되었다. "저는 지금 너무 연약하다고 느낍니다. 이게 어디로 가는지 잘 모르겠습니다."라고 말했다. 이 돌발적이

> 면서도 자발적 순간은 다른 사람들을 위해 그리고 결국 자신을 위해 연민을 경험할 수 있는
> 그의 능력을 천천히 회복시키는 첫걸음이 되었다.

타인에 대한 공감은, 다윈이 인식한 것처럼, 종종 자신에 대한 공감보다 더 쉽게 이용할 수 있는데 심지어 공감적 반응성이 막히지 않은 사람들에게조차 그러하다(Darwin, 1872, p. 216). 일부 내담자의 경우 자기 공감은 문제가 될 수 있지만, 공감 반응성에 대한 접근은 손상되지 않았다. 그 공감이 치료자에게 향할 때, 치료자는 그것을 인정하는 것이 매우 중요하다. 내담자의 공감을 정신의 관대함과 관계적 참여를 위한 능력의 증거로서 평가하는 것은 내담자의 자존감과 자신감을 강화하는 데 큰 역할을 하며, 결국 자신과 자신의 곤경에 대한 공감으로 확장하는 힘을 부여한다. 자기 공감의 능력은 정신적 치유에 매우 중요하며 자신을 좀 먹는 자기 비난과 자기 혐오에 대한 강력한 해독제로 육성된다.

4) 자기 경험, 자기 상태 그리고 활력 감정

"자기의 기초는 신체라는 사실 위에 형성된다. …… 자기는 자연스럽게 신체에 자리 잡게 된다. …… 개인의 관점으로부터 행동과 삶을 이해하는 것은 자기self와 자기의 삶 Life of self이다."(Winnicott, 1972, pp. 15-16) 자기 상태와 자기 경험(예를 들어, 강력함, 무가치함, 활동적, 늙음, 약함, 유능함, 상실감, 공격적 느낌)은 주관적으로 느끼는 감각felt sense의 탐색을 포함한다(Gendlin, 1991; McGuire, 1991). 이들은 특정한 자기-타인-정서 역동으로 유발되는 자기의 두드러진 측면을 나타내는 정서적 현상이다. 자기 상태와 경험은 신체에 기반을 둔 정서적 경험을 개인적인 의미로 정교화하여 그것을 정체성의 특징으로 만드는 산물이다(Bollas, 1989).

이러한 맥락에서 활력 감정(Stern, 1985)은 경험의 질적 측면, 즉 그것이 자기에 의해 등록되는 방식을 나타낸다. 예를 들어, 범주적 감정이 슬픔이라면, 그것에 대한 자기의 경험은 생기를 얻거나, 힘을 얻거나, 고갈될 수 있다. 활력 감정은 자기 경험을 규정하고 경험이 자기에게 의미하는 바를 전달한다.

자기 경험self experience은 일시적인 상황별 현상일 수 있지만, 그것이 특성이 되고 정체성에 뿌리를 내리면 성격 특성과 경험적 상관관계를 이룬다. 예를 들어, 열등감이나 부

족함을 느끼는 것은 특정 종류의 상호작용에 대한 일반적인 반응이지만, 만연한 열등감은 성격 조직에 심오한 영향을 끼치게 된다. 열등감이 자신과 정체성의 본질적인 측면이라고 묘사한 내담자는 "나 자신의 열등감은 항상 거기에 있었고, 그것은 순간적인 경험이 아니었어요. 이것이나 저것 때문에 촉발된 것이 아니었어요. 항상 나와 함께였어요. 그것은 항상 나를 다른 사람들과 구별되게 했고, 나만 그렇게 느끼는 줄 알았어요. 톰을 만났을 때 비로소 다른 사람들도 그렇게 느낄 수 있고, 나보다 더 나쁜 감정을 가질 수 있다는 것을 깨달았어요."라고 말하였다.

자신의 상태를 이해하고 환영하는 사람에게 이를 공개적으로 노출하는 것은 실제로 그것을 변화시킬 수 있다(Rice & Greenberg, 1991 참조). 공감하는 타인에게 자신의 열등감을 말할 수 있는 내담자는 결국 덜 열등감을 느끼게 되기 때문이다.

> **예시**
>
> 한 남성은 자신이 너무 과시적이라고 비난하고 모욕을 하는 부모의 영향으로 상당한 지성을 가진 것을 오히려 고통의 원천으로 느껴 자신을 빛나게 하기를 꺼려 했고, 실제로 다소 둔한 수준에서 기능하고 있었다. 치료 과정에서, 그가 자신을 똑똑한 사람으로 경험하고 반짝이는 지성의 표시와 관련된 수치심과 공황 속에서도 일할 수 있게 되면서, 그는 번뜩이는 창의력이 분출되고 많은 관심사를 추구하고 새로운 방식으로 그것들을 통합할 수 있게 되었다. 그리고 그가 성찰적 자기 기능을 더 발전시킴에 따라, 남아 있는 당혹감 등에 점점 더 잘 대처할 수 있게 되었다.

자신이 경험한 감정들은 우리 삶의 경험적 배경에 많이 남아 있다. 자기 상태가 효과적으로 경험되지 않을 때, 치료자는 신체에 뿌리를 둔 요소에 주의를 기울일 수 있으므로 본능적 신체감각에 대한 치료 작업을 수행할 수 있다. 초점의 변화는 구체화되지 않은 통찰력의 건조함을 완화하고 정서적 과정의 변화하는 능력을 방출함으로써 치료 과정에 유익한 영향을 미친다. 개인의 관심이 공감적 이해와 공명을 통해 이러한 경험에 집중될 때, 그는 대처coping와 숙달mastery, 성장growth의 기회를 얻게 된다. 자기 감정과 자기 수용이 증가하면서 적응적 행동 경향성도 높아진다. 즉, 개인은 자신의 기본 욕구의 본질을 깨닫고 현실적인 성취에 전념하게 된다.

(1) AEDP에서 특별히 관심을 가지는 자기 경험들

① 취약성

취약성vulnerabilty은 종종 위험을 감수하고 방어할 수 없는 경험을 수반하는 정서적 자기 상태이다. 또한 내담자가 자신이 혼자라고 느낄 때, 그리고 자원이 없어 압도될 것이라고 느낄 때 발생한다. 치료 과정에서 내담자가 혼자가 아니라 치료자가 함께 있다는 느낌을 받을 수 있다면 취약성은 두려움이 아니라 기분 좋은 감정이 될 수도 있다. 취약성은 과장된 자립심이 정신적 생존 수단이었던 내담자들에게 특히 희망적인 임상 지표이다. 이는 방어가 녹아내리고, 신뢰감을 떠올리게 되며, 필요와 갈망을 드러내려는 의지를 보여 준다. 내담자가 자신의 갈망으로 인해 굴욕감을 느끼지 않으면서도 안도감을 느낄 수 있도록 하는 감수성과 재치가 요구된다.

② 진정한 자기 경험

진정한 자기 상태와 본질적 자기 경험은 다른 심오한 정서적 경험의 결과로 발생하는 핵심 감정 현상이다. 예를 들어, 범주적 감정, 특히 이전에 참을 수 없다고 두려워했던 감정의 강렬한 경험 뒤에는 이와 동일한 수준으로 강렬한 진정한 자기 상태가 뒤따른다. 핵심 상태의 한 측면인 진정한 자기 경험은 행복, 안녕감, 이완의 느낌과 모든 것이 단순하고도 쉽고 아름답다는 느낌을 동반할 수 있다. 한 내담자는 그것을 "브라스 밴드의 플루트" 소리에 비교했다. 소설가 조세핀 하트(Josephine Hart)가 "자신에 대한 눈부신 폭발"(1991, p. 41)이라고 언급한 기쁨, 진정성 및 생동감의 경험은 펄스(Perls, 1969, p. 60)가 "진정한 자기에 있는 진정한 성격과 연결되는 …… 기쁨, 웃음, 삶의 기쁨으로의 폭발"이라고 언급한 것을 반영한다. 치료자가 이러한 경험을 받아들이는 문턱(개인이 진정성, '실제' '살아 있음'을 느끼는 동안)은 매우 낮아야 하는데, 보살핌과 양육이 필요하기 때문이다.

5) 관계 경험

자기 그리고 공유된 의미의 상호작용 경로는 두 가지가 아니라 세 가지이다. 여기에는 '나' '타인' 그리고 '우리'의 의미가 포함된다. …… '우리'라는 의미는 자기 관점의 심오한 전환, 즉 다른 사람들과의 공유된 현실을 능동적으로 경험하는 것으로의 전환이 포함된다(Emde, 1988, pp. 36-37).

관계 경험은 떠오르는 핵심 감정 현상으로 이자관계에서의 두 구성원에 의해 정서적으로 구성된다(Beebe, Jaffe, & Lachmann, 1992 비교). 이는 방어와 불안이 없는 상태에서 자기-타인 역동적 상호작용에 대한 자기 경험과 경험적 상관관계에 있다. 관계 경험에는 함께 있는 것, 떨어져 있는 것, 가깝거나 멀게 느끼는 것, 동조되거나 동조되지 않는 느낌 등이 포함된다. 관계 경험을 포함한 모든 경험은 정의상 자기의 테두리 안에서 느껴진다. "친밀감의 매우 중요한 특징은 비록 다른 사람의 존재에 의존하지만, 그것은 각 개인의 내면 안에서 이루어진다는 것이다."(Kelly, 1996, p. 59) 관계 경험이라는 역설적인 용어는 이자관계의 공동 감정 경험을 제안하기 위해 의도적으로 선택되었다(비록 각각의 개인이 갖고 있는 자신의 경험으로 구성되어 있는 것이 분명하지만). 이러한 상호주관성(예: Stern, 1985)은 널리 탐색되고 있는 중인데, "아이의 '우리'에 대한 발달 감각과 공유된 의미의 대인관계 세계가 이제 연구 대상으로 관심받고 있다."(Emde, 1988, p. 36)

관계성과 친밀감은 유아와 부모 사이의 감정 공유에 뿌리를 둔 관계적으로 구성된 현상이다(Emde, 1988; Stern, 1985, 1998; Tronick, 1998). 이러한 정서적 의사소통을 통해 엄마와 자녀의 이자관계는 상호 조정의 상태에 이른다(또는 잘못된 조정 후에 다시 도달하기도 한다)(Tronick, 1989). 이자관계에서 조정된 상태는 정서적 공명, 이해받고 있다는 느낌, 즉 궁극적으로 안정 애착의 기초가 된다.

AEDP에서 내담자와 치료자는 친근감과 친밀감의 경험적 특성에 초점을 맞추고 이를 정교화한다. 암묵적인 것을 명시적으로 만드는 것은 그러한 관계 경험을 증대시키고 증폭시킨다. 따라서 이 과정에서 변형이 일어나며 그들이 완전하게 경험하는 과정을 통해 적응적 관계 경향성이 방출된다. 이에 대한 인식과 접근성이 증가함에 따라, 개인은 점점 더 자신의 관계 과제를 발전시킬 수 있는 방식으로 행동하려는 동기가 더 커진다. 점차 더 친밀하고 친근한 접촉이 안전과 즐거움을 가져오며, 자기를 잃는 것에 대해 덜 두려워하게 되고 상대방과의 관계에 적응하게 된다. 이 과정에서 공감과 자기 공감 또한 점점 더 중요하게 부각된다.

(1) AEDP에서 특별히 관심을 가지는 관계 경험들

AEDP에서 특별히 관심을 가지는 관계 경험은 이해되고 관심받고 사랑받는 느낌과 같은 수용적 감정 경험receptive affective experiences, 개방성과 이완 상태, 그리고 친밀감과 가까움을 만들어 낼 가능성이 높은 경험들이다. 이러한 경험에서 중요한 것은 "상호작용의 핵심 순간"인 일치matching 및 공유된 감정 상태이다(Beebe & Lachmann, 1988,

p. 329). 스턴(Stern, 1985)은 음성 동조 또는 감정의 전염과 같은 상태 공유를 주관적 친밀감의 기초라 보았다. 상대방의 감정 표현을 불러일으킴으로써 우리는 스스로 상대방과 일치하는 심리생리적 상태psychophysiological state를 불러일으키게 된다(Ekman, 1983; Zajonc, 1985).

비비와 라흐만(Beebe & Lachmann, 1988, p. 320)이 언급했듯이, "다른 사람과 연관되고 더 잘 조화되는 과정은 부분적으로 더 닮아 가는 과정을 포함한다. …… 이는 행동의 유사성 또는 대칭성이 느낌 상태의 유사한 일치성과 관련이 있다는 것을 암시한다." 이는 상호주관성의 생리학적 특질(즉, 공유된 감정 상태)이 생성되는 메커니즘에 해당하며, 왜 치료자의 정서적 참여가 정서 기반 심리치료에서 중요한지를 설명해 주게 된다. 치료자의 정서적 관여 없이는 친밀감과 공감 경험의 변형 가능성이 완전히 실현될 수 없다.

내담자와 치료자가 강렬한 감정을 함께하는 감정적 공유 과정은 친근감과 친밀한 감정을 끌어낸다. 완화, 가벼움, 친밀감, 녹는 듯한 경험 및 기타 동조 상태는 감정적 공유의 경험적 상관관계이며, 개방성과 이완의 핵심 상태를 나타내는 측면이다. 주목할 만한 점은 매우 고통스럽고 부정적인 감정을 공유하는 것이 내담자에게는 얼마나 안도감과 가벼움을 가져다주는가이다. 개방적이고 방어적이지 않으며, 상호 조율된 상태의 성취 및 재성취의 본질이 바로 여기에 있다.

더욱이 표현하는 것 자체만으로도 이러한 경험을 변화시킬 수 있고, 강화하거나 완전히 다른 경험으로 변형시킬 수 있다. 예를 들어, 공감적으로 듣고 이를 인정해 주는 사람에게 단절감과 동조되지 않은 느낌에 관해 이야기한다면, 이 단절의 경험을 친밀감과 이해받음의 느낌으로 바꿀 수 있다. 공명을 상호 인정하는 것은 "공명, 짜릿함, 경외감의 절정 경험peak experience"으로 이어지며 "상대방과 같은 마음 상태"가 될 수 있다(Beebe & Lachmann, 1994, p. 157). 이러한 종류의 경험(일치, 감정 공유 및 공명)은 핵심 상태와 개방성, 친근감 및 친밀감의 관계 경험으로 이어진다. 두 사람이 협력 상태의 경험적 상관관계인 동조화됨을 느끼고 각자의 경험에 참여할 때 심오한 치료 작업이 이루어질 수 있다.

깊은 자기 경험과 친밀한 관계 경험은 상호 침투적으로 작용한다.

친밀한 경험의 뛰어난 자질은 우리의 실제 자기와 접촉하는 감각이다. 그것은 우리가 누구이고, 무엇이며, 어떻게 존재하는지 새롭게 인식을 가능하게 한다. 이는 우리 자신을 바라보는 자기성찰이나 명상과는 다르다. …… 친밀한 경험에서, 우리의 시선은 다른 사람이 보는 앞에서 일어난다. 그것은 생각하거나 볼 필요가 없지만 직접 일어난다. 즉, 그것은 경험적이다(Malone & Malone, 1987, p. 19: Kelly, 1996에서 인용)

깊이 있는 관계성과 친밀감을 경험하는 것(진실한 감정을 직접적으로 양자 모두 공유하는 것)은 상대방에 대한 개방성, 벌거벗음, 의지적인 취약성을 동반한다. 그것은 상대방과 함께 자신의 경험에 대한 진정성을 유지하는 단계적 과정의 본질이다. 점진적 과정을 통해 대상이 되는 사람에게 진실된 감정을 직접 표현하고, 상대방의 반응을 받아들이면서 연결 상태를 유지하며, 시간이 지나도 이 감정적 대화를 지속할 수 있는 능력을 포함한다. 핵심 상태에서는 관계가 진행됨에 따라 이에 참여하는 사람의 경험은 보다 심화되고 강화된다.

불안, 죄책감, 수치심, 정서적 고통 및 기타 수많은 혐오 감정이 종종 내담자(치료자도 마찬가지일 수 있음)에게 관련되기 때문에, 정서적이고 관계적으로 참여하는 작업은 쉬운 일이 아니다. 이 까다로운 과정은 많은 사람이 사전에 경험해 보지 못한 과정이다. 미지의 것에 대한 공포와 부적절감과 무력감, 혹은 발각되어 폭로되는 것에 대한 두려움 등이 극복해야 할 중요한 걸림돌이 될 수 있다.

치료자들에게 있어 만만치 않을 수 있는 우리 자신의 개인적인 문제를 제외하고 개방성과 친밀감을 조성하도록 점진적 과정을 밟는 것은 소수에게만 가능한 훈련일 수 있다. 이는 진정성과 공감뿐만 아니라 자신의 능동적인 참여와 정서적 경험의 적극적인 사용을 포함한다. 대부분의 훈련이 우리가 생각한 것보다 감정적 위험을 감수해야 됨이 요구되기 때문이다. 이런 종류의 작업을 위해서는 치료자의 개방성, 정서적 참여, 개인적 반응에 관한 관심이 매우 중요하다(Alpert, 1992; Fosha, 출판 중). 이러한 것 없이는 감정의 과정과 관계적 과정이 불가분하게 얽혀 있는 이 치료적 작업은 쉽게 일어나기 어렵다.

치료자의 개방성은 내담자의 경험을 촉진하고 과정에 대한 참여를 심화시킨다. 개방이 잘되면 분위기와 인식이 고조되고 피상적인 상호작용이 사라지고, 작업의 의미와 중요성이 빛나게 된다. 이러한 상호 경험의 능력은 성숙한 대인관계와 성장을 촉진하는 애착의 기초가 된다. 메인, 포가니, 트로닉과 동료들의 경험적 업적이 증명해 왔듯이, 정서적 의사소통을 통한 조정된 상태의 달성은 우리가 중요한 타인의 마음속에 존재한다는 것을 알도록 하며, 이는 우리 삶의 능력이 되는 안정 애착의 기초가 된다.

3. 임상적으로 구별되는 AEDP의 다섯 가지 특징

1) 수용적 감정 경험: 감정에 기반을 두고 있으며 중요하지만 핵심 감정은 아님

내담자에 대한 치료자의 공감이 미치는 영향은 변화 정서 모델의 핵심이다. 여기에서 우리는 그러한 공감에 대한 개인의 경험을 고려한다. 맥컬러(McCullough, 1997, p. 294)는 "수용 능력은 취약성, 개방성, 정서적 연결, 공감 및 친밀감의 기질substrate"이라고 언급한다. 따라서 수용적 감정 경험은 그에 대한 다른 사람의 정서적 반응에 대한 개인의 경험이다. 기본적 진행 과정은 지각적 · 인지적 · 정서적 요소로 구성된다. 일반적으로, 우리가 감정이 부여된 말로 한다면(예를 들어, "나는 사랑받는다고 느껴져.") 이는 감정적 판단appraisal을 동반하는 것이다. 이러한 감정적 판단이 그다음 감정을 불러오고 핵심 감정[예: 간질간질하고 살아 있고 팽창된 느낌(활력 감정), 차분하고 자신감 있고 고요한 느낌(자기 상태), 또는 감동적이고 감사하는 느낌(범주적 감정)]이라고 일컬을 수 있는 느낌으로 연결된다. 때로는 불안하고, 지치고, 동요되고, 엉뚱하게도 두렵고 경계심을 느끼게 할 수도 있다.

공감과 애착 기반의 관계 경험을 중시하는 치료 모델에서 우리는 공감과 애착에 대한 내담자의 경험을 평가할 수 있어야 한다. 수용적 경험은 감정 반응에 선행하고 그 기반이 되므로 내담자와 함께 정확하게 탐색하는 것이 매우 중요하다. 그 후에야 그의 감정 반응에 대한 진정한 맥락을 알 수 있다. 수용적 경험은 적응의 핵심인 환경을 읽을 수 있는 능력을 평가한 결과이다. 수용적 감정 경험이 방어적으로 배제된 사람들은 타인이 자신에게 미치는 영향을 인식할 때 위협을 받는 내담자들이므로 이러한 적응 능력이 다시 발휘되도록 도울 필요가 있다.

상대방에 대한 사랑, 증오, 분노, 정서적 무관심, 또는 연민을 기록하는 것, 즉 자신에 대한 다른 사람의 강한 감정을 마음에 입력하는 것은 매우 중요하다. 예를 들어, 누군가의 분노 대상이 되는 것은 사람을 화나게 하거나 두려워하게 만들거나(범주적 감정), 작게(자기 경험), 또는 기분 좋게(느낌) 할 수 있다. 개인이 다른 사람의 분노 대상이 되는 경험을 했다는 것을 명확히 함으로써 우리는 그 자신이 화나거나, 두렵거나, 작거나, 기뻐하는 감정을 맥락에 넣을 수 있게 된다.

치료자로서 우리는 다른 사람(내담자)을 읽어 낼 수 있는 우리의 능력에 의존한다. 마찬가지로, 명시적이든 암묵적이든 우리는 내담자가 우리에게 말하는 타인에 대한 내담자의 감정 읽기에 의존한다. 치료자들은 오독과 왜곡이 우리 자신을 포함한 모든 심리적 과정의 일부일 수 있는 것과 마찬가지로, 내담자의 역사와 동기부여로 인해 일어나는 평가일 수 있음을 인식하고 있다. 그러나 우리는 때때로 불완전하지만, 순간마다 변화를 통해 상대방의 감정 상태를 알 수 있다고 가정해야 한다(Kiersky & Beebe, 1994, p. 389). 서로가 서로에게 영향을 미치는 긴밀한 관계의 결과로 발생하는 변화는 서로를 "알기 위한 행동 기반을 제공"하여 서로가 "상대의 지각, 시간적 세계 및 감정 상태"로 진입할 수 있게 한다(Beebe & Lachmann, 1988, p. 331).

치료자의 공감을 받아들이는 내담자의 경험을 고려해 보자. 우리는 치료자가 공감하고 있다고 이야기하지만, 그렇다고 느끼거나 혹은 그렇지 않다고 느끼는 것은 내담자인 것이다. 헨리 히트월(Henry Heatwole)은 야영객들이 곰의 이유 없는 공격에 대해 걱정할 필요가 있는지에 대해 "나는 이유 없는 공격에 대해 들어 본 적이 없습니다. 하지만 언제 그가 도발할지 결정하는 것은 당신이 아니라 곰입니다."(1988, pp. 45-46)라고 적었다. 배럿-레너드(Barrett-Lennard)(Greenberg, Elliott, & Lietaer, 1994에서 인용)는 공감의 세 단계를 확인하여 세 번째 단계에서 수용된 공감received empathy이라는 용어를 제안했다.

첫째, 치료자는 내담자와 공명하고(치료자는 공감을 경험함), 둘째, 치료자는 공감을 전달한다(표현된 공감). 셋째, 내담자는 치료자의 이해를 인지한다(내담자는 공감을 받음). 내담자가 공감을 받은 내담자는 치료 결과와 가장 높은 상관을 가지게 된다(p. 522).

(1) AEDP가 특별히 관심을 가지는 수용적 감정 경험

우리는 특별히 내담자가 이해받고, 감사하며, 도움을 받았다고 느끼는 수용적 경험과 안전감을 가져오는 경험에 관심을 두고 있다. 치유 감정(다음 장에서 논의)은 종종 그러한 일치 경험을 받아들이는 것에 대한 반응으로 발생한다. 사랑받고, 안전하고, 이해받고 있다는 느낌에 대한 반응으로 일어나는 감각에 더 많이 주의를 기울이도록 요청했을 때, 몇몇 내담자는 긍정적 수용 경험의 결과로 뒤따르는 경험은 휴식과 이완의 경험이며, 방어층을 내려놓는 신체감각을 허용한다고 보고했다. 한 내담자는 보살핌을 받은 경험에 대해 다음과 같이 언급했다. "이 감각은 내 몸 표면과 피부, 그리고 바로 그 아래의 근육이나 조직을 따라 느껴지는 것 같았어요. 피부 접촉의 안전성이 느껴지고 몸이 이완되는 것을 느낍니다." 다른 내담자는 그것을 더 내부적으로 경험했다. "나의 내부 상태가 마치 어루만져지는 것과 같았습니다." 조세핀 하트(Josephine Hart)의 『Damage』

에서 주인공은 보이는 것과 인정받는 느낌의 경험적 결과를 다음과 같이 묘사한다. "나는 갑자기 미끄러져 나온 듯 깊은 한숨을 내쉬었다. 나는 늙었다고 느꼈지만, 만족했다. 인정의 충격이 강력한 조류처럼 내 몸을 스쳐 지나갔다. …… 나는 마치 집에 있는 것처럼 느꼈다."(1991, pp. 26-27)

폴 오스터(Paul Auster)의 『달 궁전Moon Palace』의 해설자는 어떻게 사랑받는 경험을 통해 병리로 떨어지는 것을 거슬러 올라가게 하는지 조명하고 있다.

> 나는 벼랑 끝에서 뛰어내렸는데, 바닥에 닿으려던 순간, 뜻밖의 일이 일어났습니다. 나를 사랑하는 사람들이 있다는 것을 알게 되었습니다. 그렇게 사랑받는 것은 모든 것을 변화시킵니다. 그것은 추락의 공포를 줄이는 것이 아니라 그 공포가 무엇을 의미하는지에 대한 새로운 관점을 제공합니다. 나는 가장자리에서 뛰어내렸고, 마지막 순간에 무엇인가가 손을 뻗어 공중에서 나를 붙잡았습니다. 그것이 내가 사랑으로 정의하는 것입니다. 그것은 사람이 넘어지는 것을 막을 수 있는 유일한 것, 중력의 법칙을 무효로 할 만큼 충분히 강력한 것입니다(p. 50).

2) 변형적 감정 vs 변형이 필요한 감정

모든 경험적 단기역동치료(STDP)와 마찬가지로, AEDP의 실행은 변형하는 감정 경험과 치료적으로 변형이 필요한 경험 사이를 구분하고자 한다. 갈등 삼각형의 관점에서 근본적인 차이는 변형되는 삼각형의 하단 현상(핵심 감정)과 변형이 필요한 삼각형의 상단 현상(혐오 및 방어 감정) 사이의 차이이다.

(1) 변형적 감정들: 핵심 감정

핵심 감정 경험(즉, 핵심 정서 및 핵심 상태)은 본질적 자기와 접촉하고 최적의 관계적·현실적 기능을 수행하는 전달자이다. 감정을 변형시키는 모든 경험은 자기-타인-정서 삼각형 안에 통합되는데, 자기는 진정성 있고 효과적이며, 타인을 정확하게 인식하게 되고, 자기-타인 상호작용을 최적으로 관리할 수 있다.

(2) 변형이 필요한 감정

① 혐오 감정

핵심 감정과 대조적으로 강렬한 정서적 경험의 또 다른 그룹은 치료적 변형이 필요한 감정들로 구성된다. 이른 회피 감정(예: 불안, 수치심, 고통, 무력감, 외로움, 절망)으로, 돌봄 환경이 충분히 좋지 않았던 것에 뿌리를 두고 있는 반응이다. 적응적 행동 경향성의 방출이 핵심 감정 경험의 정의 측면defining aspect이지만, 마비는 회피 감정을 나타낸다. "자유롭게 흐르는 적응 감정의 내부에서 외부 방향 대신에, 자기 공격적 또는 억제적 감정 반응은 일반적으로 끌어당김, 움츠림, 수축, 후퇴, 시선 회피로 나타난다." (McCullough, 1997, p. 143). 혐오 감정이 두드러지면 방어는 진정 개인이 정신적으로 세련되게 생존하고 기능하기 위해 그 환경하에서 할 수 있는 최선을 나타낸다. 그렇지 않으면 정신적 고통이 너무 커서 견딜 수 없을 것이다. 이러한 반응, 즉 혐오 감정과 적신호 감정이 진화하는 방향은 정신병리 발달의 핵심이며, 따라서 임상 연구의 기반이 된다. 치료 변형의 목표는 더 이상 심각하게 적응 반응을 억제하지 않는 것이다.

> **예시**
>
> 한 내담자는 본인이 쓴 창조적인 글에 대하여 원치 않았던 아버지의 비판적인 평가 때문에 자신이 얼마나 "쪼그라들었는지" 눈물을 흘리며 고통스럽게 말했다. 그녀는 스스로 항상 "충분히 좋지 않다"고 느끼는 것이 얼마나 고통스러운지 이야기하였다. 그녀의 명랑 쾌활한 외면을 뚫고 이러한 감정들(즉, 충분히 좋지 못한 것에 대한 고통)을 돌파한 것은 그 자체로 치료에 있어 진정성을 증가시키는 쪽으로의 중요한 움직임을 의미하였다. 신뢰와 개방의 행동은 아버지와의 상호작용을 이야기한 내담자에 대한 치료자의 지지적이고 공감적인 반응에서 비롯되었다.
>
> 병리를 유발하는 혐오 감정을 돌파하고 그것에 대한 신체본능적 경험을 직접적으로 하는 것이 치료적 기회가 된다 하더라도 AEDP가 조성하고자 하는 변형에는 충분하지 않다. 내담자가 평생 고뇌 속에서 홀로 벗어나려고 발버둥 쳐 온 불충분함, 무능함이라는 가장 취약한 감각을 용기 있게 드러내는 것은 고독이 지지와 공감에 의해 변형될 수 있는 여지를 만들어 낸다. 하지만 진정한 치유가 이루어지려면 변형이 일어나야 한다.
>
> 치료자는 내담자의 용기를 인정하거나, 내담자가 느끼는 고통에 공명하거나, 이 모든 것을 홀로 참아 내야 했던 것이 얼마나 고통스러웠을지에 대해 말하거나, 자신에게 마음을 열어 주

는 것에 얼마나 감동받았는지 이야기하거나, 공감적으로 한숨을 쉼으로써 반응할 수 있다. 이러한 치료적 개입이 지속되려면, 내담자는 치료자의 정서적 반응을 받아들일 필요가 있다. 치료자의 정서적 포용 이후에 내담자의 감정적 개방이 더 깊어진 접촉으로 이어지는지, 아니면 초기에 정서적 친근감이 내담자에게 더 많은 불안과 거리감을 불러일으키는지에 주목하는 것은 중요하다. "한 번도 충분히 좋다고 느껴본 적이 없다"는 내담자의 고통과 수치심에 공감과 인정, 지지로 반응하는 것은 변형의 기회가 된다. 다음 단계는 내담자가 모든 것을 받아들이도록 돕는 것이다.

만약 이 예시에서 내담자가 치료자의 '품어 주기'를 받아들일 수 있다면, 그녀는 방어 전략에 대한 의존을 포기할 수 있고, 자기-타인-정서 삼각형이 자기는 가치 있고, 타인은 긍정적이며, 정서는 견딜 수 있을 뿐만 아니라 생동감 넘치는 삼각형으로 바뀔 수 있다. 힘이 생겼다고 느낌으로써 내담자는 좋은 부모를 갖지 못한 것에 대한 비통함이나 아버지에 대한 분노 등 두렵고 견딜 수 없는 범주적 감정에 직면할 수 있고, 그것에 연관된 적응적 행동 경향성으로부터 이익을 얻을 수 있다. 이것은 내담자가 세상에서 잘 기능할 수 있게 하고, 자기감을 강화하고 북돋우며, 마침내 정서적 역량으로 전환된다. 하지만 내담자가 치료자의 품어 주기를 수용할 수 없다면, 그것 자체가 작업의 초점이 된다. 말하자면, 무의식은 공감이 우리를 과거의 박탈감에 대한 깊은 슬픔에 노출시킨다는 것을 알고 있다.

② **방어 감정**

변형이 필요한 또 다른 감정 경험은 방어 감정이다. 방어는 종종 애착과 관계에 대한 충족되지 않은 갈망을 숨기고 자기 경험의 취약한 영역을 보호하는 기능을 한다. 예를 들어, 방어적 공격성이나 방어적인 섹슈얼리티는 사랑, 인정 또는 이해에 대해 충족되지 않은 갈망에 대한 표현되지 않은 슬픔이나 분노를 은폐할 수 있다(McCullough, 1997). 예를 들어, 앞의 예에서 내담자는 치료자의 공감에 대해 경멸의 반응을 보이며 치료자가 '너무 감정적이다'라고 비난했다. 그녀의 경멸은 방어 감정의 예가 될 것이다. 그것은 내담자가 평생 친밀감을 느낄 기회를 놓친 것과 관련된 슬픔을 느끼지 않도록 보호하고, 감사에 대한 열망의 깊이를 소유하는 것과 관련된 취약성으로부터 내담자를 보호한다. 퇴행적 감정(예: 짜증, 울음, 자기 연민)은 아주 탁월한 방어 감정이다. 그것들은 진짜 감정과 매우 비슷하게 모방되기 때문에, 특히 내담자가 어떤 희생을 치르더라도 피하려고 하는 훨씬 더 무서운 경험을 위장하는 데 효과적이다.

3) 정서 경험의 적응적 vs 부적응적 측면

감정이 적응적이라는 다윈의 주장은 우리가 무엇이 핵심 경험이고, 무엇이 아닌지를 결정하게 하는 분명한 임상적 의미를 지니고 있다. 핵심 감정은 자기-타인-정서 도식의 필수적 측면으로 자기는 진정성 있고, 다른 사람을 정확하게 지각하며, 상황이 허용하는 한 상호작용을 관리할 수 있다. 차분함, 실제 존재와 느낌의 질, 또는 진정으로 자신을 받아들이는 관점은 자기-타인-정서 삼각형과 함께한다. 여기서 핵심 감정과 적응적 행동 경향성은 정신 건강으로 이어진다.

(1) 부적응적 경험에 대한 함의

만약 자기가 나쁜 것으로 인식되고, 다른 사람이 자신의 삶보다 크거나 보잘것없는 것으로 인식된다면, 그리고 그 상호작용이 불만족스러운 동시에 피할 수 없는 것으로 인식된다면, 우리는 핵심 감정 경험을 다루지 않고 있는 것이다. 자기 경험이 어떤 식으로든 공격받을 때(즉, 나쁘거나 가치가 없거나 약할 때), 우리는 핵심 감정 경험에 대한 접근이 방어 때문에 차단되는 자기-타인-정서 삼각형을 추론해 본다. 다른 사람이나 자신에 대한 왜곡된, 2차원적인, 또는 부정확한 견해는 방어 수단에 의해 접근 불가능한 경험의 존재를 암시한다. 예를 들어, 다른 사람에게는 '착하다'라고 선언할 수 있지만 자기는 '무가치하다'라고 보고 있다면 이것은 우리에게 핵심 감정이 금지되어 있다는 경고로 보아야 한다. 이러한 영향에 접근하게 되면, 자기 표현이나 상대방의 표현 중 하나가 변경되거나, 둘 다 변경될 것이다. 예를 들어, 분노가 방어의 반대 효과라면, 분노에 자연스럽게 접근 가능해지고, 자기는 효과적으로 재구성될 수 있고(강력하고, 자기주장이 강함 등), 다른 하나는 불성실하고, 비판적이며, 깨지기 쉽고, 자기인 것으로 재구성될 수 있다. 그러나 개인이 주로 다른 사람의 사랑을 느끼는 것을 피한다면, 가치 없는 존재로서의 자기는 사랑받기를 갈망하지만 두려워하는 경험과 관련된 취약성에 대한 방어책이 될 수 있다. 두려움에 접근할 수 있는 그러한 재구성은 자기 자신을 개방적이고 취약한 사람으로, 다른 사람을 사랑스러운 사람으로 만드는 결과를 낳을 것이다.

감정의 부적응적 표현은 통제 불능 상태에 대한 주관적 경험을 동반한다. 불안이 존재하고, 감정 표현은 자기 표현이나 의사소통을 위한 것이 아니다. 오히려 그것은 두려운 결과(즉, 혐오 감정)와 표현을 연결하는 강력한 감정과 불안에 압도된 방어의 결과이다. 통제 불능이라는 주관적인 느낌은 거의 예외 없이 개인에게 바람직하지 않은 결과를 초래하는 부적응적 감정 표현에 대한 지표이다.

(2) 적응적 경험에 대한 함의

한편으로는 감정의 경험(예: 앞에서 언급한 예시와 같이 살인적으로 경험되는 분노)과 환상에서의 감정 표현 사이에 중요한 차이가 있으며, 다른 한편으로는 현실에서의 감정 표현에도 차이가 있다. 환상에서 분노와 공격은 강렬함을 통해 본질적 자기와의 접촉을 촉진한다. 그러나 실제 표현(치료 환경 내에서의 표현이 아닌)은 적절하고 조정되어야 하며, 그렇지 않으면 자신의 이익에 부합하지 않는다. 실제로, 분노는 자기 방어, 분별력 있는 대립 그리고 자기주장을 알리기 위해 사용될 때 적응력이 있다.

핵심 감정의 적응적 표현은 특정한 주관적 경험을 동반한다. 즉, 자기는 통제되고, 감정은 자기의 기본 과제의 표현이다.

핵심 감정의 적응적 측면은 내담자의 효율성을 향상시키는 행동 경향성의 활성화에서 드러난다(Coughlin Della Selva, 1996; Laikin, 1999). 분노를 고려하라. 충동 제어를 잃는 것은 적응적이지 않다. 충동적인 분노의 표현은 핵심 감정의 표현이 아니다. 이는 방어적 영향이거나 조절되지 않은 원시적인 병리의 반영이다. 적응적이라는 것은 살인적 분노를 완전히 경험하는 것이다. 우리의 감정의 전모를 아는 것은 우리 자신을 대신하여 효과적인 행동을 취할 힘을 제공해 준다. 적응력 있는 자기 감각이 책임을 떠안는다. 자신에 대한 공격과 타인에 대한 공격은 적응적이지 않다. 적응적 자기 경험은 자신에 대한 공감을 포함한 적응적 자기 행동 경향의 방출로 이어진다. 치료자가 도움이 되려면 공감하는 시각으로 내담자를 바라보아야 하듯, 내담자도 자신에 대해 깊이 관심을 가져야 하며, 궁극적으로 자기 공감 없이는 진정한 책임감이 불가능하다.

4) 반짝이는 모든 것이 금은 아니다: 정서와 정서성의 구별

변형적 핵심 감정 경험은 방어적 또는 회피적 기능을 위해 충전된 정서 경험 및 상태와 구별되어야 한다. 진정한 감정 경험은 다음과 같이 구별되는 특징이 있다.

- 감각적 · 본능적 경험 및 이미지가 두드러진다.
- "어떤 형태의 에너지가 바깥으로 솟구치거나, 흐르거나, 공명하는" 현상이 있거나(McCullough, 1997, p. 232), 또는 편안함, 차분함 또는 이완감을 동반한다.

- 개방성과 앞으로 나아가는 느낌을 지닌다.
- 이와 관련된 인지는 전체적이고 고정관념적이기보다는 짜임새 있고 구체적이다 (Marke, 1995).
- 그들이 얼마나 고통스러운지에 상관없이, 그들의 표현은 궁극적인 안도감을 제공한다.
- 감정 경험은 유한적이다. 경험적 활성화가 드러날 때, 이는 마치 파도와 같이 지나가는 것으로 느껴진다(Stern, 1985).

한편, 적신호 감정과 방어 감정들은 이러한 특징이 부족하며 다음과 같이 표현된다.

- "에너지가 내부 방향(수축, 철수, 억제)으로 향하고"(McCullough, 1997, p. 233) 또는 긴장 및 좌절에 의한 경험이다.
- "지나치게 방해적이거나 행동의 자기 공격적 억제"가 일어난다(McCullough, 1997, p. 233).
- 닫혀 있거나, 붙잡혀 있거나, 통제 불능의 느낌이다.
- 아무 곳에도 도달하지 못하는 정체 또는 악화 느낌, 또는 침몰, 추락, 붕괴 등의 느낌을 동반한다.
- 방어적 또는 불안한 감정과 관련된 인식은 보편적이며 계속 유지되는 경향이 있다.

공감, 감정 전염, 그리고 감정 공유의 현상이 주어지면, 치료자의 반응은 정서emotionas와 정서성emotionality을 구별할 수 있을지 모른다. 치료자는 내담자가 느끼는 것과 유사한 감정을 느끼거나 내담자가 겪고 있는 것에 대해 고통, 기쁨, 연민을 느끼는 등 핵심 감정 상태는 감동적이고 강렬하며 강한 감정적·공감적 반응을 느낀다. 정서성이 진짜가 아닐 때, 정서에 조율하고자 하였던 치료자는 움츠러든다. 음정이 맞지 않는 노래가 음악적으로 귀에 거슬리는 것처럼 진실되지 않은 감정은 치료자가 조율을 시도할 때에 마음을 편치 않게 만든다. 그러나 진정한 감정은 사람을 끌어들이게 된다.

5) 고요한 물은 깊이 흐른다:
정서적으로 '참'임을 선언하는 것과 주지화의 순간 구분하기

누군가가 차분하고 신중한 어조로 말하는 것이 꼭 감정이 없고 방어 영역에 있다는 것을 의미하는 것은 아니다. 조용하고 간단한 의사소통은 핵심 상태 기능의 한 측면인 감정적 진실의 진술, 즉 깊이 있게 느껴지는 개인적 의미를 선언하는 상태로도 볼 수 있는데, 이는 핵심 상태 기능의 한 측면이다.

개인적 경험이 '참'을 선언하는 것은, 그전에는 진실이 견딜 수 없거나 금지된 지식이었을 때, 내담자가 고통스러운 '사실'을 감히 진술하는 것을 수반하며, 자신이 어떤 값을 치르더라도 충성심을 가지고 다른 사람을 보호해야 할 병리적 필요를 포기하는 것을 의미한다(Kissen, 1995). 이 냉정한 대립과 선언은 내담자에게 심오한 해방감을 줄 수 있다.

방어와 불안이 없는 상태에서 집중되며 분명한 내면의 확신은 감정적-진실-말하기의 서사를 보여 준다. 확실성 있는 '보증 상태'(James, 1902)는 핵심 상태 경험의 특징 중 하나이다. 어조는 열정적이고 단호할 수 있으며, 고통, 슬픔, 갈망, 분노와 같은 특정한 영향에 의해 색칠될 수 있으며, 강렬하고 집중된 확신 외에 다른 감정이 거의 없이 선언적이고 고요하고 조용할 수 있다. 어쨌든 그것은 분명하고 명백하다.

이러한 매우 의미 있는 선언을 방어적 주지화intellectualization로 오인하지 않는 것도 중요하다. 방어, 불안감, 수치심 등에 관한 개인의 진실된 선언을 방어, 불안감, 수치심 등의 실제 사례로 착각하지 않는 것도 중요하다. 방어적 태도를 인정하고 소유하는 것은 방어적인 것과는 매우 다르다. 개인적인 진실을 선언하는 동기는 보호적이거나 회피적인 것이 아니라 표현적이고 소통적이다. 자신의 수치심의 깊이 또는 초연의 정도와 결과에 직면하는 것과 같은 고통스러운 진실의 확고한 표현은 갈등 삼각형의 하단에 위치한 핵심 감정 경험을 의미한다.

제8장

치유 감정

기쁨과 비애는

신성한 영혼을 위한 옷이 되리라

비통과 슬픔마다 그 아래로

비단 같이 엮어진 기쁨이 흘러간다

William Blake, 〈순수의 전조(Auguries of Innocence)〉

1. 메타치료적 처리와 변형 감정

변화를 불러일으키는 것이 바로 치료자의 존재 이유이다. AEDP 치료의 개입을 통해 치료자는 고통을 완화시키는 변화의 과정을 활성화하고, 내담자가 충만하고 풍요로운 삶을 살아가도록 도우려고 노력한다. 내담자가 치료자로부터 공감을 경험하고 이해받는다고 느낀다면 어떻게 될 것인가? 내담자가 공포증을 극복하고 자신의 삶 속에서 해방감을 다시 얻을 수 있다면 어떻게 될 것인가? 내담자가 예전에 견딜 수 없었던 감정을 심하게 경험했음에도 불구하고, 마침내 과거의 트라우마를 조절하고 극복할 수 있게 된다면 어떻게 될 것인가? 우울감이 경감되고, 불안이 조절되고, 천성을 옭아매고 있던 것이 제거되어 증상이 사라진다면 어떻게 될 것인가?

마침내 변화가 일어나게 되면, 또 하나의 새로운 시작인 메타치료적 처리과정meta-therapeutic processes과 그것의 표식인 변형 감정affects of transformation이 작용하여 치료의 효과를 더 깊고 넓게 하는 기회를 제공한다. 치료자의 성향과 관계없이 어떤 치료라도 잘 이루어진다면, 내담자와 치료자 모두 성취감을 경험한다. 치료 과정에 대한 내담자의 경험이라 할 수 있는 메타치료적 처리는 변형 감정이라 불리는 특유의 감정과 연관되어 있다. 이때 변형 감정은 치료적 변화 과정을 알아볼 수 있는 표식이 된다. 숙달감 확인하기, 자기 애도하기, 인정 수용하기는 메타치료적 처리의 세 가지 핵심 요소이다. 각각은 고유한 감정적 표식을 지니고 있다.

- 숙달감 확인하기Acknowledging mastery 과정은 내담자가 삶에서 자신의 감정을 충분히 경험하지 못하도록 방해하는 장애물들을 성공적으로 처리하고 극복하게 됨을 의미한다. 감정이 숙련되고 나면 나타나는 가장 흔한 감정적 표식은 기쁨과 충만감, 자부심, 행복과 같은 범주적 정서이다(Tomkins, 1962; White, 1959, 1960).
- 자기 애도하기mourning the self 과정은 치료적 경험을 통해 무엇을 가지지 못했고, 무엇을 잃어버렸으며, 무엇을 놓쳤는가에 대한 내담자의 인식을 활성화한다. 애도 작업과 유사하게(Freud, 1917; Lindemann, 1944; Volkan, 1981), 자기 애도하기에는 심리적 괴로움을 야기한 고통스러운 현실의 충격에 직면하고 작업하는 것이 수반된다. 자기 애도하기 과정과 연관된 감정적 표식은 자기 자신을 대상으로 하는 비통함grief과 같은 정서적 고통을 포함한다.
- 인정 수용하기receiving affirmation 과정은 자기 애도하기의 이면이다. 인정은 치료적 경험을 충분히 인식하고, 느끼고, 작업하는 것을 포함한다. 이 과정에서 내담자의 고통이 경감되고, 어렸을 때 느꼈던 커다란 행복감이 떠올라진다. 인정과 관련된 감정적 표식은 치유 감정이다. 치유 감정은 두 가지 주요 유형이 있는데, 자기 안에서 마음이 움직이거나, 감동하거나 강렬한 감정을 느끼는 유형과 인정해 주는 타인에 대한 감사, 사랑, 친절, 공감을 느끼는 것을 말한다.

2. 경험적 작업과 성찰적 작업의 교차적 파도

메타치료적 처리는 내담자와 치료자 모두에게 성공적인 치료 동맹의 감정적 측면을 이끌어 낸다. 이 작업은 내담자와 치료자 모두에게 성찰적 자기 기능의 개발이 더 요구되어 그것을 이루어 낸다. 이러한 상호관계적 탐색은 번갈아 진행되는 경험적 작업

(Greenberg & Safran, 1987; Greenberg, Rice, & Elliott, 1993)과 성찰적 작업(Fonagy et al., 1995)을 포함한다. 메타치료적 처리는 대중 연설가들에게 주어지는 조언에 가깝다. 청중에게 당신이 무엇을 할 것인지 말하고, 그것을 실천한 다음 무엇을 해냈는지 말하라. 메타치료적 처리에는 치료적 경험 촉진하기, 치료적 경험 명명하기와 인정하기, 치료적 경험 중에서 내담자의 경험 탐색하기가 포함된다. 다시 말해서, 느끼고 말하는 것, 다시 말하고 느끼는 것 등이다. 내담자는 도움을 받아서 치료에 성공할 뿐만 아니라 치료적 경험에 대해 깊이 있게 알게 된다. 본인이 어떻게 성공과 도움을 경험하고, 그것이 자신에게 어떤 의미가 있는지를 알아차린다. 변화의 과정은 내담자의 일관성 있는 경험으로 확인되고 특징지어지며, 그렇게 함으로써 정서적-인지적-행동적 레퍼토리에 접근 가능한 일부분이 된다. 관계적 맥락 안에서 경험과 성찰, 의미 구성은 모두 메타치료적 처리에 필수적인 요소가 된다.

3. 메타치료적 처리

메타치료적 처리와 이와 관련된 변형 감정이 치료적으로 유용하다 볼 수 있는 몇몇 이유가 있다.

첫째, 치료를 조용하게 진행하기보다는 메타치료적 경험에 분명하게 주목함으로써 치료자는 내담자가 이미 성공적으로 이루어 낸 유익한 경험의 본질을 다루면서 배울 수 있는 기회를 제공한다. 이는 치료적 학습이 치료 외적 경험으로 전이되는 것을 촉진하고(Mahrer, 1999 참조), 내담자가 이러한 과정들을 성찰할 수 있다. 포가니와 동료들의 연구(Fonagy et al., 1995) 및 메인의 연구(Main et al., 1995)에서도 입증되었듯이, 타인의 경험뿐만 아니라 자기 자신의 경험을 성찰할 수 있는 능력은 회복탄력성과 정신 건강에 매우 중요하다.

둘째, 긍정적인 치료 경험을 수용하고 인정함에 집중함으로 내담자 내면의 정신psyche이 본래 가지고 있는 엄청난 치료적 잠재력을 보여 주는 독특한 임상적 현상이 나타난다. 이 과정에 집중하고 변형 감정의 경험을 촉진하는 것은 또 하나의 변형 상태, 즉 더욱 깊은 자원들로 접근할 수 있는 상태로 이어진다. 이러한 이중 과정은 치료 과정뿐만 아니라 그 자체로 치유를 보여 주는 표식인 치유 감정healing affects에 반영된다. 변형 감정을 온전하게 경험하면 상태 자체가 다음과 같이 순차적으로 변형된다.

- 적응적 행동 경향성adaptive action tendencies을 불러일으키기
- 적응적 자기 행동 경향성adaptive self action tendencies(예: 향상된 자신감과 자존감)과 더 커진 자기 공감을 불러일으키기
- 잘 살아갈 수 있다는 마음과 고요하고 편안하고 여유로운 상태에 도달하기
- 진정한 자기 상태와 살아 있음, 활기, 진정성의 경험에 도달하기
- 적응적 관계 행동 경향성adaptive relational action tendencies(예: 친밀함과 친근감을 느낄 수 있는 심화된 능력)과 공감을 불러일으키기
- 참된 통찰력(즉, 자신이 겪는 어려움의 본질에 대한 깊이 있는 앎과 명료성, 그것을 극복할 수 있는 자원들을 몸으로 느끼는 것)을 갖기

마지막으로, 이러한 치료 경험을 수용하는 맥락 속에서 좋은 관계에 관한 기억이 다시 나타날 수 있다. 치료자와의 감정 경험이 심리적 생존을 위해 필수적이지만 잊고 지냈던 긍정적인 관계에 대한 기억의 회복을 도울 수 있다.

> **예시**
>
> 한 내담자와의 작업은 그동안 자신을 이해하고, 돌보고, 인정해 주지 않았던 아버지에 대한 깊은 슬픔과 분노에 초점을 두고 진행되었다(자기 애도 과정과 같은 것이다). 치료 과정에서 내담자는 자신에 대한 치료자의 애정 어린 관심을 경험한 것에 깊이 감동을 받았다. 치료자와의 경험 덕분에 오랫동안 잊고 지냈지만, 어렸을 때 아버지가 자신을 사랑하고 자랑스러워했다는 기억을 떠올릴 수 있었다. 내담자는 몇 년 동안이나 생각나지 않던, 아버지가 자신을 부르던 별명을 떠올리게 되었다. 또한 여섯 살 무렵 스스로 "난 작가야!"라고 선언했을 때 자신의 글에 대해 아버지가 관심을 보이며 얼마나 뿌듯해했는지 기억해 냈다. 이러한 긍정적 경험의 회복은 경험의 역동을 더 잘 이해하는 것으로 이어졌다. 내담자는 아버지의 사랑을 뚜렷한 이유 없이 돌이킬 수 없을 정도로 잃기 전까지는 아버지에게 사랑받고 있었다(동생의 출생뿐만 아니라 내담자도 아버지가 자신의 아버지를 잃어버렸던 바로 그 나이가 되었다는 점과 관련 있는 것처럼 보였다). 치료자에게 사랑받는다는 느낌을 경험함으로써 어린 시절 아버지에게 사랑받았던 기억의 회복은 내담자에게 엄청난 영향을 미쳤다. 사랑의 상실과 그로 인한 부모님과의 냉담한 관계 때문에 일부 성격 특성이 형성되고 쉽게 걱정하게 되었으나, 아버지의 사랑에 대한 기억을 회복함으로써 본인은 사랑과 이해를 받

을 만한 가치가 있다는 핵심적 자기감이 확고해졌다. 또한 성장과 발전을 방해하고 내담자를 무력하게 했던 상실의 두려움에 대한 근원을 이해하는 데 도움이 되었다. 과거의 관계 경험에 대한 보다 긍정적이고 통합적인 기억들은 현재 치료자와의 관계 경험을 메타치료적 관점에서 다루지 않았다면 회복이 일어나기 쉽지 않았을 것이다.

4. 숙달된 감정 확인하기와 기쁨과 자부심의 경험

톰킨스(Tomkins, 1962)는 "지금까지 완전하게 숙달되지 못했던 두려움의 근원을 갑자기 잘 다루게 된다면 기쁨 또한 생겨날 것이다."(p. 292)라고 하였다. 내담자가 기본 정서primary emotion를 경험하거나 정서적으로 연결되는 것을 막는 것은 고통에 대한 두려움 때문이다. 이는 마치 펄스(Perls, 1969)가 "성장의 작은, 아주 작은 고통조차도 경험하기 싫어하는 고통 공포증이 있다."(p. 56)라고 언급한 것과 일맥상통한다. 기본 정서의 표출을 통해 내담자는 고통스러운 진실을 직면할 수 있는 새로운 능력을 갖추게 된다.

치료자와의 관계에서 지지와 공감을 받고, 감정적 과정을 조성하고 촉진하는 환경을 제공하면, 내담자는 더는 혼자가 아니므로 이전에 너무 두려워했거나 참기 어려웠던 것을 경험할 수 있게 된다. 이러한 경험들은 각각 치료적 여파를 내포하고 있는데, 특히 내담자와 치료자가 함께 내담자 자신이 그동안 해 왔던 것을 돌아보며 무엇을 어떻게 느꼈는지에 초점을 맞춰 가면서 숙달감이 생기게 된다. 내담자가 자신의 감정이 숙달됨을 인정하게 되면 기쁨과 자부심을 느낄 수 있게 된다. 기쁨, 자부심, 자신감, 그리고 자기 능력에 대한 새로운 평가는 참을 수 없던 것을 참을 수 있게 하는 경험적 과정에 따라오는 감정적 경험의 일종이다. 하지만 숙달감은 지금까지 느낄 수 없었던 것을 느끼게 되는 것에 국한되지 않는다는 점을 주목하라. 이것은 정서적으로 의미가 있는 모든 승리와 성취를 처리하는 과정에 적용된다.

숙달된 감정, 효과성, 유능성의 경험을 인지하고 인정하는 것은 자기감, 자존감, 자신감을 강화하는 데 중요한 역할을 한다(White, 1959, 1960). 범주적 정서의 하나인 기쁨은 장애물의 극복과 관련된 정신적 과정의 표식이라는 점을 강조해야 할 것이다.

해럴드 브로드키(Harold Brodkey)가 불치병으로 거의 죽음에 이르렀을 때 썼던 글에서 발췌한 다음의 내용을 보면 본인이 죽어 가고 있다는 사실을 아내와 함께 온전하게 직면한 결과를 감동적으로 묘사하고 있다.

나는 기분이 매우 좋고, 신비로운 순환의 일부로 일주일째 행복감을 느껴 왔다. 세상은 여전히 멀게만 보인다. 그래도 매 순간 세상 돌아가는 소리를 들으며 행복하다. 심지어 지나치게 흥분하고 꽤 바보처럼 굴 때도 있지만 행복하다. 누군가가 자신의 죽음을 즐길 수 있다고 생각하는 것이 매우 이상하게 보일지도 모른다. 아내 엘런은 이런 모습을 보고 웃기 시작했다. 우리가 터무니없다는 것도 알고 있지만, 그렇다고 무엇을 할 수 있겠는가? 우리는 행복하다(Brodkey, 1996, p. 54).

이 예시에서 보여 주고 있듯이, 기쁨은 두려움을 완전히 직면하게 된 이면이 될 수 있고, 그 두려움을 극복할 수도 있다.

5. 자기 애도하기와 정서적 고통의 경험

그리하여 그들은 고통스러운 불안 속에서 애처롭게 울부짖었다.
그리고 그들의 울음소리로 날이 저물었다.
그러나 마침내 텔레마쿠스가 할 말을 찾았다.

(Homer, 『The Odyssey』: Darwin, 1872, p. 215에서 인용)

예전에 피했던 감정적이고 관계적인 경험에 접근하게 되면 애도 과정이 활성화된다. 상실, 박탈, 기회를 놓친 것을 자각하는 것은 치유 과정을 일으키는 경험인 깊은 정서적 고통을 촉발한다. 치료 작업은 이러한 상실을 애도하기 위해 그 경험에 집중하고 시간을 두고 머무르는 것을 포함한다.

정서적 고통은 실망감, 박탈감, 잃어버린 어린 시절, 놓쳐 버린 기회들, 훌륭한 부모님에 대한 신화의 상실, 성찰적 자기인 척 가장했던 경험에 대한 애통함의 감정이다. 범주적 정서로서의 정서적 고통은 깊고 순수하며 잠재적으로 큰 치유의 힘을 가지고 있는데, 아주 어린아이들이 느끼는 정서는 아니다. 이는 일들이 있는 그대로 있어서는 안 되며, 일들의 순서가 있는 그대로가 아니며, 만연한 현실이 비극적이라는 믿음에 근거한다. 조프와 샌들러(Joffe & Sandler, 1965)가 "정신적 고통은 자기의 실제 상태와 다른 한편…… 타인의 행복한 상태 간 불일치를 수반한다."(p. 396)라고 언급했던 것처럼 말이다.

1) 내담자의 역동적 문제

내담자는 예외 없이 고통을 견딜 수 없을 것이라는 불안도 느낀다. 종종 내담자는 절대로 멈추지 않을 눈물을 흘리게 될까 봐, 혹은 다시 나락으로 떨어지게 될까 봐 두렵다고 말한다. 내담자가 고통을 견딜 수 있도록 돕고, 치료자의 지지를 통해 고통을 경험하는 과정을 거치면서 그 속에서 온전히 헤쳐 나올 수 있도록 조력하는 것은 두려움을 없애는 데 큰 도움이 된다.

고통스러운 현실을 부정하는 것 또한 좋은 부모 되기라는 신화를 지키는 데 사용된다. 즉, 부모는 자기의 노력과 상관없이 이상화된다. 현실을 온전히 직면하는 것은 이러한 환상을 포기하고 슬퍼하는 것을 포함한다. 한 내담자는 부모님 집을 방문하기 전에 "아무 기대도 없어요. 엄마가 이제껏 단 한 번도 보여 주지 않았던 모성애를 발휘할 것이라는 희망도 버렸어요."라고 말한 뒤 펑펑 울었다.

2) 치료자의 역동적 문제

치료자는 종종 내담자처럼 두려움을 느끼는데, 즉 내담자를 시련 속에 홀로 남겨 둘지 모른다는 두려움과 더 나아가 "앞으로 무엇을 해야 할지 모르겠어요."라고 말할 정도로 본인이 부족하다는 두려움이 그것이다. 내담자는 삶의 고통스러운 진실에 대해 점점 더 자각함에 따라 촉발되는 정서적 고통을 온전히 감내해야 한다. 내담자와 마찬가지로 치료자에게도 그러한 두려움을 극복하도록 돕기 위해 충분히 경험하고, 그렇게 함으로써 적응적 행동 경향성을 활성화하는 것보다 더 나은 것이 없다. 다른 치료자들의 비디오를 보는 것은 매우 도움이 된다. 다반루(Davanloo, 1986-1988)는 "치료자의 무의식을 둔감하게 만드는", 정서적으로 격렬한 작업에 자기 자신과 동료들이 노출되면서 일어나는 과정에 대해 언급했다.

애도함으로써 일어나는 치유는 엄청나다. 삶에 대한 새로운 갈망, 지혜, 명료성, 그리고 새로운 수용이 내포된 새로운 능력이 전면에 등장한다. 예전의 고통스러운 현실을 부정하고 회피함으로써 고갈되었던 에너지가 이제 살아가는 데 활용될 수 있으며, 성장하고 정서를 경험할 수 있는 내담자의 능력도 향상된다. 내담자들은 부인하기에 바탕을 둔 기대를 내려놓음으로써 진정한 희망과 진실하고 만족스러운 관계의 가능성을 경험하기 위한 정서적 공간을 창조해 낸다. 슬픔 이후의 치유에는 수용하기와 함께 타협하는 것, 놓아주는 것, 초월하는 것이 포함된다.

　다음의 임상 사례에서 내담자는 본인이 사귀자고 말해서 몇 년간 연인으로 지냈던 찰리와의 고통스러운 결별을 겪고 있다. 내담자는 오랫동안 헤어지는 것을 어려워한 전력이 있었고 이별하는 것을 두려워했지만, 그렇게 했다. 이 회기 이전에 내담자는 아무리 고통스럽더라도 어떠한 감정도 회피하지 않고 휘몰아치는 슬픔의 과정을 거쳤다. 이 축어록은 내담자가 그 작업을 한 직후의 회기에서 발췌한 것이다.

내담자: 월요일에 일어났는데, '난 이것을 알아내야 하고, 언젠가 우리가 다시 함께할 수도 있겠지만, 알아내는 걸 먼저 해야 해. …… 그래 해 보자.'라는 생각에 …… 위로 받았어요.

치료자: 음.

내담자: 그래서 월요일에 일어나서 "가 보자."라고 말했어요. (환한 미소를 띠며) 그리고 이 기분을 확인하면서 스스로에게 '이게 방어일까?'라고 물었어요. 그런데 아니었어요. 그것은 그냥 "가 보자."였어요.

치료자: 가 보자. …… 멋지군요.

　　　　(회기 후반부)

치료자: "가 보자."라는 이 말이 매우 흥미롭게 느껴졌어요. 그건 상당히 깊은 것 같아요.

내담자: 기분이 굉장히 좋아요.

치료자: 그건 마음의 매우 깊은 곳에서 온 거죠. 깊숙이 있는 행복의 장소요. (행복한 목소리로) 정말 놀라워요.

내담자: 길을 걸어 내려가며 찰리와 헤어지면서 겪었던 모든 것에 대해 생각했어요. '내가 그걸 해냈어.'라고 생각했어요. 내가 그걸 해냈어. 내가 그걸 해냈어. 난 누군가에게서 분리되었지만, 살아남았어요. 그래서 기분이 좋았어요. (잠시 멈춤) …….

　상실에 대한 슬픔과 그것이 그에게 의미하는 것에 완전히 접촉함으로써, 본인의 자리에서 벗어나거나 물러서지 않고 연인과의 고통을 참아 낼 수 있게 됨으로써 내담자는 힘을 얻었다. '가 보자'는 생각만으로도 강력한 현상이고, 전면에 등장한 적응적 행동 경향성의 명백한 예시이다. 또한 '가 보자'에는 그가 혼자가 아니라는 중요한 느낌이 담겨져 있다.

3) 애도 과정 촉진하기

내담자가 자신의 병리력, 방어 기제, 대처방법을 이해하는 데 몰두하다 보면 필연적으로 그동안 겪었던 수많은 상실에 직면할 수밖에 없다. 부모의 죽음과 같은 통제할 수 없는 사건이나 부적절한 양육 경험 등에 의한 상실이 매우 큰 악영향을 끼치면서 일차적 상실에 대처하기 위한 적응적 노력 때문에 나타나는 병리적 측면은 이차적 상실로 이어진다. 즉, 내담자가 정서적으로 충만하고 풍부한 삶을 살 수 있는 능력이 방어 기제에 대한 만성적인 의존 때문에 손상되는 것이다. 치료자는 내담자가 상실의 두 측면의 비통함을 모두 알아차리고 경험하도록 도와야 한다. 내담자가 견뎌 내야만 했던 것에 대한 치료자 자신의 비통함과 슬픔을 활용함으로써 이 과정을 촉진하고 심화시키는데, 이를 통해 내담자는 더는 혼자가 아님을 깨닫게 되고, 이제는 극도로 고통스러운 경험도 참아 낼 수 있게 된다. 치료자의 정서적 개입은 모든 문화권과 종교에서 애도라는 고통스러운 작업을 하는 사람을 돕는 데 매우 중요하다고 인식되고 있으며, 치유의 씨앗이 자리하고 있는 지지적이고 품어 주는 환경holding environment을 제공한다.

치료가 종결에 가까워짐에 따라 치료적 관계의 한계와 피할 수 없는 상실에 직면하는 것은 슬픔의 촉매제가 될 수 있다. 내담자와 치료자 모두 관계적 맥락 안에서 무엇이 될 수 있고, 무엇이 될 수 없는지에 대한 고통을 감내하고 나누어야 한다. 그들이 함께 이 상실의 경험을 해결하려고 애씀으로써 내담자는 자기 삶의 다른 영역에서도 상실의 경험을 더 잘 표현하고 견뎌 낼 수 있게 된다. 새롭게 얻은 이 능력을 통해 그들이 공유할 수 있었던 것에 대한 실제적인 감사appreciation가 가능해진다.

6. 인정 수용하기와 치유 감정

여기에서는 진정한 자기true self의 대응적 개념인 진정한 타인True Other에 대해 소개할 것이다. 그런 다음 인정 수용하기 과정을 상세하게 다룰 것이며, 치유 감정의 현상학을 기술할 것이다.

1) 진정한 타인

위니컷(Winnicott, 1960)이 말한 '진정한 자기'는 내담자와 치료자 모두에게 매우 중요한 구성일 뿐만 아니라 좀처럼 순수한 상태로 접할 수 없는 경험의 본바탕을 포착한다. 그것은 우리가 절정의 순간이라고 부르는 그때에 경험적으로 존재한다. 그것은 경험에 가까운 구조이자 자기를 경험하는 데 있어 매우 의미 있는 것이다. 진정한 타인true other은 진정한 자기의 대응적 개념이고, 유사하게 주관적 경험으로 설명되기도 하는데, 한 사람이 다른 사람에게 제대로 반응할 수 있을 때 그 사람은 진실을 경험한다. 진정한 타인에 대한 감각이 경험적 타당성을 갖게 되고, 이때 개인의 경험을 확인하고 입증하는 것은 중요하다.

최적의 기능은 보통 사회적으로 필요한 의식적 혹은 심리적으로 필요한 무의식적 방어 기제들과 진정한 자기의 혼합체인 충분히 진정한 자기true-enough self에 의해 특징지어진다. 하지만 우리는 순수한 진정한 자기를 경험하는 순간들 속에서 자아실현을 하는데, 순수한 진정한 자기의 경험은 절정의 경험peak experiences, 몰입 상태에 있기, 흐르는 상태에 있기 등으로 다양하게 표현될 수 있다. 이와 유사하게 타인에게 적절하게 반응하는 것에 대한 최상의 시나리오는 위니컷이 말하는 충분히 좋은 엄마이다. 관계적 영역에서 우리가 충족 이전의 욕구조차 자각하지 못할 때도 특별한 타인이 필요로 하는 것을 정확하게 제공하는 방식으로 반응해 줄 때 삶에서 절정의 순간을 경험하게 되고, 이것을 최적의 관계적 순간peak relational moments이라고 한다. 이 현상은 관계에 필수적인 반응성, 즉 타인을 알아 가고 이해하거나 돕는 것에 대한 깊이 있는 방법을 말하는데, 이것은 관계를 의미 있고, 서로 조율하고, 감사하고, 생동감 있게 만든다.

치료적 측면에서 보면 이러한 순간들은 얻으려고 노력해서 된다기보다 마음을 다하다 보면 저절로 일어나게 된다. 이때 내담자가 진정한 타인과의 경험을 인식하는 것은 매우 중요한데, 왜냐하면 그러한 경험 속에 존재하는 치료적 잠재력이 엄청나기 때문이다. 진정한 타인과 함께함으로써 개인은 보다 쉽게 자신의 진정한 자기를 떠올릴 수 있고, 진정한 자기와 경험적으로 연결될 수 있다.

진정한 타인과의 경험을 그 순간에 국한시키고, 진정한 타인을 이상화하거나 그에게 완벽함을 요구하지 않도록 하는 것이 중요하다. 진정한 타인은 필요need에 대한 반응과 관련이 있는데, 그것은 특정한 정서적 곤경 속에서 언제라도 경험적으로 정확한 평가를 한다. 진정한 타인은 진정성 있고, 실재하고, 깊이 느껴지고, 틀림없다. 이상화idealization

는 내담자가 진실함을 타인의 변함없는 특징으로 가정하는 경우에만 일어나는데, 즉 타인을 약점과 결함을 모두 가진 인간이라기보다 전반에 걸쳐 항상 진실되다고 보는 것이다. 진정한 타인의 대응적 개념인 진정한 자기를 경험하는 것처럼 진정한 타인을 경험하는 것 또한 깊은 감정적 접촉 상태를 불러일으키는데, 이 상태는 이상화와 다르며, 엄격하게 고정되어 있지 않고 상황에 따라 달라진다.

진정한 타인에 대한 감각이 이상화와 전혀 관계가 없이 경험적으로 정확한 평가를 어떻게 하고 있는지 보여 주는 완벽한 예시는 바로 영화 〈여인의 향기Scent of a Woman〉이다. 주인공 슬레이드 대령은 이보다 더 신경이 날카롭고 타락한 사람일 수 없었다. 자기애적이고, 오만하고, 알코올 중독에 폭력적인 성향과 시각장애, 그가 느꼈던 고립감, 소외감은 평생 심각한 성격장애의 비극적인 결과이다. 또 다른 주인공인 찰리 심스는 사립 고등학교 학생이자 순수함과 진실함의 가치를 높게 생각하는 젊은이다. 찰리가 슬레이드에 대한 어떤 환상도 가지고 있지 않았음에도 둘 사이에 유대감이 커진다. 찰리는 자칫 처참한 결과가 나올 수 있는 상황에 직면하는 순간이 있었다. 바로 그 순간에 슬레이드는 찰리를 위해 앞으로 나선다. 슬레이드는 찰리가 필요로 하는 것을 깊이 있게 이해한 후 그것을 제공한다. 슬레이드는 거기에 있었고, 찰리는 견딜 수 없이 가슴 아픈 외로움을 인정하고 완전히 해소하는 데 도움이 되었다. 그 순간, 평생의 자기애성 성격장애에도 불구하고 슬레이드 대령은 찰리 심스에게 진정한 타인이 되어 주었다.

2) 자신에 대한 인정 수용하기

애도 과정보다 덜 친숙하고, 임상 관련 문헌에 많이 언급되지 않았던 것이 바로 인정affirmed의 과정이다. 자기 애도하기 과정과 대조적으로 자신에 대한 인정을 받아들이는 사람이 되는 것은 갖지 못하는 것이 아니라 가지고 있는 것에 대한 긍정적 감정의 결과를 처리하는 것과 진정한 타인과 관계 맺는 것을 포함한다. 자신에 대한 인정 수용하기의 과정은 자기 확신, 자기 인식, 자기 이해, 자기 감사라는 중요한 측면을 경험해 본 것에 의해 활성화되고 불러일으켜진다. 인정은 자신의 성취에 대한 인식에 적용될 수 있고, 자기를 향한 타인의 행동을 명확하게 파악할 수 있으며, 자기 변형self-transformation을 깊이 있게 알아차리는 것을 포함할 수 있다. 인정의 근원은 자기 자신과 타인 모두 될 수 있다.

인정에 대한 본질적이고 고유한 면은 훨씬 좋은 방향으로 변화한다는 인식이다. 깊게 일어나는 변형은 다른 사람과(더 강력하게는 진정한 타인과) 함께하는 결과로 자기 안에서 일어난다. 즉, 다른 사람을 알게 되고 사랑과 이해, 공감, 인정받는 것, 지금까지 너무 무서웠던 것을 할 수 있게 되는 것, 이전에는 견딜 수 없을 정도로 두려워했던 감정적 경험에 접촉하는 것 등을 함께하게 되는 것이다. 변형의 결과로서 한 개인은 진정한 본질적 자기에 더 가까워지는데, 이때 자기는 그 사람 스스로가 되고 싶다고 느끼고 있던 존재다. 한 내담자가 "한 번도 가져 본 적 없던 자기를 되찾아 줘서 감사합니다."라고 말한 적도 있었다.

'자신에 대한 인정 수용하기'에 대한 반응은 두 가지 측면으로 나타나는 매우 구체적인 감정적 반응을 끌어낸다. 마음이 움직이고, 감동하고, 강렬한 정서를 느끼는 측면과 타인에 대해 사랑과 감사, 친절을 느끼는 측면이 그것이다. 이러한 정서를 표현할 수 있는 영어 단어는 존재하지 않지만, 그것은 통합된 범주적 정서의 모든 특징을 가지고 있는 것 같다. 이 특징에는 특정한 현상학(아마도 독특한 생리적 프로파일을 가진), 특정한 역동들, 상태 변형의 발생, 그리고 인정을 수용하는 과정에서 나타나는 적응적 행동 경향성이 포함된다. 치료적 경험의 표식을 치유 감정healing affects이라고 하는 것은 적절해 보이는데, 이 요소는 잘 알려진 찬송가 〈나 같은 죄인 살리신Amazing Grace〉에 담겨 있다.

> 나 같은 죄인 살리신 주 은혜 놀라와
> 잃었던 생명 찾았고 광명을 얻었네

치유 감정은 특히 정서적 고통이 완화되고, 항상 바라는 대로 행동하며, 참되고 진실된 순간 속에 있는 자기 자신을 인식하는 것에 대한 깨달음의 반응으로 일어난다. 치유 감정은 "광명을 얻었네"라는 반가운 변화를 나타낸다. 이 변화는 다른 사람에 의해 목격되고 이해되거나 혹은 자기에 대한 다른 사람의 영향력을 반영한다.

치유 감정의 두 가지 유형은 인정 과정의 두 가지 측면으로 구분된다. 내담자가 마음이 움직이고, 감정적이 되고, 감동받는다고 묘사하는 것은 보다 큰 진정성으로 나아가기 위한 자기 변형의 과정과 밀접하게 관련되어 있다. 수용적·정서적 경험을 인정하는 것에 대한 알아차림은 치유 감정의 두 번째 유형을 불러일으킨다. 즉, 사랑, 고마움, 감사, 친절은 특히 인정해 주는 타인에게 일어나는 느낌이다.

3) 치유 감정의 현상학

치유 감정의 신체적 · 생리적 징후에는 감정을 억누르고 눈물을 참으려고 애쓰는 것과 관련된 떨리는 목소리가 포함된다. 두 눈은 맑아지고, 빛이 충만하고, 보통 촉촉해진다. 시선은 주로 위를 향한다. 내면의 상태 변화가 시선의 방향과 관련 있는 것으로 보인다. 위를 응시하거나 아래를 응시하는 것이 감정적 본성에 대한 내면의 상태 변형과 연관될 수도 있다. 아래를 응시하는 것은 비통함과 상실의 경험을 표시하는 반면, 위를 응시하는 것은 치유 감정과 인정의 경험을 나타내는 것이다. 위로 향하는 시선과 경험적으로 관련된 것은 종종 무언가가 차오르고, 샘솟고, 복받치고, 희망에 찬 감각이다. 사람들이 어떤 단어를 사용하든 감각 경험에는 위로 향하는 방향성이 있다.

마음이 움직이고, 감동하고, 정서를 느끼는 것의 표현은 사랑이나 감사와 마찬가지로 보통 눈물을 동반한다. 내담자가 처음에는 슬프지도 않고, 고통스럽지도 않다고 매우 분명하게 말하고, 때때로 행복하고 기쁘다고 할 때도 말이다. 슬픔이나 정서적 고통이 혼재할 때에도 두려워하거나 피하기보다는 고통을 충분히 느낄 가치가 있는 것으로 수용하고 받아들인다. 〈세서미 스트리트〉의 한 에피소드를 통해 그 현상을 알게 된 나의 딸은 그것을 "행복한 울음"이라고 불렀다(Lubin-Fosha, 1991). 웨이스(Weiss, 1952)는 "행복한 결말에 눈물을 흘리는" 현상이라고 이 반응의 한 측면을 서술했다. 한 내담자는 "진실한 눈물"이라는 표현을 생각해 냈다. 유진 겐들린(Gendlin, 1991)은 이 눈물의 본질이 핵심에at the core 닿았을 때의 반응이라는 것을 포착했다.

> 이제 눈물은 슬플 때만 흘리는 것이 아니라 삶에 관한 것일 수 있다. 어떤 종류의 눈물은 현재 삶에 대한 욕구가 자극될 때 따라오기도 한다. 또한 조용하고 부드러운 눈물도 있다. 가장 깊은 눈물이 항상 걷잡을 수 없는 흐느낌인 것은 아니다. 아주 부드러운 눈물이 더 깊을 수 있다. 그러한 눈물은 사람들이 깊이 감동하거나 자신의 내면 깊은 곳과 접촉했을 때 나타날 수 있다. 눈물은 새로운 것이 마음을 흔들거나 잠시 동안 활기를 띨 때 흐를 수 있다(p. 274).

충분한 자기 표현과 강렬하고 타당화된 관계에 직면함으로써 나타나는 변화의 경험은 독특한 특성이 있다. 치유 감정은 단순함, 명료함, 순수함, 신선함, 다정함, 진한 감동을 내포한다. 개인은 개방적이고 취약한 상태에 있지만, 이때의 취약성vulnerability은 불안감을 느끼지 않고 방어할 필요가 없는 희미한 수준이다. 또한 편안함과 이완되는 느낌도 있다. 치유 감정을 둘러싼 기분(혹은 일차적 감정 상태)은 진지하고 깊은 감동이 느껴지고 동정심이 많거나 혹은 즐겁고 놀라움으로 가득 차고, 때로는 부드럽거나 수줍은 미소를 동반하기도 한다. 윌리엄 제임스(William James)는 특유의 감동을 주는 힘과 현상학적 정밀성을 지닌 치유 감정을 "변화의 위기와 관련된 마음을 녹이는 정서와 기쁜 마음으로 가득 찬 감정tumultuous affections"이라고 언급했다(James, 1902, p. 238). 치유 감정은 대체로 다정하고, 순수하고, 밝고, 부드럽고, 마음을 누그러뜨리는 특성을 갖고 있다. 찬송가 〈나 같은 죄인 살리신〉에서 이런 특성은 "주 은혜 놀라와"라는 구절에 동반하여 표현된다.

대조contrast는 치유 감정의 필수적인 측면이다. 브로드키(Brodkey, 1996)는 "당신은 아마도 내가 삶에서 할 수 있는 것이 거의 없다고 말하겠지만, 달달한 간식douceur은 …… 너무나도 강력했고, 고통스럽고 가벼운 충격은 있었지만, 아주 훌륭했습니다"(p. 52)라고 썼다. 이것은 고통을 알고 있는 사람이 경험한 기쁨이고, 수년간의 어둠에서 벗어나 경험한 빛이며, 오해 이후 이해받았다고 느낀 경험이다. 다윈(Darwin, 1872)의 책과 다윈이 인용한 호머의 글에 언급된 다음의 구절은 눈물을 흘리기 전의 정서적 고통과 대조되어 정서적 감동을 얻는 기쁨의 눈물에 대해 말한다.

다정함이라고 부르는 느낌은 분석하기 어렵다. 그것은 사랑하고 사랑받는 느낌, 기쁨, 그리고 특히 연민으로 이루어져 있다. 이러한 감정들은 본질적으로 즐거움의 본성을 가지고 있다. …… 눈물을 더 쉽게 흘리게 하는데, 이는 현재 우리의 관점에서 주목할 만하다. 많은 아버지와 아들이 오랜 이별 후에 만난 자리에서 눈물을 흘렸는데, 특히 그 만남이 예상치 못했을 때 더 그러했다. 극도의 기쁨 그 자체로 눈물샘에 영향을 주는 것은 의심의 여지가 없지만, 이 경우에 아버지와 아들이 만나지 않았다면 예전에 말했던 슬픔에 대한 막연한 생각들이 아마도 그들의 마음을 스치고 지나갔을 것이다. 그리고 비통함은 자연스럽게 눈물 분비로 이어진다. 율리시스가 돌아오자 텔레마쿠스는 다음과 같이 말했다.

"일어나서, 아버지의 가슴에 매달려 울었다.
억눌렸던 슬픔이 서로를 그리워하던 그들에게서 쏟아져 나왔다."
그리고 페넬로페가 마침내 남편을 알아봤을 때
"그녀의 눈에서 눈물이 흐르기 시작하자
그녀는 자리에서 일어나 그에게 달려갔다.
그리고 두 팔로 남편의 목을 감싸 안고

따뜻한 눈물 어린 키스를 거듭했다.”

(Darwin, 1872, pp. 214-217에서 인용)

이것이 상실의 암울한 망령과 그에 수반되는 비통함을 이겨 내고 재회하는 행복한 결말에 눈물을 흘리는 것의 핵심 요점이다.

이와 유사한 감각은 어둠과 빛에 관하여 대조하고 있는 다음의 구절에서도 나타난다. 빛에 대한 은유는 위를 향한 시선과 제임스(James, 1902)가 언급했던 빛을 보는 현상인 환시photisms의 우세와의 연관성을 고려할 때 특히 적절하다. 비교와 대조 또한 새로운 경험을 겪는 것에 대한 역설적 인식(항상 알고 있던 것을 처음으로 직면하는 것)과 마찬가지로 이곳에서 발견될 것이다.

그는 가끔 꿈속에서나 살아 봤던 완벽한 집과 같이 그것이 무엇인지도 모르면서 찾아왔던 장소인 것처럼 이해하지도 못하면서 어떻게든 그곳을 인식하는 것처럼 보였다. 빛과 어둠의 경계에서 어둠 속에 서 있으면서, 그는 자신을 붙잡고 조사하고 이해하기 위한, 마치 그것을 움켜쥐듯 유지하고자 하는 갈망으로서 달콤하고 이해할 수 없는 고통을 자신의 내면에 쌓아올리면서 아픔을 느꼈다. 그리고 그는 그 고통을 상실, 죽음 그리고 때때로 빗방울 키스만 빼면 자신에게 감동을 주었던 그 모든 것에 대해 망각하게 될 것이다(Girard, 1994, p. 240).

고조된 감각과 새로운 인식은 강렬한 생동감으로 규정된다. “안팎의 맑고 아름다운 새로움에 대한 감각”(James, 1902, p. 248)이 있다.

다음의 두 번째 인용구에서 치유 감정의 현상학에 대한 모든 핵심 요소가 함께 등장한다. 카사노바는 감옥과 박해에서 가까스로 탈출한 후 겪었던 일을 이렇게 묘사한다.

나는 뒤돌아서 배 한 척 보이지 않는 아름다운 운하 전체를 바라보았다. 누구나 바라는 가장 아름다운 날과 젊은 두 뱃사공이 힘껏 노를 젓고 있는 수평선 위로 떠오르는 장엄한 태양의 첫 빛줄기에 감탄하면서 말이다. 동시에 내가 보냈던 잔인한 밤과 예전에 있었던 곳, 나에게 유리했던 모든 우연의 일치를 생각하면서 무엇인가가 내 영혼을 붙잡는다는 것을 느꼈다. 그것은 자비로운 하나님과 황홀한 감사의 원천에서 올라오는 그 무언가이고, 내 마음을 달래 줄 정도로 충분히 눈물을 흘리게 만들 수 있는 엄청난 힘을 움직이게 하며, 과할 정도의 기쁨에 목이 메게 하는 것이다. 나는 어린아이처럼 울고 또 울었다(Casanova, 『Histoire』: Flem, 1997, pp. 66-67에서 인용).

우리가 설명해 왔던 모든 요소가 여기에 포함되어 있다. 가까스로 모면한 비극과 현재 즐거운 상황 간의 대조, 새로운 상태에 대한 감각, 위로 솟구치며 고조된 느낌과 지각, 마음이 움직여서 '행복하게 우는 것' '과할 정도의 기쁨"에 눈물을 흘리는 것을 처음 경험했을 때의 치유 감정, 그리고 이 사례에서는 "자비로운 하나님"인 인정해 주고 깊이 안아 주는 대상을 향한 감사함 등이다.

이제 30대 남성 내담자로 돌아가 보자. 그는 학교 동급생 무리에게 희생양이 되고, 집단 따돌림을 당하며 협박받았던 트라우마의 기억들과 연관된 공포와 자기 혐오를 최근에 다룰 수 있게 되었다. 다음에 인용된 내용을 쓰기 몇 주 전에 내담자는 그 당시의 고통과 공포를 기억하고 되새기면서 안전한 장소에 대한 기억 또한 되찾았다. 어떤 나무 그늘에 앉아 영혼을 달랠 만한 위안을 찾았던 것을 기억해 냈다. 나무에 등을 기대고 있던 느낌, 시원한 공기, 반가운 고독 모두 평화롭고 안전하게 땅에 지지하고 있다고 느끼게 했다. 최근에 본가에 방문했을 때, 그는 학교 운동장에 갔다. 놀랍게도 그의 가슴 속엔 두려움도 메스꺼움도 없었다. 어린 시절 공포의 현장이었던 학교 운동장은 매우 작게 보였다. 몇 번의 치료 후 그는 자신이 얼마나 불안감 없이 자신감을 느끼고 있는지 이야기했다. 그는 전날 밤 집에서 "그냥 어슬렁거리고" 있었을 때 글을 쓰고 싶은 충동을 느꼈고 드문 일이긴 했지만 그렇게 했다고 말했다. 그는 자기가 쓴 글에 감동받고 기뻐서 그것을 필자에게 가져왔고 이 책에 싣는 것을 허락했다.

어린 시절을 떠올리고 미소가 스쳐 지나갈 때 그것은 배꼽 주변 어딘가에서 시작된다. 처음에는 생각에서 시작하다가 조용한 장소, 백색 소음을 만나게 되는 순간이 온다. 그것이 왔을 때처럼 침묵은 깨지고 그것은 내 가슴과 머리를 통해 밀려 올라와 제자리를 찾는다. 그것은 내가 말했던 것처럼 미소라고 정의되는 것이다. 그것이 내 얼굴에 비친다. 그 생각은 기쁨과 감정들을 불러일으킨다. 너무나 크고 존재하는 감정이지만, 볼 수 없었던 따스함이 내 피부로 퍼진다. 사랑도 평화롭고 부드러우며 옳은 방식으로 나타난다. 그것은 나에게 꺼져 가는 불빛을 강하게 만드는 용기를 준다. 앉아 있는데 갑자기 찌르는 듯이 아픈 눈물이 맺힌다. 하지만 정말 주저앉아서 울 때의 슬픈 눈물이 아니다. 모든 것이 좀 혼란스러웠고, 왜 미소가, 사랑에 대한 생각이, 그리고 감정이 눈물을 흘리게 하는지 궁금함이 남는다(원문 그대로임). 한 단계 더 깊이 생각하면 순식간에 지나갈 것이다. 어렸을 때의 내 모습을 다시 한 번 더 생각하고, 마침내 행복해진다.

여기에서도 치유 감정의 현상학은 틀림이 없다. 과거 고통의 장소에서 느끼는 행복의 맥락, 추구하거나 의도한 것이라기보다 자연스럽게 다가오는 경험의 감각, 위로 솟구침 ("침묵은 깨지고 그것이 내 가슴과 머리를 통해 밀려 올라온다")과 따스함을 내포하는 강렬한 느낌, 슬픈 눈물과 구별되는 감동의 눈물, 사랑의 감정, "평화롭고 부드러우며 옳은" 감정의 온화하지만 확실한 특성, 치유 감정이 일어난("한 단계 더 깊이") 후에 더 깊어진 상태 변형의 감각, 마지막으로 치유 감정을 경험한 다음에 일어나는, "꺼져 가는 불빛을 강하게 만드는 용기"와 마찬가지로 내담자가 "한 단계 더 깊어지고" "마침내 행복"을 경험하는 것과 같은 긍정적 경험의 새로운 파도가 모두 치유 감정의 현상이다.

4) 메타치료적 처리에서 유익 얻기

치료자는 잘 진행되고 있는 치료 과정에서 무엇이 일어나고 있는지 알아차리게 하기 위하여 자신에 대한 인정 수용하기 과정의 역동과 치유 감정의 현상학을 말하는 것이 중요하다. 그것은 치료자에게 이 순간, 이 상황에서 내담자의 어려움을 가중시키는 역할을 했던 과거 인물들과 본인은 다르다는 것을 말해 준다. 이는 오래된 나쁜 반복을 인지하는 임계점이 낮고, 좋고 새로운 것을 인지하는 임계점이 높은 정신역동 치료자들에게 특히 중요하다. 예를 들어, '행복하게 우는 것' 혹은 '진실된 눈물'을 슬픈 눈물과 혼동하지 않는 것이 필요하다. 부정적 상태의 기운은 항상 대조적으로 존재하므로 치료자가 그 과정을 잘 안내하지 않는다면 내담자는 부정적 상태나 정서적 고통을 더 쉽게 겪어 내겠지만, 가치 있는 기회를 놓치게 될 것이다. 왜냐하면 메타치료적 처리를 충분히 탐색하는 것이 추가적인 치료 기회를 제공하기 때문이다.

메타치료적 처리는 궁극적으로 박탈이 아니라 소유하는 것의 경험을 견디고 인정하는 것과, 감정을 느끼는 것이 어려운 관계보다 감정을 느끼는 것을 촉진하는 관계가 되는 것을 내포한다. 개인은 사랑, 감사, 이해, 인정과 같은 좋은 것들을 포용하고, 인정하고, 처리하고, 받아들여야 한다. 새롭고 낯선 느낌으로 인해 내담자는 무력감과 부족함을 느끼게 되기 때문에 좋은 것들도 무서울 수 있다. "이제 어떡하지?"는 미지의 존재에 직면할 때 유약해지고 통제할 수 없다고 느끼는 내담자들이 자주 반복하는 말이다. 내담자들은 종종 고통스럽고 자기 파괴적이지만, 무존재와 무경험의 익숙한 상태로 후퇴하고 싶은 충동을 느낀다. 이런 일이 일어나면 추가적인 탐색 과정을 불러일으키며 작업의 또 다른 차례가 활성화된다.

또 다른 어려움은 긍정적인 경험이 종종 고통스러운 경험과 연결되어 있다는 점이다.

소유하는 것having은 소유하지 못함not having의 고통스러운 냉혹함을 강조할 뿐이다. 긍정적인 경험을 하는 것은 고통스러운 감정에 몰입하는 위험을 감수하는 것이다. 내담자는 양쪽 모두를 경험하는 것을 막기 위해 방어 기제에 의존한다. 긍정적인 경험을 하고 충분히 소유하는 것에 대한 다른 두려움에는 스스로가 상실에 취약해질 수 있다는 공포가 있는데, 얼마나 좋을 수 있는지에 대한 깨달음에 비추어 봤을 때 더욱 견딜 수 없게 된다. 죄책감과 무가치함의 문제 또한 종종 인정하기 과정을 충분히 진행하기 전에 더 많은 탐색 과정을 필요로 한다.

건강하게 기능하는 것, 자원 및 정서적 능력을 인정하고 소유함으로써 내담자는 정서적 상황을 처리할 수 있는 견고한 자신감을 획득할 수 있으며, 심지어 정서적 역경에 직면해도 압도당할 두려움 없이 때때로 승리한다. 또한 긍정적인 관계 경험을 만드는 데 참여할 수 있고, 그런 상황이 발생해도 쉽게 알아볼 수 있다는 자신감을 갖게 된다. 자신의 능력에 대한 신뢰와 의미 있고 서로 만족스러운 관계의 가능성에 대한 자신감 confidence은 대인관계의 중요한 토대이다. 치유 감정은 그 자체로 신뢰, 희망, 그리고 선함이 가능하다는 확신을 고취시킨다. 여기에서 역동적 과제는 방어적 자기의존defensive self-reliance을 포기하고, 다른 사람들이 가질 수 있는 엄청난 긍정적 영향을 경험하도록 스스로 마음을 여는 것이다. 방어적 자기의존을 포기할 때 내담자는 연결됨과 관계 맺음의 이점을 얻을 수 있을 뿐만 아니라 타인이 자기에게 미치는 영향을 인정함으로써 역설적이지만 강해지고 활기를 찾을 수 있다.

경험과 성찰을 번갈아 함으로써, 즉 느끼고 말하는 것을 번갈아 함으로써 내담자들은 변형 과정을 소유할 수 있다. 한 내담자가 말한 것처럼, 그것을 경험하고 그것에 대해 말함으로써 "사람은 치유되는 과정을 알기 시작하고, 그것이 단지 일시적인 일탈이나 부서지기 쉬운 순간이 아니라 소유할 수 있는 경험으로, 누구나 할 수 있는 것으로 믿기 시작한다."

5) 인정 수용하기에 대한 저항

메타치료적 처리에 관한 임상적 관심이 상대적으로 부족한 주요 요인은 이 작업이 치료자에게 불편감을 불러일으킨다는 점이다. 본인을 향한 부정적 반응을 처리하는 데 더 많이 훈련받았기 때문에 치료자도 인정받고, 감사를 받고, 사랑받을 때 당황한다. 내담자의 방어 기제가 주된 원인이 아닌데, 왜냐하면 치유 감정은 내담자의 방어 기제가 멈출 때 일어나기에, 여기에서는 오히려 치료자의 불편감이 문제가 되기도 한다. 치료자는 내담자가 변화하고 나아질 수 있도록 도와준 것에 대해 감사하고 사랑을 표현하는 등의 긍정적인 반응을 다루어야 할 때 어쩔 줄을 모르는 것 같다. 치료자는 본인이 가장 가치 있다고 여기는 것을 틀림없이 해낸 것으로 감사를 받는 것에 대한 개인적 어려움을 감추기 위해 종종 겸손한 태도를 취하거나 심지어 거짓으로 겸손한 척하기도 한다. 내담자와 치료자 관계의 깊이를 살피는 데 정통한 정신역동치료 전문가들은 부정적 경험, 좌절, 실망감에 초점을 맞추고 작업하는 것을 더 편안해한다.

> 정신분석이론의 발전은 항상 각 단계에서 아이가 자신이 얻을 것이 더 나을 것이라는 보장 없이 무언가를 단념하도록 권장되는 과정으로 설명된다. 이것은 힘든 훈련이며, 우리는 우리 안의 무엇이 상징적 우울자리depressive position 혹은 오이디푸스 콤플렉스 해결에 대한 프로이트의 설명이라 불리는 포기의 이야기, 박탈의 이데올로기에 끌리는지 궁금해할 수도 있다(Phillips, 1997, p. 744).

사랑을 받고 공감을 경험하는 것에 대해 내담자가 느끼는 어려움은 사랑과 인정을 빼앗겼을 때의 어려움만큼이나 이해하기 쉽지 않다. 이것은 어느 정도 전통적 치료자들이 취해 온 중립적 입장의 산물이다. 사랑받고 그것을 수용하는 것의 어려움은 그것이 불가능할 때 더 갈망하게 되기는 하지만, 사랑을 교환할 수 있는 치료자와 함께할 때 그렇지 못한 치료자보다 더 쉽게 보인다(Coen, 1996). 마찬가지로, 정서적 유능성, 풍부한 자원, 그에 따른 자부심을 소유하는 것에 대한 어려움은 내담자의 병리보다 강점에 더 초점을 맞출 때 더 빠르고 분명하게 나타난다.

예를 들어, 감사는 종종 성공적인 치료 과정에서 일어난다. 치료로 도움을 받았다는 것에 대한 내담자의 정서적 인정 속에 감사의 중요성이 있다. 깊은 감사를 받는 것이 치료자를 취약하게 만들 수 있다. 개인의 가치나 역량에 대한 확신이 없는 것, 상실이나 창피함에 대한 두려움, 압도감 혹은 갈망하는 것을 어떻게 다루어야 할지 모를 것 같은 느낌은 치료자를 동요시키는 흔한 불안 반응 중 일부이다. 진심 어린 인정acknowledgment을 마주하게 되면, 치료자의 방어 기제들이 거세지기 시작한다. 치료자가 기여한 것의 중요성을 축소하는 거짓된 겸손, 부정적 동기를 암시하는 낮은 임계점, 긍정적 동기에 대한 높은 임계점은 메타치료적 처리를 방해한다. 이렇게 되면 치료자가 성장의 기회를 잃어버리는 것뿐만 아니라 내담자에게도 더 큰 손해가 된다.

메타치료적 처리와 변형 감정을 다루는 데 있어 부정적인 경험만큼이나 철저하고 체계적으로 긍정적인 치료 경험에 초점을 두고 탐색하는 것은 필수적이다. 마찬가지로, 치료자가 이 부분에 대한 역량을 개발하는 것은 중요하다. 치료자는 내담자가 느끼는 긍정적 감정의 중심이 되는 것을 견뎌 내고 방어 기제로서의 겸손을 피하는 방법을 배워야 한다.

7. 인정과 치유 감정의 작업

다음의 임상 사례 예화는 자신에 대한 인정 수용하기와 치유 감정의 과정 전체를 볼 수 있는 치료적 순간에 주목한다. 이러한 핵심 감정들은 드러나자마자 다른 핵심 감정 경험처럼 철저하고 강렬하게 특권을 부여받고, 주목받고, 확대되고, 탐색된다.

내담자는 30세 미혼 여성이었는데, 심각한 우울증 병력에도 불구하고 이전에 어떤 치료도 받은 적이 없었다. 그녀는 일과 사생활에서 "꼼짝 못하고 정체되어" 있다고 느꼈다. 치료에 대해 많이 거리껴 했음에도 불구하고 직장에서 울음이 터져 나왔고 눈물을 멈출 수 없게 된 위기가 치료 시작의 계기가 되었다. 내담자는 약간의 절망감과 극도의 무력감을 느끼면서 치료를 받기 시작했다. 그녀는 "아주 많이 망가지고", 도움이 필요하고, 자기 문제를 스스로 해결할 수 없다는 것에 대해 부끄럽게 느꼈다.

다음의 축어록은 2시간의 초기 평가initial evaluation 중 마지막 15분에서 발췌한 것이다. 이 축어록 이전의 작업에서 내담자의 자기의존이라는 방어 기제와 그것의 결과, 즉 정서적 고립감과 외로움을 느끼는 것을 드러내는 데 초점을 두었다. 전반적으로 다른 모든 임상 자료clinical material와 마찬가지로 내담자의 방어 기제를 이해하는 것은 그것이 어떻게 내담자가 자기 자신을 돌보기 위해 했던 최선의 노력을 반영했는지 강조하면서 적응적-공감적 관점 안에서 틀을 잡는 과정이다. 현재와 과거의 삶에 관해서, 내담자-치료자 관계에서 일어나는 현상들을 탐색하는 데 있어서 내담자의 치료적 노력이 자기 자신을 돕기 위한 것으로서 그녀의 강점들을 언급하고 인정했다. 치료자는 내담자에게 공감적이고 표현적이며 지지적이었고, 정서적으로 자기 개방을 했으며, 내담자의 감정적이고 관계적인 경험을 매우 격려했다. 결과적으로, 불신과 자기의존으로 향해 있는 내담자의 기질적 경향성에도 불구하고 저항은 비교적 낮아졌고, 따뜻하고 상호적인 분위기에서 정서적인 작업을 이루어 냈다[내담자의 고통을 공감적으로 조율하는 자세를 면밀하게 탐색하는 것이 어떻게 저항하지 않고 오히려 내담자에게 개방성, 신뢰 그리고 치료자가 자신의 '옆에서 그리고 안에서' 함께하는 반가운 경험을 조성하는지 Mann & Goldman(1982)에 대해 참조].

내담자: 그리고 항상 '좋아, 나 혼자 할 수 있어. 아무도 필요 없어. 어떤 누구의 도움도 필요치 않아.'라고 생각했어요. 늘 "도와주지 마. 내가 할 수 있어."라고 하는 것이 내 방식이었죠. 그래서 과거에 설사 '좋아, 난 누군가, 치료자나 어떤 사람과 이야기를 해야 할지도 모르겠어.'라고 생각했을지라도 또 다른 생각이 들었을 거예요. '아니야, 그럴 필요 없어, 그렇게 하지 않아도 돼.'라고요. [치료 동맹이 잘 맺어진 가운데 내담자는 솔직하게 자기의존적 방어 기제를 설명하고 있다]

치료자: 당신이 본인의 감정에 가까이 머무는 것이 얼마나 힘든지에 대해 많이 집중했다는 것을 깨달았어요. 하지만 (여기서 말을 천천히 한다) 당신이 나에게 얼마나 마음을 터놓았는지, 직접적으로 이야기했는지에 감탄했어요. [내담자가 자신을 돕기 위해 했던 치료적 노력에 대한 인정]

내담자: (고개를 끄덕이고 침을 삼킨다) [마음이 움직이는 느낌을 경험하기 시작한다]

치료자: 그리고 더욱더 그것에 감사해요. 왜냐하면 당신이 그렇게 하는 데 필요한 것을 점점 더 많이 배우고 있기 때문이에요. 그건 단순한 반영이 아니라 (손가락으로 딱 소리를 내며) 그렇게 한 것이죠. [더 많이 인정하기]

내담자: (목소리가 조금 떨리고, 눈물을 약간 흘리며) 맞아요……. 그래요. 분명히 그것이 나의 천성이라고 할 수 없어요. 그냥 사람들에게 말하는 것처럼요……. [더 감정적으로 변한다]

치료자: 내가 당신의 그 점을 알아보고 인정한 것에 대해 어떤 느낌을 받았나요? [막 시작된 치유 감정에 대응하기 위해 메타치료적 질문을 하는데, 이때 인정하기는 내담자가 그것을 경험한 것에 대해 분명하게 하고, 더 알고 싶게 만든다]

내담자: 내가 그것에 대해 무얼 느끼는 건가요? (침을 삼키며) 음……. 기분이…… 좋고, 기쁘고, 내 말은 (활짝 수줍게 미소를 짓는다)

치료자: (매우 동감하는 어조로) 으흠.

내담자: 선생님이 그걸 보실 수 있다는 게 정말 기뻐요. (슬프지만, 부드러운 웃음)

치료자: (공감적이고 비언어적인 감정적 공명) 음음…….

내담자: 내가 뭘 더 느끼는지 모르겠어요. 뭔가, 어……. 어느 정도는 안심되는 것 같아

요. (마음이 움직이고, 목소리가 떨리기 시작하며, 눈물을 흘리며 말한다) 와우, 내가 말하려고 하는 걸 선생님이 이해할 수 있어서 다행인 것 같고요. [이해받았다는 느낌에 대한 치유 감정]

치료자: 그 안도감이 어떤 느낌인지 말해 주세요. …… 다시 한번 당신은 말하기 시작했고, 그것이 깊은 무언가를 건드렸어요. [질문과 공감적 거울반응하기, 그리고 명명하기를 통해 치유 감정의 더 깊은 경험을 이끌어 낸다]

내담자: 흠, 같이 알아봐요.

치료자: (공감적이고 비언어적인 감정적 공명) 음음…….

내담자: 노력하고 있는 것 같은데…….

치료자: 노력하지 말고, 그냥 나에게 말해 주세요. [전략적 방어 기제를 우회한다]

내담자: 알겠어요. 내가 할 수 있을지…… 모르겠어요. 모르겠어요.

치료자: 괜찮아요.

내담자: 음……. 가슴 속에서 그걸 털어놓을 수 있어서 기분이 좋긴 해요…….

치료자: (깊이 공감하는 어조로) 너무나 많이 짊어지고 있었군요. 너무 많이 …….

내담자: 하지만 선생님도 알다시피, 내가 그래 왔다고 생각해요……. 지난주에 선생님께 전화했을 때 나도 그런 기분이었던 같아요. "그래요, 그거 알아요? 때가 되었어요." (목소리가 갈라지고 울기 시작한다) [치유 감정을 깊게 하면서 그녀의 정신적 고통에 대한 공감적 인정을 받아들이고 소유한다. 그리고 자기 자신의 욕구에 대한 타당성을 인정한다]

치료자: (인정 어리고, 공감적이고, 부드럽게) 당신을 위한 시간이에요.

내담자: (인정하며 머리를 흔들고, 운다. 시선을 아래로 하고 목소리는 갈라졌으며, 잠시 동안 흐느낀다) …… 나도 느낄 수 있는 것 같아요……. 네, 정말 많이 눌러 왔어요. 그리고 '아니야, 괜찮아. (주먹을 쥐고 아래로 누르는 격렬한 팔 동작) 그냥 해볼 거야. 그걸 다룰 수 있어. 앞으로 나아갈 수 있어.'라고 느낀 것 같아요. 하지만 아마도 난 내가 '하고 싶은 대로 놔두지' 않았고, 그 방법도 몰라요. …… 그게 정확한 표현인지도 모르겠어요. 하지만…… 아마…… 난 그렇게 마지막에 있는 것 같지는 않지만, 내가 다루고 싶은 마지막 사람 혹은 무언가가 바로 나인 것 같아요. [정서적 고통과 자기 애도하기를 통해 방어기제에 대한 상세하고 구체적인 설명과 그것들의 부정적 결과에 대해 몸이 느끼는 감각이 등장한다. 그녀가 습관적으로 방어하는 바로 그 경험인 기본적 욕구와 갈망에 대한 정서적 공간을 만들기 시작한다]

치료자: 당신이 그걸 처리할 수 있다고 느끼는 것처럼요.

내담자: 네, 그걸 처리할 수 있다고 느껴요.

치료자: 당신이 다루고 싶은 마지막 사람이 당신이라는 이 감각은 뭔가요?

내담자: 네, 아마도 그게 다인 것 같아요. 뒤에 있는 것……. 사람들이 나를 직장에서의 나로 보는, 나의 페르소나를 보는 게 정말 두려웠던 것 같아요. …… 사람들은 나를 어떤 방식으로 봐요. 그리고…….

치료자: 또 뭐가 있나요?

내담자: 네. 내가 내면에 있는 것을 다루기 두려워하는지 모르겠어요. 그건 알려지지 않은 것 같아요. '오, 오, 너무 무서울 수도 있어서요. 내가 그걸 하고 싶은지도 모르겠어요. 그래서 나에게 문제가 없다고, 혹은 그걸 다룰 수 있다고, 혹은 그것이 사라질 거라고, 혹은 어떻게든 좋아질 것'이라고, 아니면 비록 그것을 어떻게 하는지 몰라도 뭐든지 그럭저럭 될 것이라고 치자고요. 혹은 아마도 '괜찮아. 정말로 그걸 지금 다루고 싶지 않아. 다른 때에 다루면 되지.' (매우 감동한 듯한 목소리) 하지만 지금이, 바로 그때인 것 같아요. (인정하며 머리를 흔든다) [방어 기제에 대한 더 깊은 묘사는 이야기의 내용을 깊게 만들고, 내담자는 자신의 두려움을 분명하게 표현한다. 깊어진 감정과 함께 그녀는 도움을 구하는 것의 '정당성'을 인정하고 타당화한다]

치료자: 그래요.

내담자: 왜냐하면 내가 정말로 앞으로 나아갈 수 없다고 느끼고 있고, 진짜 꼼짝 못하고 정체되어 있는 것 같기 때문이에요. 비록 정말 오랫동안 꼼짝 못하고 있다고 느껴 왔지만, 지금 이 모든 것은 [치료를 받게 된 위기] 내가 그렇게 하도록 밀어붙였던 거예요. 이런 상황 때문에 내가 정말 좋은 일을 하게 된 거예요. 이것을 하기 위해 가져왔어요. [내담자는 분명하게 주저함 없이 치료에 대한 동기를 표명한다]

치료자: 바꾸기 위해서.

내담자: 네. 무언가가 일어날 것 같았어요. 그게 무엇인지는 모르겠지만, 무서울 거예요. ……

치료자: 그건 당신, 그리고 성장과 관련이 있어요……. [인정하기]

내담자: (감동을 받아서) 네, 네. [수용적 경험이라는 치유 감정]

치료자: 그리고 무언가를 돌보는 것이죠.

내담자: 네. (가볍게 피식 웃으며) 그게 지금 일어나고 있는 일이에요. [작업의 한 파도가 마

무리된다]

치료자: 나에게 이야기하고 같이 대화한 기분은 어땠나요? 나에 대해 어떤 감각이 느껴지나요? [치료자의 주도적 전환: 만족스러운 휴식 지점에 도달하여 작업의 한 파도가 마무리되자, 치료자는 내담자가 치료자와의 관계 경험과 내담자-치료자의 연결에 대한 관계 경험을 하도록 이끌어 내기 위해 결정을 내린다. 이 작업은 특히 방어적 자기의존을 사용하는 내담자에게 중요하다. 내담자는 이제 막 누군가에게 도움을 받는 것을 허용했고, 그것은 효과가 있었다. 이것이 효과가 있다는 것을 나타내고 경험적으로 처리하는 것은 그녀에게 중요하다. 이러한 일련의 질문이 방어 기제나 핵심 감정을 불러일으키는 것과 관계없이 이것은 의미 있는 기회이다. 이렇게 하여 관계적인 메타치료적 처리가 시작된다]

내담자: 내가 어떤지 알아주면 좋겠고, 아마도 선생님에게 말하게 되기를 원하는 느낌인 것 같아요…… . 아마 선생님의 경험에 비춰서…… . 내가 그것을 할 수 있을 것 같으세요? 선생님은 우리가 함께 작업할 수 있다고 생각하나요? 도움이 될 방법이…… 있을까요? 아니면 다른 어떤 것이라도? [두려움, 즉 방어적 자기의존에서 비롯된 오래된 방식에도 불구하고 도움을 받고 싶은 그녀의 갈망이 담긴, 포장하지 않고 취약하며 비방어적인 표현]

치료자: 오호, (매우 부드럽고, 약간 놀란 것 같은 어조로, 감동하여서) 그것보다 더 많은 것을 말할 수 있다고 느껴요. 당신에 대해서, 당신이 나에게 말하고 있는 것에 대해서, 그리고 무엇을 겪고 있는지에 대해서 정말 많은 감정을 느끼고 있어요. 그리고 나에게 이렇게 마음을 터놓을 수 있었다는 것이 매우 감동스러워요. 정말로요. [내담자의 취약함이 치료자에게 다정함을 끌어낸다. 치료자는 내담자를 더 많이 인정하고 내담자에 의해 불러일으켜진 자기 자신의 치유 감정에 대해 감정적으로 자기 개방하면서 욕구에 대한 내담자의 매우 솔직한 이야기에 직접적으로 응답하기 시작한다]

내담자: (감동스러워하며, 입술을 떤다) [수용적 경험이라는 치유 감정]

치료자: 어떻게든 당신이 나와 함께해 왔다는 것에 대해…… 감사해요. [내담자에 대한 치료자의 경험과 내담자를 통한 자기 자신의 치유 감정을 더 많이 자기 개방한다]

내담자: (감동하며) 으흠…… . 선생님에게 이야기하는 것이 쉬웠던 것 같아요.

치료자: (고마워하며) 음음.

내담자: 있잖아요, 선생님은 정말로, 내 말에 귀를 기울이세요. 선생님은 정말…… 정말이지…… 있잖아요…… . 좋아요…… . 내가 말하려고 했던 것처럼요. 심지어 전

화로 선생님에게 이야기했을 때도요.

치료자: 으흠.

내담자: 아, 선생님의 말투에 뭔가가…… 있어요. (감동스러워하고, 눈물을 참으며) 선생님의 목소리에는, 기분이 좋고, 따뜻하고……. 그리고 난 수용하는 것이나 다른 걸 몰라요……. 그래도 선생님한테는 말할 수 있고, 이렇게…… (부드럽게 울면서 연한 미소를 띠고) 울 수도 있다고…… 느껴요. 만약에 내가 선생님이 알기를 원한다면요……. [내담자는 인정받고 치유 감정이 동반되는 경험, 즉 경험의 돌파이자 관계적 접촉에 대한 갈망의 표현을 분명하게 표현한다]

치료자: (부드러운 어조로) 음음.

내담자: 그래서 내가 느낀 느낌은, 선생님도 알겠지만……. 어, (부드럽게 울면서) 관심, 그런 것과 같은 거예요. [관심이라는 치유 감정을 인정한다]

치료자: (따뜻한 목소리로) 그 눈물은 어디서 오는 걸까요?

내담자: 음음, 모르겠어요. (더 큰 울음을 참는다)

치료자: (매우 부드럽게) 음음.

내담자: 내가 느끼는 건…… (매우 뚜렷하게 눈을 들어 시선을 위로 향하며) 마음의 긴장을 풀고 안심할 수 있기를 원한다는 것이고…… 느낌…… 수용될 수 있다는 그런 느낌, 그리고 따뜻하고 안전하다고 느끼는 것, 그리고 내가 느끼는 느낌 중에 일부가 나를 울고 싶게 만들지도 모른다고 짐작해요. 왜냐하면 항상 그렇게 강하게 굴고 싶지 않다고 느끼기 때문이에요. 그냥 모두 다 털어놓고 싶고, 그리고…… (연약해진다) [경험의 돌파이자 관계적 접촉에 대한 갈망과 치유 감정의 표현이 더 많이 나타난다(시선을 위로 향한 것에 주목하기)]

치료자: …… 내려놓고 싶고.

내담자: 맞아요. 내려놓고 싶고, 그렇게 하기에 충분히 편안해지고 싶어요. …… 내가 뒤로 넘어져도 나를 잡아 줄 수 있는 누군가가 있다는 것 같아요. 마음속에 이 이미지를 간직하고 있는데요. …… 왜 있잖아요. 두 사람이 서 있는데, 한 사람이 뒤로 넘어져야 하는 실험 말이에요. …….

치료자: …… 손을 짚지 않고 말이죠.

내담자: …… 네, 그리고 그 사람이 선생님을 잡아 주는 거죠. 나는 늘 그렇게 하기를 원해 왔지만, 생각하지 못했어요. …… 내가 할 수 있다거나 그동안 할 수 있었다고 생각하지 못했어요. …… [핵심 감정에 대해 추가적인 말, 즉 경험과 치유 감정에

동반된 관계적 접촉에 대한 갈망의 표현을 이어 간다]

치료자: 음음.

내담자: 그래서 선생님에게 말할 때, 내가 그것…… 혹은 어떤 것을 할 수 있게 되는 과정에 있을지도 모른다고 느껴요. (코를 풀고, 이제는 차분하고 평화로워진다) [감정적 작업의 또 다른 파도가 끝난다. 즉, 인정을 수용하고, 신뢰, 희망, 이완과 같은 치유 감정을 경험하는 결과로 나타나는 변형과 새로운 현상의 경험을 언급한다]

치료자: (감동 받아서) 그건 나에게 정말 깊은 말이에요……. 정말로, 내 말은…….

내담자: (부드럽게 소녀처럼, 약간 수줍어하며, 눈에 띄게 기뻐하며 웃는다)

치료자: 아, 고마워요. 감사해요. [내담자를 향한 치료자의 감사를 전함으로써 치료자에게 미치는 내담자의 영향력을 인정한다]

내담자: (조금 부끄러워하고, 기뻐하고, 마음을 열어서) 그게 내가 그 느낌을 설명할 수 있는 최선인 것 같아요.

치료자: 오, 매우 잘 표현했어요. 정말 훌륭해요. 그것 덕분에 우리가 함께 작업하는 것에 대해 정말로 희망을 품게 돼요. 그것은 연결되는 느낌이라고 생각해요. 내 말은 당신이 나에게 그것에 대해 매우 깊이 있게 표현했고, 나 또한 당신에게서 그런 걸 느꼈거든요. 그리고 당신이 보여 준 신뢰, 다시 말해 특히 그것이 쉽게 오지 않았을 때의 신뢰에 대한 무언가가 있다고 생각해요. …… [내담자의 증가된 개방성과 표현의 결과로 내담자에 대한 이해가 깊어지는 것과 마찬가지로, 메타치료적 경험과 그들이 공유했던 동반되는 감정의 증거를 사용해서 치료자는 내담자의 질문을 다루고, 함께 치료적 작업을 잘해 나갈 수 있다는 자신들의 능력에 대한 희망과 자신감을 표현한다].

내담자: 네.

치료자: …… 그건 정말 의미 있어요.

8. 요약

메타치료적 처리를 통해, 즉 그들의 치료적 성공과 관련된 자원들과 정서적 유능성을 알아차리고 인정함으로써 내담자는 정서적 상황을 다루는 데 있어서, 심지어 정서적 역경에 직면해도 압도당할 것 같은 두려움 없이 때때로 승리를 거두는 데 있어서 든든하게 기반을 갖춘 자신감에 접근한다. 긍정적인 관계 경험을 이용하고 그것을 창조하는 데 적극적으로 참여할 수 있다는 자신감이 점점 더 쌓인다. 여기에 개인의 유능성(무력감의 반대)에 대한 자신감과 신뢰, 친밀감, 친근(무망감의 반대)을 느끼는 능력의 매우 중요한 지지대인 의미 있고 서로 만족할 수 있는 관계의 가능성에 대한 믿음의 기저가 되는 토대가 높여 있다. 게다가 바로 그 치유 감정의 경험은 선함이 가능하고 최적의 상황이 아닐 때도 자기가 회복될 수 있다고 믿는 위험을 감수할 수 있는 능력뿐만 아니라 신뢰, 희망, 편안함, 명료함, 공감 및 자기 공감을 가져온다.

제9장

당신은 더 이상 나를 사랑하지 않아:
협력적 구성의 정신역동적 사례개념화를 활용한 사례

1. 정신역동적 이해를 임상적 행동으로 옮기기 위한 세 가지 삼각형 사용하기

내담자가 그 문제에 대해 자신의 이야기를 하거나 또는 하지 않거나 하는 바로 그 순간부터, 치료자는 역동적 정보의 두 가지 강력한 자원에 접근하게 된다. 그 자원은 명백하고 잠재되어 있는 그 이야기의 내용, 자신과 내담자의 상호작용 과정이다. 내담자가 제공하는 것은 무엇이든 취함으로써 치료자는 그것을 역동적 상호작용의 시작점으로 활용한다. 세 가지 삼각형 도식schema은 치료자가 복잡하게 뒤얽힌 임상 자료 속에서 방향성을 유지하도록 도와준다. 치료자는 방어 기제, 신호 감정, 혹은 진실된 정서적 경험이라는 임상 자료를 분류할 수 있고, 각각의 증상에 대한 구체적인 개입을 목표로 할 수 있다. 또한 치료자는 각각 다른 방어 기제, 신호 감정, 그리고 특정한 자기 상태와 자기-타인 패턴의 근간이 되는 핵심 감정의 집합체를 볼 수 있다. 마지막으로, 이러한 패턴들의 "유전적이고 적응적인 관련성"(Mann & Goldman, 1982), 즉 그러한 패턴들이 일어난 곳, 그것들이 작동되는 다른 상황, 그리고 AEDP에서 특별히 강조하는 그것들이 작동되지 않는 상황을 탐색할 수 있다. 내담자의 자료를 갈등 삼각형 범주로 매 순간 변환하는 것은 특정한 개입의 영향을 신속하게 평가하고(예: 그것이 내담자를 더 혹은 덜 방어적이게 만들었나? 그것이 더 많이 혹은 더 적게 정서적으로 개방하고 자발적이게 이끌었나?), 그 평가를 다음의 개입을 선택하는 데 지침으로 사용할 때 유용하다. 각각의 반응은 치료자에 대한 내담자의 즉각적인 슈퍼비전이라 여길 수 있다. 치료자가 이러한 즉각적인 피드백을 받아들일 수 있다면 필요할 때 방법을 바꿀 수도 있고, 효과를 높일 수 있을 것이다.

어떤 특정한 정서적 경험은 자기, 타인, 그리고 자기-타인 상호작용의 특별한 형태를 이끌어 내는데, 그 경험의 정신내적 구조화는 특정한 갈등 삼각형으로 제시된다. 이 요소의 일부는 비교 삼각형의 특정 구성을 촉발시키고, 시간이 지남에 따라 그것과 비슷한 다른 것들과 연결할 수 있다. 이에 따라 치료자는 내담자의 역동, 즉 세상에서 그가 정신 내적으로(갈등 삼각형), 관계적으로(자기-타인-정서 도식), 그리고 역사적으로(비교 삼각형) 존재하는 방식에 대해 깊이 있게 이해하게 된다.

단기역동심리치료에 대한 철저한 검토에 있어서 바버와 크리츠-크리스토프(Barber & Crits-Christoph, 1991)는 "정신역동 치료자, 특히 단기치료를 하는 치료자에게 중요한 과업 중 하나는 내담자에게 현재 나타나는 증상과 핵심 갈등 간의 연결을 추론하는 것이다."(p. 338)라고 언급한다. 풍부하고 복잡적인 임상 자료를 세 가지 표상적 도식으로 변환하는 것은 증상과 핵심 갈등, 전이 현상을 체계적으로 연결하는 데 도움이 된다. 게다가 이러한 구조를 임상적으로 활용하는 것은 상당히 교육적이며, 바버와 크리츠-크리스토프(Barber & Crits-Christoph, 1991, p. 338)가 지지했던 '연속적 발견 학습법articulated heuristics'을 제공할 수 있다(p. 338).

2. 정신역동적 사례개념화: 증상과 매 순간의 변화에서 핵심 문제로

정신역동적 사례개념화는 내담자가 치료자에게 말하는 이야기에서 찾을 수 있는 감정 기반의 구조이다(McCullough, 1997). 내담자와 치료자 간 상호작용에서의 역동과 마찬가지로, 초기의 호소문제와 내담자가 설명하겠다고 선택한 예시에 나타난 역동 속에 풍부한 정신역동적 정보가 있는데, 이것은 세 가지 도식적 표상representations을 지침으로 치료자가 경청함에 따라 이미 어느 정도 체계화된다.

치료자는 항상 현재 상황에서 시작한다. "사실, 촉발 사건은 그야말로 참을 수 없는 마지막 충격이다."(Mann & Goldman, 1982, p. 24) 내담자의 고통을 따라감으로써 현재와 과거가 어떻게 연결되는지, 내담자와 치료자의 관계를 어떻게 진전시킬 수 있는지 알 수 있다. 첫 회기에 치료자가 내담자와 관계하기를 바란다고 이야기함으로써 처음부터 치료자와의 관계는 강렬한 감정을 불러일으킨다. 내담자의 감정에 초점을 맞추고, 보다 구체적으로 이야기할 것을 요청하고, 내담자에게 공감적이고 정서적으로 반응함으로써 치료자는 친밀감과 가까운 관계에 대한 내담자의 복잡한 감정을 활성화시킨다.

만약 내담자가 자신의 상황에 대해 불편함을 토로하거나 어떤 사건을 이야기한다면 치료자는 처음과 두 번째 질문으로 "지금 여기에 어떤 내용을 들고 오셨나요?" "구체적인 예를 들어 말해 줄 수 있나요?" 등을 할 수 있다. 불편함을 토로한다는 것은 핵심 갈등, 불편감이 끌어낸 불안, 사용된 방어 기제, 그리고 그러한 방어 기제의 결과물을 드러내는 "최종적 공통 경로final common pathway"(Mann & Goldman, 1982, p. 20)가 된다. 구체적인 예시를 요청하는 것은 막연함으로부터의 탈피이고, 이 작업에서 치료가 시작된다고 볼 수 있다. 첫 회기의 처음 몇 분 동안 정서적으로 가득 찬 분위기는 내담자가 해결책을 찾고 있는 고통의 기저를 이루는 역동이 드러남에 따라 굉장한 기회를 제공한다.

많은 단기역동 심신치료자는 첫 번째 회기에 독특한 기회가 생긴다는 것을 인식하고 있다(예: Coughlin Della Selva, 1996; Davanloo, 1990; Magnavita, 1997; Malan, 1976, 1979; Mann & Goldman, 1982; McCullough, 1997). 구스타프슨(Gustafson, 1986)은 심지어 "첫 회기의 성스러운 본성"과 내담자가 치료에 가지고 오는 것에 초점을 맞추는 것이 얼마나 중요한지에 대해 언급한다. 만약 촉발 사건이 '공통 경로'라면, 치료자와의 만남으로 고무된 희망과 두려움은 이자관계적 상호작용을 형성하는데, 이때 그들의 만남은 이차적 공통 경로를 만든다.

위기가 커지면 커질수록 기회도 커진다. 감정적 충전affective charge은 정신 내적 위기와 그로 인한 유동성을 만들어 내고(Lindemann, 1944), 그 결과 내담자의 습관적인 방어 기제를 통과할 수 있는 타의 추종을 불허하는 기회가 생긴다. 이러한 위기를 통해 강렬한 감정을 다루는 내담자의 습관적인 방식을 확인할 수 있고, 내담자가 다르게 반응하는 능력을 발휘하는 만큼 치료자도 내담자가 새로운 방식으로 관계를 맺게 할 수 있다.

첫 번째 회기에서 내담자와 치료자는 완전히 새로운 한 쌍의 구성원으로서 자신들만의 독특한 패턴을 만들어 간다. 최상의 구성과 최악의 구성 둘 다 야기될 수 있으므로 많은 것이 가능하지만, 아직 아무것도 결정되지는 않는다. 창조를 위한 행운의 기회는 그들이 관계를 맺는 동안에 다시 일어나지 않을지도 모른다. 첫 회기와 치료 내내 나타나는 또 다른 정신역동적 정보의 원천은 매 순간의 치료 과정moment-to-moment therapeutic process이다. 개입하고 개입의 영향을 관찰하는 것은 가설을 검토하는 방식이다.

초기면접에서 치료자가 스스로에게 다음과 같은 질문을 할 수 있다.

• 내담자와 접촉이 이루어졌는가? 치료자가 그렇게 생각한다면 내담자도 그렇게 생각

하는가? 내담자가 그렇게 생각한다면 치료자도 그렇게 생각하는가?

- 방어의 영역과 편안함의 영역은 무엇인가? 내담자의 삶에서 어려움의 영역과 기쁨의 영역은 무엇인가?
- 내담자는 어떤 방어 기제를 사용하는가? 어떤 자원이 사용 가능한가?
- 무엇이 치료 회기를 잘 흘러가게 하는가? 무엇이 회기를 막히게 하는가?
- 내담자가 공감과 타당화, 지지, 대립에 대해 어떻게 반응하는가?
- 내담자가 자기 자신의 정서성과 그것의 부족에 대해 어떻게 반응하는가?
- 관계에서 반복되는 패턴은 무엇인가? 어떤 종류의 환경이 그것을 촉발하는가? 예외적인 것은 무엇인가?
- 내담자는 어떤 감정을 어려워하는가? 어떤 감정을 그렇게 어려워하지 않는가? 내담자는 분노가 아닌 슬픔, 취약성이 아닌 분노와 같은 것을 경험할 수 있는가? 부정적인 감정보다 긍정적인 감정을 더 어려워하는가? 긍정적인 감정보다 부정적인 감정을 더 어려워하는가? 모든 감정을 어려워하는가?
- 내담자는 분노, 고통, 혐오와 같은 부정적인 감정을 어떻게 다루는가?
- 내담자는 즐거움, 사랑, 기쁨, 다정함과 같은 긍정적 감정을 어떻게 다루는가?
- 내담자는 회기에서 부정적인 면(막히고, 동의하지 않고, 대립하고, 실망하는 것)을 참을 수 있는가?
- 내담자는 치료적 상호작용에서의 긍정적인 면(공감, 협력, 희망)을 참을 수 있는가?
- 무엇이 내담자에게 최선을 가져오는가? 가장 최상의 상태에서 내담자는 어떠한가?
- 무엇이 내담자에게 최악을 가져오는가? 가장 최악의 상태에서 내담자는 어떠한가?

AEDP 치료 과정은 감정과 관계를 추적하는 것이고, 내담자의 괴로움과 연관된 고통을 추적하지만, 또한 문제의 원인에 대한 예상이 빗나가고 삶의 창조적 해결책에 대한 희망이 보장되는 것처럼 보일 때 내담자의 기쁨과 안도감을 따라가기도 한다. 치료적 개입에 대한 각각의 반응은 마음 열기 혹은 마음 닫기, 라포의 형성 혹은 결렬, 무의식적 의사소통의 조성 혹은 차단으로 나타나고, 역동적인 면에서 일관되고 의미 있는 근거가 된다. 그런 근거들을 함께 엮으면 무엇이 내담자를 건드리고 왜 그러는 것인지에 대한 감정 기반의 해석이라 할 수 있는 정신역동적 사례개념화가 된다. 더 구체적으로, 우리가 목표하는 것은 방어적 억제suppression가 현재 나타나는 증상과 어려움을 설명한다는 가정인 갈등 삼각형의 바닥에 있는 핵심 감정에 도달하는 것이다. 그리고 유전적 과거(비교 삼각형의 P점)에 도달함으로써 우리는 핵심 감정이 내담자에게 왜 그렇게 골칫거리여서 방어적 의존이 필요할 수밖에 없었는지 이해하게 될 것이다. 과거의 문제 원인에 대한 내담자의 인식과 스스로 그것들을 다루는 방식이 반영된 내면화를 관찰함으로써 내담자가 특정한 방어 기제에 의존하는 것을 이해할 수 있다(Malan, 1976).

첫 회기의 목적은 다음과 같다. 내담자와 접촉하는 것, 내담자가 치료 장면에 가져온 이야기를 파악하는 것, 겉보기에 과도하거나 이해할 수 없는 내담자의 반응을 완전히 이해하는 방법을 알아내는 것이다. 첫 회기의 가장 중요한 목표는 무슨 일이 일어나든지 내담자가 치료적 경험을 해야 한다는 것이다.

이번 장에서 초점을 두는 것은 치료의 기반이 되는 구조이지만, 치료 과정은 내담자의 고통을 경감시키고 정서적 자원을 해방시킨다는 대단히 중요한 목적을 가진다. 정서적 고통과 그것을 제거하고자 하는 내담자의 소망이 치료에 있어서 가장 좋은 협력자이다.

3. 사례 분석: 아마추어 권투 선수

다음에 제시되는 상담내용은 전혀 완벽하지 않고 오히려 실수투성이다. 하지만 실수는 정정의 기회가 되고, 내담자는 너그럽게 받아들인다. 궁극적으로 무엇이 문제인지 간절히 알고자 하는 것은 우리에게 많은 기회를 준다. 방향이 잘못되었음에도 불구하고 첫 회기 때 두 시간의 평가 끝에 내담자와 치료자는 그들이 필요로 하는 곳에 다다른다. 다음의 사례는 핵심 갈등에 대한 증상을 나타내고 정신역동적 사례개념화를 통해 확인하는 한 가지 방법을 보여 준다.

1) 드러난 증상과 촉발 사건: 첫 번째 질문

내담자는 애인과의 관계가 깨지고 난 후에 찾아온 '우울증'이라는 비교적 일반적인 촉발 요인으로 인해 치료를 받으러 왔다. 하지만 면담이 시작된 지 15분 만에 현재의 우울증은 더 오래된 절망감, 자살하고 싶은 마음에 대한 표면적 증상임이 분명해진다.

치료자: 여기에 어떻게 오게 되었는지 말씀해 주시겠어요?

내담자: 에휴…… 흠…… 최근에 힘든 시간을 보내고 있어요……. (무겁게 숨을 들이마시

고, 격렬하게 내뿜으면서) 조금씩 진정하려고 노력하고 있어요……. 3년간 사귄 사람과 헤어졌고, 정말 상처받았어요. (울기 시작했고, 멈추려고 애쓴다. 말을 하지 못하고, 울면서도 말하려고 노력한다.)

치료자: 스스로를 그냥 편안하게 놔두세요. 느껴 보세요. 그것들과 싸우려고 하지 마시고요. [경험에 집중하도록 격려한다]

내담자: 네. (깊게 숨을 쉰다.)

치료자: 무언가 아주 고통스러운 것과 싸우고 있군요. [거울반응하기, 타당화하기]

내담자: 네……. Dr. X[예전에 치료를 받으려고 찾아갔던 사람]를 만나러 갔을 때와 똑같은 일이 벌어졌네요. 말하기 시작하자마자 울음이 터졌어요. 그것이 평소에 마음속에 담아두어서 그것을 꺼내려고 할 때마다 상처가 되기 때문이라고 생각해요. [내담자 스스로 자신이 심리적인 사람이고 자신의 방어 기제를 자각하고 있으며, 정서적 패턴을 알 수 있다고 분명히 말한다. 치료자는 그 노력을 인정하고 그가 자신의 느낌에 머무르도록 격려한다]

치료자: 으흠.

내담자: 그래요……. 3년간 사귀던 애인과 2주 전에 헤어졌어요. 너무 힘들지만 익숙해져 가고 있어요. (다시 눈물을 흘리기 시작한다.)

치료자: 마음속에 무엇이 있는지 말해 보세요. [사건보다는 경험에 초점을 맞춘다]

내담자: 음…… 글쎄요. 가슴이 정말 조이는 것 같아요. 바로 여기가요……. (가슴을 두드린다.) 정말 이상해요.

치료자: 으흠……. 가슴에요? [경험에 수반된 신체적인 증상에 거울반응하기]

내담자: 아! 긴장을 많이 해요.

치료자: 그 안에 많은 것을 붙잡고 있나요?

내담자: 그런 것 같아요. 하지만 그게 뭔지는 잘 모르겠어요……. 그래서 여기에 온 것이기도 하고요. 그걸 다뤄 보기도 하고 이야기도 해 봤지만……. 정말이지 다른 사람들과 대화할 기회가 없었거든요. [여기에 초기 무의식적 의사소통이 있다. 그가 자각하는 것보다 더 많은 것이 거기에 있다. 내담자는 스스로 높은 자기 적응 능력을 가지고 있다고 분명히 말하는데, 이것은 치료를 받으러 온 것은 자신이 달라질 수 있다는 희망과 믿음을 보여 주는 증거이다. 내면에 가지고 있는 엄청난 고통과 심각한 불안, 긴장을 직면하도록 하는 청신호가 많이 있다. 하지만 그는 다음과 같이 자신이 상당히 정서적으로 고립되어 있다고 말한다. "정말이지 다른 사람들과 대화할 기회가 없었거든요."]

치료자: 아……. 그러면 이 많은 것들을 완전히 혼자서 다루고 있군요. [거울반응하기, 강렬한 느낌에 직면하는 데 있어 외로움에 대한 주제를 자세히 진술하기]

내담자: (머리를 끄덕인다.)

치료자: 힘들겠어요. (매우 연민어린 어조로)

내담자: 아…… (처음 몇 초 동안 흐느껴 운다. [최소한의 돌파] 그런 다음 울음을 삼키고 [최소한의 방에 숨을 참는다.) 그래서 이야기를 좀 하면 어떨까 해요. 완다와 3년을 함께 살았어요. 약 4개월 전에 문제가 생기기 시작했죠. 이 문제들이라는 게, 전 정말 이해를 못하겠어요. 한 두 달 전에 어, 그게 곪아서 터졌고, 그녀가 집을 나가 버렸어요……. 그리고 2주 전에 완전히 헤어지자고 말하더군요……. 잘 풀리지 않았고 (눈물을 억누르려고 애쓰면서) 상처가 됐어요. 그녀가 유일한 한 사람이었다고 생각했기 때문이었어요……. (고통으로 얼굴을 찡그린다.) (깊게 한숨을 쉬면서) 그래서 지난 두 달 동안 정말로 우울증을 앓게 되었죠. 그리고 이게 일어나고 있는 모든 것에 대한 납득할 만한 반응인지 모르겠어요…….

정서적 고통에 대한 첫 번째 감정적인 최소한의 돌파 이후에 연민이 뒤따른다는 점에 주목하라. 최소한의 돌파가 일어난 후에 그는 면담에서 처음으로 말을 할 수 있었다. 그것은 내담자에게 중요하다. 그야말로 비유적으로 본다면 그는 숨을 참을 필요가 있고, 치료자는 정보를 얻는 것의 진가를 알아보는 것이다. 여기서는 감정에 대항하는 순간적인 방어 기제가 상당히 실용적으로 작동하고 있다. 면담이 시작된 지 5분도 채 되지 않아서 감정이 사라지지는 않을 것이다. 마지막으로, 우리는 내담자가 갖고 있는 강점의 증거를 찾는다. 내담자는 그가 할 수 있는 한 개방적이고 의사소통을 잘하며, 열심히 하려고 한다. 위기가 그의 방어 기제를 더 유동적으로 만들어서(Lindemann, 1944) 아마도 평소보다 어느 정도 더 감정적인 접근을 하는 것 같다. 이는 우리 사이의 호의적인 분위기에서만 작동한다.

초기면접의 초반 몇 분 안에 두 가지의 근본적인 문제가 등장하는데, 정신역동적 사례개념화를 통해서 다음과 같이 설명할 수 있다. 첫째, 왜 내담자의 상실이 그렇게 깊은 울림을 주어서(그리고 깊은 울림을 주는 것과 함께) 그것을 처리할 수 있는 본인의 능력을 벗어난다고 경험하고 있는가? 둘째, 왜 그는 그러한 처참한 결과를 가져오는 방어 기제를 필요로 했는가?

2) 구체적 예시를 통해 드러나는 역동: 두 번째 질문

내담자: (깊게 한숨을 쉬며)…… 어…… 그걸 처리하는 데 힘겨운 시간을 보내고 있어요……. 감정과 이성이 서로 싸우는 것 같아요. 그리고 지난 두 달 동안 내 안에서 맞붙어 싸우고 있어요. [내담자는 자신의 역동을 상당히 자각하고 있는데, 방어 기제는 자기 소외적ego-dystonic이다]

치료자: 당신의 감정이 뭐라고 말하나요? [감정에 특권을 주려고 시도한다]

내담자: 그것들을 충분히 알 만큼 이해하지 못해요. [더 방어한다]

치료자: 아…… 하지만 고통스럽고, 상실감이 느껴지고, 그리고……. [방어 기제를 우회하려고 두 번째 시도를 한다]

내담자: 아, 고통과 상실(다시 울기 시작한다), 외로움, 그리고…… 분노. (깊게 한숨짓고, 눈물을 닦는다.) …… 전 오늘 무엇이 일어나고 있는지를 알고 싶어 왔어요……. 글쎄요, 잘 모르겠어요. (머리를 흔든다.) [의사소통이 깊어진다. 분노와 정서적 고립감에 대한 문제를 다루고, 그것을 이해하려는 그의 욕구가 얼마나 중요한지 분명히 말하고, 이것을 단순히 주지화라며 묵살하지 않는 것이 매우 중요하다]

치료자: 음, 우리가 하려는 건 당신이 싸우고 있는 이 느낌들을 위한 방을 만드는 거예요. 그 느낌들을 밖으로 나오게 해서 저와 함께 나누는 거죠. 그걸 담아 두려고 그렇게 힘들게 싸우지 않아도 돼요. (치료자가 말하는 동안 내담자가 힘차게 고개를 끄덕인다.) 그리고 본인이 겪고 있는 게 무엇인지, 이렇게 깊게 자리한 싸움이 이미 알고 있는 것 너머 어디에서 오는지 함께 알아 가는 거죠. [정서와 감정을 공유하는 데 집중하기, 그가 혼자가 아니라는 것을 내담자와 대화하기, 현재 경험에 영향을 미치고 있는 깊게 자리한 문제에 대한 내담자의 지각에 거울반응하기 등과 같은 치료적 안건을 분명하게 만들면서 내담자와의 협업을 준비한다]

내담자: 좋아요.

치료자: 또한 지성도 사용할 거예요. …… (긴 침묵, 내담자는 맑은 눈빛과 잠깐의 차분함으로 고개를 끄덕이고, 기대하며 바라본다.) 당신의 가슴 속에 묶여 있는 듯한 끔찍한 느낌이 있다고 말씀하셨는데요. [그의 경험을 이해하고자 하는 욕구에 대한 이해를 표현하고, 더 나아가기 전에 불안에 대해 체크한다]

내담자: (다시 눈물을 참으며) 그건 왔다 갔다 해요……. 정말 혼란스러운 거죠. 사실, 저는 대부분의 시간에 정말 긍정적이거든요.

치료자: 으흠.

내담자: …… 활발하고, 느긋하고, 자신감 있고…… 그런데 다를 때에는 뚱한 기분이거나 우울해요. 정말 이상해요. [이전에 언급되었던, 작용하고 있는 두 가지 기분에 대해 내담자와 이야기한다]

치료자: 그리고 지난 두 달 동안 당신이…….

내담자: 아, 훨씬 더 그랬죠……. 너무 심각했고, 그것에 사로잡힌 것 같았어요. 계속 그것에 대해 생각하고……. 그것들이 다시 나 자신을 괴롭히고, 비디오테이프가 돌아가는 것처럼요. [이 언급이 무엇에 관한 것이든, 치료자는 그것을 그냥 내버려 두기로 결심한다]

치료자: 으흠.

내담자: …… 그렇게 최근도 아닌데. 그 두 달 완다와 사귀면서도 확실히 정서적으로 불확실한 상태에 있었어요. 너무 힘든 시간이었어요. 솔직히 헤어진 후가 더 나았다니까요. 적어도 제가 어디에 서 있는지는 아니까요.

치료자: 으흠. 그러면 고통스럽고 혼란스러운 두 달이었겠군요.

내담자: 너무 혼란스럽고…… 진짜 고통스럽고…….

치료자: 무엇이 일어났나요? [내담자가 중단을 원하든 아니든 치료자는 중단이 필요한 것 같았고, 그래서 잠깐 우리는 사건의 내용으로 간다]

내담자: 무엇이 일어났냐고요? 글쎄요…….

치료자: 일어났던 문제 중에서 하나만 말씀해 주세요. [치료자는 다시 설명하고, 구체적인 사례를 요청하는데, 이것이 두 번째 질문이다]

내담자가 애인과의 사이에서 어려움을 느꼈던 예시를 작업함으로써 그가 애인에 대해 분노하는 감정을 부인하고(방어적 배제), 다정하고 수용적으로 대하려고 엄청나게 노력했는데(반동 형성 방어 기제), 그것이 그에게 관계적으로 더 어렵게 하면서 거리감을 더 많이 느끼게 만든다는 것(자기-타인-감정 도식을 작성하는, 애인과 관련된 방어적 반응 삼각형)이 드러난다. 하지만 분노에 대한 그의 방어적 배제의 다른 면은 '통제의 상실'인데, 두 번째 예시에서 내담자는 애인 때문에 미쳐 가고, 그녀가 어리석고 바보같이 행동했다고 느꼈으며, 그녀의 행동이 다른 사람의 돈을 다루는 데 있어 '부주의하고, 사려 깊지 못하고, 어리석은' 모습으로 나타났다고 했다. 그의 기저에는 그녀가 '어린아이처럼' 행동한다고 생각하는 것이 있었다. 내담자는 매우 화가 나서 '그녀에게 상처를 주어서 그녀가 울기 시작했다'는 면에서 그녀를 말로 몰아세웠다. 그리고 이것이 그에게 끔찍한 후회를 느끼게 했다.

자기-타인 역동적 상호작용은 분노하고 비판하는 자기와 '어리석고, 바보 같고, 어린 아이 같다'고 비난받고 있는 타인 사이에 존재하거나, 혹은 다르게 표현하자면 크고 강한 자기와 작고 상처받아 우는 타인에 대한 비판과 분노 사이에 존재한다. 여기서 내담자는 크고 분노하고 있으며, 타인은 작아진다. 이러한 과거의 역동적 반향이 나타나는지 알아보는 것은 흥미로울 것이다. 갈등 삼각형에 관하여 우리는 애인과 함께 방어적 반응 삼각형이 작동하는 것을 보게 된다. 분노에 대항하는 방어 기제는 배제와 반동 형성을 포함한다. 방어 기제가 압박을 받을 때 분노의 감정이 갑자기 터져 나오고, 조절되지 않고, 통제가 안 된다. 통제가 안 되는 특성은 항상 불안을 암시한다. 핵심 감정에 대한 적응적인 표현에 있어서 불안은 중요하지 않은데, 자기가 통제되고 있고, 감정의 표현이 자기의 근본적인 안건의 표현이다. 감정이 적응적이지 않을 때 자기는 관리적 통제 속에 있지 않다. 불안이나 혹은 다른 적신호가 되는 감정들이 만연하고, 감정의 표현은 깊은 자기 표현의 욕구에 관한 결과가 아니라 강렬한 느낌과 불안의 압박 때문에 압도된 방어 기제의 결과가 된다. 통제가 안 된다는 느낌은 비적응적인 감정의 폭발에 대한 주관적인 측면이고, 내담자의 폭발을 방지할 수 있고 비참한 결과를 막을 수 있는 감정적 역량을 가진 '더 강하고 더 지혜로운' 타인에게 표현되지 않는다면 그것들은 거의 언제나 처참한 결과를 가져온다.

3) 심층 작업

첫 회기의 후반부에는 다음과 같은 작업이 이루어졌다.

내담자: 세상을 바라보는 데 있어 전 아주 이상한 방식을 가지고 있는데, 선생님에게 설명하려고 해요. [내담자가 새로운 주제를 소개한다]

치료자: 으흠.

내담자: …… 내 삶에서 근거에 기반해 어떤 것들을 하려고 노력하고, 모든 것을 서로 맞물리게 하려고 애쓰는데, 그렇게 해요……. 난 심각한 형이상학적 문제를 가지고 있어요……. 우리 존재의 모든 것에 대한 토대를 보지 못해요……. [주지화에 대한 만연한 사용과 그것의 처참한 결과에 대한 더 많은 증거]

치료자: 으흠.

내담자: …… 그래서 괴로워요. (눈물을 흘리며) 사람들이 나가서 일하는 것에 대한 이유를 모르겠어요. (깊게 한숨지으며) 그리고 그게 나를 절망에 빠뜨려요. (더 메마르게 흐느끼지만 안도하지 못하고 깊게 한숨짓는다.) [깊은 감정: 이차적 감정 반응, 즉 우리는 절망이 무엇의 반응인지 알아야 한다]

치료자: 당신이 장애물을 제거하고, 스스로 무엇을 느끼는지 느낄 수 있고, 그것과 그렇게까지 싸우지 않는다면……. [주지화 방어 기제의 우회로 찾기, 감정적 표현 강조하기, 이러한 개입에 선행되는 내담자의 위험 감수성과 깊이 있게 의사소통하는 것을 인정하는 것에 실패한다. 내담자가 얼마나 열심히 통제하려고 싸우고 있는지 치료자가 충분히 조율하지 못한다. 공감하는 것에 대한 이러한 실수가 방어 기제를 더 쓰게 만들고 최소한의 저항을 이끌어 내는 것이 놀랍지도 않다]

내담자: (깊게 한숨짓고, 비생산적인 멈춤이 길어진다.) [놓쳐 버린 개입이 더 많은 불안과 긴장, 방어 기제를 촉발시키고, 의사소통의 흐름이 막힌다]

치료자: 당신이 나에게 극심한 감정, 정말 무섭고, 매우 심각한 느낌들에 대해 말씀하고 있기 때문에요. [실수에 대한 정정: 치료자는 '무섭다'라는 단어를 추가함으로써 깊이 있게 의사소통하는 것을 인정하고 타당화한다. 의사소통하는 데 있어 내담자가 얼마나 힘들게 싸워 가고 있는지 그 중요성을 이해하고 있음을 전달하고, 무의미와 절망에 대한 내담자의 경험에 대해 공감을 표현한다]

내담자: (더 메마르게 흐느끼고 깊게 한숨지으며)…… 정말로 너무 무서워요……. (과호흡하며) 난 애쓰고 있는데……. [방어의 장벽을 낮추고, 불안이 다시 매우 높아지면서 재접촉한다]

치료자: 알아요……. 단지 3~4개월이 아니라 아주 오랫동안 싸워 왔던 감정들이 있죠. [공감: 이 증상들이 현재의 위기보다 앞설 것이라는 생각을 알려 줌으로써 비교 삼각형을 시도한다]

내담자: (이제 흐느껴 울고, 동의하는 듯이 고개를 끄덕이며, 한숨짓는다.) …… 네. (머리를 흔든다.)

4) 더 탐색하기

치료자: 그렇게 깊고 깊은 고통에 시달리고 싸워 왔다는 것을 이해해요. 하지만 많이 불

안하기도 할 것 같아요. 그래서 그것을 개방하는 게 정말 두려울 거예요. [불안의 내용을 분명하게 설명하고, 그것을 이해한다]

내담자: (이제 정말 울면서, 숨을 거칠게 내쉰다.) 세상의 형이상학에 대해서 얼마나 두려움을 느끼는지 아무도 그것을 알아주지 않아요. [외로움에 대한 솔직한 진술]

치료자: …… 자기 삶의 의미에 대해 말씀하고 있네요.

내담자: 삶이 그래야 하는 것보다 나에게 더 의미가 없을까 봐, 내가 나에게 의미 없는 것을 하고 그것 때문에 상처받을까 봐 걱정돼요. [내면에 깊숙이 자리 잡은 고통과 연결되는 깊이 있는 의사소통]

치료자: 그것에 대해 분명하게 설명하는 것이 어떤지, 그것에 대해 나에게 이야기하려고 하면 어떤지 이야기해 줄래요? [치료자는 그가 혼자가 아님을 자각하기를 원하는데, 이것은 잠깐 다시 내담자-치료자 관계에 초점을 맞추는 것이다]

내담자: 여기에 앉아서 그것에 이야기하면 할수록 사실 기분이 더 나아져요. 왜 그게 상처가 되는지의 이유와 진짜 싸우고 있는 것에 대해 이해하기 시작했기 때문이죠. 선생님과 도움이 될 만한 것에 관해 이야기하고 싶은 게 있어요. [도움을 요청하는데, 그것을 이해하고, 다른 도움에 대해서도 의사소통한다]

치료자: 으흠.

내담자: 다른 사람들과 이런 걸 해 보지 않았어요. 아마 그래서 말하는 게 그렇게 어려운 거겠죠.

치료자: 하지만 동시에 당신은 정말 용기 있고, 매우 정직하세요. 그래서 정말 칭찬해 드리고 싶어요. 그 어떤 것으로부터도 회피하지 않거든요. [인정하기]

5) 매 순간 지금-여기에서 그때-거기로 연결시키기

감정, 불안, 방어 기제가 번갈아 나타나는 파도에 가까이 머물고, 그에 따라 개입하고, 가장 중요한 것에 의지하면서, 분노의 감정에 대한 내담자의 불안은 점차 분명해진다(불안에 대한 적신호 감정: 첫 번째 방어적 반응 삼각형 완료). 불안은 또한 친근감에 대한 내담자의 갈망과 연결된다. 이것은 치료자와의 관계적 맥락에서 나타나는데, 내담자가 그것을 드러내고 더 많이 갈망할수록 틈을 보이게 될까 봐 두려워한다(두 번째 갈등 삼각형의 설명 시작: 불안은 친밀감에 대한 두려움과 연결되어 있고, 이 두려움이 어디에서 오는지 이해할 필요가 있다). 회기가 계속될수록 불안과 신체적으로 연관된 것을 탐색하는 것은 얼굴이 마비되는 것을 드러내고, 다른 일반적인 불안의 징후를 나타내기도 한다. 내담자의 불안에 관한 탐구에 관하여 치료자를 위한 지침은 내담자의 불안이 줄어들 때까지, 치료자가 내담자의 신체적 경험에 대해 분명하게 이해할 때까지 계속되어야 한다는 것이다.

> 치료자: 얼굴이 얼얼한 게 좀 어떤가요? [더 많은 접촉이 불안을 감소시키는지 확인하기]
>
> 내담자: 묘해요. 전에는 이런 마비를 경험해 본 적이 없거든요. [증상은 지금 여기에서 발생되는 것이므로 내담자-치료자 관계를 탐색할 필요가 있다는 것에 대해 내담자에게서 힌트를 얻는다]
>
> 치료자: 그것에 집중해서 나에게 그 느낌을 설명해 주세요. [치료자가 그 힌트를 놓치고, 불안에 대한 또 다른 작업으로 넘어가는데, 그것이 그렇게 나쁘지도, 그렇다고 최선의 방법이지도 않다]
>
> 내담자: 얼굴이 저리는 것 같아요. 고통스러운 건 아니고, 이 느낌을 어떻게 설명해야 할지 정확히 모르겠어요. 이상해요.
>
> 치료자: 마치 무엇과 같나요? 마음속에 어떤 이미지가 떠오르나요? [신체적인 느낌을 탐색하고, 경험의 다른 영역을 소개하기]
>
> 내담자: 선생님의 팔이 저렸을 때와 비슷해요. [이 미소를 기억하라: 이 의미의 여러 층은 나중에 이해할 수 있게 될 것이다]
>
> 치료자: 그것을 계속 따라가 보죠……. 만약 당신이 스스로에게 저를 보도록 시킨다면 저의 얼굴에서 무엇을 보게 될까요? [치료자가 허둥대는데, 그때 거기에서 한 것이다]
>
> 내담자: (한숨을 쉰다.) [치료 동맹이 좋을 때 내담자는 매우 친절하고 인내심이 많다]
>
> 치료자: 힘드세요?
>
> 내담자: 아니요. 사람들을 보는 게 힘들지는 않거든요. 사실, 그건 꽤 잘하는 것 중에 하나예요. [내담자가 재치 있게 치료자에게 이것이 핵심이 아니라는 것을 알게 해 준다]

이것은 매우 흥미로운 순간이다. 작업이 진행되고 깊이가 더해지지만, 동시에 내담자의 불안이 충분히 줄어들지 않는다. 중요한 것은 언급되지 않는다. 치료자는 이미 더 초기에 사용한 개입을 반복하고, 내담자는 재치 있게 언쟁을 줄인다. 하지만 이 지점에서 잠시의 실수에도 불구하고 치료 동맹이 매우 강하다는 것을 고려한다면, 내담자의 무의식이 관여하여 내담자와 치료자가 가야 할 곳에 대한 즉각적인 슈퍼비전을 제공한다.

치료자는 마침내 그것을 알아차리고, 힌트를 수용하고, 도움을 받아들인다.

> 내담자: …… 우리가 어디로 가고 있는지 몰라서 불편하고 힘든 것 같아요. [내담자가 허둥대는 것에 대해 성찰하고 수정한다] Dr. X와 상담할 때 한 가지가 걸렸어요. 그는 내가 분노의 감정 때문에 힘들어한다고 생각했거든요. 난 그것을 표현할 만큼 충분히 안전하다고 느끼지 않았고, 그건 아마도 아버지 때문에 그렇겠죠. 아버지가 자신의 분노를 다뤘던 방식처럼요. [주요 방향의 전환: 내담자는 초기 관계, 즉 아버지와 내담자의 관계 맥락에서 분노에 대한 핵심 감정을 이야기한다]
>
> 치료자: 그것이 어떤 식으로 마음에 걸려 있나요? [치료자는 내담자의 수정하려는 노력을 완전히 받아들인다]
>
> 내담자: 한 가지 기억나는 게 있어요. 아버지와의 일화가 생각나요. 어렸을 때 아버지가 정말 많이 화를 냈었거든요. 나는 움츠렸고요.
>
> 치료자: 구체적인 예시를 이야기해 주겠어요?
>
> 내담자: 꽤 바보 같은데, 맥도널드 밖에서 놀고 있었거든요. 무슨 이유로 아버지가 나에게 화를 냈고, 날 쫓아와 고함을 치면서 얼굴을 때리고 땅에 눕혀 버렸어요. 정말 무서웠죠. [치료자는 자기-타인-정서 구성과 비교 삼각형의 P점을 통해 정확히 내담자가 했던 것을 좀 더 상세하게 이해했어야 했다. 자기는 작고 두려운데, 타인은 크고 통제 불능의 상태이다. 자기-타인 역동적 상호작용은 큰 타인이 작은 자기를 공격하는 것이고, 접근 가능한 정서는 공격과 연관된 불안과 두려움이다. 특히 이제 우리가 불안에 대한 그의 신체적 경험이 왜 그의 얼굴을 따끔거리게 하고 마비시키는지 안다는 점에 주목하라]
>
> 치료자: 그때가 몇 살이었어요?
>
> 내담자: 에휴…… 여덟 살인가 아홉 살쯤 됐을 거예요. 그게 트라우마로 남았을 거라고 생각하지 않았어요. [아버지를 보호하고, 자신의 취약성을 완전히 깨닫지 못하게 방어함으로써 영향력에 대해 부인한다]
>
> 치료자: 그 순간에 아버지가 어떻게 보였어요?
>
> 내담자: 사람들이 화를 낼 때, 뭔가에 홀린 듯 보이잖아요. 전 그렇게까지 화를 내지 않아서……. 이것 때문인지, 저것 때문인지 모르겠어요. [분노에 대한 방어 기제와 아버지의 분노에 대한 피해자로서의 경험이 서로 자연스럽게 연결된다]
>
> 치료자: 지금 이야기한 것에서 그때와 아버지의 분노, 비이성적인 분노를 생각할 때 이해

가 되지 않는 것이 있을 텐데요……. 그것이 당신 안에 있는 또 다른 감정을 불러일으킬 수도 있고요.

내담자: 혼란이요.

치료자: 혼란이라……. 좀 더 말로 해 보면요?

내담자: 글쎄요. 이해가 잘 안 됐어요. 그게 잘 이해되지 않았기 때문에 아마도 스스로 화를 내는 데 문제가 있었던 게 아닐까 해요.

치료자: 그건 10배나 더 무서웠을 거로 생각해요. 그렇게 큰 분노를 다루는 건 비록 그것이 무엇이든지 정말 두렵죠. 하지만 그것이 자극하는 것이 무엇인지, 또는 그게 무엇인지, 또는 당신이 끌어내려고 했던 것이 무엇인지 알지 못할 때 느끼는 큰 분노를 다루는 것은 정말 악몽과도 같을 거예요……. (잠시 멈춤) 나도 그런 상황이 된다면 훨씬 더 두려웠을 거예요. [내담자의 경험을 타당화하고 이해하는데, 그것을 "악몽"이라고 이름 붙여서 더 자세하게 진술하고, 공감적으로 이야기한다]

내담자: (열심히 귀를 기울인다.)

치료자: 이제 당신이 어른으로서 유리한 점으로 그 장면에 접근해 본다면, 당신이 그 소년의 옹호자라면 아버지에게 뭐라고 말할 것 같나요? [아버지를 보호하려고 노력하는 대신, 자기 자신에 대한 내담자의 공감을 고조시키기 위해 묘사를 사용해 본다]

내담자: "그, 그러니까, 그는 그렇게 나쁜 걸 하지 않았어요. 그 나이 때 남자아이들이 다들 그렇게 하잖아요. 그냥 논 거예요. 맥도널드 마당이 있었고, 모든 것이 조용했고, 놀 시간이었어요."라고 말할 것 같아요. 적절한 반응처럼 보이지 않을 수도 있어요. 그러한 상황에서는요. [변화를 주목하라. 내담자는 그것이 정당하지 않았다는 자기 자신의 관점에 접근하고, 더는 혼란스럽지 않다] 어떤 것들 때문에 아버지가 그 상황에서 적절한 수준 이상으로 더 화났을 거예요. 그래서…… (눈물을 닦으며) 그건 정당해 보이지 않아요. [내담자는 아이들은 아이들일 뿐이고 소년은 소년일 뿐이라는 주제를 여기서 말한다. 어린아이 같다는 것을 비난한 게 다시 떠오를 것이다]

이것이 이 회기의 핵심 부분이었다. 많은 연상적 연결들이 암시적으로 나타났다. 아버지에게 **뺨**을 맞았던 것은 얼굴이 마비되고 따끔거림을 야기했다. 내담자가 애인에게 '어린아이 같다'고 비난한 것은 그의 생애에서 중요한 공명resonance을 갖고 있는데, 아버지가 미친 듯이 화를 내며 공격한 것을 촉발시켰던 것은 바로 그의 어린아이 같음이었다.

6) 치료자와 함께하는 긍정적 경험: 정서적 박탈감에 대한 유년기 사례 활성화하기

한 시간이 흘렀다. 내담자는 목이 마른데 물을 마실 수 있냐고 물었다. 나는 그에게 사무실에 있던 복숭아 아이스티 한 병을 주었다. 그는 그것을 사과 주스라고 생각했는데, 프루스트 현상Proustian moment[1]으로 주스의 맛과 돌봄을 받았던 경험을 통해 그는 갑자기 초기 경험을 다시 하게 되었다. 그 기억은 깊은 고통의 돌파(감정적 돌파: 핵심 감정에 대한 몸 속 내장에서부터 경험하는 것)에 동반된다. 이야기의 내용이 내담자의 외로움 주위를 맴돈다. 이 외로움은 내담자가 사랑했던 아버지에게 정서적으로 버려졌다는 느낌이고, 아무도 자신을 이해하지 못한다는 느낌이다. 상실과 상실에 대한 두려움이라는 주제 주위에 애인(C: 현재의 관계), 치료자(T: 치료적 관계), 아버지(P: 과거의 관계)가 연결된, 잠재적인 비교 삼각형이 있다. 하지만 이러한 연결은 내용이 넘쳐나고 감정을 따라간다고 만들어지는 것은 아니다.

> 내담자: 사과 주스인가요?
>
> 치료자: 아이스티…… 복숭아 아이스티에요.
>
> 내담자: 아이스티라, 재미있네요……. 그게 사과 주스라고 생각했거든요. (좀 더 마신다.) 사과 주스를 그렇게 많이 마시지는 않는데……. 그래서…….
>
> 치료자: 사과 주스에 대한 어떤 게 있나요? [상세한 것 따라가기: 무의식에서 온 선물이 예상 밖의 겉모습을 하고 나타난다]
>
> 내담자: 그건 재미로 남아 있어요. 좋아요. 난 그게 사과 주스라고 생각했고, 사과 주스를 마시지는 않지만, 사과 주스에 관해 연상되는 모든 것은 어린 시절에서 나와요.
>
> 치료자: 으흠.
>
> 내담자: 그래서 그걸 사과 주스라고 생각한 게 좀 웃긴다는 거죠.
>
> 치료자: 으흠.
>
> 내담자: 흠…… 이상해요.

---

1) 역자 주: 프랑스 작가 마르셀 프루스트가 어느 겨울날 홍차에 마들렌 과자를 적셔 한 입 베어 문 순간, 어릴 적 고향에서 숙모가 내어 주었던 마들렌의 향기를 떠올렸다가 고향의 기억으로 이어졌고, 이는 그의 대표작 『잃어버린 시간을 찾아서』의 집필로 이끌었는데, 이후 향기가 특정 기억을 이끌어 내는 것을 프루스트 현상이라 한다.

치료자: 사과 주스 때문에 떠오르는 기억이 있나요?

내담자: 유치원이요.

치료자: 유치원…… 으흠.

내담자: 유치원 전인 것 같기도 해요.

치료자: 세 살, 네 살, 그 정도?

내담자: 릴리 패드 유치원이었는데…… 거기서 사과 주스를 마신 게 기억나요.

치료자: 그 기억에 대해 어떤 느낌이 드나요?

내담자: (고개를 끄덕이며) 대부분은 행복했어요. 하지만 그 시기에 아주 이상한 일들이 일어났어요. 내가 아이였을 때 정말 심하게 활동적이었어요. 정말, 정말 활동적 이었죠. 그들이 나를…… 내 생각에 용어가 음…… 과잉 행동으로 생각했는지 아닌지 모르겠어요. 하지만 거의 모든 팔다리를 부러뜨린 것 같아요. 두 팔과 다리가 부러졌죠……. [진단하는 데 결정적이고 병력에 대한 정보가 감정적으로 공명하 는 역동적 맥락에서 나타난다. 그를 감싸고 있는 환경적 실패에 대한 매우 중요한 의사 소통이다. 그를 돌보기 힘들었을지도 모르지만, 다섯 살 이전에 팔다리 세 군데가 부러 졌다는 것은 안전함을 보여 주지 않는다]

치료자: 그랬어요?

내담자: 다른 일화도 있죠.

치료자: 어렸을 때?

내담자: 네. 꽤 어렸어요. 네……. 나의 연대기를 좀 보면……. 네……. 분명히 유치원 이 전이었어요.

치료자: 그럼 유치원 때까지 벌써 두 팔과 다리가 부러졌다고요?

내담자: 정말, 정말 외향적이고, 활동적이고, 친구들 사이에서 리더십도 많았고……. 팔 과 다리를 거의 부러뜨렸어요.

치료자: 으흠.

내담자: 이상해요……. 내가 어떻게 했는지 기억할 수 있는지 아닌지 함께 알아봐요(사 실, 소년 같은 열정을 이것과 연관시켜서). 한번은 정글짐에서 떨어졌고, 또 한번은 누군가가 책상에서 뛰어내려 내 발 위로 굴러서 발이 부러졌고……. 크고 무거 운 대리석 책상(이제 매우 표현적이다). 또 한번은 내가……. 또 한번은……. (이 제 머리를 흔들고, 의미 있는 무언가가 다가온다) 이렇게 키가 큰 나무가 있었는 데…… 20피트나 되었던 것 같아요……. 내가 정말 작았기 때문에 그 나무가 그

렇게 크지 않았을 수도 있어요. 그냥 10피트라고 하죠. [내담자는 본인이 말하고 있는 것에 몰두한다. 언어는 상당히 상세하고, 구체적이다. 이제 불안은 없고, 그 순간을 다시 체험하고 있다. 이것은 구체적인 핵심 정서가 빠진 핵심 상태이다. 그것은 존재함, 진정성, 그리고 관계에 관한 것이다]

치료자: 으흠.

내담자: …… 그리고 사다리를 가져왔어요. 목공 수업에서 다른 아이들 도움으로 사다리를 만들었거든요……. 그건 보통의 사다리를 만드는 방법으로 만들지 않았어요……. 다리 1개는 매우 길었고, 다른 다리는 매우 짧았어요. 그리고 다리 한 개는 나무로 만들어졌고, 다른 다리는 나무로 만들지 않았죠……. 그래서 사다리를 올라가 나뭇가지에 거의 도달해서 사다리를 잡았는데 (손을 움직인다. 지금 매우 활기차다) 그게 떨어져 버렸어요……. 잠시 동안 매달려 있다가 그다음 (팔로 떨어지는 동작을 하면서) 팔이 부러졌죠……. 정말 이상해요……. (약간 불편하게 웃는다.) 제멋대로인 아이…… [내담자는 정말 남의 눈을 신경 쓰지 않고, 그가 묘사하고 있는 환경적인 지지의 부족이 정서적으로 중요하다고 자각하고 있지 않다. 너무 자기의존적이었다는 증거가 많고, 다른 사람들에게 거의 기대하지 않으며, 많은 것을 스스로 하는 것이 자아동조적 패턴이다]

치료자: 음…….

내담자: …… 누가 물리학의 법칙을 이해하지 않았을까요?

치료자: 으흠……. [치료자는 충격을 받지만, 이 순간에 자기 스스로 그 충격을 간직한다] (잠시 멈춤)

내담자: 그 어떤 것도…… 하…… 지금 그것에 대해 생각해 보면, 그 어떤 것도 나를 정말 겁먹게 만들지 못했어요. 네.

치료자: 으흠.

내담자: …… 그리고 그것이 내가 거기에 있었기 때문인지, 그때 내가 그런 사람이었기 때문인지 기억나지 않아요.

치료자: 으흠.

내담자: …… 아니면 두려움을 어딘가로 보내 버렸는지도요……. [통찰한다]

치료자: 이미…… [표식: 3~5세 때 이미 이런 패턴이 자리 잡았다] 당신 곁에 누가 있었나요?

내담자: 언제요? (완전히 놀라면서)

치료자: 나무에서 떨어졌을 때요.

내담자: (머리를 격렬하게 흔들면서) 나 혼자 있었어요…….

치료자: 혼자였다고요? …… 그리고 나서 무슨 일이 벌어졌나요? 나무에서 떨어져서 팔이 부러지고, 그다음엔?

내담자: 팔이 정말 이상한 각도로 꺾여 있었어요. 아파서 울었어요. 그래서 그걸 붙잡고 (팔을 언급한다.) 교실로 걸어갔어요. 친구들에게 팔을 보여 주고, 같이 병원에 가서 고쳤어요.

치료자: 오, 저런…… 정말 듣기 속상하네요…….

내담자: 네…….

치료자: 누구든지…… 그건 정말 참기 무서운 일이었을 텐데……. [두려움의 경험에 대항한 방어를 언급하고, 어린 소년에게는 더 두려웠을 것이라고 암시한다]

내담자: 그것 때문에 무섭지는 않았어요……. (조용히 울기 시작한다.) 두렵다고 느끼지 않았어요. 그냥 아팠어요.

치료자: 하지만 그걸 말하면서 울고 계시잖아요.

내담자: 글쎄요. 그랬는지 아닌지 모르겠어요……. 이제는 무섭다고 느끼지 않아요.

치료자: 으흠.

내담자: 하지만 그때 무섭다고 느꼈는지 아닌지는 정말 모르겠어요.

치료자: 좋아요, 좋아요……. 하지만 외로움에 대한 무언가가 또 있어요.

내담자: (힘을 주어 고개를 끄덕인다) 음, 혼자 있는 건 더 나쁘죠…….

치료자: 아팠잖아요. [공감적 성찰]

내담자: 글쎄요……. 그때…… 정말 안 좋았어요. 나는 매달려 있었고, 아마도 몇 분 동안 매달려 있었겠죠. 그리고…… 그렇게 됐어요! 소리도 질렀어요. 도와 달라고 진짜 소리쳤어요……. 아무도 오지 않았어요……. 그랬어요. 누군가가 와서 도와주기를 바랐기 때문에 무서웠어요. [두려움에 대한 기억과 경험이 치료자와의 공감적 연결의 맥락 속에서 활성화된다]

치료자: 그래요…….

내담자: 아무도 그렇게 하지 않았어요. 상당히 무서웠어요. 그 끝에…… 아무도 오지 않을 것이란 걸 알았어요……. 쭉 나를 데리러 올 누군가가 거기에 있을 것만 같이 보였는데…… (손으로 붙잡는 제스처를 취한다.) 하지만…… (훨씬 더 심하게 운다.) 결국 아무것도 일어나지 않을 거란 걸 깨달았어요. [매우 가슴이 저민다. 도움에 대한 갈망이 충족되지 않은 것에 대한 고통스러운 깨달음이다]

치료자: …… 아무것도 일어나지 않았군요. (잠시 멈춤)

내담자: 흠…… (슬퍼한다.) 선생님은 어린 시절에 두드러지는 것들이 실은…… 해결되지 않은 것이라고 생각하나요? [새로운 영역에 마음을 열도록 내담자를 이끄는 개방의 아름다운 예시인데, 불안을 말하고 깊게 탐색하는 것이 더 이상 판도라의 상자처럼 보이지 않는다]

치료자: 그래요……. 정말 그래요.

내담자: (그도 마찬가지로 고개를 끄덕인다.) …… 어린 시절의 섬광들을 기억하는 것이 정말 이상하다고 생각해요. [우리는 핵심 경험과 깊은 무의식적 의사소통의 영역에 있다]

치료자: 나도 그런 것 같아요……. 떠오르는 경험들, 기억들이 사과 주스 맛이 나는 아이스티에 의해 촉발되었죠. 하지만 그건 특정한 맥락 속에 있어요……. 당신은 보살핌을 받지 못했다는 것과 관련된 매우 깊고 깊은, 가슴에 사무치는 감정을 지니고 있었어요. [통합적 해석은 우리를 단단한 땅 위에 서게 하고, 감정과 함께 인지를 통합시키고, 보살핌을 받지 못했다는 것에 대한 핵심 주제에 이름을 붙이고 표시하게 한다. 더 진행하기 전에 바닥을 단단하게 한다]

내담자: 네……. 분명히. (울고 있지만, 이제 참을 만하다.) [고통의 핵심 감정]

치료자: 끔찍한 느낌이죠, 무시무시한 감정이에요. [거울반응하기, 공감하기, 깊은 감정을 언어화하기]

내담자: 네. 어린 시절 가장 안 좋았던 감정이…… "너는 나를 더 이상 사랑하지 않아."라는 구절이라고 기억해요. 그건 뚜렷하게 기억해요.

치료자: …… 당신의 마음에서 그렇게 말하는군요.

내담자: 아니요, 내가 울고 있었을 때 그렇게 말하는 거예요. 그게 최악의 두려움 중에 하나요……. (운다.) 그 순간에 아파요. [더 활성화되고, 더 깊어져서 이제 불안은 없다]

치료자: 당신은 나를 더 이상 사랑하지 않는다?

내담자: (끄덕인다.)

치료자: 그러면 누가 그렇게 말했어요? [구체적 타인과 핵심 감정을 연결해 보자]

내담자: 거의 대부분 부모님이요. 내 말은, 부모님은 정말 사람들을 사랑하는 것처럼 보였어요. 그들은 항상 정말로 사람들을 사랑하는 것 같았어요……. (머리를 흔든다) [이제 갈등 삼각형에서 자기-타인-정서 도식과 비교 삼각형을 채워 보자]

치료자: 뭐라고요?

내담자: 그냥 그렇게 생각해요……. 예를 들어, 내 마음을 보는데, 부모님이 사랑하지 않
았을 때를 생각해 보려고 노력하는 거예요. 아버지가 사랑하지 않을 때는 정말
화가 났을 때뿐이거든요. [이것을 통해 작업하기: 내담자는 자연스럽게 질문하고, 미
세하게 조정하고, 핵심적인 것을 구별하고, 핵심 역동을 자세히 기술한다]

치료자: 분노했을 때?

내담자: (고개를 끄덕인다.)

치료자: 그건 큰 예외군요.

7) 자발적 연결: 현재 관계와 과거 관계의 연결 그리고 방어적 반응 삼각형

우리는 멈췄던 곳에서 다시 시작한다. 한 번 더 내담자가 주도적으로 이끈다.

내담자: (고개를 끄덕이며) 그건 스펙트럼의 반대쪽 끝에 있어요. (차를 좀 마신다.) 이제 내
안에 우리가 그걸 그런 용어로 표현하면서 알아차린 무언가가 있어요. 보통 나
는 상당히 열정적이고 잘 보살피고, 사랑을 나누고, 친절해요. 하지만 화가 나면
정말 통제를 못하게 돼요. [그는 자기의 보호막 아래로 분노의 핵심 감정을 가지고 간
다. 이것은 중요한 연결인데, 우리는 그가 아버지의 분노에 대한 희생자였다는 것을 탐
색해 왔다. 그리고 이제 그는 자기 자신의 분노를 자연스럽게 드러내고 있다]

치료자: 으흠.

내담자: 적어도 정서적으로요. 그걸 표현하지 않는다 해도, 느껴요. [경험과 표현 간의 상
당히 자연스러운 구별은 앞으로 작업이 잘 진행될 것이라는 전조이다]

치료자: 당신 안에서 통제를 하지 못하게 되었다고 느끼는군요.

내담자: 네.

치료자: 분노가 일어나면.

내담자: 네.

치료자: 예를 하나 들어 주겠어요?

내담자: (한숨을 지으며) 한 예가…… 완다랑 있었던 일이에요. 그녀는 사건의 연속이었어
요. 돈을 담당했는데, 관리를 잘 못했어요. 경험이 부족했고, 자신의 업무를 잘
이해하지 못했어요. 그녀를 가혹하게 대했다고 느껴요. 해야 했던 것보다 훨씬

더 가혹하게요. 정말 그녀를 모욕한 거예요.

치료자: 그 이야기에서 두 가지가 흥미롭게 들려요. 하나는 당신의 내면에 있었던 것과 무언가가 일어났을 때의 반응으로 당신이 경험한 것에 대한 느낌이고, 다른 하나는 당신이 말하고 행동했던 것에 대한 느낌을 나도 가져 보고 싶다는 거예요. [조금 전에 내담자가 자연스럽게 한 경험과 표현 간의 차이 강화하기]

내담자: (고개를 끄덕이며) 정말 형편없이 돈을 관리한 것처럼 보였기 때문에 그녀에게 정말 화가 났어요…… 하지만…… 어디 보자……. 지금 내면에 대해 작업하고 있어요. (중얼거린다.) [이제 우리는 비교 삼각형의 C 꼭짓점에서 분노의 핵심 감정을 탐색한다]

치료자: 네.

내담자: 내면에서 무언가가 불러일으켜졌고, 점점 더 화가 났어요. 그녀가 했던 게 정말 어리석고 바보같아 보였어요. 주의 깊지도 못했고…… 그리고…… 그녀에게 "우린 미래에 아이들의 손에 영향을 받지 않도록 할 필요가 있어."라고 말했어요. 그녀가 재정을 관리하는 방식에 있어 정말 어린아이 같았다고 느꼈던 거예요……. 하지만 그녀에게 진짜로 상처를 주었어요. 그녀가 울기 시작했기 때문에요. [이 사례에서 그를 향했던 아버지의 공격은 그가 어린아이 같거나 소년처럼 행동했기 때문이었다. 여기에 또 다른 자기-타인-정서 도식이 자세히 설명되고 있다. 자기는 크고 분노하고, 통제가 안 되는 상태이며, 타인은 작고 '어린아이 같다.' 상호작용은 여전히 공격에 대한 것이지만 이때 타인을 공격하는 자기가 있다]

치료자: 흠.

내담자: (매우 슬퍼하며) 그게 후회스러워요……. (한숨지으며) 보세요. [고통을 일으키는 적절한 회한은 그가 분노와 그것의 결과에 깊이 접촉하는 것을 보여 준다]

치료자: 으흠.

내담자: (눈물을 흘리며) 분노가 사람들과 멀어지게 하는 것처럼 느껴져요. 그게 왜 분노를 표현하는 것을 안전하다고 느끼지 않는지에 대한 이유 중에 하나라고 생각해요. 아버지가 화났을 때 나에게 했던 것처럼, 아버지와 내가 소원해진 것과 같은 방식으로 내가 다른 사람들을 멀어지게 하는 분노를 표현할 때마다 똑같다고 느껴요. (매우 고통스럽게 느끼다가 천천히 평화로워진다.) …… 아……. (크고 깊은 숨을 천천히 내쉰다.) [그것에 대항하는 자기의 방어 기제에 대한 이유를 설명하면서 자신과 아버지 사이에서 통제되지 않은 분노와 그것의 결과에 대한 경험을 확인한 것을 자연

스럽게 언급한다)

치료자: 방금 '아……' 라고 하셨는데요. (숨을 내쉰 것을 거울반응하며) 그건 무엇이었나요?

내담자: 통찰이었던 것 같아요.

치료자: 아. (길게 숨을 내쉰 것과 안도감의 숨 내쉬기의 윤곽을 맞춘다.)

내담자: 기분 좋게 느껴졌어요.

치료자: 연결을 만들고, 그걸 깨달으면서요.

내담자: (고개를 끄덕인다.)

8) 신뢰를 깊게 하는 것이 이야기 내용의 깊이를 더한다: 무의식으로의 지름길 여행하기

우리는 계속해서 정서의 결과에 대한 내담자의 반응을 탐색하고, 훨씬 더 나아간다. 그동안 내내 나는 그에게 매우 가까이 머무르려고 노력했고, 그래서 그는 안전하고 더는 혼자가 아니라고 느낀다. 그로 인해 그는 탐색할 수 있게 된다. 많은 장면에서 그가 이끌고 나는 따라간다.

내담자: (차를 마시며) 많이 좌절스러워요. 왜냐하면 감정은 분명히 문제를 일으키는 것처럼 보이거든요. 그리고 선생님은 해결할 수 있는 문제이지만, 나는 감정, 나쁜 감정 때문에 행운을 많이 가지지 못했다고 생각해요. [정서에 대항하는 방어기제를 유지하려는 인지에 대한 구체적 진술]

치료자: 그건 우리 작업이 그것에 대해 무언가를 할 수 있다고 내가 바라는 것이에요. 왜냐하면 거기에 나쁜 감정과 같은 것이 있다고 생각하지 않기 때문이죠. 그리고 그것들이 해결될 문제라고 생각하지 않아요. 감정은 다뤄지는 방법이고 표현되는 방식이죠. [교육 및 재구조화하기]

내담자: 나쁜 감정을 말할 때 그 감정이 상처를 야기한다고 생각해요.

치료자: 그리고 당신과 함께 우리가 내면에서 느끼는 감정과 그것이 표현되는 방식을 서로 구별할 수 있기를 바랍니다.

내담자: (고개를 끄덕인다.)

치료자: 예를 들면, 분노에 대해서요. 당신이 아버지의 분노에 대해서 묘사했던 순간에 거의 트라우마가 된 것 같았어요. 트라우마처럼 된 것은 아버지가 분노해서가

아니라 통제력을 잃어버렸기 때문이에요. [경험과 표현 간의 또 다른 구별]

내담자: 그게 걱정스러워요. 분노에 대한 통제력을 잃어버리게 될까 봐 정말 걱정돼요……. [마침내 내담자가 솔직하게 갈등 삼각형의 적신호 감정을 드러낸다. 즉, 분노에 대해서 통제력을 상실하게 될 것에 대한 두려움이다]

치료자: 이전에 그런 일이 벌어졌었나요? [강렬한 분노를 깊이 있게 작업하는 데 있어서 핵심 질문]

내담자: (애매모호하게 바라보고, 얼굴을 찡그린다.)

치료자: 어떤 경우에 당신이…….

내담자: …… 그것에 대해 생각해 볼 필요가 있겠네요……. (잠시 멈춤) 흠…… (아래를 쳐다보고 슬퍼하며 한숨짓는다.) 음, 사실 한 번 그랬던 적이 있어요……. 앵무새를 훈련시키고 있었는데…… 앵무새가 날 물어서 죽여 버렸어요. 그냥 한 번 친 건데…… (흐느낌이 터져 나온다. 흐느끼면서 깊게 한숨짓는다. 나를 쳐다보고 눈을 맞춘다. 흐느끼며 말해서 알아들을 수가 없다.) 죄책감은 약해졌지만…… 그게 어디에서 왔는지 생각해요. [깊게 하기: 그의 말에서 느껴지는 구체성과 생생함에 주목하라. 주요한 돌파이다]

치료자: (매우 부드러운 어조의 목소리로) 그 새의 이름이 무엇이었나요? [비록 내담자가 빠르게 감정을 순차적으로 느꼈다고 해도, 그 사건에 좀 더 길게 머물면서 더 구체화해 보고, 핵심 감정의 파도에 좀 더 오래 몸을 맡겨 보고, 그의 정신을 몰입하게 하고, 무엇이 일어났는가에 대해 대사 작용을 시작하게 해 보고자 하였다]

내담자: 기억나지 않아요.

치료자: 그 후에 무엇을 했나요?

내담자: 그걸 숨겼어요. 앵무새를 숨긴 건 아니에요. 엄마에게 내가 죽였다는 걸 숨겼어요. 그냥 앵무새가 죽었다고 말했어요. 그리고 우리는 그걸 정원에 묻어 줬어요. (이제는 침착해진다.)

치료자: 이 죄책감으로 고통스럽겠군요……. 당신에게서 아주 많은 고통이 느껴져요…….

내담자: …… 분노를 표현하는 것에 대해 내가 가지고 있는 많은 두려움이 나오는 곳에 그것이 있을 것이라고 생각하든 아니든 상당히 놀라워요…….

치료자: …… 그래요.

내담자: …… 내가 사랑하는 무언가에게 상처를 준다는 건…… (고개를 끄덕이고 선명하

게 응시한다) 그게 바로 분노를 표현하는 것을 두려워하는 이유라고 생각해요. 분노에 대한 통제력을 잃어버리면 내가 사랑하는 사람에게 상처를 줄 것만 같아요. 완다에게 했던 것과 같은 거죠. 화가 나면 나 스스로 사랑하지 못하게 될까봐……. 신체적인 해를 가하는 것에 대해 걱정하는 게 아니에요. 정말 그런 충동은 더 이상 없기 때문이죠. 또한 그걸 배출할 수 있는 좋은 수단도 가지고 있고요…….

9) 표상적 도식과 관계적 작업을 사용한 정신역동적 사례개념화

이 회기가 끝날 무렵, 분노와 친근감에 대한 좌절된 갈망을 둘러싼 갈등이 그가 현재 겪고 있는 문제, 즉 여러 해 동안 그를 괴롭혀 왔고, 애인과 헤어지면서 심각하게 악화되었던 우울증에 중심 역할을 했다는 것을 알아내는 것은 어렵지 않았다. 상실과 분노의 파괴력을 두려워했으므로 내담자는 더 거리를 두고, 거짓되고, 말을 잘 안 하고, 관계 맺는 것에 어려움을 느꼈던 방식으로 분노에 대해 방어했다. 애인이 자신을 떠났을 때 그는 비통함의 강렬함에도 불구하고 경험할 수 있었던 비통함과 경험할 수 없었던 분노를 느꼈다. 또다시 그는 자신이 혼자라고 여겼다. 내면으로 향했던 비통함과 분노가(그는 관계의 종말에 대해 오직 자신을 비난했다) 결합되어 치료 장면에 가지고 왔던 불안과 우울증이 고통스럽고 극심한 상태가 되었다.

불안의 감각, 즉 얼굴이 마비되는 것은 아버지가 공격했던, 즉 뺨을 후려쳤던 바로 그 부위와 연결된다. 흥미롭게도 그 감각에 대해 자세하게 설명해 달라고 요청했을 때 그는 팔이 저리는 것처럼 느껴진다고 말한다. 이것은 순전히 추측에 의한 것이지만, 파괴적인 격렬한 분노를 억제하기 바라는 마음이 저린 팔을 연상하는 것으로 암시된다. 만약 팔이 저리면 분노로 주먹을 휘두를 수 없을 것이다.

이 회기가 거의 끝나간다. 아버지와 동일시했던 초기 사건을 밝히는 것과 현재의 우울증을 촉발하는 요인 간에 중요한 돌파와 연결이 있는데, 이는 내담자가 만들 수 있다. 면담이 끝나기 전에, 자살이라는 주제로 돌아가는 것이 필요하다. 핵심 감정의 돌파는 매우 견고한 치료 동맹을 시사하며, 내담자는 탁월한 신호에 압도되지 않고 작업하는 뛰어난 역량을 보여 준다. 하지만 진단은 암묵적이 아니라 직접적이어야 한다. 우리는 면담을 멈췄던 지점에서 다시 시작한다.

내담자: 그…….

치료자: …… 권투요.

내담자: …… 권투를 연습해요. 그건 매우 공격적이죠. 선생님이 권투 경기를 한다면, 선생님 전부와 싸우게 되는 거예요. 상대는 보호 장비를 입고 있어요. 상대를 효과적으로 상처 입히는 데 할 수 있는 것이 아무것도 없어요. 그러면…… 그건 공격성을 표현하기 위한 매우 안전한 장소가 되겠죠. 그리고 분노도요. 경기를 하는데, 내가 상대방을 미워하지 않을 때는 공격하고 싶은 감정을 너그럽게 봐줘요. 그리고 친구들과 경기하는 게 제일 좋은데, 왜냐하면 위험 없이…… 그들에게 분노를 표현할 수 있다고 느끼기 때문이에요……. (마음이 움직인다.) 그건 정말 좋아하는 거예요. [이것은 나와 함께 치료하는 과정에서 분노를 표출하는 데 있어 안전한 장소를 만드는 것에 대한 중요한 치료적 의사소통이다. 안전함에 대해 의사소통하는 것에 주목하라. 내가 그것에 대해 들었다면 그것을 언급했을 것이다]

치료자: 그래요……. 당신에게 한 가지 생각을 제안하고 싶어요. 통제력을 잃어버릴 것에 대한 두려움은 두 가지의 근원을 가지고 있어요. 하나는 당신이 사랑했던 앵무새에게 벌어졌던 일에서 스스로 통제력을 상실했다는 것에 있고, 다른 하나는 아버지의 손에 의해 일어났던 일에 있어요.

내담자: 네. 아버지를 보고 난 다음, 나 자신을 보는 것이 너무나 두려워요. [대화의 개방성, 단순명쾌함, 명료성에 주목하라]

치료자: 하지만 내 느낌은 그것에 대한 자신의 반응에서 모든 분노의 감정을 뿌리 뽑겠다고 애써 왔던 것 같아요.

내담자: 감정을 뿌리 뽑는다고요?

치료자: 네…….

내담자: 그랬을 수도 있겠네요.

치료자: 그리고 당신이 지불해야 했던 건 자신을 철수시키는 것이었어요……. 당신은 그걸 사랑하지 않는 것이라고 부르죠. 전 그걸 철수하는 것이라고 말했고요. 사랑하지 않는다는 건 철수하는 것이고, 아마도 그건 똑같은 것 같아요.

내담자: (힘차게 고개를 끄덕이고 매우 집중해서) 선생님이 무엇을 말하는지 알 것 같아요…….

치료자: …… 그리고 분노가 문제를 일으키는 것이 아니라 그 분노에 대한 두려움이 문제를 일으킨다고 느껴요.

내담자: 음, 나도 그렇게 믿어요. 선생님이 말하는 게 이해가 되네요.

치료자: 철수, 거리두기, 그리고 감정의 상실은 아마도 당신이 "사랑하지 않게 되는 것"이
라고 말하는 것일 거예요…….

내담자: 그렇겠군요. (길게 멈춘다.) 흠. (마음이 움직인다.) [매우 중요한 의사소통이다. 이번
회기에서 내담자가 원했던 것이 그에게 무엇이 일어났는지 이해하는 것임을 고려한다면
그것은 그를 위한 매우 중요한 목표였다. 감동받는 것의 핵심 감정은 이러한 사정을 지
지한다]

이 회기를 끝내기 전에 치료자는 무의미함에 대한 감정으로 돌아가서 자살에 대한 감
정과 의도를 직접적으로 묻고, 내담자가 대답한다.

치료자: 한 가지 더 작업해 보고 싶어요.

내담자: 좋아요.

치료자: 무의미함에 대한 매우 두려운 감정으로 돌아가고 싶어요. 절망의 순간에 개인적
인 경험에 관해서요……. 이런 순간에 자살하고 싶다고 생각해 본 적이 있나요?

내담자: (머리를 흔들면서) 나는 자기 보호에 대한 좋은 본능을 가지고 있다고 믿어요. 이
야기를 나눌 좋은 친구도 있고요. 또한 인생에 좋은 것들이 있어요. 비록 인간
존재로서 절망감을 느낀다 하더라고 경험 속에서 그게 무엇인지 항상 알지는 못
하지만, 살아 볼 만한 것이 있다고 느끼거든요. 자기 파괴적으로 느끼지 않아요.
보다 나은 세상을 만드는 데 작지만 내가 기여한다는 것도 알고요……. 이러한
것들에 대해 이야기하는 게 힘드네요…….

치료자: 잠시 동안 그 경험에 머물러 보시겠어요?

내담자: (공명하며 완전히 침묵한다.)

치료자: 당신이 정말 정말 아름답게 느껴져요.

내담자: (눈물을 흘리며) 감사합니다……. 한 사람으로, 내가 정말 좋은 사람이란 걸 알아
요……. [이제 회기를 끝낼 수 있다. 마지막으로 필요한 작업은 이미 다룬 것에 대한 경
험을 처리하는 것이다]

10) 초기 평가 점검하기

치료자: 나와 함께 성찰해 보자고 요청하려고 했는데, 이제 이번 회기를 끝내야 할 시점에 다다랐군요.

내담자: 나도 그럴 때가 온 것 같다고 생각해요.

치료자: 네, 네, 우리가 함께 보낸 이번 두 시간을 같이 성찰해 보고 다음에 무엇을 할지 이야기해 봐요.

내담자: 좋아요.

치료자: 당신에게 생각하고, 완전히 이해하고, 처리하는 데 얼마간의 시간이 필요하다는 것을 알아요……. 하지만 우리가 했던 것에 대해 지금 이 순간 무엇을 느꼈는지 나에게 공유해 줄 수 있나요?

내담자: 감정에 있어서, 상당히 안도감을 느껴요. 왜냐하면 무엇이 일어날지 알지 못했기 때문이죠.

치료자: 안도감에 대해 좀 더 말해 주세요.

내담자: 음, 내가 치워 버렸던 것들에 대해 선생님과 이야기하면서 이런 것들을 느껴도 안전하구나, 이런 것들을 생각해도 안전하구나, 그리고 그걸 탐색해도 될 만큼 더 안전해졌다고 느꼈어요……. 그건 이런 걸 말해도 된다는 안도감이에요.

치료자: 우리가 그것을 더 안전하게 만들려고 함께 작업했던 것에 대해 이해하고 계시는군요.

내담자: 확실하지는 않지만……. (침묵)

치료자: 당신이 했던 것은요? …… 내가 했던 것은요?

내담자: 우리가 했던 것들. 우리가 함께했어요……. 두 가지가 있다고 생각해요. 나는 선생님께 정직하게 임했고, 선생님은 전문적이고, 솔직하고, 공감적이고, 그리고…… 보살펴 주셨죠. [외로움이 해결된다]

정신역동은 경험과 행동을 초래하기 위해서 다양한 정신적 내용이 서로 연결되어 있는 변형적 규칙 혹은 원리이다. 예를 들어, 세 가지 표상적 도식 각각의 범주들이 연결되는 방식은 일련의 역동을 나타낸다. 그러나 각 도식의 다른 견해 간, 또는 각각 다른 도식들의 다른 요소 간에는 가능한 많은 상호관계가 존재한다. 결국 내담자의 증상, 촉발 사건, 기능, 치료 방법, 주관적 경험, 과거의 갈등, 이것들이 모두 어떻게 상호 연관되는지를 이해하는 방식으로서 다양한 설명을 연결하는 가장 인색한 방법이 정신역동적 사례개념화이다. 정신역동적 사례개념화는 내담자의 핵심 문제와 중요한 동기를 제시할 수 있어야 한다.

11) 다른 관점으로 반복하기

앞서 언급한 면담에서 흥미로운 것은 두 개의 다른 자기-타인-정서 도식에서 제시되었던 역동이다. 하나의 도식에서 자기(난폭한 아홉 살짜리)는 작고, 타인(분노에 찬 아버지)은 크며, 자기-타인 역동은 큰 타인이 작은 자기를 공격하는 것이고, 지배적인 정서는 슬픔과 철수가 뒤따르는 두려움이다. 다른 도식에서 자기(다시 아홉 살짜리)는 크고, 타인(그를 물었던 사나운 새)은 작으며, 자기-타인 역동은 큰 자기가 (작은 도발에 대한 반응으로) 작은 타인을 공격하는 것이고, 지배적인 정서는 엄청난 죄책감이 뒤따르는 격렬한 분노이다. 이 두 가지 자기-타인-정서 삼각형 간의 관련성은 학대받은 아이들에게 가동되는 가해자를 동일시하는 것을 반향한다. 아이는 완전한 무력감을 극복하고, 부모가 자신에게 했던 것처럼 약한 타인에게 행동함으로써 힘이 있다고 느낀다. 게다가 원래 가해자에게 표출할 수 없었던 분노는 힘없는 약자를 대체된 표적이라고 여긴다.

하지만 그러한 죄에 대한 공포, 죄책감, 비통함이 너무 강력해서 진주를 만들어 내는 모래알갱이처럼 정신병리가 발생하는 중심이 된다. 우리의 정신역동적 이야기에서, 내담자는 분노가 위험하고 그것이 사랑을 죽이고 또 죽인다는 교훈을 얻는다. 그래서 분노는 내담자의 정신psyche에서 제거되어야 한다. 하나의 교훈이 일반화되는데, 감정은 골칫거리라서 치워져야 한다는 것이다. 그래서 방어 기제가 작동하기 시작한다. 이 사례에서 아주 구체적으로 내담자가 방어 기제에 의존하는 것이 치료를 받게 만든 관계적 상실을 초래했다. 버려지고 절대 사랑받을 수 없게 됨으로써 그는 결국 어린 시절처럼 홀로 남아 절망하고 상실감에 빠지게 된다.

축어록의 마지막 대화는 심리치료의 첫 회기에서 왜 치유가 시작될 수 있었는지에 대한 본질을 담고 있다. 그가 자신의 감정과 동시에 연결되고, 통제력을 유지하고, 경험을 이해하는 데 도움을 받았고, 이해받았다고 느낀 관계를 통해 이전에는 너무나 압도적으로 느꼈던 것을 직면할 수 있게 된다. 외로움aloneness이 해결되자 그는 이전과는 반대로 불안을 증가시키기보다 감소시키고, 치유하는 정서적 경험의 힘을 몸 속 내장에서부터 경험visceral experience한다.

제 3 부

개입 전략

도입

개입 전략의 개요

> 나는 심층심리학의 효과에 대해 일종의 광적인 믿음이 있었다. 이로 인해 때때로 실패의 원인이 내담자의 '치료 불능'에 있는 것이 아니라, 우리 자신의 기술 부족에 있다고 생각했으며, 이러한 생각은 내가 일상적으로 사용했던 기법을 결국 바꾸게 했다.
>
> Ferenczi, 1931, p. 128.

기본 자세: 내담자의 안전 증진과 치료자의 위험 감수

심층 감정 작업을 위해 필요한 신뢰를 확립하려면 치료자의 자기감sense of self이 관여되어 있어야 하고(Casement, 1985), 치료자가 할 수 있는 한 진정성을 보여 주기 위해 노력하면서 진실하고 비방어적인 방법으로 자신의 정서적 경험을 공유할 수 있어야 한다. AEDP의 임상적 자세는 적어도 내담자 못지않게 치료자에게도 다음을 요구한다. 자신을 숨기고 보호하려는 치료자에게 내담자가 빠른 속도로 마음을 터놓을 것이라고 기대할 수는 없다.

정서적 분위기는 내담자가 안전하다고 느끼고 치료자가 용감하게 대면할 수 있어야 한다. 치료적 관계 안에서 내담자가 느끼는 안전감은 부분적으로 치료자가 위험을 감수함으로써 강화된다. 치료자가 기꺼이 감정을 공유하고 정서적 위험을 감수하는 것은 내담자에게 감정적으로 관계하는 것의 본보기가 되며, 본인이 역설했던 것을 실천하고 있음을 보여 준다. 치료자의 감정적으로 충만한 자세 속에 내포된 것은 감정이 가치 있고, 참을 수 있으며, 삶을 풍요롭게 하고, 더불어 감정 자체에 진 빠지거나, 압도되거나, 부끄러울 필요가 없다는 메시지이다. 치료자의 정서적 개방성과 표현력은 또한 내담자의 감정적 경험을 깊이 있게 하는데, 이것은 AEDP의 주요한 기술적 목표이다. 정서적 현상은 전염성이 있다. 감정을 거울반응mirroring하고 공유하는 것은 연결되어 있는 것처럼 보이는데, 한 사람의 정서는 상대방의 정서를 촉진한다. 마찬가지로 한 사람의 정서적 불능은 상대방의 정서성emotionality을 억제할 수 있다. 치료자의 신중한 감정적 접근이 내담자의 정서적 접촉을 강화하고 심화시킨다.

내담자가 과감히 신뢰하고 마음을 열 수 있다고 스스로 믿고자 하는 상태에 있을 때 치료자의 기본 자세는 무엇인가? 만약 치료자의 내적 상태가 내담자의 내면과 만날 수 있고, 치료자 자신의 희망과 개방성이 표면화될 수 있다면, 그리고 치료자가 할 수 있는 한 마음껏 치료를 할 수 있다면 심오한 무언가가 일어날 수 있다. 그 순간, 치료자는 충분히 좋은 사람이 되는 것을 넘어 정말로 완전히 좋은 사람이 될 기회를 갖게 된다.

개입 단위

개입 단위는 치료자의 말이 아니라, 치료자의 말과 내담자의 반응이다. 중요한 것은 개입에 대한 내담자의 경험과 그에 따른 반응이다. 따라서 치료자가 내담자의 경험 중 어떤 측면이 공감을 형성하고 방어를 줄이는 데 이바지했는지 입증하는 동안에 내담자는 평가자의 역할을 한다. 내담자는 공감이 되었든 아니든 간에 경험할 수 있으며, 저항을 강하게 하거나 낮추면서 치료자의 개입에 반응할 수 있다. 이것은 치료자에게 엄청난 기술적 자유를 제공한다. 개입이 깊은 감정에 이르게 하거나, 관계적으로 거리두기를 하거나, 더 불안하게 하는 것과 상관없이, 치료자의 개입 안에 내재된 역동적 질문에는 답변이 이어질 것이다. 내담자를 두렵게 하고, 뒤로 물러나게 만들었던 역동들을 이해함으로써 감정적 돌파의 여파로 드러나게 된 것만큼이나 내담자의 내면세계에 대해 많은 것을 배울 수 있다. 치료자가 강력한 개입이 너무 많은 저항을 불러일으킬까 봐 두려워하여 매우 조심스럽게 행동할 필요는 없다. 그렇게 하는 것이 그렇게 하지 않은 것만큼 유익하다. 가장 중요한 것은 매 순간 내담자의 경험 안에서 일어나는 변화가 역동적으로 처리되고, 치료자의 다음 반응에 영향을 미치는 데 공감적으로 사용된다는 것이다.

개입 전략

핵심 감정 경험에 접근하는 방법은 다양하다. 예를 들어, 심미적 경험(영화, 노래, 예술 작품, 아름다운 풍경), 직접적으로 혹은 간접적으로 경험한 강렬한 성취의 순간(예: Mark McGwire의 홈런 기록 경신), 사랑에 빠지는 경험, 사회적으로 공유된 경험(Martin Luther

King 목사의 죽음)과 같은 모든 경험은 깊이 있고 감동적인 변형을 일으킬 힘을 가지고 있다(Bollas, 1989; Gold, 1996; Winnicott, 1974). AEDP의 목표는 우연히 하게 된 핵심 감정 경험을 신뢰할 수 있는 정도로 만드는 것이다.

변화 정서 모델의 영향력 아래 전통적인 분석 기법에서 AEDP로 통합된 경험적 단기 역동정신치료 기법으로의 변화는 주로 그것이 치료자의 활동에 적용되는 동안에 수동적 측면을 능동적 측면으로 바꾸는 과정이었다. 이러한 기법의 대부분은 이전에 치료자의 마음과 정신, 그리고 신체 깊은 곳에 보관되어 있던 것을 꺼내어 내담자와 치료자 사이에 존재하면서 치료적 이자관계에 있는 두 사람 모두가 접근할 수 있는 대인관계적 공간에서 사용할 수 있도록 제공된다.

의사소통 개념은 언어적인 것 이상으로, 그리고 방어 기제 개념은 형식적 방어 기제 (가령 부인, 합리화, 반동 형성) 이상으로 확장된다. 이 영역은 비언어적 행동까지 포함하도록 확대된다. 눈 맞춤의 회피, 말투나 목소리의 크기, 몸짓 혹은 이러한 행동들의 부재에 치료적으로 주의를 기울이며 초점을 맞추게 된다. 신체는 핵심 정서가 머무는 장소이므로 AEDP는 치료적으로 고상한 척하는 것에서 벗어나 신체와 신체 언어도 치료적 담론 안에 공식적으로 포함할 것을 요구한다.

기법은 이론이 임상적 실제로 어떻게 변환되는지에 관한 방법이다. 여기서 목표는 '감정적 변화 사건'을 만들어 내는 과정에 영향을 미치는 변형 규칙을 분명하게 설명하는 것이다(Greenberg & Safran, 1987). AEDP의 치료적 행동 전략(Strupp & Binder, 1984)은 충분히 좋은 치료자가 자신의 감정적 역량을 실행에 옮기는 수단이다. 이러한 치료 전략은 세 가지 그룹, 즉 관계적 전략, 재구조화 전략, 경험적-감정적 전략으로 구성된다(〈표 1〉 참조). 모든 AEDP 전략의 기본 목표는 심층 감정과 주관적 '진실'이 존재하는 곳에서 치료 작업을 수행할 수 있도록 하는 것이다(Fosha & Osiason, 1996). 세 가지의 개입 전략 그룹은 방어 기제와 적신호 감정의 영향을 최소화하고, 친밀하고 가까운 관계 안에서의 감정적 경험을 촉진하는 대안적 경로를 강조한다.

관계적 개입에서는 내담자가 관계 안에서 안전하다고 느끼도록 돕기 위하여 내담자와 치료자 사이에 쌍방향의 감정적 유대감을 개발하는 것이 필요하고, 그렇게 함으로써 기능적으로 방어 기제가 퇴화된다. 관계적 전략은 대인관계에서 장애물이 되는 방어 기제를 극복하고, 내담자가 공명, 상호관계, 조화를 '우리가' 함께 경험하는 것은 물론 정서, 친밀감과 친근감을 강렬하게 경험하고 심도 있게 탐색할 수 있는 환경을 조성하기 위하여 설계된다. 재구조화 개입에서는 내담자가 자기 자신으로 향하는 공감의 렌즈를 통해 본인의 정서적이고 대인관계적인 경험을 알아차리고 이해하는 것을 다룬다. 자기 공감적 이해의 핵심적인 측면은 과거에 심리적 생존을 위해 방어 기제가 필요했고, 그것이 적응하기 위해 자기의 '최선의 노력'을 반영했다는 것이다. 치료자는 매 순간의 상호작용을 빠르게 처리하고, 내담자가 자기 자신은 물론 타인과의 경험에서 나타나는 양상을 조율하도록 돕기 위하여 재구조화 전략을 사용한다. 경험적-감정적 개입은 핵심 상태의 직접적 강화와 핵심 감정의 경험을 통해 방어 기제를 건너뛰는 것을 목표로 한다.

치료적 행동을 위한 AEDP 전략들은 모두 궁극적으로 정서적 관계 내에서 감정적 경험의 촉진을 목표로 하고, 정서적으로 강렬한 경험에 대한 인내와 처리를 공감하고 기꺼이 공유하는 것으로 특징지어진 치료적 자세에 기초한다.

〈표 1〉 AEDP 개입 전략

관계적 전략 (제10장)	내담자-치료자의 관계 경험 촉진하기	• 추적하기와 초점화하기
	치료자의 지지와 인정 표현: 치료의 일반적 요소를 치료에 특화된 요소로 만들기	• 내담자의 경험 타당화하기, 인정하기, 존중하기: 돌봄, 연민, 염려 표현하기 • 용기를 북돋아 주고 힘이 되어 주기 • 건강한 반응 알아차리기, 타당화하기, 확장시키기 • 자기 공감과 자기 돌봄 인식하기, 타당화하기, 존중하기 • 지지와 인정에 대한 내담자의 반응 탐색하기
	치료자의 공감적 반응 표현	• 공감에 대해 분명한 표현하기 • 공감적 설명하기 • 공감에 대한 내담자의 반응 탐색하기
	치료자의 감정적 경험 표현	• 감정적 자기 개방하기 • 실수, 취약성, 한계 인정하기 • 내담자가 제공하는 것에 대한 수용과 영향력 인정하기 • 치료적 전능감에 대응하기 위한 자기 개방 • 치료자의 자기 개방에 대한 반응 탐색하기
	점진적 조율을 통한 친밀감과 친근감 높이기	• 매 순간 내담자의 경험 공유하기 • 치료적 친밀감에 대한 반응 탐색하기
	내담자와 함께하는 협력 작업	• 비언어적 의사소통 상호 관찰하기 • 관점 비교하기 • 내담자의 심리학적 전문 지식 인식하고 활용하기
	감정적 관계 경험의 메타처리	• 회기 마무리 진행하기

〈계속〉

재구조화 전략 (제11장)	개방과 방어에 대한 변동 추적하기	
	방어적 반응 작업하기	• 방어에 대해 정의 · 명명 · 명료화하기 • 경험적으로 초점화된 방어 작업과 연상적 속기 • 방어에 대한 긍정적 인식 재구성하기 • 비용 편익 분석하기 • 압박 제거하기 • 코칭적 접근
	적신호 감정 작업하기	• 불안 다루기 • 수치심 다루기
	청신호 감정 작업하기	• 청신호 감정에 초점 맞춰 추적하기
	자기-타인-정서 삼각형: 자기와 관계 경험의 긍정적 측면 vs 부정적 측면	• 자기, 타인, 정서의 상호의존성 이해하기 • 좋은 상태와 나쁜 상태 나란히 놓기
	비교 삼각형: 반복되는 상호작용 패턴 vs 새롭게 생겨난 상호작용 패턴	• 관계 패턴 비교하기 • 고통과 동시에 인정을 수반하는 상호작용 패턴의 반복에 민감해지기 • 고통과 동시에 인정을 수반하는 패턴에서 벗어나 '새로운' 패턴에 민감해지게 하기 • 대인관계 패턴의 구성 안에 자신과 타인의 역할 탐색과 자신의 경험에 대한 결과 탐색하기
	통합 과정: 새로운 자전적 내러티브 창조하기	
경험적- 감정적 전략 (제12장)	진실한 감정적 경험 촉진하기	• 감정을 직접 추적하기 • 일상적 언어를 감정과 동기(혹은 욕구)의 언어로 바꾸기 • 깊어지는 정서적 경험에 머물면서 견딜 수 있게 북돋아 주기
	거울반응하기와 거울반응 넘어서기	• 내담자의 감정에 거울반응하기: 감정적 공명 • 거울반응 예측하기 • 감정 증폭시키기
	감정적 경험 명명하기와 인정하기	
	특수성과 구체성을 목표로 삼기	
	신체적으로 뿌리내린 경험과의 연관성에 초점 맞추기	
	심상 작업: 상상된 상호작용과 역동경험적 상관관계	• 심상 작업의 원리 • 심상 작업의 완성 • 심상 작업의 유형
	감정 재구조화: 감정의 경험과 표현, 느끼기와 다루기	• 표현의 적절성 • 느끼기와 다루기: 자기 표현과 상대방의 현실과의 균형 맞추기 • 치료적 유익을 치료실 밖의 삶으로 전환하기

제 10 장

관계적 전략

> 치료의 과제 중 하나는 의미 있는 관계를 맺는 것이다. …… 이것은 (내담자를) 고통, 불안, 굴욕감을 주는 친근하고 친밀하지만 해로운 관계에서 벗어나게 한다. 그 대신, 친밀감은 치료자와 성공적으로 관계를 맺는 것에 대한 강렬한 기쁨과 연결된다.
>
> Marke, 1995.

치료적 관계를 통해 내담자가 더 개방하고 덜 방어하게 될 가능성이 활성화될 때, 치료자의 정서적 관여에 대한 내담자의 반응을 탐색하는 것은 매우 중요하다. 내담자들은 때때로 보살핌, 연민, 공감을 수용하고 받아들이는 것이 아주 어려울 수 있다. 이러한 개입들은 깊숙이 억압된 갈망을 빈번하게 자극하고, 이러한 갈망에 대항하여 불안과 방어 기제가 초기에 증가될 수 있다. 부정적이든 긍정적이든, 치료자가 표현하는 것에 대한 내담자의 경험적–역동적 반응은 치료 작업의 초점이 된다(Alpert, 1992; Foote, 1992; Fosha, 1995; Marke, 1995; McCullough, 1997; Sklar, 1994).

내재된 것을 솔직하게 말하는 것, 즉 내담자가 단순히 치료자의 마음과 심상 안에 존재하는 것이 아니라 내담자가 어떻게 존재하는지를 탐색하는 것은 친밀감과 연관된 고통과 실망감에 대항하기 위해 동원되는 만연적 방어 기제의 균형을 잡기 위해 새로운 경험을 강조한다. 게다가 그러한 치료 작업은 성찰적 자기 기능의 준비 과정을 촉진하고 심화시키며, 심지어 가속화한다.

이는 인정과 공감의 작업일 뿐만 아니라 또한 매우 상호작용적으로 이루어진다. 그것은 단지 타당화와 지지가 아니라 친밀감에 관한 것이다. 내담자는 관계의 반복적인 측면과 그렇지 않은 측면 모두에 주의를 기울여 처리할 필요가 있다. 이어지는 솔직한 표현 전략은 치료자의 경험에 대한 인정, 공감, 감정이라는 측면을 구별한다. 여기서 공감과 감정이라는 측면 모두는 내담자에 대한 치료자의 개인적 정서 반응에 관여한다. 더 나아가, 공감 측면에서는 내담자가 드러내고 있는 감정, 이야기, 경험에 대한 치료자의 반응에 중점을 두는 반면, 감정 측면에서는 내담자와의 관계에서 치료자가 독립된 한 개인으로서 드러내는 반응에 중점을 둔다(Bacal, 1995 참조).

1. 내담자-치료자의 관계 경험 촉진하기

1) 추적하기와 초점화하기

처음부터 치료자는 본인에게 하는 내담자의 말을 어떻게 느끼는지 이해할 뿐 아니라 치료자 자신이 내담자에게 하는 말을 어떻게 느끼는지 이해하며, 내담자도 그렇게 하도록 장려한다. 치료 관계는 새로운 경험과 사람 간의 역동을 탐색할 수 있는 풍부한 장이기 때문에 치료자가 전하는 메시지는 그들 사이에 일어나는 감정이 공개적으로 논의될 수 있고, 논의될 필요가 있다는 것이다. 치료자는 내담자가 친근감과 거리감에 대한 경험을 말로 표현할 수 있도록 노력한다. 좋든 나쁘든 무슨 일이 일어나고 있는지 말하면 친근감이 강화된다. 이러한 작업의 일부가 보다 최근의 분석적 관계 작업과 유사하다 해도(Coen, 1996; Ehrenberg, 1992; Ghent, 1995; Lindon, 1994), AEDP에서 치료자는 매 순간의 상호작용에 열심히 주의를 기울이고, 내담자의 관심을 현재의 관계적 경험으로 자유롭게 돌릴 수 있다.

긍정적 전이가 뚜렷하게 밝혀지지 않고, 부정적 전이가 주로 다루어지는 정신분석적 법칙은 AEDP에 적용되지 않는다. 긍정적인 관계 경험은 과거의 좌절된 갈망과 관련이 있기 때문에 진정한 불안을 이끌어 낸다. AEDP의 경험 법칙은 다루어야 할 이야깃거리를 함께 처리하기 위하여 내담자와 치료자 간의 부정적이거나 긍정적인 관계 경험을 심화시킨다. 여기서 사용할 수 있는 일반적인 질문은 '여기서 나와 함께하는 기분이 어떤가요?' '나에 대한 당신의 감각은 어떻습니까?' 혹은 '당신은 나를 어떻게 경험하고 있나요?'이다.

기술적으로, 치료자는 라포의 변동과 감정의 질, 무의식적 의사소통의 깊이를 따라간다(Malan, 1976, 1979). 치료자는 각각의 변화가 치료적 관계와 어떻게 관련되어 있는지 고려한다. 방어가 증가함에 따라 내담자는 상호작용의 어떤 것이 자신을 불편하게 만드는지 바라보고 이해하도록 요구받는다. 마찬가지로 이야깃거리의 내용이 깊어지면서 내담자와 치료자는 함께 신뢰와 개방의 확장을 가능하게 했던 것이 무엇인지 이해하려고 노력한다.

  친근감이 높아짐에 따라 그것이 왜 발생했는지 이해하는 것만큼 그것이 실제로 일어났다는 것을 아는 것도 중요하다. 이러한 종류의 정서적 지식에 대한 방어는 심오하다. 심지어 내면 깊이 일어난 치료적 경험도 확인되고 처리되지 않는다면, 알아차리지 못하고 '사라질 수 있다.' 잘못된 겸손은 때때로 치료자가 내담자의 관심을 그들의 긍정적인 상호 경험으로 이끄는 것을 방해하므로, 부정적인 관계 경험과 마찬가지로 확고한 용기와 철저함이 긍정적인 관계 경험을 다룰 때도 적용됨을 기억하는 것은 중요하다.

나는 나쁘지 않다고 할 수 있을까요

  초기 평가의 일부인 다음의 축어록에서 내담자–치료자의 관계 탐색은 내담자가 자신이 '나빴다'고 느꼈던 것과 관계된 어머니의 죽음에 대해서 종결하지 못한 애도에 관한 강력한 감정적 돌파로 이어진다. 내담자와 치료자의 관계에 초점을 두는 것은 내담자가 그러한 큰 돌파 이후에도 충분한 안도감을 경험하지 못했고, 적응적 행동 경향성이 나타나지 않았다는 것에 대한 치료자의 불안에 의해 영향을 받았다(치료자는 불안을 느꼈음에도 그 감정을 솔직하게 드러내지 않는다. 그럼에도 불구하고 치료자의 감정은 치료자가 감정적 대화에 기여하는 것에 영향을 미친다).

치료자: 나와 함께 이야기하면서 당신이 어떻게 느끼고 있는지를 정말로 알고 싶어요.

내담자: 선생님께 조금 저항하고 있는 것 같아요. 선생님께 모든 것을 말하고 있는데도, 나 자신이 선생님과 진심으로 연결되도록 놔두지 않는 것 같거든요. [표현적 반응 삼각형: 내담자는 치료자와 의사소통하는 것이 어렵다고 솔직하게 이야기한다]

치료자: 어째서요?

내담자: 모르겠어요. …… 겁이 나요. …… 그건 마치…… 어떤 점에서는 뭔가를 숨기면

서 내가 나 자신을 보호하고 있는 것 같아요……. [내담자는 불안과 방어 요소를 확인한다]

치료자: 어떻게요?

내담자: 연약함에 대한 어떠한 것이요. …… [자기 경험으로, 방어적 반응 삼각형을 완성한다]

치료자: 그것[예: 저항] 중 일부는 나에 대한 반응인가요? [이제 자기-타인-정서 도식을 정교화한다]

내담자: 글쎄요, 잘 모르겠어요. …… 선생님께서 이것을 따라가면서 이해하고 알아낼 수 있었던 게 좋았고, 나를 돌봐 주는 것 같았거든요. …… [좋게 말하고 있지만, 말 이면에서 칭찬을 가장하여 비난하고 있다]

치료자: 잠시만요. 나는 그다음에 '하지만'이 나올 줄 알았어요.

내담자: 음…… '하지만'이라는 말은 그 질문에 대해 '자, 당신은 무엇을 느끼고 있나요?'라고 묻는 것과 관련 있어요. …… 마치 '아, 아니에요. (어린 소녀의 어조로) …… 어려운 질문을 하시는군요.'라고 말하는 것과 같아요. 그건 내가 대답할 수 없는 질문들 중 하나예요. [요구하는 타인-불충분한 자기-가로막힌 정서적 접근]

치료자: (저음의 느린 어조로, 다소 고통스러워하며) 그 말에 슬퍼지네요. 왜냐하면 당신이 의사소통을 하고, 내가 당신과 많이 연결되어 있다고 느끼게 만든 방식으로 대화하게 하는 놀라운 능력을 가지고 있다는 나의 생각을 당신에게 말하려고 노력해 왔기 때문이에요. [치료자는 본인과 내담자의 해석 간 차이를 탐색하고, 그들이 저항적 장애물 너머에 도달할 수 있는지 알아보기 위하여 병리적 신념의 부당성을 확인하며, 여기서 내담자에 대한 자신의 감정적 반응을 활용하고 있다]

내담자: (마음을 많이 열고 접촉하면서) 뭐가 두려운지 모르겠어요……. [방어와 불안의 감소]

치료자: 재미있게도, 나는 당신이 나에게 이야기했던 것들이 저항이라고 생각하지 않아요. 그건 나에게 했던 말을 취소하려는 것에, 그리고 당신 자신에게 무언가를 주려고 하는 것에 저항하려는 것 같아요……. [내담자의 자기 공감 촉진하기]

내담자: (열린 마음으로 깊이 받아들이고, 진지하게 생각하며) 맞아요. …… 그래요.

치료자: 내 생각에는, 당신이 해 왔던 것 중에서 놓친 건 없어요. …… 빠진 부분은 당신이 다른 누군가에게 깊은 영향을 끼쳤다는 것을 알고, 본인이 할 수 있는 것에 경외심을 가지면서 오늘 여기에서 떠나야 한다는 거예요. [이번 회기에서 이룬 내담자의 성취를 확인하고 인정하며, 자기 공감 촉진 계속하기]

내담자: (마음을 열고, 부드럽고 적절한 눈 맞춤을 하며) 음…… [낮아진 불안과 방어, 관계적 개방]

치료자: 당신 자신을 위해 무언가를 가져가세요. [내담자의 지지자가 되어 공감 촉진하기]

내담자: (감동받고, 마음이 열리고, 부드럽고, 눈동자가 맑아지고, 받아들이며) 네……. 감사해
요……. 좋아요……. (미소와 핵심 상태, 그리고 길고 긴 침묵) [미완성된 긍정적 경험
에 대항하는 방어 속에서도 내담자는 좋은 것을 받아들이고, 감정적으로 경험할 수 있다]

2. 치료자의 지지와 인정 표현: 치료의 일반적 요소를 치료에 특화된 요소로 만들기

치료자의 돌봄, 따뜻함, 이해에 대한 내담자의 느낌은 좋은 치료 결과에 크게 기여하
는 것으로 드러났다(Frank, 1982; McCullough et al., 1991; Orlinsky, Grawe, & Parks, 1994;
Rogers, 1957). AEDP 치료자는 이러한 문제를 운에 맡기기보다는 체계적으로 다루려고
노력한다. 치료의 일반적 요소를 치료에 특화된 요소로 만들기(Fosha, 1995)는 이러한 개입에
관한 모든 것이다.

1) 내담자의 경험 타당화하기, 인정하기, 존중하기: 돌봄, 연민, 염려 표현하기

치료자는 내담자의 경험을 타당화하고, 그 경험이 내담자에게 주는 의미의 진가를 알
아본다. 그리고 내담자에 대한 연민을 느끼고 계속해서 돌봄과 염려를 표현하는 모습을
내담자에게 솔직하게 보여 준다. 치료자는 내담자의 인간성과 내재적 가치를 인정하면
서, 공감적 보상을 하며 내담자를 만난다(Rice & Greenberg, 1991). 또한 용기, 민감성, 솔
직함과 같은 내담자의 긍정적 자질에 지나치게 의존하여 충족되지 않는 대인관계적 패
턴인 성격장애와 같은 문제가 발생해도 치료자는 그 자질들을 인정한다(내담자 성격의
부정적인 측면을 다루는 방법은 다음 장의 방어 작업 참조). 이러한 인정이 내면화되면 자기
가 인정한 믿음과 인식에 대한 내담자의 신뢰가 강화된다. 특히 치료자는 내담자가 이
러한 긍정적 자질을 인식할 수 있는지, 또는 자신에 대해서 가혹한 비판을 하고 있는지
확인하는 것이 중요하다.

2) 용기를 북돋아 주고 힘이 되어 주기

치료자는 내담자가 계속해서 나아가도록 용기를 북돋아 주고, 내담자의 성취에 주목하며, 갈 길을 수월하게 하는 데 도움을 주면서 처음부터 끝까지 내담자의 협력자가 되어 준다. 또한 치료 작업을 하면서, 혹은 내담자의 삶 속에서 내담자의 끈기가 열매를 맺었을 때 이전의 순간들을 언급할 수 있다. 치료자는 내담자의 요청에 대해 명료화, 방향 제시, 도움으로 바로 응답할 수 있고, 도움이 되는 반응을 시작할 수 있다. 치료자가 유사한 상황에서 도움이 되었다는 알아차림에 대해 말하는 것은 두 가지 목적을 달성할 가능성이 있다. 하나는 제안을 제공하는 것과 또 다른 하나는 내담자의 어려움을 둘러싼 수치심과 고립감을 줄이는 것이다.

> **예시**
>
> 치료자는 내담자에게 그가 도움과 지지가 필요할 때, 특히 기분이 나쁘고, 스트레스를 받고, 압도당했다고 느꼈을 때 보통 말수가 줄어들고 눈 맞춤을 피하는 것 같다고 짚어 주었다. 내담자는 치료자의 관찰을 사실로 확인하면서 "그래요. 그럼 내가 그걸 바꾸려면 어떻게 해야 할까요?"라고 물었다. 내담자의 반응을 수동 공격적 또는 의존적 경향을 보여 주는 증거로 보는 대신, 특히 내담자에게 자원이 거의 없다는 점을 고려하여 질문으로 되돌려 주는 대신, 치료자는 다음과 같이 대답하였다. "아마도 당신은 이러한 일이 일어날 때 스스로 그것에 이름을 붙이는 것에서부터 시작할 수 있을 거예요. 또한 나서기보다는 물러나고 싶게 만드는 것이 당신 내면에서 어떻게 진행되고 있는지 각별한 주의를 기울일 수도 있겠지요."

3) 건강한 반응 알아차리기, 타당화하기, 확장시키기

치료자는 내담자의 실제 성취가 아무리 작다 하더라도 그것에 주목한다. 비유적으로, 콘크리트 바닥의 틈 사이로 풀잎이 자라나기 시작하면, 어마어마한 콘크리트의 존재를 부정하지 않으면서 그 풀잎에 초점을 맞춘다. 치료자는 내담자들이 본인의 실제 긍정적 자질과 성취에 주의를 기울이도록 돕는데, 그들은 수치심, 죄책감, 자기 비난으로 가득 차 있어 긍정적인 면을 잘 알지 못하거나 과소평가하는 경향이 있다. 어떤 내담자라도 치료 장면에 무슨 문제를 가져오든지 어느 정도 건강하고 적응적인 행동을 보일 것이다. 치료자는 내담자가 상처로부터 시작하는 것이 아니라 오히려 이용할 수 있는 자원 목록을 가지고 있다는 것을 강조하면서 긍정적인 부분을 언급할 수 있다. 특히 내담자가 어려움을 겪고 있는 영역에서 그가 얻으려고 노력하고 있는 것을 이미 할 수 있는 내담자의 일부가 존재함을 보여 주기 위하여 치료자는 어떤 성취라도 강조할 수 있다.

> **예시**
>
> 아버지가 무서워 대화조차 하지 못하는 자신에 대해 절망하던 내담자는 자신의 딸에게 자꾸 화를 내는 코치를 어떻게 효과적으로 대했는지를 치료자가 일깨웠을 때 갑자기 한 줄기 희망을 느꼈다. 다음 회기에서 이전보다 더 편안해진 내담자는 아버지와 편하게 장난을 치던 순간들을 떠올렸다. 나중에 그는 그 모든 기억이 어머니가 돌아가시기 전에 있었던 것임을 깨달았다. 아버지를 공감하기 시작하면서 그는 덜 위축되었다. 또한 점차 본인이 아버지에게 줄 게 있다는 것을 느끼게 되면서 아버지와 더 자주 연락하기 시작했다.

4) 자기 공감과 자기 돌봄 인식하기, 타당화하기, 존중하기

치료적 변화에서 특히 중요한 부분은 내담자가 점차 자신을 잘 대하고, 스스로 공감하며, 자기 자신을 보살필 수 있게 되는 것이다. 치료자는 내담자가 스스로의 돌봄 제공자가 되기 시작하는 방법에 주의를 기울일 뿐만 아니라 자기 돌봄과 자기 공감에서의 실수에도 주목해야 한다. 치료자는 내담자가 스스로의 옹호자가 되는 것에 대한 어려움을 확인하도록 도울 수 있는데, 내담자가 자기 공감을 하기 전까지는 치료자가 내담자의 옹호자가 되어 줄 수 있다. 자기 공감적 경향성을 활성화시키는 한 가지 방법은 내담자에게 자신과 같은 곤경에 처한 누군가에 대해 어떻게 느끼는지 물어보는 것이다. 특히, 내담자가 처리해야 했던 것을 어린 시절의 자신도 처리해야 한다면, 실제 혹은 상상의 어린 자기에 대해 어떻게 느낄 것인지 내담자에게 상상해 보라고 요청하는 것은 강력한 방법이다.

내담자의 생각과 감정이 자신에 대해 더 관대해지고 연민을 느끼게 되면서, 그리고 내담자가 사랑과 이해로 자신을 대하는 법을 배우게 되면서, 치료자는 이러한 성장을 인식하고 이 변화에 대한 치료자 자신의 기쁨과 즐거움을 표현한다. 여기에 내담자가 치료를 끝내지만, 평생 치유와 성장의 과정을 계속할 수 있는 능력의 씨앗이 있다.

내담자는 치료 중 자신에 대한 새로운 인식이 생기면 그에 따라 행동하게 될 것이다. 치료 과정에서 치료자는 내담자가 본인의 감정을 더 잘 인식하고, 자기 자신을 더 개방적으로 표현할 수 있으며, 자신의 상황을 더 열린 마음으로 바라보는 것을 관찰한다. 내담자는 치료실 밖에서도 다른 사람들과 함께 자신을 더 진실하게 표현하고, 자기 자신에게도 더 진정성 있게 살아가는 법을 배운다. 치료자와 함께 이러한 성취들을 강조하고 축하할 수 있다. 그것은 극적인 성취를 나타내며, 그것을 인정하는 것은 내담자의 자아존중감을 높여 주고, 계속해서 나아갈 힘을 주는 데 도움이 될 것이다. 좌절의 고통과 어려움도 함께 공유할 수 있다. 내담자의 노력에 대한 인정도 자아존중감을 높이고, 내담자가 더욱 마음을 열 수 있게 도울 것이다.

5) 지지와 인정에 대한 내담자의 반응 탐색하기

인정은 종종 불안, 죄책감, 방어를 유발한다.

> **예시**
>
> 치료자가 인정하는 표현을 하자 내담자는 "선생님은 참 긍정적인 사람이군요."라고 말하면서 방어적으로 초점을 본인에게서 치료자로 전환시켰다. 치료자가 그 인정이 타당하다는 것을 보여 주기 위하여 내담자의 행동에서 증거를 분명히 언급하면서 초점을 다시 내담자에게 두자, 그는 점점 더 몸을 꼼지락대다가 마침내 누군가가 간지럼을 태우는 것처럼 속수무책으로 웃음을 터뜨렸다. 결국 차근차근 대화를 나눈 후에 내담자는 그러한 인정 때문에 "놀랍다"고 느꼈지만, 자기 내면의 감정은 너무나 생소해서 "그것으로 무엇을 해야 할지" 전혀 몰랐다고 말했다.

인정은 또한 엄청난 슬픔을 야기할 수 있다. 왜냐하면 내담자가 단지 본인의 자기 혐오를 더욱 강화시켰던 파괴적인 환경을 견디며 보낸 수년의 결과들과 접촉해야 하기 때문이다.

3. 치료자의 공감적 반응 표현

> 고통을 겪어 본 사람들이 고통을 이해하고, 그러므로 손을 내민다.
>
> Patti Smith, 〈Rock 'n' Roll Nigger〉

1) 공감에 대해 분명한 표현하기

AEDP의 특별한 점은 공감에 대한 분명한 표현이다(Alpert, 1992, 1996; Foote, 1992a; Foote, 1992b; Fosha, 1992; Osiason, 1995; Sklar, 1994). 이 전략은 내담자가 자신의 감정을 다시 성찰함으로써 접촉하고 알아차리게 하는 것을 넘어서, 치료자의 공감적 반응을 적극적으로 활용한다. 치료자는 내담자의 경험에 비추어 상황에 내포될 수 있는 의미에 대한 자신의 감각을 내담자에게 전달한다.

2) 공감적 설명하기

자신의 이야기에 대한 치료자의 공감적인 설명을 통해 내담자는 사건들을 경험한 것에 대한 상세하고, 기억을 떠올리게 하는 이야기를 듣는 흔치 않은 기회를 갖게 된다. 이것은 자기 공감에 전혀 익숙하지 않은 사람에게 놀라운 경험이 될 수 있다. 공감적인 설명은 내담자가 치료자의 마음과 심장 속에 자신이 존재한다는 것을 알게 되는 과정의 확장된 형태이다. 치료자의 눈을 통해 내담자 자신을 봄으로써 자기 인식과 자기 공감은 예상외로 확장된다.

치료자는 내담자의 감정 상태에 동참하는 것이 허용될 뿐만 아니라, 그렇게 하도록 장려되는데, 이때 치료자가 표현하는 것은 무엇이든 진정성이 있어야 한다는 조건이 붙는다. 공감의 효과도 그것에 달려 있다. 얼굴 표정, 눈빛, 내담자가 하는 경험의 질을 포착하는 적절한 말은 모두 내담자를 대신하는 슬픔의 눈물이나 분노의 감정과 같이 공감적 이해에 기반한 의사소통의 수단이다. 내담자가 치료자를 공감적이라고 경험할 때, 감정은 외견상 단계적으로 밟아 가는 과정 같은 별다른 노력 없이 내담자와 치료자 사이를 왔다 갔다 한다. 많은 내담자가 정서적으로 본인과 함께하는 누군가의 영향을 거의 느끼지 못한다는 점을 고려해 보면 이것은 강력한 개입이다(Osiason, 1995).

> **예시**
>
> 내담자는 딸과 전화로 대화하는 것이 어렵다고 하였다. 치료자는 내담자가 그 대화를 들으면서 매우 긴장했던 것 같다고 말했는데, 왜냐하면 통화 속에 억눌러진 모든 감정을 느낄 수 있었기 때문이었다. 내담자는 자신의 긴장감을 인정했고, 갇힌 느낌과 호흡 곤란 증세에 대해 계속 이야기했다. 내담자와 치료자는 주먹을 꽉 쥐고, 얕고 가쁜 숨을 쉬며 긴장된 느낌을 계속 말로 표현했다. 결국 내담자는 통화 중에 경험했던 매우 불안한 감정에 대해 처음에는 말할 수 없었던 모든 것을 분명하게 이야기할 수 있게 되었다.

3) 공감에 대한 내담자의 반응 탐색하기

치료자는 이러한 반응을 표현하고, 내담자가 치료자를 어떻게 경험하는지 알아보기 위해 내담자의 반응에 초점을 맞춘다. 왜냐하면 방어가 공감의 경험을 차단하거나 경시하게 만들고, 그 중요성을 축소할 수도 있기 때문이다.

> 치료자가 내담자를 공감하는 것에 대한 자기 묘사는 …… 내담자가 안전하고 공감적인 타인을 인식할 수 없을 정도로 구체적이다. 내담자에 대한 따뜻하고, 보살피거나 슬픈 느낌의 솔직한 자기 개방은 방어 기제의 이러한 측면을 우회한다(Marke, 1995).

부인이나 다른 방어 이외에 작업을 심화시킬 수 있는 기회가 되는 두 가지 반응을 종종 접하게 된다.

- 이해받는다는 감각인 공감은 감사, 사랑, 존중, 감동의 느낌과 같은 치유 감정을 이끌어 낸다.
- 공감은 종종 큰 고통과 슬픔을 야기할 것이다. 그것은 내담자에게 본인의 정서적 삶에서는 사실이었던 박탈감을 신체본능적으로 깨닫게 한다. 소유하는 것은 내담자가 가지지 못했거나 가져 본 적이 없었던 것을 통렬히 인식하게 만든다. 하지만 힘을 주는 인정과 더불어 소유하는 것 또한 내담자가 결코 가져 본 적이 없었던 것에 대한 애도를 가능하게 한다.

이러한 역동을 명료화하는 것은 변형을 견고하게 하는 데 도움이 될 것이다. 비비와 라흐만(Beebe & Lachmann, 1994)은 "이러한 상호작용이 말로 표현되고 이름 붙여지면, 이 과정은 원래의 표상을 변형시킬 수 있다."(p. 132)고 언급한다.

> **■ 치료자에 대한 조언 한 마디**
>
> 내담자의 경험에 주의를 기울이는 동안 내내 당신 자신의 경험을 무시하지 마라. 치료자는 내담자보다 서로에게 좋은 것을 부인하는 방어적 필요가 덜해지기를 희망한다. 트로닉(Tronick, 1989; Gianino & Tronick, 1988)은 한 파트너의 좋은 감정이 상호성과 조율이라는 상호작용 과정의 결과임을 보여 주었다. 만약 치료자가 작업에 대해 좋게 느낀다면, 그 과정도 좋을 가능성이 있고, 내담자 또한 그렇게 느낄 것이다. 치료자는 타인이 공감하는 것의 영향을 인정하는 것에 대항한 내담자의 방어가 초기 평가를 마무리하는 다음의 사례처럼 우회될 수 있는지를 자신의 반응으로 알아낼 수 있다.

텐트 밖을 지키는 문지기 통과하기

내담자: 사실, 제가 감정을 솔직하게 말하는 걸 꽤 잘한다고 생각해요. …… 대부분의 사람보다 말이죠.

치료자: 당신이 매우 매우 잘한다고 말할 만해요. 당신은 나와 함께 정말 놀라운 일을 해냈어요. 그리고 난…… (치료자는 내담자의 심층적인 반응을 위한 공간을 만들기 위해 멈춘다.) [인정]

내담자: (눈을 감고, 깊이 숨을 쉬며, 매우 감동한 듯) 감사합니다.

치료자: (많은 느낌을 담아 천천히 말하며) 당신이 나와 공유할 수 있었던 것과 우리가 함께 할 수 있었던 것에 대해…… 정말 감동받았어요. 정말 대단해요……. 그리고 하기 쉬운 일이 아니에요……. 해내기가 정말 어렵죠. [인정: 치료자의 어조가 내담자의 깊은 반응에 공명한다]

내담자: 나의 첫 번째 충동이 '선생님이 그냥 그렇게 말하고 있을 뿐이야.'라고 생각하려 했다는 것을 인정해야만 해요……. [관계적 방어]

치료자: (중단시키며) 하지만 그건 사실이 아니에요. …… 그건 당신의 두 번째 충동이죠. …… 그것이 당신의 첫 번째 충동이 아니었다는 것을 나의 직감으로 보증할게

요. ····· 첫 번째 충동은 내가 한 말을 정말로 받아들이고 감동받고 싶었던 거예요. [인정에 대한 초기 내담자의 매우 깊은 반응에 기반하여 치료자는 내담자의 반응에 대한 본인의 경험과 함께해 왔던 작업에 대한 자신의 감각에 의지함으로써 내담자의 방어에 도전한다]

내담자: (침묵, 갑자기 멋쩍은 미소를 지으며) 네, 맞는 것 같아요.

치료자: 괜찮아요. 두 번째 충동이 있기는 했지만요. ····· (내담자와 치료자의 웃음) 그렇죠? [안전함을 느끼기 위해 내담자에게 방어가 필요하다는 것을 인정하기]

내담자: 네.

치료자: 이러한 방어들은 당신이 스스로를 보호할 필요가 있을 때 나타납니다.

내담자: 그건 뭐랄까, 나 자신은 텐트에 앉아 있는 것 같고, 두 번째 충동은 텐트를 지키는 일종의 ····· 문지기 같아요. 선생님은 텐트에 있는 진짜 존재를 만나기 위해 텐트 안으로 들어올 수 있기 전까지 두 번째 충동과 대화해야 해요. ····· 선생님이 텐트 안에서 "그래요, 고마워요."라고 말하는 존재에게 다가가려고 하는데, 문지기가 "잠깐만요."라고 말하는 것 같아요. 마치 ····· "내가 당신을 쉽게 들여보낼 것 같나요?"처럼요. [텐트 안에 있는 진정한 자기에 '다가가기' 위해 치료자가 방어를 우회하는 경험에 대한 아름답고 경험적인 설명]

치료자: 맞아요. 어렵네요. 그리고 이제 이번 회기도 끝나가고 있고요. 그곳은 들어가기 어려운 곳이라서 마음을 열고 더 깊이 들어가야 해요. 지금까지 내가 어떻게 느끼고 있는지를 당신에게 말했는데요. 이제는 우리가 함께 보낸 두 시간에 대한 당신의 감각에 대해 이야기하고 있어요. 그건 시간이 좀 걸릴 것 같아요. 그리고 치료실을 떠난 후에 당신이 어떻게 느낄 것인지, 다음 며칠 동안에 어떤 일이 일어날지 함께 보게 될 거예요. ····· 하지만 지금 당장은 어떤 기분이 드나요? [개방하고 수용하는 것과 연관된 취약성과 불안에 대한 내담자의 경험을 반복해서 타당화하기]

내담자: 그건, 그건, 선생님도 알다시피 다행이에요. 안심이 돼요. 그리고····· 안전을 확보하기 위한 가장 좋은 방법은 두려움을 직면하는 것이라고 최근에 이해했어요. 맞아요. 그런데 내 생각을 너무 가까이서 보는 것은 싫어요. 왜냐하면 그것들을 어떻게 해야 할지 모르기 때문입니다. 그리고 그중 일부분을 말하는 것이 당혹스럽거나 어려울 것이라는 점도 인정해요. ····· 하지만 결국에는 할 거예요. 그럴 거예요. [인식과 연관된 안도감을 통해 위험 감수와 어려운 작업을 해 나갈 동기가

증가한다]

치료자: 음…… 그럼 이제 어떻게 하죠?

내담자: 글쎄요…… 전, 제가 원하는 건, 제가 원하는 건, 저는 선생님과 함께 작업하고 싶어요. 그리고 아주 희망적이라고 느껴요. 그것이 어떤 점에서는 나를 위한 진실의 순간이라는 것을 알고 있고, 나 자신을 위해 작업을 시작했다고 생각해요. [공감은 신뢰와 희망의 감정을 촉진하게 만든다]

치료자가 내담자를 인정하자, 내담자는 처음에 깊은 감사를 표했다가 바로 방어적 불신을 드러냈다. 방어적 불신에 도전하면서 동시에 내담자가 자신을 안전하게 지키려는 욕구를 타당화하는 것은 신뢰를 회복하고, 희망을 낳으며, 위험을 감수하고 앞으로의 어려운 정서적 작업에 대한 내담자의 약속을 재차 강조한다.

내담자의 방어를 우회할 수 없을 때, 내담자에게 방어가 필요한 이유를 이해하기 위한 또 다른 작업을 수행할 중요한 기회가 생긴다. 주의 깊은 질문과 탐색을 통해 내담자에 대한 이자관계 경험의 구체적인 부분들이 드러날 것이다.

> **예시**
>
> 치료자는 첫 번째 회기에서 성취해 낸 작업에 대해 만족했다. 내담자는 그 작업을 통해 깊은 감정을 느낀 것처럼 보였지만, 회기가 끝날 무렵 눈 맞춤을 피했고, 이 회기가 본인에게 미치는 영향에 대해 거의 언급하지 않았으며, 치료자가 불안감을 느꼈던 방식으로 자리를 떠났다. 다음 회기 때 치료자는 내담자의 반응에 대해 질문했다. 내담자는 엄청난 공포와 함께 이전 치료자와의 성적 관계를 밝혔다. 내담자는 그 문제를 공개적으로 말해서 다소 안도했지만, 슬프기도 했다. 내담자는 현재의 치료자에 대한 긍정적 감정을 인정하고 탐색하는 데 있어, 그리고 눈 맞춤을 하는 데 있어 동일한 상황이 반복될지도 모르는 위험에 자신을 두고 있다는 두려움에 대해 자진해서 더 말했다.

4. 치료자의 감정적 경험 표현

1) 감정적 자기 개방하기

치료자는 내담자에 대한 정서적 반응을 공개함으로써 긍정적이거나 부정적인 방식으로 본인에 대한 내담자의 영향을 인정한다(Ferenczi, 1931; Foote, 1992a; Lachmann & Beebe, 1996; Mitchell, 1993; Winnicott, 1963b). 치료자는 자신의 감정을 개방적이고 친밀한 대인관계의 장을 만드는 데 활용한다. 치료자는 내담자에 대한 애정이나 그와 가까워지는 것이 얼마나 어려운지에 대한 고통에 대해, 혹은 본인에게 얼마나 의미 있고 감동적인 회기였는지, 함께 작업하는 것이 어떻게 도움이 되었거나 어떤 측면에서 본인을 괴롭게 했는지 이야기할 것이다("당신이 방금 이야기한 것에 대한 나의 반응을 나누고 싶어요. 떨고 있는 나 자신을 발견했거든요…….").

많은 내담자는 자신이 어린 시절의 중요 타인에게 영향을 주었다고 거의 느끼지 못한다. 그렇지 않다면 그들이 무시당했다고 느끼지 않을 것이다(Osiason, 1995). 치료자와의 경험은 가장 필요했을 때 얻을 수 없었으며 간절히 기다리던 친근감에 대한 느낌을 촉발시킬 것이다.

2) 실수, 취약성, 한계 인정하기

치료적 균열에 직면할 때, 치료자는 그것을 야기하도록 본인이 기여한 것이나 실수를 감정을 통해 탐색하고 인정한다(Safran & Muran, 1996 참조). 때때로 내담자를 치료하는 데 있어 치료자는 감정의 자기 개방을 넘어서 개인적 경험의 보다 사적인 영역으로 확장되는 개방에까지 이를 수 있다(Alpert, 1992; Searles, 1958, 1979). 이것은 치료자가 기꺼이 관계를 맺으려고 하는 의지의 또 다른 수준을 보여 주면서 내담자를 깊이 안심시킬 수 있다. 특히 내담자가 치료자의 위험 감수에 대한 진가를 알아보고 안도감을 느낀다면, 고군분투하는 치료자에 대한 내담자의 반응은 종종 공감적이고, 지지적이며, 도움이 된다. 치료자의 자기 개방이 내담자가 스스로를 무언가 줄 수 있는 사람으로(Winnicott, 1963b), 타인에게 긍정적 영향을 미칠 수 있는 사람으로 경험할 기회를 내담자에게 주는 한, 그것은 치유 경험이 될 수 있다. 내담자가 이 세상에서 힘겹게 싸우며 그것을 '모두' 갖지 못한 유일한 사람이 아니라는 것을 신체본능적으로 알게 된다면, 고립감, 수치심, 굴욕감이 줄어드는 것을 경험할 수 있다. 그러한 자기 개방은 또한 치료자도 자유롭게 해 줄 수 있다. 그것은 치료자의 실수를 수치심, 자기 비난, 죄책감의 영역에서 벗어나게 하고, 작업할 수 있게 만든다. 치료자 자신이 변화 정서 모델의 가장 깊은 정신을 구현한다. 우리 각자는 이익과 손해, 선물과 상처의 혼란스러운 조합이며, 필수적인 것은 그것에 대해 타인과 자신에게 터놓고 소통하는 것이다.

3) 내담자가 제공하는 것에 대한 수용과 영향력 인정하기

타인이 압도되는 느낌을 다루도록 돕는 것은 자기 자신의 감정적 능력과 회복탄력성에 매우 유익한 결과를 가져오는 것으로 나타났다(예: Herman, 1982). 두 사람 간의 관계에서 더 취약한 사람이 '더 강하거나 현명한' 사람이라고 인식되는 상대방에게 공감하고, 지지하고, 편안함을 주는 것처럼 내담자가 제공하는 것을 인정하고 수용하는 치료자의 능력은 매우 중요하다. 그것은 내담자의 생산적 능력을 타당화하고, 내담자의 선함에 대한 자신감을 강화시키며, 자신을 자랑스럽게 만든다.

4) 치료적 전능감에 대응하기 위한 자기 개방하기

임상적 연속선상의 반대편에는 타인에 대한 이상적 관점을 유지하기 위하여 스스로를 평가절하하는 내담자들이 있다. 이런 내담자들에게 있어서, 고군분투하며 완벽과는 거리가 먼 치료자를 상대하는 경험은 방어적으로 배제되는 것과 달리 자신들의 자원, 즉 자기 신뢰를 촉발할 수 있다. 치료적 전능감에 대응하기 위한 자기 개방(Alpert, 1992)은 내담자 자신의 강점에 대한 인식뿐만 아니라 분리, 분화, 개성화(Bacal, 1995; Ferenczi, 1931)를 촉진할 수 있다. 내담자는 가능하다면 자신처럼 너무나 실수투성이인 치료자에 대한 실망감에 직면하기보다는 전능한 치료자의 이미지를 고수하고 싶어 한다(여담이지만, 치료자도 마찬가지이다). 치료자의 고군분투와 불확실성을 개방하여 이러한 부인을 해제하는 것은 내담자와 치료자에게 있어, 그 어떤 것보다 더 인간적이라는 신체본능적 감각에 기여한다. 또한 교착 상태에 있는 치료를 풀어낼 수 있는 매우 신뢰할 만한 방법이기도 하다.

이러한 역동을 갖고 있는 내담자에게 자신의 능력을 인정하고 받아들이는 것은 두려운 일이다. 그것은 종종 본인의 무력감, 혼란, 정서적 무능이 언젠가는 항상 간절히 바랐던 애정 어린 돌봄과 배려를 이끌어 낼 것이라는 희망에 대한 포기를 의미한다. 그러한 내담자들에게는 보통 비난하고 판단하는 부모가 있었다. 부모의 독선은 확고부동한 확실성과 결코 틀리지 않음을 제공했다. 흔히 이러한 부모들은 효율적으로 기능하지만, 정서적으로 고립된(회피형 애착 유형을 갖고 있는) 사람들이다. 그러한 부모와의 유대는 부모의 확신에 대한 내담자의 불확실성을, 부모가 모든 것을 알고 있는 것에 대한 내담자의 불충분함을 요구한다. 내담자의 안전함에 대한 대가는 낮은 자아존중감, 우울감, 의존성, 마비이다. 자신의 능력을 소유함으로써 무능함을 포기하는 것은 애착 유대를 위협할 뿐만 아니라 실존적 불확실성에 직면하고, 질서, 공정성, 그리고 '정답'이 존재한다고 안심시키는 생각에 대한 포기를 의미한다. 이러한 방어적 의존을 포기함으로써 내담자는 자신의 능력에 대한 보상과 기쁨을 위한 공간을 만들 뿐만 아니라 관계적 욕구의 가능성을 위한 공간을 만들고, 실제로 그 욕구가 충족되기를 원한다.

5) 치료자의 자기 개방에 대한 반응 탐색하기

이것은 위험성이 높고 강력한 개입이기 때문에 치료자는 계속해서 스스로를 감시해야 한다. 치료자는 본인의 감정적 경험을 자신의 욕구를 충족하기 위해서가 아니라 반드시 내담자를 위해 사용해야 한다. 치료자의 자기 개방에 대한 내담자의 반응은 더욱 주의 깊게 살펴야 한다. 내담자가 치료자의 자기 개방을 부담스러워하거나, 침해당한다고 생각하거나, 혐오감을 느낀다면, 혹은 내담자가 무감각하고 차단하는 반응을 하거나 불안을 보인다면, 이러한 반응들은 치료 작업의 초점이 된다. 내담자가 강해지고, 감동을 받고, 대단히 귀하고 가치 있다고 느끼는 반응도 마찬가지이다. 이것은 대인관계에서 내담자의 경험을 새롭게 조명한다.

5. 점진적 조율을 통한 친밀감과 친근감 높이기

지금까지 논의한 모든 개입은 치료자와 내담자가 서로에게 어떻게 영향을 미치는지, 경험의 질감이, 즉 관계에서의 질감이 어떻게 절대로 고정되지 않는지를 명확하게 보여 준다. 이러한 대화에서 친밀감이 형성된다. 내담자가 자기 자신을 알게 되면 치료자도 내담자를 알게 된다. 내담자는 또한 치료자를 알게 되며, 치료자도 다시 새로운 방법으로 자신을 알게 된다. 켈리(Kelly, 1996)가 말했듯이, 두 사람 사이의 친밀감은 "자기의 가장 깊은 부분의 역동적 상호작용"(p. 60)에 기초한다.

1) 매 순간 내담자의 경험 공유하기

점진적 과정은 관계적 개방성과 친근감을 장려하고, 조율, 진정한 현존, 접촉 및 '내담자의 철저한 수용'을 통해 병리적 과정에 대응하고자 한다(Osiason, 1997). 스턴 외(Stern et al., 1998)는 이것을 움직이는 과정moving process이라고 부른다. 하지만 조율이 늘 정확한 것은 아니라 때때로 약간 어긋나기도 하는데, 치료자의 진정성에 무게를 실어 줄 만큼의 여지는 충분히 남겨 둔다(Slavin & Kriegman, 1998). 다양한 방법으로 도달하더라도 특정 목표가 있는 핵심 감정의 발산 과정과는 달리 점진적 과정은 제한을 두지 않는다. 진정성 있고 조율을 잘하는 치료자는 어떠한 성과를 거두어야 된다는 감각 없이, 어디로 가야 하는지에 대한 명확한 감각 없이 조금씩 나아가며 내담자 곁에 함께한다. 이 과정은 주로 내담자가 주도한다. 필요한 모든 것은 내담자의 현실이 타당화되고, 내담자가 인정받으며, 혼자가 아니게 되는 것이다. 때로는 이것이 일어나는 전부일 수도 있고, 때로는 놀랍게도 내담자, 치료자 모두에게 중요한 변형이 일어나기도 한다.

이 과정은 종종 내담자가 치료자에게 '수치스러운 비밀' '약점' '추악한 것'을 공유하기로 결정하는 것에서 시작된다. 그러한 개방은 "누구에게도 이것에 대해 말해 본 적이 없습니다만……." 혹은 "실제로 이런 말을 당신에게 하다니 믿을 수가 없군요."와 같은 문구로 시작될 때가 많다. 핵심 감정 경험과는 달리 치유의 씨앗은 직접적 경험과 표현 안에 들어 있지 않다. 변형적 잠재력은 이전에 홀로 경험했던 감정인 불안, 수치심, 죄책감, 굴욕감에 젖은 느낌들을 인정해 주고, 위축되지 않는 타인과 공유하는 데 있다. 타인의 수용과 공감, 이해를 통해 이러한 느낌들과 본질적으로 연관된 혐오감(또는 두려움 또는 수치심)이 현저히 줄어든다. 강한 관계적 연결과 수용은 개방 및 관계적 친밀감과 친근감에 대항하는 저항을 감소시키는 것으로 이어진다. 이것의 일부는 내담자가 예전에 혼자서 모든 것을 처리했던 것을 다른 사람과 공유하는 경험이다. 이것은 종종 두 사람 모두 핵심 상태를 경험하게 한다.

불안과 수치심이 사라지고 방어가 더 이상 필요하지 않을 때, 때때로 나타나는 것이, 예를 들어 슬픔이나 분노, 성욕과 같이 처음에 구축되었던 방어에 대항하는 핵심 감정이다. 하지만 흔히 그렇듯이 새롭게 떠오른 핵심 감정은 처음에 방어 체계를 필요로 했던 것이 아니라 사랑, 감사, 안도와 같은 관계적 접촉에 대한 반응으로 발생하는 것이다. 여기에서의 목적은 타인과의 강렬한 접촉을 통해, 즉 접촉, 친근감, 친밀감을 통해 본질적 타인의 발현과 더불어 본질적 자기가 드러나는 것이다.

핵심 감정은 또한 치료자와 내담자 사이에서 상호 관계에서의 불균형인 미묘한 차이와 기분 및 느낌의 변화를 조율하는 장소이다. 왜냐하면 치료자는 이러한 파도 속에서도 능숙하게 길을 찾기 때문이다. 이것은 다음과 같이 느낌과 경험뿐만 아니라 역동에 대해 미세하게 조율하는 대화를 할 수 있는 기회이다. "내가 당신에게 혼자 있는 시간이 필요하다고 말했을 때 당신이 정말로 그것을 즐겼다고 생각했어요. 하지만 그에 대한 인정은 좀 어렵군요." "네, 그것에는 뭔가가 있어요." "이전에 했던 몇 번의 회기가 떠올랐어요……." 이러한 대화의 일부 어조는 일상적일 수 있지만, 회피하지 않고 유지되면 친근감과 친밀감이 깊어지고, 마침내 감정이 깊어지거나 강렬해져서 핵심 감정이나 핵심 상태에 이르게 된다.

2) 치료적 친밀감에 대한 반응 탐색하기

잇따른 친근감은 어떤 내담자들에게 매우 두려울 수 있다. 경계에 관한 문제는 특히 내담자가 친밀한 관계에 대한 경험이 별로 없다면 그 과정이 강하게 일어날 때 종종 발생한다.

6. 내담자와 함께하는 협력 작업

내담자들은 보통 무력감을 느끼고 구원자를 찾고자 희망하며 치료를 받으러 오지만, AEDP의 한 가지 목표는 첫 회기부터 내담자가 자신의 자원이 어느 정도 깊이까지 있는지 깨닫도록 돕는 것이다. 심리적 과정 전문가로서의 치료자 역할은 인정되지만, 내담자는 자신의 내적 삶에 대한 전문가이다(Gold, 1994, 1996; Greenberg, Rice, & Elliott, 1993; Rogers, 1961). 능력에 대한 감각을 소유하는 것은 내담자가 자기 삶에서 보다 통제력을 느끼도록 도울 수 있고, 치료에서 거리감과 위계보다는 상호성과 친근감을 고취시킨다. 치료자는 여러 가지 방법을 통해 관계에서의 협력적 측면을 조성함으로써 자신감을 향상시킬 수 있다. 구체적인 세 가지 방법은 다음과 같다.

1) 비언어적 의사소통 상호 관찰하기

내담자와 치료자는 몸의 자세, 얼굴 표정, 신체적 움직임, 눈 맞춤, 어조를 통해 엄청난 양의 의사소통을 한다. 의사소통의 이러한 측면들이 의식적으로 인식되든 아니든, 그것들은 치료자와 내담자 사이에 일어나는 것과 그들이 함께하는 공간에서 느끼는 것에 영향을 미친다. 내담자는 감정에 초점을 맞춰 비언어적 의사소통을 관찰하고 견해를 밝히는 데 참여하도록 초대될 뿐만 아니라 '훈련을 받는다'. 그러한 상호 감정적 조율 혹은 접촉을 깊게 하기 위한 거울반응하기를 가르쳐야 한다. 치료자가 모델이 되어, 예를 들어 불편한 눈 맞춤이나 신경질적인 웃음과 같은 내담자의 비언어적인 감정적 변동과 그것에 대한 본인의 반응에 주목한다. "바로 그때 당신의 말투가 바뀌었고, 나는 당신이 멀어지고 있다는 것에 불안을 느꼈어요." 내담자는 치료자의 비언어적 의사소통에 대해 무엇을 알아차렸는지, 그것으로 인해 무엇을 느꼈는지 분명히 말하도록 강하게 독려된다. 이 과정에서 내담자의 참여를 독려하기 위해 치료자는 이렇게 묻는다. "내 눈을 바라볼 때 무엇을 보았나요? 그때 기분이 어땠나요?" 이런 방식으로 내담자와 치료자는 친밀감을 형성하기 위해 협력한다.

2) 관점 비교하기

치료 경험과 상호작용에 대한 관점을 비교하는 것도 권장된다. 치료자가 해석만 하는 것이 아니라 각각의 내담자가 자신의 관점을 공유한다. 동의하는 부분과 차이가 있는 부분이 처리된다(Alpert, 1992). 치료자는 이렇게 말하면서 견해를 밝힐 수도 있다. "나는 이렇게 보는데요. 이에 대해 어떻게 생각하시나요?" 치료자가 어느 쪽으로 가야 할지 확신이 서지 않을 때, 내담자에게 딜레마를 제공하는 것은 매우 유용할 수 있다. 내담자는 훌륭한 슈퍼바이저이다. 관점 비교하기는 내담자의 통제감과 치료가 자신의 것이라는 느낌을 강화한다. 또한 친밀감을 증진시키고, 다음의 축어록에서 보여 주는 것처럼 치료적으로 어려운 영역을 교착 상태보다는 진전된 것으로 만든다.

세탁기 피하기

다음의 임상적 사례에서, 문제는 내담자가 그 회기 동안 이뤄 낸 깊은 정서적 작업과 치료자와 연결된 느낌을 인정할 것인지, 아니면 안전감을 느끼기 위하여 평소의 방식으로 돌아가 방어가 주도하여 제자리에서 빙빙 도는 것에 대한 그녀의 표현인 "세탁기" 속으로 들어갈 것인지이다. 앞선 회기에서 내담자가 헤어짐의 고통을 피하기 위해 스스로를 어떻게 고립시켰는지, 그리고 이 전략의 재앙적인 결과가 어떠했는지 드러났고, 많은 것이 걸려 있다. 이 작업은 내담자가 방어를 필요로 하는 것을 타당화하는 것과 다르다. 대신에 치료자는 다른 길로 밀고 나가기를 선택했다. 다음은 방어 작업(제11장 참조)과의 차이를 인정하면서 협력 작업을 수행한 예이다.

내담자: 그래서…… (눈물을 흘리며)

치료자: 계속하세요. 무슨 일이 일어난 거죠? 이 눈물은 무엇에 대한 것인가요?

내담자: (시계를 보며) 네, 진정해야 해요. 가야 하고요. 그래서…….

치료자: 글쎄요, 아직 몇 분 정도 시간이 남아 있어요. …….

내담자: (울다가 휴지로 눈을 닦으며)

치료자: 브렌다, 털어 내 봐요. 그렇게 다 담아 두지 말아요. …… 계속해 보세요. 무슨 말을 하려고 했나요?

내담자: 정신을 좀 차려야겠어요.

치료자: 나는 당신이 내어 놓도록 용기를 주고 있었지만, 당신은 통제하려고 애쓰고 있었다는 사실을 알게 되었어요. [조율의 부족에 대한 솔직한 진술: 작업의 주제가 서로 다르다]

내담자: (고개를 끄덕인다.)

치료자: 우리는 고통스러운 느낌을 많이 받고 있었고, 당신은 얼굴을 휴지로 가리고 있어요. 당신이 울고 있다고 생각했지만, 실제로는 그걸 억누르기 위해 너무나 열심히 노력했다는 것을 깨달았어요. [강력한 느낌을 방어하고 싶은 내담자의 바람 인정하기: 이것은 부드러운 방어가 아니다]

내담자: 네, 그걸 누르려고 노력하고 있어요. 거의 꺼내기 일보 직전이었지만, 지금은 할 수가 없어요. 왜냐하면 이제 갈 시간이고, 집까지 걸어가야 하기 때문이에요. 알겠죠?

치료자: 잠시만요. 당신은 나에게 "저리 가세요! 난 내가 해야 할 일을 해야만 해요."라고 말할 수 있어요. 그러면 나는 그걸 존중할 거고요. 하지만 나에게 그걸 실행할 수 없다고 말로 할 필요가 있어요.

내담자: 잠깐, 잠깐만요. 우리가 같은 주제에 대해 이야기하고 있는 건지 잘 모르겠어요. [내담자가 치료자에게 상호 조율의 부족함을 알린다]

치료자: 좋아요. 그럼 같은 주제를 다뤄 보도록 해요. [최초의 회복적 시도에 대해 반응하면서 내담자가 주도하도록 독려하기]

내담자: 정말 힘든 시간을 보내고 있는 것 같아요……. 아, 맙소사…… 더 감정적인 면에서요. 감정을 잠그고 밀쳐 버렸던 것 같아요. 그리고 어려운 시간을 보내고 있어요. …… 선생님은 이 연결을 인정하려고 애쓰셨고요. [내담자가 책임감을 가지고, 본인이 정서로부터 방어하려고 애쓰고 있다는 것을 정확하게 설명한다. 저항이 극복되기 시작하고, 방향이 의사소통과 더 큰 친근감 쪽으로 향하며, 치료자와의 연결을 인정하고 싶지 않았던 것을 인정하는 것이 더 큰 친근감으로 이어진다]

치료자: 맞아요. 나도 우리가 세탁기에서 벗어났다는 것을 인정하려고 애쓰고 있어요. …… 그리고 당신이 세탁기로 돌아가길 원해서 문 밖으로 걸어 나가는 것이 더 편하다면, 그것도 괜찮아요. 하지만 적어도 오늘 우리가 함께하면서도 정말 다른 것을 하느라 많은 시간을 보냈다는 것은 인정하면 좋겠어요.

내담자: 그게 힘든 부분인 것 같아요…….

치료자: 당신은 큰 위험을 무릅쓰고, 스스로를 매우 고통스러운 곳으로 보냈고, 거기에 머물면서 그걸 느끼고 이겨 내려고 몸부림쳤어요. 그리고 나도 거기에 있게 해 줬어요. 내 말은, 나도 당신과 함께 있다고 느꼈다는 거예요. 당신은 그렇게 느꼈는지 모르겠지만요. [진행된 커다란 정서적 작업의 본질 구체화하기: 치료자는 자신의 감정적 반응을 활용한다]

내담자: 내가 했군요. 내가 했어요. 그런 종류의 감정들 때문에 힘든 시간을 보내고 있어요. …… 그런 건 별것 아니라고 생각해요. …… 너무 감정이 많으니까 불편해요. …… 하지만 선생님은 불편하지 않은 것 같아요. [내담자는 협력 작업을 공유하고 있고, 나아가 본인과 치료자 사이의 차이점을 분명하게 설명하고 있다. 내담자는 갈등 삼각형의 언어로 말하고 있고, 이제는 적신호 감정을 방어보다 더 강조한다]

치료자: 좋아요. 난 편하고 당신은 불편하군요. 나도 그걸 알고 있고 존중해요. [치료자는 마지못해 차이를 인정한다]

내담자: 그래서 그런 생각과 감정적 연결을 통해 나는 그걸 최소화시키고, 선생님은 최대화해요. [내담자는 줄다리기의 본질에 대해 점점 더 정확하게 말하면서 계속 나아간다]

치료자: 그 차이를 당신과 나누겠어요.

내담자: (웃음)

치료자: 내가 한 말이 무슨 뜻인지 아시겠어요?

내담자: 네…… 여기서 나가지 말고, 그것이 일어나지 않았다고 말하라는 거죠. [치료자의 입장 공명하기]

치료자: 맞아요. 난 그 차이를 나눌 것이고, 밀어붙이지 않을 거예요. 그리고…… [치료자는 본인의 행동에 영향을 미치고 싶어 하는 내담자의 욕구를 허용한다]

내담자: 선생님이 그렇게 이야기하는 게 재밌어요. …… 이 대화에 대한 선생님의 인정이…… 두려워요. 선생님의 감정도 두렵고요. …… 그런 친밀감이 두려워요. 무슨 말인지 아시겠지요? 선생님이 그걸 너무 많이 인정한다고 느끼는 것 같아요……. 내가 그걸 최소화하는 것과는 반대로요……. 하지만 내가 겪었던 것에 대한 선생님의 감정적 반응처럼, 어쩌면 나는 그것에 대해서, 또는 선생님의 보살핌에 대해서 어떻게 반응해야 하는지 모를 수도 있어요……. 선생님에게 공유하는 모든 게 나를 겁나게 해요. [갈등 삼각형의 언어로 주관적 진실을 매우 깊게 진술하기: 내담자는 치료자의 '보살핌'에 대한 본인의 수용적 경험과 그것이 얼마나 두려운지 깊이 인정한다]

치료자: 그렇게 말해 줘서 정말 고마워요. [내담자에 대한 감사의 표현: 내담자의 관대함과 용기를 은연중에 인정한다]

내담자: 그래서 내가 그걸 밀어내고 닫아 버려요……. 이게 말이 되는 거죠? [마음을 열고 직접적으로 의사소통한다]

치료자: 물론 말이 되죠. [내담자와 치료자가 같은 주제를 이야기하고 있다]

내담자: 이전에 느꼈던 것보다 지금 훨씬 다르다고 느껴요……. 지금이 더 부드러워졌어요. …… 이전에는 너무나 경직되어 있었던 것 같아요. …… 어떤 면에서 이것은 내가 무엇이 일어났는지, 인정하는 것이 왜 중요한지 인정하도록 이끌어 주었어요. …… 그리고 선생님이 밀어붙이지 않을 거라고 안심시켜 준 것도요. …… 선생님은 내가 어디에서 왔는지 알고 있지요. …… 하지만 5분에서 10분 전에 내가 느꼈던 거랑 지금 느끼는 게 너무 많이 달라요. [내담자는 방어적이게 되는 것과 개방적이게 되는 것의 신체본능적 경험 간 차이를 인정한다. 치료자를 통해 듣는 느낌과

알아야 한다고 강요받지 않을 자신의 욕구를 소유하는 것의 중요성을 분명하게 표현한다. 강한 방어가 부드러운 방어로 바뀌는 예시이다]

내담자는 치료자와 서로 다른 경향성을 인정하고("감정적 연결을 통해 나는 그걸 최소화시키고, 선생님은 최대화해요."), 치료자는 내담자의 강요받지 않을 욕구를 존중한다고 내담자를 안심시킴으로써, 내담자는 방어를 느슨하게 할 수 있고, 그것의 본질을 분명하게 설명할 수 있고, 그것을 촉발하는 두려움에 이름을 붙일 수 있고, 마침내 안도감과 편안함을 어느 정도 경험할 수 있다. 관점 비교하기는 교착 상태에 놓일 위기에 처했던 것을 매우 생산적인 작업으로 바꿔서 결국 내담자의 기능이 세탁기(방어적 반응 삼각형)에서 벗어나 표현적 반응 삼각형으로 전환되도록 하였다.

3) 내담자의 심리학적 전문 지식 인식하고 활용하기

치료자는 내담자의 전문 지식에 의지하고, 종종 문제의 어둠 한가운데에 있어 자신의 강점을 잊어버리는 내담자에게 그렇게 하고 있다는 점에 주목한다. 내담자가 많이 알고 있고, 경험이 있는 심리학적 영역이 많을 수 있다. 예를 들어, 정신 질환이 있는 부모에게서 자라거나, 장애를 극복해야 하는 것은 내담자가 원치 않아도 전문 지식을 개발할 기회를 제공한다. 보통 사용되지 않는 자원의 또 다른 영역은 취약하거나 도움이 필요한 타인(예: 본인의 자녀)에 대한 내담자의 반응에 있다. 대개는 이러한 매우 유능한 반응들이 타인의 요구를 대신하여 쉽게 사용되는 것과 달리 내담자 자신이 곤경에 처할 때에는 마치 존재하지 않는 것 같다. 내담자의 심리학적 전문 지식을 인식하고 활용함으로써 치료자는 적극적으로 내담자가 본인의 강점과 능력의 영역에 주의를 기울이도록 한다. 목표는 보통 다른 사람들을 위해 남겨 둔 자원을 자신을 위해 활용할 수 있도록 하는 것이다.

또한 갈등이 없는 영역에서의 강점도 활용될 수 있다. 예를 들어, 치료자는 아주 크게 자수성가했지만 사생활에서 무능하다고 여기는 사업가에게 비즈니스 관계에서 갈고 닦은 대인관계 기술이 그가 이미 가진 훌륭한 도구이며, 이것을 그가 매우 어렵다고 느끼는 개인적 영역에 활용할 수 있음을 알려 준다.

7. 감정적 관계 경험의 메타처리

치료하는 내내 치료자는 내담자가 메타 경험적 과정에 초점을 두도록 적극적으로 촉진한다. 즉, 내담자의 경험에 대한 경험("정서, 그 정서에 대한 느낌, 그리고 그 정서에 대한 느낌을 가지고 있다는 것을 아는 것" 사이를 구별하고 있는 것을 Damasio, 1999, p. 8 참조)이다. 이해받은 느낌에 대한 내담자의 경험과 성찰적 자기 기능은 AEDP의 치료 과정의 바로 그 본질에 의해 적극적으로 활성화된다.

1) 회기 마무리 진행하기

내담자와의 첫 회기는 상담자와 함께 존재하고 이야기를 나누는 것에 대한 내담자의 반응을 처리하는 데 시간을 할애하고 마무리해야 한다. 회기가 강력할수록 메타치료 과정을 지탱하는 것이 더 필수적이다. 회기가 중요한 감정 작업과 연관된 경우, 치료자와 관련된 내담자의 경험에 대한 경험을 탐색하는 것이 중요하다. "그래서 우리가 함께 그렇게 깊은(의미 있는, 두려운 등) 작업을 한 것이 어떠셨나요?" 그 작업이 주로 관계적인 것으로 이루어졌다면, 내담자가 어떻게 느끼고 있는지가 중요하다. "당신에게 저와 가장 가깝다고(또는 취약하거나 노출되거나 편안하거나 등) 느끼게 된 것이 무엇인가요?" 혹은 그 대신에, "제가 당신 편이 되는 (혹은 제가 당신에게 도전하는, 제가 당신을 이해하는, 제가 당신과 함께 취약해지는 등의) 경험이 어떤가요?" 이러한 종류의 과정에는 다음과 같은 엄청난 기회가 존재한다.

- 내담자의 경험과 그것의 역동에 대해 보다 이해하기
- 방어 또는 적신호 감정이 이미 슬며시 생기기 시작했는지 알기(이 경우 회기가 끝나기 전에 다른 작업을 할 수 있는 기회가 생긴다)
- 내담자에게 감정을 돌파한 이후의 깊은 감정을 충분히 경험하는 혜택을 주기

이것들은 매우 강력하고 친밀한 개입이다. 그것들은 친밀함을 전면과 중앙에 배치하고 이것이 일반적인 담론이 아니라, 치료자와 내담자 모두에게 안전이라는 배경에 기대어 위험을 감수하는 것임을 부드럽게 선언한다.

대부분의 경험적 기법이 어떻게 정서적 경험으로의 접근을 촉진하는지에 초점을 맞추

기 때문에 치료는 지적 활동이 아니라 내장gut 깊숙이에서부터 이루어진다(예: Gendlin, 1991; Greenberg, Rice, & Elliott, 1993; Mahrer, 1999; Perls, 1969). 하지만 내담자가 방금 경험한 것에 대한 인식과 관심에 초점을 두는 것의 중요성은 덜 강조되었다. 이 작업은 부인disavowal이라는 방어를 다루는데, 이는 시냅스 후부의 실제 방어와 동일하다. 인식한 후에 내담자가 방금 경험한 것에 대한 기억이 사라진다. 이것은 치료자를 가장 낙담시키는 것 중의 하나이다. 특별하게 좋았던 회기가 끝난 후 치료자는 내담자가 변화되기를 기대했지만, 내담자는 다음 회기에 마치 아무 일도 일어나지 않은 것처럼 다시 원점으로 돌아간 상태로 나타난다.

이와 관련된 요점은 과거와 연관된 것을 되돌리는 것이 매우 중요하다는 것이다. 이것은 강력한 새로운 경험을 하는 것을 통해서뿐만 아니라 이러한 새로운 경험을 새로운 것으로 이름 붙이고 인정함으로써 그것들이 어떻게 다른지, 왜 다른지를 설명하는 것을 통해서 실현된다. 이러한 논의의 어조는 지적이고 무미건조한 것이 아니라, 차분한 확신과 명료성, 직접성을 가지고 간단하게, 혹은 열정과 엄청난 느낌을 가지고 번갈아 가며 주관적 '진실'을 말하는 것이다.

먼 곳을 바라보는 눈

이 마지막 축어록에서는 앞서 설명했던 개입들의 대부분은 아닐지라도 상당 부분이 작동되고 있다. 하지만 전환점은 치료자의 자기 개방, 그리고 내담자로부터 도움을 받는 것에 대한 수용에서 비롯된다. 다른 사람에게 영향을 준다는 깊은 감각에 고무된 내담자는 새로운 강점을 경험하고, 독립을 하고자 하는 동기가 생긴다. 우리는 서로의 경험과 성찰을 주고받으면서 회기를 마무리한다. 이전의 치료 작업은 과거와 현재의 어머니와 남편과의 관계에서 나타나는 병리적 측면에 각각 초점을 맞추었다.

치료자: 당신이 다루어야 했던 것은 견딜 수가 없던 것이었어요. 정말 참기 힘들었죠. 너무 과했어요. [타당화, 솔직한 공감] 지금은 기분이 어때요?

내담자: 슬퍼요. 그렇지만 선택권이 없어요. 지금까지는 없었어요. 폭풍 속에서 정박할 항구가 없는 거죠. [이러한 시적인 미사여구는 종종 핵심 감정의 표식이 된다] 하지만 지금 가장 슬픈 건 내가 데릴(남편)을 선택했을 때는 선택의 여지가 있었다는 거

예요. 나의 일부를 소유하는 건, 너무나 깊은 상처예요. 그걸 어떻게 받아들여야 할지 모르겠어요.

치료자: 그럴 수 있다고 생각해요. 당신은 정말로 자신의 길을 가고 있는 것 같아요. [인정, 격려, 치료적 성과의 인식]

내담자: (깊은 한숨)

치료자: 그냥 느끼고 있는 것을 말로 표현해 보세요. [감정을 인지와 연결하기]

내담자: 편안해요. 선생님하고 함께 있으면 매우 따뜻하고, 편안하고, 수용받는 느낌이에요. 실제로 포옹하고 있는 건 아니지만, 선생님과 내가 매우 가깝게 느껴져요. …… 제 마음속에는 그 시절 삶의 장면들이 탁 하고 돌아가고 있어요. [어머니가 내담자의 동생 출산으로 인해 촉발된 극심한 우울증 때문에 정서적으로 부재했던 때] 엄마는 운동장에 앉아 있어요. …… 할머니는 길 건너에 있고요. …… 엄마는 우울해요. …… 나는 루이스[갓 태어난 남동생]와 다른 애들과 함께 있어요. 내가 어떻게 엄마를 잃어버렸는지 보고 있어요. (살짝 눈물을 흘리면서) 엄마의 얼굴과 눈을 바라보기 시작했을 때 엄마가 다른 생각을 하고 있다는 걸 알았죠. [안전한 환경에 기반하여 감정과 접촉하면서, 내담자는 바로 과거로 돌아가 본인의 어려움과 밀접하게 관련된 상태를 다시 체험하며 더 깊게 들어간다. 이때 그녀는 혼자가 아니다]

치료자: (한숨을 쉰다.)

내담자: 학교에서 집으로 돌아오면 가슴이 터질 것 같았어요. 선생님도 알다시피, 내가 아주 좋아했던 활기차고 예쁘고 생기발랄한 소녀, 삶에 대한 희망이 있었지만 바위에 부딪혀 부서진 그 소녀를 상실한 것에 대해 결코 애도하고 슬퍼하지 않았어요. (고통이 파도친다.) …… 할머니가 버스 정거장으로 마중 나왔을 때, 엄마가 우울해서 침대에 있다는 것을 알았어요. 난 할머니를 원하지 않았어요. 엄마를 원했죠.

치료자: 내 눈에서 무엇이 보이나요? [갑작스러운 재초점화]

이러한 종류의 이야기에서 정서적 강렬함이 자주 치료자에게 매우 강한 정서적 반응을 이끌어 낸다. 이 사례의 경우, 치료자는 내담자가 이야기 속으로 몰두하는 것에서 벗어나 치료적 관계로 재초점화하게 하는데, 이것은 치료자의 역전이 반응이 시작된 증거이다. 우리는 여기서 다시 시작한다.

내담자: 선생님이 나의 고통과 슬픔에 깊이 접촉하고 있는 것이 보여요. (불안해하며 입술을 깨문다) …… 지금은 먼 곳을 바라보기 시작하네요. …… 그럴 때면 겁이 나요. [내담자는 자신의 느낌과 완전히 접촉해 있고, 또한 치료자와 조율되고 있다. 방어는 없다. 이제 공은 치료자에게 넘어간다]

치료자: 거기에 머물러 보세요.

내담자: 선생님도 삶에서 상처가 있는 곳으로 가는지 정말 궁금해요. 그런 구속이 너무 단단히 옭아매는지. [치료자에 대한 내담자의 깊은 공감]

치료자: 음.

내담자: 선생님의 눈빛이 너무 멀리 있어요. 다른 때와는 다른 것 같아요.

치료자: 지금 일어나고 있는 그것에 머물러 봐요. [관계적 상호작용을 따라가고 그것에 머무르기]

내담자: 두려워요. 선생님한테 닿을 수가 없어요. 선생님에게 다가갈 수가 없어요. 선생님은 멀어지고 있는 것 같고, 선생님이 멀어지는 게 싫어요. 아니면 선생님이 벽 뒤에 있는 것 같아요. …… (많은 느낌과 함께, 목소리에서 눈물이 흐른다.) 그리고 선생님이 더 가까이 있기를 바라고, 나와 함께 있으면 좋겠어요. 왜냐하면 제가 정말 선생님을 사랑하고, 선생님의 고통 역시 어느 정도 짐작이 가기 때문이죠. [핵심 감정에 접근하면서 적응적 행동 경향성들이 발산된다. 내담자는 본인의 가장 심층적인 갈망과 인식의 핵심을 분명하게 설명할 수 있다. 하지만 또한 치료자의 고통에 대한 공감에도 접근한다]

내담자에게 치료자가 어떤 반응을 보이고 있는지 계속해서 인식하도록 격려함으로써, 치유할 수 있는 또 다른 기회가 열린다. 이야기의 정서적 본질은 치료자에게 정서적 반응과 그에 상응하는 방어를 촉발시켰다. 내담자는 그 순간에 머무르도록 격려받으며, 처음에는 치료자에 대한 자신의 경험을 설명하고, 치료자가 지닌 고통의 근원에 대해 궁금해하며, 치료자가 방금 억제한 바로 그 과정을 묘하게 반복하면서 치료자를 잃은 경험을 묘사한다. 이번에는 내담자가 어떤 식으로든 그 경험을 분리하거나 방어하지 않는다. 내담자는 상실감을 경험하면서 그 자리에 머무르고, 치료자와 계속 접촉하고, 한 걸음 더 나아간다. 수동적이지 않고, 정서적 자원으로 가득 차 있는 내담자는 위험을 감수하며 치료자와 의미 있는 정서적 재연결에 대한 갈망을 말한다. 치료자는 감정적 상호작용을 계속 심화시키면서 내담자의 간청에 반응한다.

치료자: 정말 감동했어요. (눈물과 함께 떨리는 목소리로) 당신에게서 사랑과 같은 느낌을 받았어요. 우리가 서로를 어떻게 알고 있는지에 대한 것이에요. …… 매우 깊어요. …… 그런 시선을 받을 때 내가 가고 있는 곳에 대해서 어떤 걸 배워요. 당신에게서도 뭔가를 배우고 있지요. (눈물을 지으며) 그래서 감사하다는 말을 하고 싶어요. [치료자의 자기 개방: 내담자의 영향 인정하기, 내담자의 공감과 도움 수용하기, 감사 표현하기]

내담자: (매우 다정하고 차분한 태도와 목소리로) 선생님이 상처를 받았다는 그 지점이 어디인가요? [치료자가 실수에 대한 책임을 지고, 내담자의 기여를 받아들이는 것은 내담자의 불안을 제거한다]

치료자: 그런 순간은 당신이 어머니와의 경험을 이야기할 때 와요. …… 그게 내 안의 무언가, 그리고 나에 대한 무언가와 닿아 있어요. 어느 정도는 그것들과 싸우려고 노력하고 있다고 생각해요.

내담자: 그것에 대해 말할 수 있어서 정말 기분이 좋아요. 왜냐하면 오늘은 아니고 과거에 그것 때문에 신경이 쓰였기 때문이에요. 하지만 조심스러웠어요. 내가 그것에 대해 말했을 때 말할 수 있다는 것이 진짜 좋아요. …… 그리고 선생님이 그걸 들을 수 있다는 것도요. 그게 우리를 더 가깝게 만들어요. 그리고 그것은 거기에 존재하지 말아야 할 무엇이 아니라 더 깊어지도록 도움을 주는 것이에요. …… 그건 기쁨이고, 기분 좋은 놀라움이에요…….

내담자의 용기에 고무된 치료자는 이 시점에서 기술적 개입을 남용하며 그 뒤에 숨는 대신 본인의 감정적 반응과 함께 작업하려고 노력하면서 용감하고, 개방적이며, 취약한 상태에 계속해서 머문다. 동시에 내담자와의 유대감을 재확인하며 자신의 반응을 소유한다. 내담자가 준 것은 수용되었고, 인정되었으며, 감사하게 받아들여졌다. 내담자는 성장하고 있다. 아직 확인해야 할 한 가지 문제는 내담자가 너무나 익숙한 돌봄 제공자라는 역할 안에 있기 때문에 더 성장하지 못한다는 점이다.

치료자: 처음 몇 분간 당신에게 대답할 수 없었던 이유 중에 하나는 걱정이 있었기 때문이에요. 당신이 그런 식으로 분리하며, 돌봄 제공자 역할 안에 자신을 두지 않았다는 것이 걱정되었어요.

내담자: 난 그렇게 느끼지 않는데요.

치료자: 정말 그런 느낌은 아니군요. 하지만 당신에게 그걸 질문하고 듣길 원했죠. [치료
　　　　자의 감정적 반응 활용]

내담자: (감동받고, 확신에 차 말하며) 그 일이 일어났을 때 누군가에게 "돌아와요."라고 말
　　　　할 수 있었던 적이 없어요. "돌아와요, (정서로 인해 목소리가 갈라지며) 제발 돌아
　　　　오세요. 당신이 나와 함께 있기를 원해요. 가지 마세요." …… 그리고 누군가가
　　　　응답해 주었죠. …… (침묵, 큰 미소와 매우 부드러운 목소리로) "내가 모든 친밀감
　　　　이 위험으로 가득하다고 느낀다는 말을 선생님이 어떻게 할 수 있나요?"라고 말
　　　　하고 싶게 만들어요. [회기 초반에 했던 개입을 언급한다] 어떻게 그렇게 말할 수 있
　　　　죠? 그건 정말 공평하지 않아요. [감정의 돌파: 핵심 욕구, 어머니가 견딜 수 없었던
　　　　그 욕구에 대한 심층적 진술]

치료자: 글쎄요. 당신한테만 분열의 재능이 있는 건 아니죠.

내담자와 치료자: (함께 웃는다.)

내담자: (매우 밝은 미소를 보이며, 감정과 기쁨으로 가득 차) 이제 이 지옥 같은 사건에서 졸
　　　　업할 수 있겠어요. [수동적이고, 마비되고, 의존적 병력이 있던 내담자가 자연스럽게
　　　　숙달된 어조로 종결을 언급한다]

이것은 궁극적인 교정적 정서 경험이다. 병리적 트라우마 상황과 비슷한 상황에 직면
했을 때, 내담자는 최대한의 정서적 적응성emotional adaptiveness으로 반응할 수 있고 그 대
가로 진정한 감정 반응을 받을 수 있다. 이러한 마지막 상호작용의 중요성은 아무리 강
조해도 지나치지 않는다. 자연스럽게 발생하는 전이－역전이 반응을 통해 또 다른 작업
이 수행된다. 그 순간 내담자는 자신의 정서적 생명력, 자기감, 타인에 대한 공감과 연
민을 유지할 수 있는 성인이며, 치료자의 반응이 보장되지 않은 채 위험에 처해 있는 동
안에도 자신의 욕구, 갈망, 정서적 반응들과 매우 많이 접촉할 수 있다. 치료적 유익은
정확하게 검증된 내담자의 인식과 자신을 타인에게 영향을 미치는 사람으로, 제공할 가
치가 있는 무언가를 가진 사람으로 경험하게 함으로써 자기감, 자아존중감, 자기효능감,
풍부한 자원을 강화하는 데 있다. 주는 것이 심장에서 우러나온다면, 그것은 엄청난 자
원이 있다는 증거이다. 그것을 인정하고, 훨씬 더 중요한 것은 그것을 받아들이고 사용
하는 것이 자원의 꽃을 피우게 한다.

　내담자는 자신의 삶에 있는 핵심적인 병리적 경험을 되돌릴 수 있다. 멀리 떨어진 세
상으로 가려는 돌봄 제공자의 상실에 위협을 느끼며, 내담자는 "돌아와요."라고 말한다.

이번에는 의사소통의 연금술이 다시 마법을 부릴 때까지 내담자가 듣고, 반응하고, 관계를 맺는다. 잠재적인 트라우마와 반복에서 벗어나 회복과 새로운 시작, 효능감이 나타난다. 원래 사건이 분열을 필요로 했던 것처럼 현재의 사건은 통합을 촉진한다.

일단 내담자의 베푸는 능력 그 자체를 표현하고, 자신을 희생하기보다 진정한 자기와 자원을 깊이 있게 표현할 수 있다면, 이별과 미래에 대한 탐색을 고려할 수 있다. 내담자는 충분한 보살핌에 의해 만족된 애착 조건이 일으키는 탐색적 욕구의 특징인 열정과 열의를 가지고 스스로 결말에 대한 주제를 꺼내게 된다.

제11장

재구조화 전략

재구조화 작업restructuring work은 정신역동적으로 정보가 제공되는, 내담자와 치료자 사이에 계속해서 오고가는 대화를 통해 일어난다. 그러나 이러한 개입은 변화 정서 모델에 의해 특권을 받은 내용의 범주를 통해 필터링된다. 즉, 정서적으로 중요한 상황을 만드는 데에 대한 자신과 타인의 기여, 내담자의 변화 가능성, 건강한 기능 및 자질(예: 생기, 용기, 친절, 정직, 창의성, 유머 등) 등을 통해서이다.

여기에 설명된 개입들은 보다 전통적인 정신역동적 심리치료에서 사용된 해석과 대부분 유사하다. 그렇지만 AEDP 개입은 훨씬 더 일찍, 훨씬 더 자주 이루어진다. 내담자의 경험에 대한 해석은 협력적으로 접근하여 내담자가 고려할 가설로서 아이디어를 제시하고 내담자가 참여하도록 초대한다. 관계적 기법과 경험적-감정적 기법의 결과로 방어가 풀리지 않을 때, 이러한 개입이 실제로 나타내는 보다 전면적인 접근이 임상적으로 필요할 수 있다.

구체적인 예는 그러한 개입 전략이 제 역할을 하는 비옥한 토양이다. AEDP 개입은 감정적 접근과 관계적 개방성을 촉진하기 위해서 매 순간의 임상적 상호 변화를 진행하기 위한 세 가지 삼각형을 사용한다. 재구조화 작업은 이에 선행하며, 감정적-경험적 작업을 위한 기초 작업이 된다. 그리고 치료 과정의 모든 단계에서 사용된다. 이러한 개입은 세 가지 삼각형을 사용하여 내담자의 정서적 반응과 관계적 반응의 평생에 걸친 패턴과 매 순간의 패턴을 파악하고 그 뿌리와 기능을 이해한다. 내담자의 감정적-관계적 패턴을 다루는 것과 그것에 대한 익숙함은 내담자가 방어의 자리에 덜 의존할 수 있게 하며, 감정이 증가하여 가득한 장소에서 자연스럽게 더 많이 반응하도록 한다. 또한 자기 수용과 자기 공감을 증진시킨다(Jordan, 1991; Kohut, 1984). 내담자가 행하는 것과 느끼는 것을 단어로 표현함으로써, 또한 그의 행동과 다른 사람에 대한 감정에의 결정 요인을 인식함으로써, 내담자는 성찰적 자기 기능reflective self functioning의 범위를 확장한다.

1. 개방과 방어에 대한 변동 추적하기

매 순간 임상 자료는 그때 이루어지는 기능에 따라 갈등 삼각형의 범주 중 하나에 속하는 것으로 분류된다. 내담자가 더 깊은 내적 자료와 더 깊은 친근감을 향해 나아가고 있는가? 아니면 그것들로부터 멀어지고 있는가? 누군가의 역전이 경험이 무엇이라고 볼 수 있는가? 내담자의 언어적, 비언어적, 그리고 무의식적 의사소통이 서로 어우러지는가? 우리는 감정적으로 채워진 의사소통이 주로 방어적 기능을 하는지, 표현적 기능을 하는지를 평가한다. 이는 특히 감정(핵심 감정은 아님)을 세 가지 기능 모두에 사용할 수 있기 때문에 중요하다. "이 눈물이 어디에서 오는 것일까요?" 또는 "이 눈물들이 슬픔 또는 두려움으로부터 오는 것일까요?"와 같은 간단한 질문은 눈물과 두려움(적신호 기능) 사이, 방어와 퇴행의 눈물, 그리고 슬픔의 눈물(핵심 감정)을 구별하는 데 매우 유용하다. 이 기능적 분류는 중요한데, 우리가 방어나 불안의 징후를 다룰 때와 핵심 감정의 자료들에 직면했을 때 다르게 개입하기 때문이다.

> **예시**
>
> 내담자는 시선을 돌리며, "제 아내가 옳아요. 전 정말로 매우 차가운 사람이에요."라고 말한다. 치료자는 주관적 '진실'의 표현으로서 이를 인정하기보다는 그것을 친밀해지는 것에 대한 내담자의 불안으로 작동된 방어라 보고 작업하였다. 그리고 말하길, "지금 저하고 가까워지면서 자신은 이것을 할 수 없다고 생각하는 그런 두려움이 생기는 것 같아요. 다시 한 번 저를 바라보는 자신을 보면서 무슨 일이 생기는지 살펴봅시다. …… 무엇을 경험하고 있나요?" 내담자가 반응하며 말하였다. "잠시 동안, 선생님의 따뜻함과 아주 좋은 면이 느껴졌어요. 그러나 그다음에는 왠지 모르겠지만, 멀리 떨어져 나가는 것을 느끼게 되었어요. 이걸 믿을 수가 없는데, 말 그대로 다리에 힘이 없고 맥이 풀리며 막 떨리고 있어요." 내담자와 치료자는 친근감과 관련된 무서운 경험 위에서 작업을 지속해 나갔다.

치료자가 냉정한 사람이라는 내담자의 말을 주관적 '진실'의 표현이라고 여겼다면, 방어 기반의 기능으로 인한 좋지 못한 결과에 직면하는 내담자의 능력을 반영하여 매우 다르게 반응했을 것이다. 이 사례에서, 내담자의 진술이 대체로 방어적인 책략이었다는 치료자의 예감은 내담자의 반응으로 검증되었고, 이 반응은 내담자가 말로 배제하려 했던 공포를 드러냈다.

갈등 삼각형에 관하여 구조화된 경험적 처리는 치료 과정이 진행되는 방향과 매 순간의 이야기 모두를 추적한다. 즉, 그 이야기에 대해 심층적으로 다루고 있는지, 또는 보다 표면적으로 다루는지를 추적한다.

2. 방어적 반응 작업하기

방어를 적극적으로 다루는 것은 모든 단기정신역동치료(STDP)의 특징이다. AEDP는 내담자와 대립하기보다는 함께 공감적으로 평등한 자세를 취하고 협동함으로써 방어 작업에 접근하는 모습을 취한다. 초기에 초점을 두는 것은 내담자가 자기 보호의 수단으로 만든 창의적인 발명품 뒤에 숨겨진 적응 동기이다. 그다음 내담자의 현재 삶에서 확립된 방어의 부정적 결과를 다룬다. 내담자는 자신의 고집스러운 방식을 변화시키는 데 있어서 비판을 받거나, 굴욕감을 느끼거나, 체념하기보다는 자신의 이야깃거리를 확장할 수 있도록 타당성을 인정받고 힘을 얻는 기분을 느껴야 한다.

방어는 핵심 감정에 대한 경험을 막고, 가까운 사람들과의 관계를 방해한다. 내면의 활기찬 생명력은 은폐되고 종종 가려지기도 하고, 심지어 제한되고 통제되거나 불안하고 두려워하며 살아가는 사람에게도 그러하다. 방어가 내담자의 최근 삶에 있어서 장애물일지라도, 사실 방어는 보호가 필요한 삶의 초기부터 자기를 보호하기 위해 개발되었다. AEDP 치료자는 방어와 함께 작업할 때 이 부분을 마음에 새긴다. 종종 치료를 위해 오는 성인 내담자에게서 드러나는 방어들은 취약한 자기를 보호하는 동시에, 문제가 많은 누군가와 애착 관계를 유지해야 할 필요가 있는 압도된 아이에 의해 생긴다.

치료자는 방어가 작동 중임을 확인하게 되면, 몇 가지 방어 작업에 대한 전략들을 이용할 수 있다. 재구조화 작업은 표현적 반응 삼각형의 특성인 부드러운 방어soft depenses보다는 방어적 반응 삼각형의 특징인 견고한 방어entrenched defenses를 보일 때에 더 많이 적용된다.

1) 방어에 대해 정의·명명·명료화하기

공감을 사용하는 치료자는 판단하지 않는 방법으로 내담자와 방어에 대해 편하게 이야기를 시작할 수 있다. 치료자는 방어가 언제 가장 잘 드러나는지, 어떻게 그것들이 작동하는지에 대해 내담자와 함께 탐색하게 된다. 예를 들어, 치료자는 "당신이 슬프다고 느낄 때 어떻게 저의 눈을 피하고 있는지 눈치채셨나요?"와 같이 말할 수 있다. 방어에 대해 정의하고, 이름 붙이고, 명료화하는 것은 매우 유용한데, 방어가 종종 내담자에게서 자아동조적으로 보이기 때문이다. 내담자의 방어에서 신체본능적인 상관관계도 탐색된다(Coughlin Della Selva, 1996; Laikin, Winston, & McCullough, 1991; Magnavita, 1997). 치료자가 내담자의 방어에 대해 비난하거나 직면하지 않고, 판단하지 않는 태도로 대화를 나누는 것은 매우 강력할 수 있다. 내담자는 자신의 방어가 다른 사람들과 어떻게 거리를 두게 하고, 활기 있는 내적이고 관계적인 경험에 대한 접근을 단절하는지 인식해 간다. 공감적이고 판단하지 않는 피드백을 통해, 내담자는 자신이 방어적으로 될 때 타인과 관계를 맺는 것이 무엇인지 배울 수 있다. 이런 경험들이 매 순간 사라지거나 밀물처럼 밀려오는 것을 조율하도록 배움으로써, 내담자는 점진적으로 자신이 방어에 어떻게 그리고 언제 놓이게 되는지 알 수 있게 된다. 맥컬러(McCullough, 1997)도 이 과정을 방어 인식defense recognition이라고 명명하고 있다.

2) 경험적으로 초점화된 방어 작업과 연상적 속기

방어 작업의 다른 측면은 경험적 요소인데(Davanloo, 1990), 방어와 관련된 신체적 연관성에 내담자의 인식을 집중시키는 것이다(예: "딱딱한" "마비되고 현기증이 나는" "추운"). 그다음 이 경험은 내담자가 덜 방어적일 때(예: "유연한" "저릿한" "마음이 녹는") 내담자가 어떻게 이것들을 느끼는지와 대조한다. 특히 내담자 자신의 말에서 연상되는 묘사적이고 은유적인 이름 붙이기는 내담자와 치료자가 함께 사용하는 속기shorthand로써 유용하게 사용될 수 있다. 앞의 장에서 제시된 축어록 중 하나에서, 내담자는 방어 주도적 기능에 대한 감각을 보여 주기 위해 "세탁기에서"라는 문구를 제안하였다(예, 더 깊어지지 못하고 제자리에서 맴돌기). 다른 내담자는 비슷한 은유로 "회전"이라는 용어를 사용하였다. 연상적인 모습에 더하여 그러한 은유들은 내담자와 치료자 사이의 공유된 언어가 된 덕분에 친밀감을 증진시키고 자아이질적 측면을 부각시킬 수 있게 된다.

3) 방어에 대한 긍정적 인식 재구성하기

내담자의 인식이 발전함으로써, 즉 자아동조적ego-syntonic에서 자아이질적ego-dystonic 이 됨으로써 어떻게 자신의 방어가 다른 사람들에게서 멀어지게 하고 소외시키는지, 자 신의 삶을 제한하는지 깨닫게 된다. 내담자는 자신이 잃어버렸던 것을 마음 깊이 인식 하게 됨으로써 방어 기제는 성격상의 결함으로 보이기 시작하기도 한다. 성격의 이러한 측면이 자기 비난의 대상이 될 때, 치료자는 내담자에 대한 지지와 인정affirmation, 방어에 대 한 인식적 재구성으로 반응한다(Alpert, 1992; Sklar, 1992). 치료자는 내담자가 현재 방어의 부정적인 결과를 인식하면서 과거에 자신에게 방어가 얼마나 필요했는지, 대처하는 데 있어서 방어가 자신의 강점과 창의성을 어떻게 반영했는지 조망하도록 돕는다. 내담 자에게 있어 수치심의 원천인 방어 자체가 공감적 이해를 맞이하게 되면서, 자기 비난 은 줄어들고 자기 수용은 증가한다. 방어를 적군으로 바라보지 않고 적응적인 노력으로 인식하는 것은(Alpert, 1992; Kohut, 1977) 내담자 자신과 자신의 환경에 대한 현실감을 보다 더 쉽게 공감할 수 있게 하는 수용성을 제공한다.

자아이질적 방어와 함께, 내담자는 과거의 잃어버렸던 기회를 슬퍼하고 애도하는 시 간을 갖는다. 특히 고통스러운 것은 자신의 병리적인 부분이 다른 사람들, 특별히 자녀 들에게 미치는 영향을 애도하는 것일 수 있다. 병리적인 패턴이 세대 간에 전달되면서 그 삶에 영향을 끼치는 것을 신체본능적으로 직면하는 것은 고통스럽다. 이러한 애도를 통해 공감과 자기 수용이 더 깊어지고, 타인과 저서적으로 상호작용하는 새롭고 더 개 방적인 방법을 쓰도록 위험 감수를 하는 데 동기부여가 된다(Alpert, 1992; Coughlin Della Selva 1996; McCullough, 1997; Sklar, 1992). 그러면서 회복을 시도하는 데 필요한 지점으 로 나아가게 된다.

4) 비용 편익 분석하기

맥컬러(McCullough, 1997)가 방어에 대해 비용 편익 분석이라고 불렀던 것을 활용함으 로써 내담자와 치료자는 함께 방어를 바라볼 수 있고, 과거와 현재에 있어 방어의 목적 과 유용성을 이야기할 수 있다. 내담자가 방어를 사용하여 얻게 되는 것은 무엇인가? 무 엇을 잃게 되었는가? 과거 내담자가 방어를 사용함으로 치렀던 대가와 유익, 최근 자신 의 삶이 어떻게 변해 왔는지 고려하는 것은 내담자가 자신의 방어는 더이상 유용한 기능을 제공하지 못한다는 것을 볼 수 있게 한다. 이제 방어는 보호 기능을 하기보다 내담자의 성장을 방해하고 있다. 방어가 필요 없는 상황의 평안과 유익을 내담자가 인식하게 하는 것은 구식의 보호 전략을 포기하도록 돕는 데 매우 유용하다.

치료자의 공감은 내담자를 다시 운전석에 앉도록 한다. 방어를 인식하는 것은 좁은 길이 아닌 확장된 길로 인도하며, 자신의 다양한 선택지를 보도록 한다. 그리고 어조는 체념하거나 반성하거나 기가 죽어 포기하는 것이 아니라, 힘을 얻게 하는 것이다. 이제 내담자는 다른 선택도 할 수 있는 위치에 있다.

(1) 방어에 지불되는 비용

내담자 성격의 부정적 측면, 즉 다른 이들로부터 멀어지게 하고 소외시키는 경향의 반응들은 자신의 목표와 욕망에 비추어 방어의 바람직하지 않은 결과들을 봄으로써 공감적으로 이해된다. 내담자의 대인관계 패턴이 매우 자아동조적이라서 다른 사람들의 부정적인 반응을 이해하기 어려웠을 수 있다. 그러나 이러한 패턴과 그 결과가 타인의 비판, 굴욕, 포기 없이 확인된다는 것은 심오하고 놀라운 경험이다. 방어에 지불되는 비용에 대한 경험은 관계적 개입을 통해 접근하는 방어 작업의 한 측면으로도 볼 수 있다.

(2) 방어가 주는 유익: 포기함에 대한 저항

내담자에게 있어서 안전으로 이끄는 삶의 수단으로 대표되는 방어는(이차적 안전감 secondary felt security; Main, 1995) 병리적 대상과 깊게 연결되어 있음을 의미한다. 방어를 포기한다는 것은 방어가 내담자의 현재 삶에 부정적 결과를 가져오더라도, 두려운 대상의 상실, 정체성의 상실, 그리고 배신에 대한 끔찍한 죄책감과 동일시되는 것이다 (Searles, 1958). 이를 명확히 하는 것은 내담자에게 연결을 유지하는 다른 적응적 수단을 찾아볼 기회를 제공한다. 그는 결국 애착 대상과의 유대에 내포된 환상적 본질을 직면하게 된다. 오즈의 마법사 효과에서 공허한 유대에 맞서는 것은 더 큰 슬픔과 애도로 이어질 수 있는 것처럼, 내담자는 자신에게 진정한 보살핌을 거의 제공하지 않은 관계를 유지하기 위해 자신을 희생해 왔다는 것을 점진적으로 인식하게 된다. 도로시와 같이, 내담자는 자신 안에 있는 강점을 깨닫게 된다. 방어를 포기하는 것과 관련된 저항의 원천은 내담자 정체성의 버팀목인 자신의 일부를 포기하고 작별을 고하고 있다는 감각이다. 이러한 방식을 뒤로 하고 떠나는 것은 어렵고 유쾌한 일이 아니며, 믿을 수 있는 동반자를 버리는 것 같은 느낌을 갖게 만든다. 그러나 이러한 상실을 애도하는 것이 바로 방어를 포기하게 되는 마지막 단계이다. 자신의 정서적 생존을 위해 취해 오던 전략인 '비밀 요원'으로서의 이중 충성의 효과가 약해지면서 내담자는 그 오랫동안 고수했던 것을 포기하며 비통의 눈물을 흘린다.

5) 압박 제거하기

오랫동안 제공되었던 보호 기능으로서 방어 전략을 포기하는 것은 쉬운 일이 아니다. 좌절감과 함께 내담자는 자신이 할 수 없다고 느끼는 것을 실행하기 위해 자신을 압박한다. 자진해서 만들어 낸 압박(이것은 자기 처벌 또는 자기 공감의 결핍으로 발생한다)과 긍정적인 동기를 혼동하지 않는 것이 중요하다. 저항이 강화되면서 종종 표면에 있는 불안보다 깊은 수준에서 저항이 강화될 수 있는데, 치료자는 더 사려 깊게 내담자의 필요에 맞추어 도움을 줄 수 있다.

내담자가 스스로 만들어 내는 압박에 치료자는 두 가지로 반응할 수 있다. 압박을 제거하는 것과 스스로 이를 행할 수 있도록 돕는 것이다(Alpert, 1992). 지금까지 내담자의 치료적 성과에 초점을 맞추면서, 치료자는 고통스러운 경험에 마주하는 것과 오랫동안 지켜온 패턴을 변화시키는 것이 얼마나 어려운 일인지 공감해 줄 수 있다(Sklar, 1992). 준비되기 전에 어떠한 경험이라도 해야 한다는 압박을 느끼지 않음으로써 내담자는 통제력을 더 갖게 되고, 불안과 방어의 필요성을 덜 느끼게 된다. 역설적으로 압박을 제거하는 것은 종종 치료 과정으로 이어지기도 한다. 내담자가 아직 준비되지 않았기 때문에 어떤 경험을 해야 할 필요가 없다고 느낀다면, 그는 치료에 임하면서 보다 통제감을 느낄 것이며, 이로 인해 덜 불안하게 된다. 그리고 방어의 필요성도 감소하게 된다. 여기서 머물러도 괜찮다고 말하는 것은 이전에 만만치 않아 보였던 장애물을 줄이는 역설적인 효과를 가지고 온다. 게다가 내담자의 자기 비난적 자세나 경직된 자기 기준을 다루면서, 치료자는 내담자가 어떻게 여기까지 오게 되었는지를 되새겨 보도록 할 수 있으며, 고통스러운 경험을 마주하는 것이 얼마나 어려운 것인지, 또한 오랜 기간 굳어진 패턴을 변화하기 위한 시도가 얼마나 힘든 것인지를 상기시켜 줄 수 있다. 여기서 경직된 자기 기준이란 안전을 위한 자신의 필요에 대해 성급해지는 것으로 해석된다. 내담자가 지나치게 자기 처벌적이 되는 경향으로 인해, 치료자의 지지와 그들이 할 수 있는 한 최선을 다했다는 증거는 멀리 사라질 수 있다. 이러한 이해는 내담자가 덜 외롭고 자신의 병리에 대해 패배감을 덜 느낄 수 있도록 돕는다. 그리고 새로운 강점과 지속 가능한 결심을 끌어낼 수도 있다. 압박을 제거하여 불안을 감소시키고 자기 수용을 증가시키는 것은 치료상 교착 상태에 직면했을 때 효과적인 기술이 된다.

6) 코칭적 접근

마지막으로, 압박 제거에 대한 대응은 코칭적 접근이다. 즉, 내담자가 잘 견딜 수 있도록 북돋워 주고 이루어 내고자 노력하는 그 가치를 확인시켜 주는 것이다. 이는 내담자가 약간의 불편함을 견디고 지지와 함께 건설적인 목표를 향해 노력할 수 있는 내담자의 능력에 치료자가 자신감을 불어넣어 주는 표현이다. 응원하고, 부추기고, 밀기도 하면서 새로운 곳으로 나아가도록 계속해서 시도할 수 있게 격려하는 것은 치료적일 수 있다. 때로는 거울반응하기가 필요하고, 때로는 살짝 찔러 보기도 하고, 핵심적인 부분에 대한 도전도 필요하다. 내담자가 자연스럽게 향해 가는 곳에 대한 금기는 없다. 어려울 수도 있지만, 내담자는 눈을 마주치려고 노력하거나, 상상으로 그려 내는 공격의 결과를 탐색하는 데에서 도망가지 않으며, 순간적인 슬픔을 참도록 격려받을 수 있다.

내담자는 궁극적으로 치료자의 개입이 용기를 주는 것인지 아니면 압박을 더 하는 것인지를 결정하게 되는데, 이는 내담자의 경험이 압박을 제거함으로써 오히려 긍정적이게 될 것인지, 아니면 무례한 결과가 될 것인지를 결정하는 것과 마찬가지이다. 누군가에게는 간단한 의견이나 질문이 때로는 매우 부담스러운 압박처럼 느껴질 수 있다. 반면, 또 다른 누군가에게는 경험적 성장을 위해 밀어붙이는 수많은 질문과 촉구가 깊은 보살핌, 공감, 감사한 도움처럼 느껴지기도 한다. 지속하도록 격려하는 것에서 압박을 제거하고 분명한 공감으로 기어를 전환해야 할 때를 알리는 표시는 내담자가 자신이 할 수 없는 일을 하도록 요청받고 있다고 내비칠 때이다. AEDP와 더 대립적인 입장 사이의 차이점은 암묵적으로든 명시적으로든, 내담자가 할 수 없는 일로 그를 비난하거나 비판하지 않고 내담자 '아니오no'를 확인하는 데 있다. 오히려 AEDP 치료자는 내담자의 입장에서 내담자가 자신을 압박하거나 비난할 때 자기 공감을 촉진하고 발전시켜 어떤 한 지점에서 치료적으로 교착된 상태를 다른 지점에서 치료 작업의 기회로 활용하기 위해 노력한다.

3. 적신호 감정 작업하기

불안, 수치심, 죄책감, 무력감, 절망은 핵심 감정에 대한 반응으로 발생하고 방어 기제를 활성화시키는 강렬하게 혐오스러운 상태이다. 다음의 기법에 대한 논의는 모든 적신호 감정에 적용되지만, 원형적 적신호 감정인 불안과 수치심에 보다 중점을 둘 것이다.

1) 불안 다루기

불안한 내담자가 불안 경험에 초점을 맞춤에 따라, 치료자는 내담자가 물리적으로, 그리고 정서적으로 경험하고 있는 것에 가능한 한 가깝게 머무르며 그가 덜 외롭다고 느끼도록 돕는다. 불안은 종종 방어가 뚫렸다는 신호인데, 이때 내담자는 너무 취약하다는 느낌이 든다. 방어와 마찬가지로, 불안 반응은 삶의 아주 초기에 학습되는데, 실제 정서적 위험이 존재하고, 신뢰할 수 잇는 타인의 존재를 통해 안심할 수 있는 혜택이 없이 내담자가 혼자라고 느끼는 것이다. 내담자가 불안하다고 반응할 때 치료자는 그 상태를 민감하게 느끼고 있어야 하며, 그러한 내담자의 경험에서 혼자 있다는 느낌을 덜 받도록 도와줘야 한다.

(1) 불안의 신체적 요소 탐색하기

내담자가 치료자와 함께 있을 때 불안을 느낀다면, 내담자는 즉각적인 경험에 초점을 맞추게 된다. 그는 불안에 대한 신체적 신호와 그것들이 어떻게 변하고 있는지를 조율할 것이다. 치료자는 바로 그때 내담자와 함께 머무를 수 있으며, 이를 함께 조율해 나갈 수 있다. 내담자에게 구체적으로 그 불안에 대한 신체적인 경험을 묘사하도록 요청하는 것(즉, 신체의 어느 부위에서 느껴지는지, 어떤 감각이 머무는지)은 역동적인 정보를 제공하는 동안 변함없이 불안을 낮추게 하는 개입이다(Davanloo, 1990). 내담자가 그 시간에 자신의 불안에 대한 경험을 공유함으로써 종종 그것을 극복하기도 한다. 그리고 불안이 발생하기 쉬울 때와 결국 '어떻게 그것을 통제하는가'라는 불안감의 정체성에 대해 이해하게 된다.

궁금증을 가지고 물어보는 치료자 앞에서 자신의 내면에서 경험하였던 것을 구체적으로 설명하면서, 불안의 기저에 깔렸던 조건들이 변하기 시작한다.

내담자: (흐느끼고, 깊은 한숨을 쉬며, 고개를 가로젓는다.) 정말 이상하네요. 몸에 어떤 느낌이 있었어요, 일종의 얼얼한 느낌이었어요.

치료자: 어디에서요? 모든 곳에서요? (온화하고 동정적인 어조로 질문한다.)

내담자: 얼굴이에요.

치료자: 얼굴이요?

내담자: 네.

치료자: 아…… 뭐 같았죠?

내담자: 이상해요. …… 무감각해요.

치료자: 무감각하군요. 얼굴의 어디에서 느꼈죠? [불안 반응의 신체적인 관련성에 대해 구체적으로 탐색한다. 또한 불안의 무의식적인 의미를 이해하기 위한 단계를 설정한다]

내담자: …… 여기, 위쪽이에요. (손으로 뺨을 쓸어내린다.) …… 뺨이에요.

치료자: 뺨에서요. 전부 다 그런 건 아니고, 단지 여기, 그리고 여기에서네요. (움직임을 그대로 보여 준다.) …… 아…… [거울반응은 관계의 연결을 강화하고 불안을 감소시킨다]

내담자: 네, 정말 이상해요. …… 좋아요. …… 재미있네요. 제가 편안해지라고 하시는 말씀인 거죠. …… 저에게 있는 문제 중 일부인 거예요. 너무 긴장해 있어요. [그것을 기록하고, 편안함을 가지면서, 이름을 짓고 연결점을 가진 후에, 내담자는 자신의 상태를 명명할 수 있는 능력을 회복한다]

구체적으로 신체적 관련성을 탐색하는 또 다른 중요한 이유는 그것이 무의식적인 의미가 있기 때문이다. 불안이 어떻게 그리고 어디에서 경험되는가와 환상이 나타내는 역동들 사이의 무의식적인 일대일의 관련성이 있는 경우가 매우 많다. 제9장에서 묘사되었던 어릴 때 아버지에게 뺨을 맞은 내담자의 경우, 불안은 극심한 분노와 그 결과로 인한 두려움에 의해 촉발된다는 것이 드러난다. 면접 초기에 얼얼함에 대한 정확한 위치를 보여 주면서 무의식적 도식들을 활성화하고, 그 기억과 환상이 연관되어 있는 자극을 더 많이 만들게 된다. 이렇게 구체적인 것들을 확인하게 되면서 다음과 같이 된다.

- 불안은 견딜 수 있는 수준으로 낮아지고, 무서운 상태는 다른 사람과 공유되며, 이 두 가지는 불안한 내담자가 안정적으로 되도록 돕는다.
- 불안은 더 쉽게 정의될 수 있다.

- 구체적인 심리역동의 정보를 얻는데, 그 의미는 이후에 전개될 가능성이 크다.
- 우리는 무의식의 펌프를 준비시킨다.

(2) 불안의 인지적 · 환상적 · 경험적 측면 탐색하기

치료자는 내담자에게 불안이 어떠한지를 그가 느껴 왔던 것과 다른 상황과의 관련성에 대해 이야기해 달라고 요청할 수 있다. 그리고 불안의 느낌이 어디로 가게 될지를 상상하도록 요청할 수 있다. 치료자는 또한 현재("가장 나쁜 일이 일어난다면 무엇일까요?")와 과거("있었던 가장 최악의 일은 무엇인가요?" "그리고 무엇이 일어났죠?")에 있어서 내담자가 겪었던 불안의 경험과 관련된 다른 인식과 환상에 관해 물을 수 있다. 불안의 역동적 근원을 찾기 위해, 치료자는 불안이 시작되었을 때의 정확한 순간을 짚어 보도록 시도할 수 있다("이것을 맨 처음 경험했던 게 언제인가요?" "그다음 무슨 일이 일어났죠?"). 이런 종류의 질문들은 불안이 얼마나 확장되어 있는지 내담자가 볼 수 있도록 도울 수 있고, 내담자가 두려워했던 것을 피하거나 부인하는 것이 아니라 오히려 처음 인식하고 직면했던 무력감이나 수치심을 마주하는 과정을 시작하는 데 도움이 될 수 있다.

(3) 의미를 찾고 이해하기

불안의 내용과 함께 불안에 대한 감각을 연결함으로써(내담자가 불안해하던 것, 과거와 어떻게 그리고 왜 연결되는지 등) 치료자와 내담자는 함께 내담자가 느끼고 있는 것을 이해한다. 과도한 불안의 본질적 부분은 내담자에게 있어서 일어나고 있는 현상이 도저히 이해가 되지 않는다는 점이다. 경험에 의미가 부여될수록 통제 불능의 상태는 줄어들게 된다.

(4) 안심시키기, 정확한 명명하기를 통한 재구성 및 교육

치료자는 불안의 징조라고 주장되는 불편하고 무서운 경험과 감각을 내담자가 알고 있는지 추측해 본다. 사실, 이것은 드문 사례가 아니다. 이러한 반응들과 파급력에 대해 치료자로부터 안심시키기, 정확한 명명하기를 통한 재구성, 그리고 교육을 받는 것은 매우 도움이 될 수 있다. 불안감을 줄이는 다른 방법은 감정적으로 덜 무거운 주제로 바꾸는 것이고, 내담자가 불안감을 줄이거나 억제하기 위해 주로 무엇을 하는지 알아보는 것이다.

후자의 접근법은 내담자와 치료자 모두에게 내담자가 기능하는 것에 대해 더 많은 정보를 제공하고, 그때 순간적으로 제거된 수용적이고 자기 치유적인 능력들과 내담자를 다시 연결하게 할 수 있다(Gold, 1994; Bohart & Tallman, 1999).

(5) 압박 제거하기, 내담자가 해낸 어려운 작업과 성과 존중하기

이 기법들은 고착된 방어를 작업할 때 외에 불안을 다루는 데도 적용된다. 내담자가 불안이 증가하여 반응하게 될 때, 치료자는 내담자가 겪고 있는 것을 인식하고 몰아붙이지 않는 것이 중요하다. 방어와 마찬가지로, 압박을 제거하고 치료자가 존중을 표현하는 것은 내담자가 덜 외롭다고 느끼도록 돕고, 내담자의 통제감을 재확인함으로써 불안과 다른 적신호 감정을 극적으로 감소시키는 경향이 있다.

신체적으로 수반되는 것 탐색하기, 인지적 · 환상적 · 경험적 측면 탐색하기, 의미를 찾고 이해하기, 안심시키기, 정확한 명명하기를 통한 재구성 교육, 압박 제거하기, 내담자가 해낸 어려운 작업과 성과 인정하기는 불안을 다루는 작업뿐만 아니라 모든 적신호 감정에 적용할 수 있는 전략이다.

다음으로, 수치심이라는 적신호 감정과 작업하기라는 주제를 구체화해 볼 것이다.

2) 수치심 다루기

수치심은 유쾌한 반응이 갑작스럽게 중단되는 상황에 대한 반응으로 생겨난다. 흔히 수치심은 인간 경험의 전체 영역을 억제하는 결과를 가져오는데, 이는 고통스러울 뿐만 아니라 미발달된 상태가 되게 한다. 수치심에 대한 치료 작업의 목표는 내담자가 수치심으로 인해 왜곡된 반응의 긍정적 특성을 회복하고 경험하도록 하는 데 있다. 치료자는 충격과 비난보다 감탄, 감사, 격려로 내담자의 경험에 반응할 수 있다.

다음의 축어록은 관계적인 맥락에서 수치심의 반응 표식인 시선 외면하기에 대한 주의 깊은 탐색을 보여 준다.

보이거나 말거나

치료자: 저는 처음부터 당신의 눈 맞춤에 대해 궁금했어요.

내담자: 네.

치료자: 눈맞춤이 없는 것은 아닌데, 저를 많이 외면하고 있어요. ·······.

내담자: 맞아요, 맞아요·······.

치료자: 제 눈을 보면 무서운 뭔가를 보는 것처럼 두려움이 생기나요? [관계적 불안 탐색, 비언어적 반응에 대한 상호 관찰에 참여하도록 내담자를 초대하기]

내담자: 제 안경이 어디 있죠? (안경을 찾는다.) ······ 안경을 쓴 지 20년이 다 되었어요. 정말로 안경 없이는 잘 볼 수가 없어요. 네. ······ 네. 제가 그랬는지는 잘 모르겠 어요. ······ 꼼짝하지 않고 있길 원했는지 모르겠어요. 이 경우에는 잘 모르겠어 요. 그렇지만·······. [유연한 방어]

치료자: 흐음. 제 눈을 피하려고 하는 자신의 느낌에 머물러 보세요. [눈 맞춤을 매우 싫어 하는 것에 대한 관계적인 주제에 다시 초점을 맞춤으로써 유연한 방어로 우회하기]

내담자: 그것이 어떤 건지 잘 모르겠어요. ······ 제가 선생님의 눈을 바라보고 있다면 무 슨 일이 일어나야 하는 거죠? 뭐가 일어났어야 하는 거죠? 모르겠어요. 저에게 최면을 거는 것은 아닐 거고요. ······ 제 생각에 선생님은 모든 걸 다 볼 것만 같 아요. 그러나 전 모든 걸 다 보여 드릴 준비가 되어 있지 않아요. 뭐가 또 보이시 나요? 수치스러워요·······. 그건 수치심이에요. (울기 시작한다). 제가 그걸 할 수 있을 것 같아요[예: "당신에게 모든 걸 말해요"]. 하지만 부끄러워요·······. 내 멍청한 안경 같으니라고. (표면상으로는 눈물을 닦기 위해 안경을 벗는다.) [수치심의 혐오 감 정에 대한 신체본능적 경험]

치료자: (동감하는 소리) 으음. [공감적인 품어 주기]

내담자: (고개를 숙이고 조용히 운다.) [수치심과 고통]

치료자: (부드럽게) 제 눈을 바라보기에는 무엇이 두려우세요? [수치심의 인지적 · 환상적 측 면 탐색하기]

내담자: 모르겠어요. ······ 제가 보려고 할 때 뭘 두려워할까요? ······ 제가 보려고 하는 것에 두려움이 있는 건지 잘 모르겠어요. 선생님이 보게 될 것이 두려워요. (지금 은 눈 맞춤이 아주 명료하고 좋다.)

치료자: 제가 보려고 하는 것이 그것이에요. [반영하면서]

내담자: 또는 선생님이 보는 그것을 제가 보게 될 것이라는 거겠죠. (억압적인 감정의 고조)

치료자: 거기에는 어떤 의미가 있는 거죠?

내담자: (명료하고, 직접적인 응시, 조용한 미소, 개방적인 표현) 전 선생님에게 뭐든지 말할

수 있어요. 그리고 좋다고 생각해요. 선생님이 저를 바라보는 것도 괜찮아요. 선생님이 저를 쳐다본다는 걸 제가 모르기만 하면요. 그게 정말로 무서운 부분이에요. …… 와! 정말 뭔가 있네요, 그렇죠? [이전의 이해되지 않았던 경험 이해하기, 편안해짐, 주관적 진리의 선언, 핵심 상태, 개방성과 직접성]

괴물을 이름 지어 부르는 것은 그것의 힘을 빼앗는 것이다. 명명하기와 그 경험을 이해하게 됨으로써, 내담자는 자신의 경험에 대한 통제력을 회복하고 전능감의 영역을 되찾게 된다.

(1) 정서적 경험 타당화하기

일반적으로 수치심을 동반하는 적신호 감정을 다루는 데 있어 중요한 것 중 하나는, 정서성emotionality과 약점(또는 나쁜 점, 방종) 사이의 연관성을 깨뜨리는 것이다. 유사하게, 자기 돌봄(자기 공감, 자기 수용)과 이기심 사이의 연합을 방해하는 것도 중요하다. 내담자에게 가해진 무례함, 취약함, 자기애, 이기심, 나쁨, 거만함, 또는 많은 비난들이 증거가 되는 대신에, 내담자의 반응이 발달상의 과제를 수행하려고 노력했을 뿐이라는 점을 드러내는 것임을 내담자가 깨닫도록 돕는 것이 치료자의 과업이다(Ferenczi, 1931). 비난과 굴욕 대신, 그러한 반응은 섬세함, 감탄, 수용, 지도, 능숙한 돌봄이 필요했다. 치료자가 내담자를 지지하고 타당화시켜 주는 것, 그리고 자신에 대한 책임감뿐만 아니라 내담자가 가진 느낌에 대한 자신의 권리를 되풀이하여 말하는 것은 매우 중요하다. 게다가 내담자가 수치심 때문에 이전에는 표현할 수 없었던 영역에서 조금이라도 시도해 보려는 모습 안에서 치료자는 즐거움을 얻을 수 있고 그것을 보여 줄 수도 있다.

> **예시**
>
> 어머니가 성적 학대를 받은 경험이 있는 내담자는 성적 반응을 수치스럽게 여기며 통제할 수 없다고 확신하는 집안 분위기에서 자랐다. 그 아이의 나이에 합당한 과시욕은 고압적이고 굴욕적인 책망과 금지로 억눌려 왔다. 어른이 되어서 성적 억압은 내담자에게 불평으로 표현되었다. 자신의 신체적 반응이 고통스러울 정도로 매우 부끄러웠기 때문에 내담자는 성적으로 흥분할 때마다 몸에 '배신당했다'는 느낌이 들었다고 말했다. 치료적으로 수치심 제거의 작업 중 일부는 내담자의 초기 경험에 대한 연민을 보여 주고, 그녀의 어

린 시절 행동을 넘치는 활기와 정신의 발달적 지시를 반영하는 것으로 재구성하는 것을 포함시켰다. 치료자는 또한 자신의 딸이 보인 자랑스러웠던 과시 행동에 대한 사례를 공유했다. 그러자 내담자의 마음이 움직였다. 성적 탐구에 대한 욕구가 인정받고 격려받게 되었다. 다행스럽게도 내담자는 사랑하는 자신의 파트너에게도 격려와 지지를 받은 것이다. 시간이 흐르면서 내담자는 수치심을 내려놓게 되었을 뿐만 아니라 새로운 자기감의 확장을 위해 새롭게 발견한 표현이자 수단으로써 감각적이고 성적인 경험에의 능력을 즐기기 시작했다.

4. 청신호 감정 작업하기

때때로 희망, 진실, 호기심, 개방성, 탐구욕 등은 치료에서 간과하는 경험들로, 보통 부정적이고 문제가 있는 반응들에 집중하는 경향이 있다. 청신호 감정을 추적하고, 명명하면서, 내담자도 주의를 기울이도록 하는 것은 매우 중요하다.

1) 청신호 감정에 초점 맞춰 추적하기

청신호 감정에 초점을 맞추면, 그것에 대한 내담자의 관심이 다소 약해질 수 있다. 치료자처럼 내담자도 종종 부정적 경험을 다루면서 더 훈련이 된다. 일단 이러한 경험에 초점을 맞추게 되면, 내담자는 자기 의식이 생기고 치료자가 그 경험을 해석할 것이라고 기대하면서 그것이 어리석거나 바보같다고 철회하고 떨쳐 버릴 수 있다.

치료 작업은 내담자가 이러한 반응들이 무엇을 의미하는지에 대해 조율하는 것을 포함한다. 이러한 반응 안에 담겨 있는 정보의 가치에 대해 내담자가 민감해지는 것은 중요하다. 그것들은 자신의 내적 자원 상태에 대한 긍정적인 평가를 포함하여, 정서적 환경에서 가장 호의적인 읽을거리로 표상된다.

그것들이 일정하게 되면, 이러한 긍정적 경험들이 내담자의 전능한 영역에 통합되고 발달하고 있는 성찰적 자기 기능의 대상이 될 수 있도록 청신호 감정의 선행 사건을 내담자와 함께 탐색하는 것이 중요하다. 치료자는 감정에서 암시되는 것으로부터 충만한 감정적 경험 안으로 진입하고자 노력하게 된다. 경험적 작업을 하면서, 내담자는 막 시작된 진실과 희망을 깨닫게 될 뿐만 아니라 이를 신체본능적으로 경험하고, 그러한 경험들과 좋은 환경을 연결한다.

다음 축어록에서 대부분의 작업은 표현적 반응 삼각형the triangle of expressive response의 보호 아래에서 이루어진다. 이는 임상적 변화로 증명된 것과 같이, 위험을 감수하기 위한 어떤 기본적인 신뢰와 기꺼이 하겠다는 의지를 나타낸다. 이것은 단지 내담자의 행동으로부터 추론하는 것이기도 하다. 그렇지만 내담자가 치료자에게 마음을 열고 함께 작업함으로써 그 관계의 요소들을 직접적이고 신체본능적으로 경험할 때, 그의 불안이 솟아오른다. 청신호 감정으로서의 신뢰와 신뢰를 불러일으키는 인식과 공감에 대한 본격적인 경험은 다르다. 이해되고 인정받는 느낌의 완전하고 수용적인 경험은 내담자가 받아들이고 유지하기 매우 어렵다. 그것이 바로 그가 갈망하는 것일지라도, 너무 낯설어서 두렵기 때문이다.

도요새를 사랑한 남자

내담자: 자책하지 않고 그걸 해 보도록 시도하게 도와주세요. 제가 어떻게 느끼는지에 대해 말할 거예요(오랫동안 침묵). …… [내담자는 "가장 살아 있다"고 느끼게 해 준 그 활동에 여자 친구가 어떻게 자신을 끼워 주지 않았는지에 대해 이야기하려고 한다]

치료자: 그건 암벽 등반이나 크로스컨트리 스키에 대한 것이 아니죠. 문제는 당신이 어떻게 느끼느냐에 대한 거죠. 당신이 진심으로 느끼는 그 무언가예요. …… 인식되는 것이 아니라 정말 순수한 당신의 감정에 대한 그 무언가가 있어요. [감정적으로 문제 재구성하기, 일반적인 언어에서 느낌과 동기에 관한 언어로 바꾸기]

내담자: 선생님이 순수하다는 말을 했을 때 깜짝 놀랐어요. [진실한 자기의 인식과 연결되어 있는 불안에 대한 선언]

치료자: 네.

내담자: 그전 느꼈었어요. 왜 그게 저를 불편하게 만들었는지 모르겠어요……. 그러나 전…… 그 느낌은 제가 정말 즐기는 그 어떤 것을 행하는 건데요. …… [주제를 이동시킴: 전략적 방어]

치료자: 제가 당신의 느낌에 대해 순수한 것이라고 말했을 때 당신의 반응은 어땠나요? [다시 집중하기: 부드러운 방어로 우회하기]

내담자: 모르겠어요. 그건 마치…….

치료자: 여기에 집중해 봅시다(심장을 가리키며), 여기보다는요(머리를 가리키며, 함께 웃는다). 어떤 내적인 집중을 해 봅시다. 마음에 가깝게요. 왜냐하면 이 위축됨은 머리에서 온 게 아니니까요.

내담자: 흐음. 제가 느꼈던 것은, 왜 그런지 모르겠지만 알게 된 건데, 그 느낌이 허를 찌르는 방법으로 알아차려졌고, 저를 놀라고 불편하게 만들었다는 것이에요. 제가 할 수 있는 가장 최선이라고 생각해요. 정말 일종의 긍정적인 것으로 느꼈었어요. …… 그냥 알게 되고 반응되어 졌어요. 제 느낌은 반응되어진 것이었어요. 반응되어진 저의 느낌. (오랫동안 침묵) 전 그것에 익숙하지 않아요. [인식과 반응에 대해 접촉된 불안과 연결되고, 새로운 비교 삼각형이 정교화된다. 예를 들어, 이러한 경험은 다른 것이며, 그래서 이전의 경험들과 갈등을 일으킨다]

치료자: 그리고 위축된 것은요? [다시 초점을 맞춘다]

내담자: 잘 모르겠어요. …… 그 순수라는 단어를 선생님이 사용한 건요. 저는 가끔씩 선생님이 영화를 보며 울 때 어떤 식으로든 그 감정에 압도되는 식으로든 그 감정에 압도되는 느낌을 받을 거라고 생각했어요. [강렬한 느낌에 대해, 압도되는 느낌인 불안과 연결되는 또 다른 재진술]

치료자: 네…… 네…….

치료자: 전 항상 숨이 막혀 있었어요.

치료자: 제 생각에 숨이 막힌 것 같다는 것에는 당신이 숨을 잘 쉬지 못하는 것과 당신의 신체적 반응이라서 저에게 좀 익숙해진 것 같은 "흐름"이라고 말하는 게 들어 있는 것 같아요.

내담자: 제가 만드는 소리라구요?

치료자: 네. 알다시피, 흐음, 이건 약간 감정적으로 끊어 버리는 하나의 방법이라고 생각해요. [비언어적 방어의 의미 정의하기]

내담자: 맞아요. 그건 충격 흡수 장치 같은 거에요.

치료자: 그렇군요.

내담자: 그건 약간 장벽을 쌓는 것 같은 특징이 있어요. [내담자와 치료자가 함께 친밀해지며 작업을 하고 있다. 내담자는 개방을 하고 있고 감추기보다는 방어에 대해 논의하고 있다]

치료자: 맞아요……. 알다시피, 조그마한 보호책이죠. [공감적으로 내용 재구성하기]

내담자: 네……. 그리고 선생님이 말했던, 순수하다는 그 말에서 제가 허를 찔린 것 같아요. 마치 다른 방어벽을 세울 시간이 없었던 것처럼요…….

치료자: 음……. 당신 안에 있는 아주 깊은 느낌을 제가 알아차리고 바라보는 것에 대한 그 무언가가 있는데, 마치 신체본능적 반응에 가까운 것 같아요. 그것이 고통스러우신 건지, 두려우신 건지 잘 모르겠어요. [암묵적으로 협력 작업을 요청한다]

내담자: 두려운 거예요. [요청한 협력 작업에 응한다. 이해된 느낌의 긍정적 경험과 함께 연합된 혐오적인 감정에 대해 매우 분명히 한다]

치료자: 위축되는 것, 불편한 것…… 알다시피, 저는 그것에 주목하기를 원해요. …… 겉보기에는 정말 아주 좋아 보이지만, 실은 끔찍하기도 하거든요.

내담자: 그게 왜 두렵다고 느끼는지는 모르겠지만, 그렇게 할게요. 그건 약간 부드럽고 녹는 느낌이에요. [이해되고 있다는 느낌에 직면하여 무방비 상태에 대한 신체본능적인 경험] 정말 두려워요. 제가 주로 얼마나 많이 모든 것을 차단하고 덮어 버리고 싶은지에 대해서는 알고 있어요. 그건 죽은 것 같은 느낌이에요. [방어 주도적 기능에 대한 신체본능적 경험과 즉각적 방어 체계]

치료자: 음?

내담자: 마치 죽은 것 같아요. 모든 것을 막아 버리고 있는 것, 모든 것을 다 잠궈 버리는 것. 정말 전혀 살아 있다는 느낌이 들지 않아요. 하지만 선생님이 맞아요. 그것에 대한 불편한 뭔가가 있는 거죠. 그게 뭐인지는 모르겠지만 말이에요. [방어의 결과는 죽은 것 같은 상태이다. 내담자는 불안에 다시 초점을 맞추고 생명의 영역으로 돌아간다]

치료자: 마음이 조금 찢기는 것 같아요. 왜냐하면 당신이 말하는 그 부분에 저도 일부 있기 때문이에요. 좋아요, 이것이 두렵다면 말이에요. 천천히 그것을 잡아 봅시다. 왜냐하면 당신이 두려워할 만한 이유가 충분히 있다고 확신하기 때문이에요. 저에게는 "좋아, 우리가 더 나아가기 위해서 이것을 잡을 수 있을지 두고 봅시다."라는 마음이 있는 것 같아요. ……. [관점 비교하기, 내담자가 치료적 딜레마에서 나오게 하기]

내담자: 저라면 한 걸음 더 나아가자고 할 것 같아요. [내담자는 앞으로 나아가는 것을 선택한다] …… 우리는 해변가를 걷고 있을 것이고, 도요새가 있다는 것을 알아챈 후 제가 그걸 말하면 그녀는 "그것에 대해 그만 말해. 난 도요새에게 관심이 없어."라고 말할 거예요.

치료자: 전 당신이 그렇게 말했을 때 움츠려들었어요. [솔직한 공감, 예상해서 거울반응하기]

내담자: 선생님은 이런 일이 많이 일어나는 것은 아니지만, 그래도 가끔 일어난다는 것을 알고 있어요. [축소화하기]

치료자: 제가 그렇게 말했던 것이 당신을 불편하게 만들었던 것 같아요. [불안 정의하기]

내담자: 저는 선생님이 "알잖아요, 정말로 그건 미숙하다고요."라고 말씀하시길 기다리고 있었어요. [이전의 경험에 근거한 불안의 내용을 지금은 방어적으로 보호하려고 자기 공격으로 깊숙하게 내면화한다]

치료자: 하지만 제가 지금 하는 반응에 대해 당신이 약간 힘들어하는 것처럼 보여요. [공감적으로 방어 정의하기]

내담자: 그냥 그것에 대해 털어 버린 것 같아요. 계속하세요. [방어 소유하기]

치료자: …… 저는 당신이 겁을 먹었던 것을 다시 느껴 보고자 했던 거예요. 당신에게 있어서 제가 당신의 편이라는 걸 받아들이는 것이 무서울 것 같아요. [불안으로 돌아가기, 그리고 방어와 그것의 연결점 찾기]

내담자: 그런 것 같네요. 제가 그 느낌에 대해 스스로를 포기해 버린다면 어디로 가게 될지 모르겠어요. …… 하지만 저는 나 자신이 두려운 것이 아니라 선생님이 하고 있는 것, 그 어떤 것이 두려운 거예요. …… 저는 선생님이 거의 대부분 수용하거나 깨닫거나 할 때 위축이 돼요. …… 그건 사실이에요. 신체적으로, 저의 몸 전체가 막 움찔해요. [친밀함에 대한 불안의 신체본능적인 경험 표현하기]

치료자: 맞아요. 우리는 끝을 향해 나아가고 있어요. 당신이 이 여정을 잘 살펴보았으면 좋겠어요. 왜냐하면 당신이 두렵다고 느끼게 되면, 스스로를 보호하려고 한다는 것은 정말 충분히 합리적인 부분이기 때문이에요. …… 그러나 다른 측면을 저와 함께 인정할 수도 있어요. …… 당신은 저와 함께 얼마나 많이 작업을 하고 있는지, 얼마나 비방어적인지, 얼마나 마음을 열고 있는지 말이에요. …… 우리가 매우 짧은 시간에 할 수 있는 만큼 먼 길을 왔다고 느껴요. [인정, 요약하기]

이 작업을 수행하는 단계에서, 우리는 매우 중요한 패턴을 정교화하였다. 내담자가 갈망하는 인정과 공명은 그를 신체본능적으로 두렵게 한다. 안전과 죽음처럼 살아 있음과 공포가 연결되어 있다. 그리고 내담자가 존재로 지지받고 인식되는 것에 기반한 자기와 타인의 연결은 이전의 경험과 반대된다. 반면, 경멸에 기반을 둔 연결은 비록 그것이 고통스러울지라도, 내담자가 알고 있는 연관성을 나타낸다. 또한 방어와 불안의 경험을 신체본능적으로 탐색하였으며, 내담자는 축어록 초반에 했던 것처럼 자책하거나 말문을 닫는 것과 친밀함과 친근감에 대항하는 방어적 반응 모두를 피할 수 있는 성공 경험을 했다.

5. 자기–타인–정서 삼각형: 자기와 관계 경험의 긍정적 측면 vs 부정적 측면

1) 자기, 타인, 정서의 상호의존성 이해하기

내담자가 자신 안에 있는 다른 면들을 인식하게 됨으로써, 작업은 각 상태의 기초가 되는 특정한 자기–타인–정서 삼각형의 구성 요소를 해석하여 내담자를 돕는 것을 목표로 하게 된다. 예를 들어, "패배자, 뚱뚱하고 바보 같으며 추한 패배자"와 같은 자기감을 가진 내담자는 이러한 감정이 어린 시절 어머니처럼 자신을 거절할 힘을 가졌던 타인과 연결되어 있음을 알게 된다. 더욱이, 그는 핵심 감정의 억제가 가치 없는 자기가 강하다고 인식되는 타인에게 종속되는 역동과 본질적으로 연결되어 있다는 것을 배울 수 있다. 즉, 쫓겨나는 것에 대한 두려움 때문에 움직이게 되는 것이다.

2) 좋은 상태와 나쁜 상태 나란히 놓기

내담자는 치료 중이나 치료 밖에서 기분 좋은 경험을 함으로써 핵심 감정에 접근할 수 있을 때 자신의 경험이 근본적으로 다르다는 것을 정서적으로도 알아 간다. 정서적으로 접촉하는 것은 역량, 편안함, 직접적이고 확고할 수 있는 능력을 스스로 경험하는 것이다. 이는 또한 타인이 그렇게 크지도 아주 강하지도 않다는 감각을 받아들이는 것이다. 내담자가 접촉할 때, 타인은 자신의 손 안에 그의 운명을 쥐고 있지 못한다. 좋은 자기 상태의 경험에 대해 본질적인 측면은 선택과 기회에 대한 감각이며, 통제 불능 상태에서 자기보다 더 큰 힘의 지배를 받는다는 느낌이 우세한 병리적인 자기 상태로부터 완전히 벗어나는 것이다.

특정한 자기 상태와 그것을 불러일으키는 경향이 있는 타인들 사이의 연결을 발견한

다음, 특정한 방어–신호 감정–핵심 감정의 군집을 연결함으로써, 내담자는 결국 자신의 감정적 능력을 향상시키는 방식으로 자신의 차별적인 역동을 파악할 수 있다. 이러한 종류의 인식에 대한 결과는 몇 가지 치료적 결과로 나타난다.

- 내담자는 어떠한 나쁜 상태도 단지 그것뿐이라는 것을 배운다. 그리고 마음의 다른 상태도 이용할 수 있다는 것을 알게 된다. 어느 특정한 상태가 개인의 정체성을 완전히 표현하는 그 무게를 짊어질 필요는 없다. 다른 말로 하면, 성찰적 자기 기능이 시작된다. "저는 좋지 않아요."는 "지금, 저는 좋지 않다는 느낌의 상태에 있어요"라고 바뀌게 된다. 다양한 상태에 대한 주요 인식은 종종 최악의 상태self-at-worst로 병리적 자기를 구성하는 수치심과 자기 경멸을 감소시킨다.
- 경험을 통해, 내담자는 긍정적 자기 상태가 더 많이 유발될 수 있는 환경의 특징을 알게 된다. 그리고 부정적 자기 상태가 더 전면에 나올 수 있는 환경에 대해서도 알게 된다. 이러한 인식은 내담자가 특정한 환경을 구별하고, 선택적으로 찾도록 도와줄 뿐만 아니라 발전하고 있는 감정적 능력에도 이바지한다. 그 결과, 내담자는 자신이 성장할 수 있는 환경을 더 잘 구성할 수 있게 될 것이다.
- 시간이 흐름에 따라 내담자는 부정적 자기 꼬리표를 포기할 수 있게 된다. 그는 어렸을 때 어려웠던 상황에서 최선의 노력을 한 결과인 마음의 습관과 특정한 정서적 상황의 맥락 안에서 손상된 기능을 더욱 이해하게 된다. 인식과 자기 공감이 커짐에 따라 자신의 감정적 능력의 실질적인 경험에 뿌리를 둔 내담자의 자존감은 상승한다. 이와 함께, 외부 환경이 최악의 자기 상태를 촉발시키는 임계점이 점점 더 높아진다. 내담자의 통제감과 숙달감은 차츰 드러나는 패턴을 변화시킨다. 이러한 종류의 성찰적 인식에서 드러나는 것은 자기와 타인에 대한 감각의 재구조화이다(McCullough, 1997).
- 자기 공감이 향상되고 핵심 감정에 접촉하면서, 내담자의 공감 및 타인에 대한 조율 능력은 성장한다. 그 결과, 자기–타인 개입의 역동은 더욱 큰 상호성을 포함하는 쪽으로 변화한다.

6. 비교 삼각형 : 반복되는 상호작용 패턴 vs 새롭게 생겨난 상호작용 패턴

1) 관계 패턴 비교하기

비교 삼각형은 모든 내담자의 삶에서 중요한 대인관계를 보여 준다. 자기-타인-정서 패턴은 유사하거나 대조적으로 연결될 수 있다. 이 연결은 반복되는 것 중 하나가 될 수 있다. 예를 들어, 내담자는 자신의 아버지를 대하는 것처럼 똑같이 멸시하는 태도로 치료자를 대하게 되는데, 이때 아버지나 치료자보다 자신이 더 뛰어나고 우월하다고 느끼게 된다. 이 연결은 상반되는 것을 통한 관계 중 하나일 수도 있다. 내담자는 항상 이해받는 것을 갈망하면서, 자신이 특별하다고 느끼는 이모와는 연결되어 있고, 존재감이 없는 어머니와는 거리감을 느꼈다. 그래서 치료자는 반복의 패턴과 예외, 그리고 유사성과 차별성에 익숙하다. 내담자가 더 큰 접촉으로 향하여 나아가든 또는 멀어지든 간에, 비교 삼각형의 관점에서 관계 변동을 이루는 과정은 내담자의 지금-여기의 치료 경험이 유사한 패턴 중 일부인지, 또는 새로운 어떤 것을 드러내는 것인지 추적한다. 치료자는 관계 패턴에 대한 관찰을 조합하여 내담자도 이러한 관찰과 연결을 만들어 가도록 가르친다.

2) 고통과 동시에 인정을 수반하는 상호작용 패턴의 반복에 민감해지기

중요한 과거 관계들은 대인관계 경험의 무대를 만드는 데에 영향을 끼치며, 그 결과는 때때로 최근의 관계와 치료적 관계 모두에서 반복적으로 드러나게 된다. 내담자와 치료자는 함께 이를 탐색한다. 이 탐색은 자기 경험, 타인에 대한 지각과 경험, 그리고 상호작용의 패턴에 집중한다. 치료자는 내담자가 이러한 반복적 패턴에 민감해지도록 도우며, 내담자는 그것들이 발생할 때 이를 인지하고자 노력하게 된다. 변함없이 여기서의 초점은 이러한 상호작용을 하는 동안 정서가 어떻게 처리되고, 내담자의 자기감에 대한 본질이 무엇인가이다. 예를 들어, 분노(핵심 감정)에 대한 반응에서 멸절 공포(불안), '착한 소녀' 행동(방어)으로 이어지는 것처럼 특정 패턴이 확인되면, 내담자가 유사하게 반응한 다른 상황들을 조사해 봄으로써 그것을 더 잘 이해할 가능성이 있다. "다른 관계에서 이러한 반복 패턴을 본 적이 있나요?" 그리고 "멸절 공포가 어디에서부터 온 것 같나요?"라는 질문은 방어가 느슨해질 때 중요한 정보를 파악하기 위해 할 수 있다.

3) 고통과 동시에 인정을 수반하는 패턴을 벗어나 '새로운' 패턴에 민감해지 게 하기

우리는 패턴에서의 예외에 관심이 있다. "당신이 화를 내도 그렇게 큰일이 아닌 것으로 반응했던 사람이 있는지 생각해 볼 수 있나요?" 일치하거나 모순된 경험을 조사해 봄으로써, 내담자를 움직이게 했던 것을 다룰 수 있고 자신을 취약하게 했던 상황이 무엇이었는지, 그리고 어떤 조건에서 최선을 끌어낼 수 있었는지 다룰 수 있다. 특별히 고통스러운 병리적 패턴에서 벗어났던 첫 번째 관계적 패턴이 밝혀졌을 때 그것은 단지 한 번의 사건으로 드러나지만, 이것이 곧 첫 번째가 된다는 점에서 새로운 것으로 강조된다. 앞서 언급되었듯이, 그러한 패턴 중 하나를 식별하는 것은 지배적인 애착 대상을 가지고 있지 않더라도 종종 다른 경우에 대한 기억을 활성화한다.

병리적 패턴의 반복에 귀를 기울이면서, 치료자는 또한 '규칙에 대한 예외', 즉 내담자 안에 짧게 있었던 신뢰, 베풂, 믿음, 성공한 사랑과 같은 관계 경험을 주의 깊게 살펴본다. 그러한 예외적 경험은 감정을 촉진하는 환경을 사용하는 내담자의 능력에서 중요한 지표가 된다. 치료자는 이러한 상황에서 병리적이지 않았던 내담자의 능력에 주목하고 인정하며 증폭시킨다.

4) 대인관계 패턴의 구성 안에 자신과 타인의 역할 탐색과 자신의 경험에 대한 결과 탐색하기

과거의 패턴을 현재의 관계와 연결지음으로써, 내담자는 자신의 선택을 통해 어른의 삶에 대한 시나리오를 만드는 데 하고 있는 실제적인(비록 일반적인 무의식일지라도) 역할을 깨닫기 시작할 것이다. 이미 정해진 관계를 구성하는 데 자신이 기여한 바에 대한 책임을 지는 것이 중요하다. 트라우마 경험과 같이 자신이 영향을 미칠 힘이 없는 상황에서 무력감을 인정하고 받아들일 수 있는 것은 내담자에게 똑같이 중요하다(Fosha, 1990; Herman, 1982; Miller, 1981). 내담자가 자신을 곤란하게 하는 대인관계 패턴의 세부 사항을 인지하게 됨으로써, 자신의 한계, 두려움, 지각된 선호(예: 왜곡)로 인한 패턴의 이러한 측면들을 인식할 수 있고 다른 사람으로부터 발생하는 측면들도 알 수 있다는 점은 중요하다. 이것은 내담자가 유사하게 반응하는 상황을 살펴봄으로써 가능하다. 예를 들어, 내담자가 유사한 분노나 방어적 느낌을 보이는 사람들에게 반응하는 것을 봄으로써, 그는 자신을 더 잘 이해할 수 있게 될 것이다. 또한 내담자는 겉보기에 이질적인 다른 사람들이, 사실 그가 특별히 민감해하는 것과 어떤 미묘한 유사성을 공유하지 않는지 조사하는 데 관심을 가질 수도 있다.

변화 정서 모델의 적응적 관점은 내담자가 반응하는 정서적 환경, 즉 이 사례에서는 정서적으로 중요한 타인의 인식을 촉진하는 것으로 이해된다. 많은 방어와 불안의 반응들은 특정한 대인관계의 환경에서 구체화될 것이며, 이들이 어떻게 연결되어 있는지 인식하는 것은 방어와 불안에 숙달되고, 근본적인 병리를 제거하도록 나아가게 하는 중요한 발걸음이 된다. 내담자는 또한 자기감과 그것이 대인관계 환경에서 어떻게 바뀌는지에 대해 민감해질 수 있다. 이는 불안과 방어의 반응들이 불충분하고 취약하다는 느낌에서 어떻게 벗어나게 되는지와 밀접하게 관련되어 있다. 치료자는 내담자가 특정한 방식으로 현실을 구성했다는 것을 인정할 수 있으며, 내담자가 어떤 외부 현실에 적응하고 반응하는지 인정할 수 있다. 부인, 외현화, 그리고 개인적 책임의 투사로 인한 내담자의 왜곡을 바로잡는 것이 중요하듯이, 치료자는 내담자가 결코 자신의 통제하에 있지 않았던 불행한 사건들 때문에 계속 스스로 책임지려고 하고 자신을 비난하는 것으로 이끄는 일종의 왜곡에 대해서도 바로잡아 주어야 한다.

예시

치료자가 휴가에서 돌아온 이후의 회기에서, 내담자는 치료자가 가깝고도 멀게 느껴졌다. 내담자는 화가 난 게 아니라고 하였다. 치료자는 내담자의 반응을 내담자의 어머니에게 느꼈던 방식과 연결했는데, 그 어머니는 종종 자신만의 좋은 시간을 보내려고 아이들을 피하곤 하였다. 내담자는 거리가 느껴진다는 것을 인정하였고 몇몇 회기에서는 상실에 관한 여러 사건과 회피에 대한 느낌을 회상하기도 하였다. 하지만 여전히 화가 나는 느낌은 부인하고 있었다. 치료자는 화의 감정에 계속해서 궁금해했고, 내담자에게 들었던 맥락에서 내담자가 어떻게 느꼈던 것을 아무도 알 수 없게 만들었는지에 대해 말하였다. 심지어 어머니가 만성 질환을 수년간 앓고 있던 동안에도 말이다. 치료자는 "당신은 화가 나 있던 상태였어요. 하지만 어머니를 잃을지도 모르는 상태에서 화를 낼 수가 있었겠어요?"라고 말했다. 내담자는 치료자를 필요로 하는 느낌과 어머니에 대한 화, 그리고 부주의하고 충분하지 않았던 양육에 대해 한 번도 인정받지 못했던 어머니를 향한 분노의 감정에 더 접촉하게 되었다.

비교 삼각형을 특히 유용하게 적용한 것은 내담자의 병리 유지에 강력한 역할을 하는 특정 종류의 반복 패턴을 인식하도록 돕는 것이다. 이러한 반복은 내담자가 병리적인 타인에 의해 다뤄진 것처럼 자기 자신을 다루는 것을 포함한다. 다음의 임상 사례에서 볼 수 있듯이, 이것은 내담자가 붙잡고 있었던 병리적 상태를 정신역동적으로 드러내는 열쇠이다. 비교 삼각형은(다른 두 삼각형을 합하여 보여 주는 것으로, [그림 6-10] 참조), 다음의 임상 축어록에서 제시하고 있는 것과 같이 내담자(그리고 치료자)에게 명확성을 주기 위해 자료를 구성하는 데 도움이 된다.

해일 관리하기

에밀리는 통제 불능의 어머니에게서 자라났다. 어머니는 딸에게 가끔 신체적으로 폭력을 가하는 비이성적 폭발을 해 왔다. 어린 소녀에게 이러한 폭발은 '해일'만큼이나 무섭고 압도적이었다. 에밀리는 또 다른 폭발의 가능성을 줄이기 위해 관계를 '관리'하면서 어머니 주위를 살금살금 돌아다녔다.

에밀리는 아버지를 아버지와 어머니의 모습을 동시에 가지고 있는 진짜 부모처럼 여겼다. 그녀는 아버지를 정말 사랑했고, 그 또한 에밀리를 아주 좋아했다. 당연하게도, 내담자는 아버지가 자신을 어머니의 비이성적인 폭력에 굴복시키고 절대 개입하지 않았던 것에 대한 느낌을 직면하는 것에 저항하고, 어른에 대한 존경이 중요하다는 것을 유지해 오고 있었다. 초기 회기에서, 에밀리와의 작업은 약간 후퇴했는데, 에밀리는 무례하지 않았음에도 자신이 그렇게 행동하고 있는지 아닌지 질문하였다.

에밀리는 아버지가 자신을 다루었던 방식이 내면화되었다는 것을 깨달았다. 그녀는 유일하게 제 정신을 갖고 있고 믿을 수 있는 부모인 아버지와의 유대를 유지하기 위해 이러한 전략을 수용해야만 했다. 그녀는 항상 스스로에게 자신의 최고 관심사에 반하는 상황들을 참는 것에 대해 설명했다. 말할 필요도 없이, 그녀는 불가능한 사람들의 훌륭한 관리자였다. 그녀가 맞서서 자신을 옹호하기보다는 자신에게 가해진 학대와 결탁해 왔던 것을 깨달은 것은 매우 고통스러웠다. 하지만 그녀의 이해는 새로운 해결책을 가져왔다. 30년 만에 처음으로, 내담자는 남편에 대한 변함없는 헌신에 의문을 품기 시작했는데, 그의 학대, 자기 몰입과 아내에 대해 오직 간헐적인 돌봄과 관심을 두는 모습이 그녀의 어머니와 불안할 정도로 유사했다.

비교 삼각형은 완성되었다. 아버지에 대한 에밀리의 경험은 그녀의 심리구조 안에서 내면화되었다. 그녀는 평지풍파를 일으키기 않기 위해 자기 주장, 분노, 항의, 그리고 자기 보호를 짓밟고 무시했다. 그러한 내면화의 결과는 내담자가 남편과 직장 동료를 어떻게 다루었는지에 대한 증거가 되었다. 치료자와의 경험과 가장 친한 친구와의 경험은 대조적으로 비교 삼각형을 완성되었다. 굳건히 그녀를 옹호하는 치료자는 그녀가 자기 변호를 하도록 격려하였다. 변화의 과정에는 내면화된 아버지의 방식과 그에 따른 자기 관리를 되돌리고 자기 주장을 고쳐시키는 인정하는 관계를 내면화함으로써 이를 대체하는 것이 포함되었다. 치료자와의 관계에서, 내담자는 자신의 핵심 감정에 접근했었는데, 이는 만약 손상된 패턴이 유지되었다면 접근할 수 없었던 것이다.

다음 회기에서, 그 특정한 사건이 치료자와 관련되어 있었다. 내담자의 눈에는 치료자의 행동이 다르기보다 자신을 향한 본인의 '옛날' 행동, 그리고 아버지의 행동과 불안할 정도로 일치하였다. 그렇지만 이번에 그녀는 화가 났고 치료자에게 도전하였다. 허리케인이 다가오고 있다는 심각한 소식을 듣고 에밀리는 그날 저녁 회기를 취소하기 위해 일찍 전화를 걸었다. 치료자는 "전 여기에 어차피 올 거라서, 오후에 여기에 올 건지 안 올 건지만 알려 주시면 좋겠어요"라고 대답했다. 다음 회기에서 에밀리는 처음에 치료자의 반응 때문에 "겁먹은" 기분이 들었다고 말했는데, 이는 자신이 너무 걱정해서 사소한 문제를 크게 만든 것에 대해 "병신"처럼 느끼게 때문이었다. 표면적으로, 치료자는 매우 편의를 봐주려는 것처럼 보였기 때문에 내담자가 "화가 났다"라는 것을 인정하는 데 시간이 좀 걸렸다. 그 사건에 대해 논의하면서, 회기를 취소하는 데 있어 내담자가 허리케인의 맹공격으로부터 자신을 보호하는 것으로, 자신의 안전을 유지하려고 적극적인 역할을 했다는 것이 명백해졌다. 왜냐하면 그녀는 어머니의 해일과 같은 맹공격과 남편의 분노 폭발로부터 자신을 보호해야만 했기 때문이다. 내담자는 자기 자신을 대신하여 자신의 노력을 타당화하고 축하하는 대신, 치료자의 말을 자신의 두려움을 불필요하다고 여기고, 그건 무시하고 상황을 관리하라고 촉구하는 것으로 경험했다.

치료자와 함께하는 작업 속에서 일관되고 정확한 정서적 경험을 해 오면서, 내담자는 자기 주장과 자기 보호를 옹호해 주기 위해 치료자가 자신의 편에 서 있어 주길 기대하게 되었다. 에밀리가 치료자를 그녀의 오래된 애착 대상과 유사하게 경험했을 때, 그녀는 새로운 자신을 붙잡고(Shane, Shane, & Gales, 1997 참조) 분노를 공개적으로 표현하고, 치료사에게 도전했다. 치료자는 내담자의 인식을 타당화함으로써 여기에 반응하였다. 치료자를 아버지와 다르게 경험하는 그녀의 일반적인 방식과 치료자를 아버지와 유사하다고 경험하는 것의 불일치는 이 중요한 작업의 원동력이 되었다. 그것은 진주가 만들어지는 데 필요한 자극이 되는 모래 알갱이가 되었음을 입증하였다. 강물에 휩쓸리지 않을 것이라는 에밀리의 결심은 더욱 견고해졌다. 그 회기는 내담자가 다소 두려울지라도 자신의 결혼을 엄밀히 살펴보기로 결심하는 것으로 마무리되었다. 그녀는 근본적으로 옹호할 수 없는 상황을 관리하는 데 힘을 쏟는 대신, 그녀의 욕구와 열망이 그 안에서 충족되고 지지될 수 있는지 살펴볼 필요가 있었다.

7. 통합 과정: 새로운 자전적 내러티브 창조하기

한 내담자는 일전에 "제 경험을 따라잡으려면 시간이 좀 걸릴 거에요."라고 현명하게 말했다. 물론 그 말이 맞고, 분명 시간이 걸리는 일이다. 그 과정은 감정과 인지를 통합함으로써 경험을 이해할 수 있게 만드는 작업이다. 경험에 대한 성찰은 통합에의 중요한 도구이다. 그것은 경험의 표현으로 이끌어 주고, 이후 구조 안으로 변환될 수 있도록 한다. 통합적인 연결 작업은 경험 이후 작업을 통해 이루어진다. 누군가 경험의 본질을 분명히 설명하면서 일어났던 일을 말로 표현할 수 있다면, 학습은 향상될 수 있다. 이것은 통찰이 경험적-역동적 치료에서 매우 중요한 역할을 하는 지점인데, 통찰에 대해 그린버그 외(Greenberg et al., 1993)는 "의미의 창조"라고 말했고, 마크(Marke, 1995)는 "새로운 내러티브의 창조"라고 말했다. 이러한 종류의 통합 작업은 감정적 돌파 후에 진행되며, 각 회기가 끝날 때나 종결 단계 작업에서 두드러지게 나타난다.

치료의 이러한 측면은 자기 삶의 내러티브를 다시 쓰는 것으로 기술될 수 있다. 이러한 새로운 내러티브는 고정된 구조가 아니다. 그것은 결코 완료되거나 정의될 수 없으며, 이는 마치 사람의 주관적 '진실'이 고정적이지 않은 것과 같다. 내담자들이 다양한 내러티브의 목소리를 발전시키는 동안, 치료자는 이러한 작업을 성공적으로 이끌기 위해 세 가지 삼각형의 범주라는 특정한 형식의 용어를 사용하는 데 집중한다. 이러한 범주와 이들의 상호관계는 치료가 수행되는 치료 언어의 용어로서 AEDP 치료자의 작업에 영향을 미치는 것의 핵심에 있기 때문에 그것들을 사용하는 것은 내담자의 경험에 대한 이해를 촉진할 뿐이며, 이에 따라 숙달감과 통제를 증가시킨다. 다반루(Davanloo, 1986-1988)는 내담자 고통의 "엔진"이라고 불렀던 내담자의 심리적 어려움이 왜 발생했는지뿐만 아니라 그것이 어떻게 발전하고 어떻게 작동하는지 이해할 수 있다는 것은 힘을 북돋아 주는 일이다. 새로운 내러티브는 내담자 자신의 목소리로 정신역동적 사례개념화를 통해 말하게 된다. 따라서 다음의 것들 사이의 관련성을 알 수 있게 하는 것은 내담자가 자신의 심리적인 삶을 다루는 데 유능함을 느끼도록 도와주는데, 이는 무서울 정도로 비논리적이고, 알 수 없고, 통제할 수 없는 상태를 멈추게 한다.

- 방어, 불안, 그리고 핵심 감정 패턴
- 갈등 삼각형의 패턴화와 병리의 결과(증상, 부적응적 대인관계 패턴, 성격 패턴, 등)
- 누군가의 반응과 누군가 자신의 과거 경험을 함께 만들었던 '타인'을 지각하고 경험하는 방식

내담자는 좋고 강하고 자신이 통제할 수 있다고 느끼는 관계 맥락(즉, 최선의 상황으로 이끄는 정서적 환경)과 그가 나쁘고 약하고 부적절하고 무기력하다고 느끼는 관계 맥락(즉, 최악의 상황으로 이끄는 정서적 환경)에 대한 감각이 있어야 한다. 스스로 그러한 상태를 빠르게 확인할 수 있는 것은 자신에게 상태를 바꿀 수 있는 엄청난 자유재량을 주도록 허용하게 하며, 만약 그것이 너무 어렵다면, 적어도 이것은 하나의 상황이며 영원히 고정되어 지속되는 것이 아니라는 것을 분명하게 인식하게 한다. 최적으로, 그는 다른 사람들뿐만 아니라 자신의 패턴에 관하여 재능과 능숙함을 습득할 것이다. 내담자에 의한 그러한 통합 과정과 새로운 내러티브의 창조는 치료 작업이 평생의 노력이라 할지라도, 치료를 종결로 나아가게 한다. 가장 중요한 것은 내담자가 정서적으로 스트레스를 받는 상황과 경험을 다루는 방법을 내면화할 것이라는 점이다.

> 저는 자문해 보았어요, 이 상황에서 선생님이라면 나에게 뭐라고 하셨을까. 그리고 [정말로 그를 화나게 했던] 이 사람에게 하고 싶은 것이 무엇인가를 상상해 보았어요. 맞아요. 맞아요, 저는 그를 두들겨 패서 부러진 뼈와 그 모든 걸 주었죠……. 그러고 난 다음, 차분해질 수 있었고, 단도직입적으로 그를 다루었으며, 그가 해 왔던 것을 나는 좋아하지 않는다고 말했어요. 선생님이라면 이게 얼마나 재미있는지 아시겠지요? 새로운 친구를 만든 것 같아요.

이 사례에서, 치료자의 존재와 말의 형태 안에서 이루어지는 치료적 과정을 구체적으로 내면화함으로써 내담자는 강렬한 문제가 있는 느낌을 적응적으로 다룰 수 있다. 자신의 신체본능적인 경험에서 그것들을 직접적으로 다룸으로써, 내담자는 분명한 유익과

그것들이 풀어 주었던 적응적 행동 경향성을 얻을 수 있다. 이 사례에서는 솔직하고 직접적인 주장이다(이 예는 1년간 추수 상담 회기에서 발췌한 것이다).

　이러한 통합 작업은 내담자와 치료자의 공유된 경험에 뿌리를 두고 있다. 지금까지, 모든 사전 개입에서(그리고 이후에 한층 더 강력해진 것들에서), 간결함은 방어를 줄이고, 감정의 파도를 타는 순간을 포착하는 데 필수적이다. 그렇지만 여기, 치료자가 말할 수 있으면 내담자도 할 수 있다. 목표는 내담자가 의미 있는 내러티브를 엮는 것을 돕는 것이다. 감정과 인지를 통합하는 것은 항상 자신을 향한 공감의 렌즈를 통해서, 일관성 있는 자전적 이야기, 방어적 배제에 의해 분열되지 않은 내러티브가 펼쳐질 수 있도록 하는 것이다.

제12장

경험적-감정적 전략

경험적-감정적 개입은 두 가지 임상적 맥락에서 적용될 수 있다. 첫째, 감정에 덜 접근될 때, 방어와 주요 감정 경험을 건너뛰기 위해 사용될 수 있다. 둘째, 치료 작업이 이미 감정을 끌어냈을 때, 감정을 깊게 하고, 정신역동적 구성요소를 통해 작업하기 위해 사용될 수 있다. 이러한 전략처럼 신체감각, 시각 이미지, 후각 및 촉각 경험에 집중함으로써, 방어를 강화하는 인지적-지적 과정은 건너뛰고 감정적 접촉은 강화된다. 더욱이 핵심 감정의 표현과 관련된 적응적 행동 경향성(Darwin, 1872; Greenberg & Safran, 1987)은 감정이 발생한 상황이 생생하고 질감이 있는 세부 내용(Brennan, 1995; Bucci, 1985)과 함께 "생각과 환상"(Davanloo, 1980, 1986-1988, 1990)에 있을 때 쉽게 일깨울 수 있다. 깊은 감정을 경험하기 위한 내담자의 능력을 활성화하는 것은 그에게 방어로부터 자유롭게 되는 그 맛을 제공하는 것이다. 이는 어려운 치료 작업을 위해 내담자의 동기를 높이는 효과적인 전략 중 하나이다(Davanloo, 1986-1988, 1990).

1. 진실한 감정적 경험 촉진하기

1) 감정을 직접 추적하기

라이스와 그린버그(Rice & Greenberg, 1991)는 정서가 "정서적으로 절제된 경험이 정확성과 즉시성과 함께 조율되지 않는다면 복합적인 인간 환경 안에서 생물학적으로 수용적인 기능을 제공할 수 없다"(p. 197)고 설명한다. 따라서 내담자의 매 순간의 감정 경험은 특정한 촉진적 개입을 선택하기 전에 직접 추적되고 초점이 맞춰진다(Greenberg, Rice, & Elliott, 1993; Greenberg & Safran, 1987). 추적하기tracking와 초점화focusing는 그 순간 개인의 상태에 대한 창문 역할을 하게 된다. 내담자가 생각하는 것보다 느끼는 것을 사용하고, 감정 경험을 변화시키는 것이 목적이기 때문에, 치료자는 내담자의 감정을 직접 좇아가고 초점을 맞추어 '품어 주고자' 한다. 치료자는 내담자가 자신의 감정 상태에 주의를 기울이도록 주목하고 격려할 수 있으며, 한 순간에서 다음 순간까지 감정 상태가 어떻게 변화하는지 경험적으로 확인할 수 있다. 또한 치료자는 내담자가 감정적 진로에서 벗어날 때 과정 경험적 차원에 다시 초점을 맞추도록 한다. 자신이 느끼고 있는 것에 초점을 맞추고, 그것을 자주 말하도록 하는 것은 내담자의 초점을 자신의 감정에 대한 인식으로 바꿀 수 있다. 매우 이성적인 내담자라 할지라도, 치료자는 감정 반응에 대한 직접적인 질문을 함으로써 그 과정에 감정을 가져올 수 있다. 내담자가 묘사하는 고통스러운 사건에 대한 정서적 반응에 접촉하는 데 어려움을 겪는 것은 강력한 방어의 결과로 초기 아동기에 정서적 경험 과정을 공유하고 처리하는 데 도움을 줄 신뢰할 수 있는 동반자가 부족했던 것에서 비롯될 수 있다. 치료자가 정서적으로 거기에 존재함으로써, 내담자가 자신의 정서적 반응들을 확인할 수 있도록 도울 수 있고, 그로 인해 내담자 병리의 핵심에 있는 탐색되지 않은 느낌을 추구할 수 있게 된다.

2) 일상적 언어를 감정과 동기(혹은 욕구)의 언어로 바꾸기

방어를 제한하고 감정적 경험을 촉진시키는 또 다른 방법은 생생하고 극적이며 설득력 있는 언어, 그리고 짧은 예시 문장들을 치료자가 사용하는 것이다. 예를 들어, 내담자는 실제로 일어났던 신체적 학대 사건을 묘사하는데, "그때는 모두 그랬다"라는 이유를 댔다. 이때 거울반응 하기를 넘어서, 치료자는 내담자에게 "악몽"에 대해 좀 더 질문하였다. 악몽은 사회적으로 인정받은 현실로부터 먼 곳에 있는 것이기 때문이다. 또 다른 내담자는 자신의 어머니가 자신이나 아내의 조언 없이 자신들의 침실 가구를 어떻게 주문했는지를 묘사하였다. 어머니가 어떤 것들에 대해 그를 통제하려고 하고 있었고 이를 내담자는 허용하고 있었음에도 불구하고, 그는 "어머니가 좋은 뜻으로 했다"라고 강조하였다. 치료자는 내담자에게 어머니가 자신과 아내와 함께 침대에 누워 있으면 어떠할 것 같은지 묻는 방식으로 치료를 진행하였다.

3) 깊어지는 정서적 경험에 머물면서 견딜 수 있게 북돋아 주기

많은 내담자가 강렬한 감정 경험에 머무는 경험이 거의 없으므로, 심층에서 발생한 감정은 때때로 끔찍하게 느껴질 수 있다. 치료자가 정서적 경험을 함께 견디고자 하는 단순하고 직접적인 격려와 그 과정에 끝이 있다고 안심시켜 주는 것은 내담자의 두려움을 완화하고 필요한 안전한 맥락을 제공하는 데 도움을 줄 수 있다.

2. 거울반응하기와 거울반응 넘어서기

1) 내담자의 감정에 거울반응하기: 감정적 공명

내담자가 정서적이라면, 치료자는 내담자의 정서를 반영해 주고 그 경험을 타당하게 해 준다. 치료자는 내담자의 정서를 다시 반영해 주고, 때때로 향상시키고, 항상 타당화하고, 내담자가 스스로 경험했던 것의 깊이와 의미를 자신의 목소리, 눈, 얼굴, 그리고 말에서 듣고 보도록 함으로써 이것들을 수행한다. 이것은 내담자의 감정적 경험을 더욱 깊게 하고 '보다 사실적'으로 만든다. 내담자는, "제가 고통스러울 때, 그리고 그다음 선생님을 보았고, 선생님의 눈에서 제 고통을 보았어요. 그건 저에게 더욱 깊은 느낌이 들도록 만들었고 더욱 현실감이 생기는 것 같았어요."라고 말한다.

거울반응하기와 그것을 언어화하는 것은 내담자의 정서적 경험의 신체본능적 현실감을 향상시킬 뿐만 아니라 아마도 살아 있지만 완전히 알려지지 않았을 수 있는 자신의 부분들에 대한 인식을 증가시키도록 할 수 있다.

> **예시**
>
> 클라라는 맡고 있는 중요 프로젝트를 완성할 수 있는 능력이 있는지에 대한 깊은 의구심을 품으며 치료에 임하였다. 하지만 그녀는 자신이 하는 일의 내용에 대해 말할 때 특별히 그 표현 방식이 설득력 있고 솔직한 상태로 빠져들었다. 그녀 자신이 일에 대해 얼마나 애정과 관심이 있는지가 매우 뚜렷하게 느껴졌고, 그 이야기를 듣고 있는 것은 치료자에게 있어서 매우 기분 좋은 경험이었다. 그러나 치료자가 이에 거울반응을 하기 시작했을 때, 클라라는 부끄러움을 느꼈고 당황하였으며 그런 거울반응을 매우 어려워하였다. 계속하여

말로 거울반응을 반복하자 클라라는 결국 그 일에 대해 자신이 큰 즐거움을 느끼고 있었고, 자신 안에 그러한 것들이 있음을 인식하였다. 서서히 클라라는 치료자가 말했던 자신의 감각을 깨닫게 되었고, 점점 더 치료자에 의해 성찰됨으로써 클라라의 자기 경험 속에서 제외되어 왔던 자기감이 생기면서 자신감과 자신의 능력 모두를 향상시켰다.

2) 거울반응 예측하기

초기에 방어는 내담자가 개방적일 것이라고 치료자가 가정하여 덜 방어적으로 반응할 수 있는지를 살펴보기 위해, 마치 그것들이 없는 것처럼 반응할 수 있는 치료자에 의해 관찰될 수 있다. 이는 특히 유연한 방어에 효과적이지만, 더 확고한 방어 수단에도 놀라운 효과를 얻을 수 있다. 치료자는 또한 거울반응 예측하기를 사용해 볼 수 있다(예: 치료자가 그렇게 할 수 잇다면, 자신의 감정을 표현하는 것처럼 내담자에게 정서적으로 반응하는 것). 내담자는 성격 형성 과정에서 중요한 경험들에 대한 감정적 억제와 왜곡의 결과로 인해 경험과 소통이 부족한 '경험자'이다. 그러나 이러한 능력들은 잠재되어 있고 이를 다시 일깨울 수 있다. 치료자는 내담자가 느껴 왔던 것이나 지금 느끼고 있을지 모르는 것을 보호할 수 있는데, 정서적 반응들을 경험하기 위해 자신을 허용할 수 있다면 말이다. 이러한 잠재적 정서들에 반응함으로써, 치료자는 내담자가 "보다 유능한 능력으로" 들어가도록 도울 수 있다[Harris, 1996, p. 167; 또한 비고츠키(Vygotzky, 1935)의 근접 발달 영역Zone of proximal development 참조].

이 전략은 주양육자가 상대적으로 구별되지 않는 정서적 각성 상태에 의미를 부여함으로써 유아의 의사소통 능력 발달을 촉진하는 방법과 유사하다. 엄마는 공감적으로 유아의 경험에 들어오고, 그것을 이름 짓고 반응을 통해 그것들을 타당화한다. 영유아의 엄마는 유아의 초기 발성에 매우 구체적인 의미를 제공한다. "응, 응, 알고 있어, 네가 창밖을 보고 싶구나." 그러한 행동은 언어적 표현뿐 아니라 유아의 감정적인 관계 경험을 구조화하는 데 있어 중요한 역할을 한다. 유사하게, 치료자와의 정서적 대화는 내담자의 감정적 능력에서 매우 중요하며, 이러한 행동화는 관계를 위한 잠재력을 깨닫기 전까지는 결코 이루어질 수 없다.

> **예시**
>
> 　내담자는 어린 시절 형제의 죽음을 떠올리는 데 어려움을 겪고 있었다. 그녀는 이 모든 것들이 얼마나 혼란스러웠는지 묘사하였고 무슨 일이 있었는지, 어떻게 기억할 수 없었는지에 집중하였다. 치료자는 감추어졌던 충격적 경험 앞에서 압도당한 한 어린 소녀의 혼란을 인정했다. 고통에 찬 목소리로, 치료자는 내담자에게 그녀가 고통으로 가득 차 있고 그녀를 위로해 줄 누군가가 필요한 어린 소녀라고 상상할 수 있다고 말했다. 내담자는 본인이 죽어 가는 아기를 안고 있는 생생한 기억들에 접근할 수 있을 것이라고 치료자가 상상했던 감정들을 사용했고, 그것에는 그때 당시의 신체감각들도 포함되어 있었다. 그 감정들은 결국 내담자가 나중에 치료를 받을 수밖에 없었던 만성적인 신체 증상들과 연결되었다.

3) 감정 증폭시키기

　정서적 경험의 힌트가 현재에만 있을 때, 치료자는 느낌을 인식하고 그에 대한 자신의 정서적 반응을 소개함으로써 그것들을 증폭시킨다. 무시와 비웃음을 느끼면서 고통스러운 소외감을 경험하는 누군가에게, 이것은 감정이 이루어지고 있는 경험이 될 수 있다. 감정을 증폭시키므로 내담자가 자신의 정서적 반응을 더욱 탐색하고 자신의 병리의 근원에서 탐색하지 않았던 감정들을 알 수 있도록 한다. 또 다른 방법은 판돈 올리기 upping the ante를 시도해 볼 수 있는데, 이는 내담자가 짜증 내는 말을 표현한다면, 치료자가 그것을 화로 되돌려서 반영할 수 있다는 것이다. 이와 유사하게 슬픔은 비통함으로, 속상한 사건은 악몽으로 바꿀 수 있다. 그렇지만 치료자는 이러한 감정적 판돈 올리기를 남발하지 않는 것이 중요하다. 그 목적은 인위적인 감정 고조가 아니라 내담자의 가장 방어적이지 않은 감정적 경험의 정확한 뉘앙스를 포착하는 것이다. 내담자의 신체본능적 경험은 적절한 감정 조율에 대한 최고의 심판이다.

3. 감정적 경험 명명하기와 인정하기

　내담자가 정서적 경험을 하고 있을 때는 언제든지, 그것을 인정하고 명명하는 것이 중요하다. 내담자가 슬픔, 분노, 또는 사랑을 느끼고 있다는 것을 알지 못하거나 인정하지 못하는 상태에서 눈물이 흐르고 주먹을 쥐거나 얼굴에 다정한 모습을 보이는 것은 드문 일이 아니다. 이때 간단한 질문을 할 수 있다. "당신이 어떻게 느끼는지에 대해 어떤 말로 표현할 수 있을까요?" 또는 "지금의 그 느낌을 말로 옮겨 보세요."와 같은 제안을 할 수 있는데, 이는 큰 차이를 만들어 낼 수 있다. 내담자가 그 순간에 정서를 경험한다는 것을 인정할수록 누적되는 자기 감각에 감정을 통합시킬 수 있을 것이다.

> **예시**
>
> 고도의 강박증 내담자가 와서는 아주 잠깐 미소를 지으며 조용히 앉았다. 그리고 "……그나저나"라고 말하면서 그 후 만성적인 부부간의 불화 문제에 대한 이야기를 시작하였다. 내담자의 태도나 유별나게 따뜻한 예의 바름에서 느껴지는 어떠한 가벼움에 주목하면서, 치료자는 그가 처음 걸어 들어왔던 그 순간에 어떻게 느꼈는지에 집중하였다. 내담자는, 놀랍게도 정말 마음이 편하고 가벼웠었다는 것을 인정하였다. 이것은 이전에 내담자가 중요하지 않은 것으로 무시했던 그의 경험의 완전히 새로운 측면에 대해 탐색하도록 이끌었다. 그들이 부부간의 불화 문제로 되돌아갔을 때 그것을 새로운 관점으로부터 바라보게 되었다. 즉, 내담자는 또한 부부 갈등을 피하게 했던 자신의 재치 있는 부분에 지금 훨씬 더 많은 부분에 더 많이 접촉하고 있다.

많은 내담자에게 있어서 정서적이게 된다는 것은 약해진다는 것, 또는 통제력을 잃는다는 것을 의미한다. 명명하기와 인정하기는 수치심과 불안, 감정의 두려움을 줄이는 것으로서 이러한 것들의 연합을 통해 작업하는 것을 허용하게 한다. 내담자들의 정서적 경험을 부인하는 방법으로써 이전 회기에 있었던 일을 '잊어버리는' 경향을 가진 내담자와 함께 이전 회기에서 감정이 가득한 부분을 살펴보기 위해 녹화 영상을 사용하는 것은 감정 작업의 유지되는 힘을 보강하고 그러한 방어에 반작용하도록 하는 유용한 도구가 된다(Alpert, 1996).

정서적 경험에 대항한 방어적 의존을 되돌리는 것은 한 번의 시도로는 학습되지 않는다. 이러한 개입은 반복적으로 이루어져야 한다. 비록 방어를 넘어서 감정에 이르는 것이 실제로 가능하다 할지라도, 방어의 견고함을 과소평가하지 않는 것이 중요하다. 감정을 반영하는 것과 조합하여 사용할 때 감정 명명하기와 인정하기 기술이 더욱 강력해진다. 앞서 설명한 바와 같이, 자신의 신체본능적인 경험을 증폭시키고 이름을 붙이는 것은 방어망을 뚫는 데 있어 강력한 조합이 될 수 있다.

4. 특수성과 구체성을 목표로 삼기

특수성은 일반화, 모호성, 부인은 물론 다른 지적인 방어의 적이다. "구체적인 예를 들어 줄 수 있나요?"라고 단순히 물어봄으로써, 내담자는 이미 정서적으로 중요한 상황에서 다른 사람과 동행하게 된다. 구체적인 세부 사항은 내담자가 자신의 감정 세계에서 어떻게 인식하고 구성하여 작동하는지를 보여 주는 창이며, 주어진 시나리오를 자발적으로 선택하는 것은 내담자이기 때문에 역동적 정보의 추가 자원이 된다.

내담자가 가져오는 모든 주제와 문제는 구체적인 세부 사항까지 정확하게 묘사될 때 잘 이해될 수 있다(Davanloo, 1990). 내담자가 자신이 묘사하고 있는 상황의 시야, 소리, 그리고 냄새를 가져올 수 있다면, 그는 경험과 그에 수반되는 감정을 다시 체험하는 데 더 가까워질 것이다. 치료자는 초반에 구체적인 질문을 함으로써, 즉 장면, 사람들, 행동, 개방된 드라마로 그려 내는 것을 시도함으로써 내담자를 도울 수 있다. 내담자가 남편의 의존성이 싫다고 말할 때, 치료자는 그런 일이 일어났을 때 어디에서 그랬는지, 어떻게 서로 거기에 앉아 있었는지, 누가 무슨 말을 했는지 등 세부적으로 묘사하도록 내담자에게 요청할 수 있다. 구체적인 예는 즉각적으로 내담자의 정서에 근접할 수 있게 하고 그 역동에 더욱 날카롭게 초점을 맞추게 된다.

다음의 축어록에서 매우 지적인 내담자는 자신의 생일이 얼마나 중요한지, 아홉 살 생일날 새 자전거를 타고 사진을 찍었다는 사실이 떠올랐던 내용을 이야기하고 있다. 보라색 자전거의 세부적인 부분에 초점을 맞추는 것이 어떻게 감정의 홍수로부터 편안을 얻고 정서적 통찰을 깊게 하는지 주목해 보자.

치료자: 그래서 자전거를 타고 있는 사진을 함께 봅시다.

내담자: 좋아요……. (아홉 살 때 자신이 무엇을 입고 있었는지 등을 묘사함)

치료자: 당신 안에 있는, 사진을 찍었을 때, 그 순간에 어떤 느낌이었나요?

내담자: (침묵 …… 한숨, 부드럽게, 수줍어하며, 감추지 않으며) 모르겠어요, 전 세상에서 가장 좋은 것이었다고, 그게 저를 행복하게 만들었다고 생각해요.

치료자: 으음…… 그 자전거는 어떻게 생겼나요?

내담자: (매우 활짝 웃으며, 약간 부끄러워하며) 보라색이었어요. 커다란 핸들 바가 있었고, 꽃무늬가 잔뜩 있는 바나나 모양의 안장에 금속 막대 등받이가 있었죠.

치료자: 으음. [존중하기, 내담자의 즐거움을 반영하기]

내담자: 알다시피 저는 잘 몰라요. 그걸 생각하게 되면 (눈물을 흘린다.) 그 자전거는 저하고 정말 닮았어요. …… 어렸을 때 저는 지나치게 꾸며진 것을 좋아했어요. (잠깐 웃음, 부드럽게)

치료자: 음음.

내담자: 전 정말로 그랬어요. …… 언니는 항상 저를 놀렸어요. 저는 항상 요란하게 달리고 번지르르한 것을 좋아했었는데, 제가 그런 걸 고르면 엄마가 사 주셨어요.

치료자: 음음.

내담자: 엄마는 사실 거의 사 주지는 않았어요. 가끔 저에게 자전거의 부품 정도를 사 주셨지만 전체적인 그림이 바뀌지는 않았죠……. 그러나 음, 알다시피, 그 자전거는 일종의 저였죠.

치료자: 그에 대해 이야기해 주세요, 정말로 그 자전거를 보고 싶어요. [중요한 치료적 유대를 구성하면서 아주 더 세부적이고 구체적으로 드러내도록 하기: 저는 정말로 그 자전거를 보고 싶어요]

내담자: 말씀드린 대로, 그건 보라색이고, 반짝반짝 빛나는 보라색이었고, 아직 사람 손이 타지 않은 안장과 모든 것이 있었어요. 그리고 전 그게 정말 근사했다고 생각했어요. …… (소리 내어 운다.) 저는, 아시다시피 제가 얼마나 어려서부터 자신의 감정에 집중하지 않고, 다른 사람들의 감정에 집중하기 시작했는지, 그리고 무엇이 제게 중요하고 무엇을 원하는지를 몰랐다는 것을 깨달았어요. 왜냐하면 받아들여지기 위해 그런 생각 자체를 하지 않았죠.

치료자: 음음.

내담자: 그리고 스스로 귀를 닫아 버렸어요, 내면의 정서적인 부분에 대해서요. …… 하지만 자전거는 저와 같았고 다른 사람들을 신경 쓰지 않았죠.

요란하고 번지르르한 보라색 자전거에 대한 묘사는 내담자가 자신의 진짜 모습에 접촉하도록 만들었으며, 그녀가 깊게 만족한 공명이 일어났다. 신체본능적이고 시각적으로 세부적인 부분을 봄으로써, 내담자는 자신의 방식으로 자신을 이해하지 못한 어머니의 실패를 회복하였다. 거기에서부터 생생하며, 지적이지 않은 방식으로, 내담자는 자신이 어떻게 자신의 개성을 좋아하고, 받아들이며, 받아들여질 수 있을지에 대해 알게 되었다. 이 사례의 일부는 종종 역동적인 부분이 드러난다. '소유'(이 사례에서는 깊은 이해를 충분히 받고 싶다는 소원을 소유하고 있고, 여기서 자전거는 이해에 대한 갈망에 있어서의 대상적 상관물이다)와의 접촉은 더욱더 지배적이며 만연했던 '가지지 못했던' 경험(예: 어머니로부터 공감받는다는 느낌이 있는 보살핌을 발견하는 것을 실패)과 연결을 시킨다. 이후의 경험들은 생존의 명령에 의한 자기의 배신에 대한 슬픔과 애도를 초래하였다.

이 사례에서 특수성과 구체성에 초점을 맞추는 것은 치료 효과를 보여 준다. 다만, 이 전략은 전체 AEDP 이론의 기본으로부터 왔다. 모든 감정적–경험적 작업은 구체적인 사례에 뿌리를 두고 있다. 고난도의 명료화와 구체성은 보다 감정적–경험적 탐색의 기본 작업에 놓여 있다. 설명이 상세할수록 방어적 왜곡을 넘어 치료적 이득으로 나아간다. 특수성에 초점을 맞추는 것은 감정과 정서의 다른 이론들과 일치하는 부분이며, 그중의 일부는 다양한 감정과 관련된 특정한 대본의 개념을 사용한다(예: Lazarus, 1991; Nathanson, 1992; Tomkins, 1962, 1963 참조). 특수성은 또한 대부분의 경험적 접근의 기법적인 특색이기도 하다(예: Alpert, 1992; Coughlin Della Selva, 1996; Davanloo, 1990; Fosha & Slowiaczek, 1997; Gendlin, 1991; Greenberg, Rice, & Elliott, 1993; Laikin, Winston, & McCullough, 1991; Magnavita, 1997; Mahrer, 1999; Marke, 1995; McCullough, 1997; Osiason, 1995; Sklar, 1992).

특수성과 구체성에 초점을 맞추는 것은 방어와 싸우는 것일 뿐만 아니라 다른 사람의 존재에 있어서 그 경험을 열어 놓도록 돕는 것이기도 하다(Wachtell, 1995). 경험의 세부 사항을 알고자 하는 치료자의 질문들은 내담자가 그전에 결코 할 수 없었던 경험을 분명하게 말하는 것을 돕게 된다. 방어를 배제하는 것은 경험이 차별화되지 않는 유일한 이유가 아니다. 전에는 결코 고려되지 않았던 경험의 측면들은 치료자의 질문에 반응할 때 그것들이 자리를 잡아 가는 과정에서 내담자에게 더욱 분명해진다. 한번 표현하게 되면, 환기되기 전에는 마치 없었던 것처럼 보이지만, 항상 거기 있었던 것처럼 보이기 시작한다. 이것은 볼라스가 말하는 "생각하지 않고도 아는unthought known" 하나의 감각이다. 이는 다른 사람에게 하는 분명한 표현을 통해 경험은 정교화되고 자신도 스스로 알게 되는 것을 가리킨다.

5. 신체적으로 뿌리내린 경험과의 연관성에 초점 맞추기

사람들은 자신의 신체감각이 정서적 반응과 어느 정도 연관되어 있는지 항상 인식하는 것은 아니다. 내담자의 경험이 신체에 어떻게 뿌리내리게 되었는지에 초점을 맞추면서, 치료자는 내담자가 말할 때 신체본능적으로 기본을 이루도록 도울 수 있는데(Davanloo, 1990), 이는 "신체적으로, '긴장한다'라고 말할 때 무엇을 느끼나요?" 또는 "어떻게 망설임의 경험을 하고 있나요?" 또는 "슬프다고 느낄 때 신체의 어느 부분에서 그것을 경험하고 있나요?"와 같은 질문을 통해 시도할 수 있다. 내담자는 내적 경험의 감각적, 운동적, 자기 수용적, 그리고 신체본능적 측면에 대해 민감해지게 된다. 사용되는 패턴이 많아질수록 발생하는 정서적 학습도 계속 이어지게 된다(Coughlin Della Selva, 1996; Kentgen et al., 1998).

내담자의 생각에서 느낌으로, 특히 신체감각과 신체본능적 경험으로 관심의 초점을 옮기는 것도 방어를 정면으로 마주하지 않고 우회하는 또 다른 방법이 된다. 우리의 목표는 자아동조적ego-systonic 경험을 자아이질적ego-dystonic 경험으로 만들기 위해 내담자의 내적 경험에 대한 모든 측면에 대해 내담자를 민감화시키는 것이다(Dananloo, 1886-1888). 신체적 경험에 뿌리를 둔 기억은 수명이 짧지 않고 내담자의 마음 안에서 그 경험을 고치는 데 도움이 될 수 있다.

> **예시**
>
> 아버지의 죽음과 관련된 감정적 고통을 경험하는 환자의 공포는 전반적인 감정적 수축으로 일반화되었다. 아버지의 죽음과 관련된 감정적 고통을 경험하는 내담자의 공포는 전반적인 감정적 수축으로 일반화되었다. 그 순간 내담자가 그 방 안에서 느끼는 불안을 탐색하면서, 치료자와 내담자는 함께 신체감각을 추적하였다. 가슴이 조여 오는 느낌의 경험을 기술하도록 요청했을 때, 내담자가 말하길, "마치 누군가가 제 심장을 손으로 쥐어짜는 것 같아요." 그리고 그는 심장마비로부터 아버지의 죽음을 순간적으로 회상하였다. 슬픔과 고통의 돌파가 이어졌다. 아버지 죽음 이후 스스로 정서적으로 '죽음' 상태로 만들었다는 것을 깨달으면서 그 이유와 함께 흐느껴 울었다. 이것은 눈물의 또 다른 파도를 가져왔다. 슬픔이 멈춘 후, 내담자는 엄청난 신체적인 안정과 편안함을 느꼈다. 그리고 치료자는 내담자가 정말 고통스러웠던 슬픔에 이어오는 강력한 본능적 안도감을 기억할 수 있도록 도움으로써 감정 이후 돌파의 경험을 세부적으로 집중하였다. 이것은 내담자가 자신에게 감

> 정을 느끼도록 허용하는데 그 위험을 더 수월하게 겪도록 하였으며, 지금의 고통과 슬픔은 유한하다는 것을 아는 것과 종종 안도감, 편안함의 경험이 이어진다는 것, 그리고 어떤 것들은 놀랍게도 건강에 유익을 준다는 느낌들을 경험하도록 하였다.

신체에 뿌리내린 감각적 경험에 초점을 맞추는 것은 다음과 같은 부분에 도움이 된다. 첫째, 갈등 삼각형을 작업하는 과정에서 방어, 불안, 감정을 내담자가 구별하는 데 도움이 된다. 둘째, 자기-타인-정서 삼각형을 작업하는데, '좋고' '나쁜' 자기 상태를 내담자가 서로 다른 신체적 연관성으로 판별하는 데 도움이 된다. 셋째, 비교 삼각형을 작업하는데, 감정을 촉진하거나 둔화시키는 환경에서 자신의 경험이 어떻게 다른지에 초점을 맞추는 것에 도움이 된다. 심리적 경험뿐만 아니라 그것들이 어떻게 다른지 신체본능적으로 주의를 기울임으로 이를 더 쉽게 구별하는 법을 배우게 된다.

그러한 신체본능에 집중하는 작업은 경험적 바이오피드백과 같다. 예를 들어, '나쁜 나bad me'와 '좋은 나good me'의 구도처럼 이 두 상태 사이에서 내면의 경험적 감각의 차이는 매우 강력하다. 내담자는 이전에는 완벽하게 통제가 되지 않았던 느낌에 대해 조절하는 방법을 배우게 된다. 그래서 신체감각적 경험을 통해 내면의 상태들을 구체화하고 객관화하고 이름을 지으며 구별할 수 있게 하는 것으로, 변형transformation의 과정을 위한 첫 단계는 이미 시작되는 것이다.

다음의 사례 예시에서, 내담자의 두렵고 고통스러운 슬픔의 본능적 탐색은 애도 과정을 해결하고 이를 개방하는 데 중요한 역할을 한다. 또한 그 작업은 심상 작업portrayal을 사용하는데 그다음의 개입 전략에서 논의될 것이다.

무덤에서 울부짖기

다음의 회기 내용은 우울감, 정서적 불안정, 그리고 장기간의 관계 유지에 대한 어려움을 호소 문제로 치료를 받기 시작한 37세 남성에 대한 회기에서 발췌하였다. 이 회기는 그가 일곱 살 때 돌아가신 아버지에 대한 내담자의 반응을 다루었다. 아버지는 내담자의 주요 애착 대상이었는데, 말기 환자로 집에 계셨고 내담자의 눈앞에서 무섭게 수척해지고 쇠약해져서 돌아가셨다. 내담자는 아버지를 피했고 아버지는 종종 집에 홀로 계셨다. 그리고 아버지는 한밤중에 돌아가셨다. 내담자는 아무런 설명 없이 집에서 나와야 했으며 친척들과 몇 주를 살게 되었다. 그는 장례식장에도 갈 수 없었다. 그는 커서 아버지에 대해 거의 생각하지 않으면서 지냈다. 이번 회기에서, 내담자와 치료자가 아버지의 죽음으로 인해 가해졌던 손상과 충격을 다루고자, 치료자는 이번에는 제대로 해 보자는 뜻에서, 내담자의 아버지가 살아계셨을 때 보았던 그 마지막 순간을 내담자와 함께 보기를 제안하였다. 내담자는 이에 대해 심하게 저항하였고, 자신과 치료자에게 큰 좌절감을 느꼈다. 치료자와 자신에 대해 강렬하게 불만스러워했다. 여기가 바로 우리가 다루어야 할 지점이다.

내담자: (상대적으로 압박되고, 다소 거친 목소리, 동요된 상태) 제가 살인자가 되는 것 같아요. 살인자처럼 느껴져요, 비인간적인 차가운 피를 가진 살인자요. 전 살인자에요. 제가 제 느낌들을 모두 죽였어요. 제 기억도 저 자신을 죽였어요. [내담자는 그들의 경험적 결과와 방어의 경험을 설명한다. 엄청난 죄책감과 자기 비난을 느끼며, 자기 공감은 없다]

치료자: 하지만 당신은 다시 살아나고 계세요. [치료자는 방어에도 불구하고 내담자의 생명력을 증폭시킨다]

내담자: (더욱 슬픔에 찬 어조로) 전 살인자가 되고 싶지 않아요. 정말 원하는 것이 아니에요.

치료자: 그 살인자는 보호를 위해 있는 것이었어요. 저 바닥에 있기에 정말 취약하고 정말 연약하며 고통스러운 느낌, 인간이 가질 수 있는 모든 엄청난 느낌들이 거기 있죠. …… (부드러운 목소리) 아버지가 죽어 가는 그 앞에 있는 작은 소년의 느낌. …… 저는 당신의 눈 안에서 그 느낌들을 볼 수 있고, 정말 그렇다고 확신해요. …… 제가 맞나요? [방어에 대한 공감적 명료화, 설명, 반영하기, 공감 드러내기, 관점 비교하기]

내담자: (덜 흥분하며) 맞아요, 선생님이 맞아요(오랜 침묵, 얼굴이 떨리며, 울기 시작함, 그리고 흐느낌), [감정적 돌파, 축어록의 남은 부분에서 이어지는 변형의 상태]

치료자: (내담자가 울기 때문에 차분하게 말하기) …… 당신이 홀로 되었을 그때, 정말 외로웠죠. [공감, 내담자의 감정적 경험을 인정하기]

내담자: (비틀어 흐느끼고, 숨을 헐떡인다.)

치료자: 그 어린 소년이 무엇을 느꼈죠? …… 왜냐하면 아직 당신은 그 아버지의 시신을

직면하기에는 너무 어렸기 때문이에요. …… [감정을 추적하고 담아 주기, 방어의
필요성을 평가하기]

내담자: 네, 그렇지 않았죠(아래를 본다). [방어를 포기함, 타당화를 받아들임]

치료자: 그건…… 그[어린 소년을 의미함]는 그것을 다루었어야 했어요. …… 그는 무엇을
느꼈나요? …… 내면에 무엇이 있었나요?

내담자: (내담자는 슬픔에 압도되었다.) 음…… (여전히 크게 울고 있다. 작은 목소리로) 왜 아
버지가 돌아가셔야 하나요? 왜 내가 혼자 여기 있어야 했나요? …… 혼자 그걸
하라고? …… 왜요? (몸을 구부려 자신을 감싸며 가볍게 들썩임) …… 너무 고통스러
워요……. 정말 망할 고통이에요. …… 그건 찢겨져 나가는 느낌이에요(그의 복부
를 움켜쥔다). 마치 내장이 다 쏟아지고 주워 담을 수 없는 것 같아요……. [그 순
간의 슬픔의 경험을 정서적 고통에 접촉하고 불안에 혼합되면서 재경험하기, 자발적으
로 경험의 본능적 관련성을 묘사하기]

치료자: 고통이 어디에 있죠? [정서적 고통에 대해 신체적인 관련성을 더욱 드러내기]

내담자: (숨을 쉰다. 울음소리가 잦아든다.) 제 가슴, 여기에 있어요. 정말로 찢겨져서 열려
있는 거 같아요, 아버지의 죽음을 보는 것은요.

치료자: 당신의 배 속 깊숙한 곳에서부터 시작된 느낌이 요동치네요. [정서적 고통이 신체
적으로 연관되어 있음을 반영하기]

내담자: (지금은 울지 않는다. 큰 숨을 들이마시고 내쉬며 이야기한다.) 그건 찢겨짐이에요, 저
를 관통해서 정확하게 직선으로 찢겨져 있어요. 그리고 다시는 그런 느낌을 원
하지 않을 거예요……. (공감적으로) 결코…… 다시는…… 다시는…… (침묵) 결
코…… 그건 저를 죽였어요. (다시 울기 시작한다.) 아버지가 죽는 것을 보기 위해
저를 죽였어요. 저는 아버지와 함께 죽었다고 생각해요. (다시 흐느끼지만 지금은
더 잘 연결되어 있다. 매우 덜 불안해한다. 깊은 한숨) [핵심 감정 경험, 참을 수 없는 고
통을 참고 있음, 방어에 대한 이유로써 압도적으로 극심한 고통을 설명하기]

치료자: 이러한 모든 느낌들이 무엇을 만들었나요?

내담자: 그것들은 내면에 자리 잡았어요. [방어에 대한 경험적 설명]

치료자: 당신이 친구를 돌보았을 때[여기서의 친구는 내담자의 침대 옆에서 AIDS로 죽었던 친
구를 의미] 그건 사실 아버지를 돌보았던 것과 같았어요……. 엄청난 사랑을 가지
고서요. …… (오랜 침묵) 지금 당신은 어디에 있나요? [내담자가 타인에 대해 긍정
적인 영향을 끼치는 것을 검증하고 이를 제공하고 느끼기 위한 내담자의 능력에 대해 인

식하기, 비교 삼각형을 연결하기, 아버지가 병에 걸리기 전에 아무런 도움이 되지 못함을 설명하기]

내담자: (아주 작은 목소리로, 시선을 위로하며, 반영적으로) 지금 선생님이 제 친구에 대해 저에게 말할 때, 그를 돌보았다고, 그리고 그건 아버지를 돌본 거였다고, 저는 느끼길…… 저는 제 안에 어떤 것을 돌보고 있다는 것을 느꼈어요……. 제 안에 무언가를 돌보았어요. (부드러운 시선, 목소리, 눈물이 치료자와 눈을 마주칠 때 얼굴에서 흘러내림) [감정을 치유하기] …… 그건, 죽어 가는 사람처럼, 저는 아버지를 보았던 그 상태로 아버지를 돌볼 수 있었어요……. 어떻게든…… (깊이 심호흡을 하며 자세를 고치지 않고, 깊은 호흡을 내쉬며 맑은 눈으로 바라보기) [감정 이후 돌파, 즉 자기 인정하기, 치료자의 베풂과 치유적 영향을 인식하기, 변화와 해결의 근거의 시작]

치료자: 지금은 내면에 무엇이 있나요? [감정적 자기 경험을 추적하기]

내담자: (부드럽고 상냥한 목소리) 왠지 좀 더 마음이 놓여요. [감정 이후 돌파 느낌]

치료자: 너무 극심한 고통…… 당신이 가져왔던 그 엄청난 고통…… (깊은 한숨) [고통스러운 경험을 인정하면서 내담자에게서 한 걸음 뒤에 있기, 사소한 의견 충돌, 내담자보다 몇 발 뒤에 있는 치료자, 즉 그 모든 경험과 표현으로부터 오는 안도감을 경험하기 위해 치료자는 내담자 뒤에서 따라가며 그 고통을 반영하고 있다]

내담자: 그러나 적어도 전 그것을 느낄 수 있었어요. 그리고 선생님의 눈에서 그것을 역시 보았었구요. [내담자는 치료자와의 조율에 관해 교정하려 한다. 다시 추적하기]

치료자: 제 눈에서 선생님이 보았던 그 느낌은 무엇인가요? [관계적 감정 추적하기, 상호 관찰하기]

내담자: 유연함. 선생님 눈에서 보았던 그 편안함. 저에게는요. 저를 돌본다는 것. 잠시 동안 그것은 저를 두렵게 만들기도 했고 고통으로 돌아가도록 했어요. 하지만 잠시 동안이지만 전 좋았어요. …… [치료자의 돌봄과 치유 효과를 경험하고 인식하기 위한 매끄러운 능력, 이번에는 그가 압도되는 슬픔에 혼자 남지 않아 덜 불안해함으로, 내담자가 슬픔의 느낌으로 되돌아가도록 허용하는 것에 대해 돌봄을 받고 있다는 경험과 연결됨]

치료자: 그리고 그 고통은요? [감정적 추적]

내담자: 제 아버지요?

치료자: 이번엔 어떤 이미지인가요?

내담자: 이미지조차 없네요……. 그냥 느낌이에요……. 느낌…… 음…… 사실, 한 이미지

가 떠오르긴 했었어요. (침묵) 아버지 무덤에 가야겠어요. [내담자가 애도 과정에 참여할 수 있음으로써 자연적 치유 과정이 복원되고 있다. 자발적이고 수용적인 새로운 정서적 해결, 핵심 감정이 가득한 경험은 수용적 행동 경향성을 해방시켜 준다]

치료자: 말해 보세요…….

내담자: (자세를 고치고, 분명한 목소리로, 신중하고 단호하게) 전 뭔가를 해결할 수 있다고 생각해요. (다시 일어서서, 코를 풀고, 목을 가다듬고) 전 묘비에 있는 아버지의 이름을 볼 필요가 있어요……. 그리고…… 거기 계시다는 걸 깨닫겠죠…… [자발적으로 자신의 기운을 경험하며 자기 치유 과정을 진행한다. 부인하지 않기, 중단된 애도 과정을 완료하는 것은 내담자가 해결책을 실행할 수 있도록 허용한다]

치료자: 그걸 해야 할 필요가 있다고 느꼈던 건가요? [공감적 반영, 애도 과정을 해결하기 시작한 것을 검증하기]

내담자: 네…… 무덤을 바라보고 있는 저 자신을 그려 보았어요 (깊은 숨) 네……. 맞아요……. 전 거기에서 아버지의 이름을 봐야 해요…….

치료자: 묘비에 뭐라고 쓰여 있는지 알고 있지 않나요? [초기 묘사에 대해 더 구체적으로 볼 수 있도록 격려하기]

내담자: 단지 성만 쓰여 있어요. 비문은 쓰여 있지 않은 것 같아요. 그리고 아버지 이름, 제 삼촌과 조카의 이름 …… [기억을 회복하다. 이전 회기에서, 내담자는 아버지가 묻혔던 묘지에 절대 다녀오지 않았다고 믿었다. 외숙모의 묘지에 10대 때 거기에 다녀왔던 것과 통합된 기억이었다] 그리고 전 거기에서 구체적인 것들을 느껴야 해요……. 그 마지막을 …… 그리고 전 생각해요(다시 울기 시작한다. 그러나 눈 맞춤을 유지하고 있다.) …… 전 정말로 아버지의 무덤에서 울고 싶다고 생각해요……. (부드러운 표현) 그게 정말로 저에게 도움이 될 거라고 생각해요. (깊은 숨을 내쉬고, 슬픔의 파도가 끝난다.) [자연스러운 자기 치유 과정] (치료자에게 기대어 똑바로 쳐다본다.) 알다시피, 전 생각 중이에요(진심인, 매우 좋은, 웃음을 보이는). 지금처럼 느낀다면 좋을 거예요……. 전…… 전 일단 한번 하고 나면 문제가 없을 것 같아요. [내담자는 정서의 표현과 모든 경험의 치유적 측면, 특히 이전의 불안이 더는 그려지지 않는다는 것을 발견한다]

이 사례 예시는 타인에 대한 지금의 돌봄으로 인해 이전에 깊숙하게 있는 감정을 회피하는 것이 어떻게 치료 효과를 가져올 수 있었는지를 보여 주고 있다. 자기 치유의 씨앗은 핵심 감정의 경험 안에 담겨 있었다. 이 사례에서, 첫 번째 변화는 방어를 공감적으로 재구성하고, 감각을 마비시키는 방어적 추동의 한가운데에 있었음에도 내담자의 활력("다시 살아나고 있어요.")을 인정하기 시작했던 지점에서 발생하였다. 방어는 사라졌고, 거기에는 핵심 감정의 돌파가 있었다. 내담자는 본능적으로 강렬한 슬픔, 즉 이미 그가 너무 두려워해 왔던 것을 경험하였다. 병리적 애도는 정상적인 애도로 변하였다. 두 번째 변화 조짐은 친구를 돌보았던 내담자의 현재 모습을 그의 아버지와 비교하는 비교 삼각형 작업의 맥락에서 사랑하고 베풀었던 내담자에게서 발생하였던 능력을 인정하는 개입을 통해 생겨났다. 내담자가 자신 깊숙하게 있었던 능력에 다시 연결되고 더는 자신을 잃거나 부족하다고 느끼지 않음으로써, 안도감이 시작되었다. 그는 그가 허용해 왔던 심층적 경험의 이익을 수확하였다. 치료 효과와 유익이 있는 그 순간, 바로 그 지점에의 근거를 제공하는 그 변화의 때는 내담자가 자신과 함께한 치료자에게 느끼던 심오한 영향력과 누군가를 돌봄으로써 자신을 경험하였던 것을 인식함으로써 발생하였다. 일단 이러한 변화가 일어나면, 뒤틀렸던 정서적 작업은 결실을 보고 자발적인 자기 돌봄과 자기 치유의 과정이 시작된다. 내담자는 그의 감정적 여행을 계속하고, 그가 직면해야 할 것을 마주하고, 그 감정이 연결된 인물에게 직접적으로 그러한 그의 감정을 표현해야 한다(그는 작별 인사를 한 적이 없는 아버지의 무덤에서 울고 싶어 하였다).

6. 심상 작업: 상상된 상호작용과 역동경험적 상관관계

1) 심상 작업의 원리

역동경험적 감정 작업의 원리는 지금까지 설명한 기술적 작업을 기반으로 한다. 구체적 사례를 하나 든다면, 내담자는 그 안에 강력한 감정의 순간을 발견하도록 요청받는다(Mahrer, 1996). 그리고 그 내면의 인격들이 살아나고 이와 상호작용하도록 요청받는다. 묘사되는 장면들은 실제이거나 상상될 수 있고, 두려워하거나(그래서 피하거나), 바라거나(일어난 적은 없었지만) 할 수 있다. 각 심상 작업의 고비에서 내담자는 내면의 반응들에 집중하고 어떻게 느끼는지를 기록하고 경험하기를 요청받게 된다. 심상 작업의 목표는 내담자가 가능한 한 많은 경험적 패턴에서 이에 따라오는 무의식 과정과 감정을 경험하도록 돕기 위함이다(Coughlin Della Selva, 1996). 이는 종종 더 구체적인 기억을 자극하게 한다. 이미지를 살펴봄으로써, 심상 작업은 자동으로 경험의 다른 차원에 접속하게 된다.

심상 작업이 어떻게 사용될 수 있을지를 살펴보기 위해, 자신이 어머니에게 얼마나 화가 났는지를 새삼스럽게 깨닫게 되는 내담자의 예를 들어 보겠다. 치료자는 내담자가 어머니에게 심한 분노를 느꼈을 때의 특정한 상호작용을 찾아내고 가장 강한 감정을 느끼는 순간을 확대하도록 요청한다. 즉, 생각과 상상에 잠겨서 실제 행동에 대해 도덕적 또는 현실적 제약에 영향을 받지 않은 채 자신의 어머니에 대한 화를 어떻게 표현할 수 있었는지, 그의 어머니가 어떻게 반응할지, 각자가 서로 다른 사람의 말과 행동에 대해 어떻게 보는지 등을 상상하면서 말이다. 내담자는 또한 묘사의 각 시점에서 그의 신체 본능적이고 정서적인 경험에 집중하도록 요청받는다. 무시무시한 느낌에 대한 탐색, 예를 들어(물론 행동에 있어서 예행 연습이 아닌, 내면의 삶의 탐색이라는 것을 분명하게 하면서) 내담자는 자신의 충동에 따른 행동을 어떻게 상상하는지, 다른 사람이 자신의 행동에 관한 결과를 어떻게 보고 있는지, 그리고 내담자가 그 후에는 어떻게 느끼는지에 대해 질문을 받는다. 감정의 심층 탐색에서 심상 작업은 둔감화, 탈억제, 그리고 역동적 폭로 등의 많은 치유적 측면을 지닐 수 있다. 내담자가 심층적으로 슬픔이나 죄책감, 의기양양함을 느끼든 아니든, 그의 경험과 병리에 기반이 되는 역동을 밝힌다.

이 심상 기법을 이해하는 핵심은 변화를 가져오는 메커니즘에 대해 이해하는 것이다. 타인을 인정하는 사람 앞에서 수동적인 것을 능동적인 것으로 바꾸는 것은 숙달감mastery 을 촉진하고 병리를 회복시킨다. 내담자가 수동적인 수신자가 아니라 능동적인 주체자가 될 때 손상은 더욱 줄어들게 된다.

심상 작업은 핵심 감정과 그들의 연합된 역동의 작업을 촉진하고 강화한다. 따라서 이미지에 근거한 정보화 과정은 말에 근거한 전략보다 정서와 더 근접하게 연합된다(Brennan, 1996; Bucci, 1985). 마찬가지로, 많은 핵심 감정(대부분은 아닐지라도)이 충만하고 완결된 표현과 관련된 암묵적인 운동 작용 경향성을 가지고 있음을 고려할 때(Darwin, 1872; Ekman, 1983; Greenberg & Safran, 1987; Izard, 1990; Lozarus, 1991), 감정과 관련된 작용이 서술이 아닌 "생각과 상상"(Danavloo, 1986-1988)에서 살아나서(또는 되살아나서) 충만한 감정적 경험을 얻을 수 있다.

실제든 상상이든 구체적으로 세부 내용을 정교화하는 것은 매우 중요하다. 이는 충분한 정서적 경험을 할 수 있는 내담자의 능력을 증가시킨다. 내담자가 살인 충동을 표현하게 하는 것만으로는 충분하지 않다. 살인 행동의 세부 내용을 묘사할 수 있어야 한다.

그리고 공격적 행동의 영향이 전면에 내세워질 때가 중요해진다. 그것은 내담자가 대립, 공격, 살인의 결과로서 그 사람이 무엇으로 보이는지를 상상하는 것이다. 다음의 두 사례에서 묘사하는 것처럼, 우리는 어떤 세부 내용이 매우 중요한 역동적 정보의 원천으로서 무의식적 경험의 영역을 열게 될지 모른다.

> **예시**
>
> 미라는 한 살짜리 딸을 다른 아이가 거의 목을 조를 뻔한 사건 이후로 극심한 동요를 하면서 상담 회기에 임하였다. 그녀는 아이를 공격한 사람에 대해 어떤 공격도 하지 못했다. 치료자는 만약 딸이 죽었다면 딸의 죽음에 대해 그녀는 어떻게 반응했을지 묘사하도록 요청하였다. 처음에는 끔찍해했는데, 미라는 아이에게 작별 인사를 할 수 없다고, 그대로 보낼 수 없다고 하며 아이의 몸을 놓지 못하는 자신의 모습을 그리면서 깊은 슬픔을 느끼게 되었다. 다시 치료자는 이 길 위의 방해물을 건너뛰어 접근하였다. 즉, 딸에게 작별 인사를 하지 못하고 그대로 가게 했던 내담자의 무능력함을 건너뛰었다. 그리고 치료자는 계속하여 진행하였는데, 다음에는 내담자에게 딸을 어디에 묻을지 물었다. 내담자는 스스로 놀라면서, 즉각적으로 "저의 시어머니 옆에"라고 반응하였다. 시어머니는 몇 년 전 돌아가셨다. 이것은 내담자에게 그 관계의 중요성을 일깨워 주었다. 흐느끼면서, 그녀는 시어머니가 그녀를 얼마나 잘 돌봐 주었는지 그리고 얼마나 대단하다고 느꼈던 분이었는지를 회상하였다. 그것은 부족했던 것에 대한 슬픔의 신선한 파도를 열어 주었고, 그것은 자신의 어머니와의 관계에서 항상 부족했던 것이기도 하였다. 이 사례에서, 그녀의 공격적인 충동성을 경험할 수 있는 내담자의 능력을 탐색하고자 했던 시도를 시작했던 것은 과거의 정서적 박탈, 새롭게 된 양육적 관계에의 감사, 그리고 좋은 엄마가 되기 위해 요구되는 중다결정적인 정서적 중요성을 아주 깊이 이해함으로 그녀의 깊숙이 있던 애도를 이끌어 냈다.

> **예시**
>
> 또 다른 예는 다반루(Davanloo, 1990, pp. 183-184)에 의해 발표되었다. 내담자는 치료자에게 매우 화가 나 있었다. 치료자는 내담자에게 자신의 화를 묘사하고, 치료자에게 뭘 하길 원하는지를 말하라고 요청하였다. 내담자는 배를 걷어차는 상상을 하였다. "그래서 제 배에서 무슨 일이 일어나죠?" 멍들거나 피가 나는 등, 이런 것에 대해 무언가를 말할 거라고 기대하고 물어보았다. 대신, 무아지경의 상태에서, 내담자는 치료자나 자신조차도 놀

> 랄만한 대답을 하였다. "아기가 태어나요." 그러고는 울기 시작했다. 표면화되었던 것은 내담자가 아기 형제의 출생과 함께 정서적으로 어머니를 잃었던 매우 초기의 경험을 다시 체험하고 있었다는 것이며, 그 아기 형제는 병약한 아이였다. 이것은 내담자의 만성적인 우울증에 이유가 되는 핵심적인 상실이었다. 그 심상 작업은 내담자가 무의식에 접촉하도록 허용하였는데, 내담자의 강렬한 경험을 포착했던 초기 과정에서의 무의식화된 자료였으며, 두 아이 중 한 명의 아이였을 때 시작되었다. 또한 이것이 첫 번째 회기에서 발생한 일이라는 것이 주목할 만하다.

2) 심상 작업의 완성

심상 작업은 자연적인 결론에 이르러야 한다. 만약 심상 작업을 통해 애도를 다룬다고 한다면, 내담자는 고인의 몸을 다루고, 무덤을 그리며, 작별을 고할 수 있어야 한다. 만약 그 묘사가 살인적인 분노라면, 공격을 멈추지 말아야 한다. 내담자는 분노 대상의 신체를 바라보고, 피해를 인식하며 그것에 대한 자신의 느낌을 탐색할 필요가 있다. 그러한 결론 이전에 심상 작업을 그만두는 것은, 첫째, 또 다른 방어의 징후이거나, 둘째, 내담자가 감정의 순차적 완결로 인해 발생하는 적응적 행동 경향성을 최대한 활용할 수 없도록 마는 것이다. 때때로 이전의 사례에서 미라의 예처럼 만일 내담자가 더 진행할 수 없음을 느낀다면, 그 작업의 수준을 받아들이기 위한 임상적 결정을 할 수 있다. 이것은 특히 트라우마 문제를 다루고 있는 내담자들에게, 그리고 그들의 개인적인 경험을 통제하는 것이 가장 중요하다고 느끼는 내담자들에게 매우 중요하다(예: Herman, 1982). 오직 유연한 방어만이 지금 드러나고 있다면, 완결에까지 이르는 것은 매우 중요하다. 그 방법의 모든 단계에서, 이미지, 신체본능적 감각, 환상, 그리고 행동을 수반하는 말들이 거기에 있다. 자료의 흐름을 방해하지 않으면서 모든 것을 동시에 탐색할 수 있는 것은 아니므로, 임상가는 이러한 활성화 영역을 인식하고 그 순간에 내담자에게 가장 적합한 것을 선택해야 한다.

3) 심상 작업의 유형

심상 작업은 다양한 다른 기능들을 제공할 수 있고 많은 종류가 있다. 여기에 몇 가지

예를 소개하고자 한다.

(1) 중단된 감정을 순차적으로 완결하기 위한 감정 묘사

이 작업의 목적은 방해를 받았거나 완성될 수 없었던 감정 경험을 내담자가 완결하도록 돕는 것이다(Greenberg & Safran, 1987; Greenberg et al., 1995). 심상 작업은 얼어붙거나 병리적인 부분에 도달해 갈 때, 애도 작업을 진행할 때 효과적으로 사용될 수 있다 (Volkan, 1981). 심상 작업을 통하여 감정 순차적으로 완성되는데, 주요 방법 중 하나는 내담자가 상실한 타인을 그려 내는 작업이다. 예를 들어, 내담자가 사랑하는 사람의 죽음을 다루고 있다면, 치료자는 내담자에게 어떻게 그 사람과 작별할 것인지를 그려 내도록 요청한다. 그리고 내담자에게 정서적 시간을 함께했던 기억을 드러내는 것뿐만 아니라, 무덤이나 장례식장을 상상해 보도록 요청한다. 그 대화는 항상 현재 시제로 진행되어야 하고 1인칭 대명사를 사용해야 한다. 내담자는 "전 제가 사랑했던 사람을 알고 있기를 원했어요."와 같이, 치료자는 "지금의 그 사람에 대해 말해 주세요. 그리고 그 사람에게 직접 말하는 것처럼 해 보세요."와 같이 말한다. 이러한 과정의 목표는 내담자가 자신의 연인에게 직접 "사랑해요."라고 말하는 것을 상상할 수 있도록 해 주는 것이며, 또는 단순해 보이는 것이 그에게는 왜 이리 어려운 것일지 깊이 있게 이해하려는 것이다. 후자는 치료 작업의 또 다른 과정으로 이끈다. 상실에 대한 두려움을 구체화하고 마지막 작별 인사를 심상 작업으로 탐색하는 것은 분리와 개별화individuation(종종 무의식 안에서 죽음과 연합되어 있는)의 이슈에 대해 작업하는 데 매우 유용하다. 그리고 가끔은(비록 전부는 아니지만) 치료의 다가오는 종결로 촉발된 이슈에도 유용하다.

(2) 수치심, 죄책감, 양가감정, 해리의 문제를 돕기 위한 내적 대화의 심상 작업

내면의 대화 묘사는 내담자가 매우 자세하게 그 현상을 탐색할 수 있도록 각각의 목소리를 제공하는, 내담자 자신의 다른 측면을 구체화하기 위한 노력에서 내면의 갈등과 해리의 경험을 다루는 데 도움이 되곤 한다. 게슈탈트 치료에서 종종 사용되는 빈 의자 기법(Greenberg et al., 1995)과 유사한데, 우리는 내담자가 비판적인 목소리를 긍정적인 것으로 변화시키기 위한 목적으로(긍정적 느낌의 관용을 장려하기 위하여, 그리고 그러한 역동에 대한 것을 보기 위하여) 자기 자신에게 이야기하도록 한다. 또는 유전적 뿌리를 추적하려고 비판적인 목소리로 자신에게 이야기하도록 한다. 해리성 역동과 함께하는 심상 작업은 (제13장에서 설명하는 것처럼) 통합적 목표를 지지한다.

(3) 충동, 감정, 대인관계적 둔감화의 묘사

분노와 같이, 내담자가 다루기 어려운 격노, 살인하고 싶은 느낌, 성적 느낌은 심상 작업을 통해 둔감화될 수 있다. 내담자는 무엇을 하고 싶어서 하는지, 다른 사람의 신체를 어떻게 상상할 것인지, 그가 대본의 다른 측면으로서 어떤 감각들을 경험하는지, 다른 사람의 신체 중 어느 부분에 가장 끌리는지, 다른 사람이 자신의 구애에 화답하거나 거절한다면 이에 어떻게 반응할 것인지를 질문받게 된다. 감정, 불안, 방어의 파도에 순간적으로 적응하고 적절한 개입을 수반하는 이러한 탐구는 결국 수치스럽고 죄스러운 연관성을 없애는 데 큰 도움이 될 수 있다. 이러한 심상 작업은, 예를 들어 부모, 또는 치료사와 같이 이용할 수 없는 다른 사람에 대한 해결되지 않은 리비도적 고착으로 인해 그 사람이 친밀하고 헌신적인 성인과의 관계를 맺을 수 없을 때 강력한 기술이 될 수 있다. 금지된 대상에 대한 성적 환상을 묘사하고, 깊은 어둠의 비밀을 대낮의 환한 빛에 드러냄으로써 그것이 아무리 괴로운 과정일지라도 완성되면 엄청난 해방이 이루어질 수 있다. 이것은 판단받지 않고 부끄러워하지 않아도 되는 이들과 함께 이러한 경험을 함께함으로 부분적으로 일어나게 된다. 이는 또한 신체본능적 탐구의 결과로 표면화되는 깊은 무의식적인 반응을 통해서도 일어난다. 특수성과 즉시성은 아주 깊은 친밀감과 친근감, 쾌락적인 성적 즐거움을 위해 내담자의 능력을 방해하는 불안, 수치심, 죄책감에 초점을 맞추고 기억의 억압을 줄여 줄 것이다. 각각의 연속적인 심상 작업과 함께 내담자는 특정 감정 경험에 둔감해진다. 따라서 이를 통해 충분히 경험하고 처리할 수 있도록 문턱이 낮아질 것이다. 그 결과, 연습을 통해 내담자는 감정에 대해 점점 더 유능해지고 익숙해지고 상대적으로 편해지며, 이는 숙달과 둔감화를 촉진한다. 훈습 과정이 진전될 수 있다.

(4) 회복적 심상 작업

회복적 심상 작업의 기능은 내담자에게, 현실에서는 이루지 못했으나 치유적이고 바라던 경험을 가지도록 하는 것이다. 느껴지는 현실감, 즉 이러한 환상의 경험적이고 신체본능적인 수준인 현실감을 증가시키는 작업을 함으로써, 그 환상들은 자신이 가진 신체적으로 뿌리를 둔 실제성을 갖게 되고, 따라서 내담자의 경험적 이야깃거리를 추가하게 된다.

7. 감정 재구조화: 감정의 경험과 표현, 느끼기와 다루기

최적으로, 핵심 감정의 충만하고 완성된 경험에 의해 나타나는 적응적 행동 경향성adaptive action tendencies은 감정을 재구성하기 위한 조직적인 방법으로 드러난다. 게다가 "균형, 지침, 통제를 제공하기 위해 개발되어야 하는 인지적 연결"(McCullough, 1997, p. 281)은, 제11장에서 논의되었던 인지와 감정의 통합, 지각의 개발과 의미에 초점을 맞춘다.

그러나 최적의 상황에까지 이르지 못하더라도 심리구조가 보다 연약하거나 대인관계 기술이 초보적인 내담자와 함께, 상담 회기의 정서적 작업의 적응적 해석을 실제의 삶으로 육성하는 것을 목표로 하는 구체적인 작업은 매우 유익할 수 있다.

1) 표현의 적절성

감정 작업을 하는 내내(그리고 심상 작업을 하는 동안에), 치료자는 탐색되고 있는 감정의 시나리오가 정해진 것이 아닌 사고와 환상에만 관련이 있다는 것을 강조한다. 감정 작업은 해방되어 가는 과정이며 억압을 제거한다. 감정 이후의 작업Postaffect work은 적절한 표현에 집중한다. 거기에는 다음 두 가지 차이가 있다. 첫째, 강렬한 경험과 직접적인 표현, 이는 치료 회기 내에서 최고조에 이른다. 둘째, 적절성, 조절성, 그리고 자기와 타인과의 조율, 이는 치료적 깨달음을 타인과 함께 하는 자신의 일상생활로 전환하려고 할 때 행동화에 대한 고지가 필요하다. 많은 내담자에게 있어서 이러한 차이점만 살펴볼 수 있는 것도 충분하다. 그렇지만 자기 조절 능력이 저하된 내담자에게 있어서는 더욱 이러한 논의들을 솔직하게 이야기하고 구체화하며 정교화할수록 도움이 된다.

2) 느끼기와 다루기: 자기 표현과 상대방의 현실과의 균형 맞추기

대인관계 상황의 최적의 관리를 위해 자신 고유의 욕구에 대한 감수성, 다른 사람의 욕구에 대한 조율, 이슈를 처리하는 과정에 관한 관심 사이의 균형에 도달해야 한다. 내담자가 다루어야 할 타인의 현실을 고려하는 것은 매우 중요하다. 처리과정 그리고 역할놀이는 또한 내담자에게 있어서 이러한 이슈들을 명료화할 수 있다. 배우자나 부모와의 의사소통에서 한계에 직면하는 것은 매우 고통스러울 수 있고 또 다른 작업을 실제로 시작할 수 있다. 예를 들어, 한 내담자는 결혼 생활에 대한 강점과 약점에 대해 아내와 솔직한 의견을 나누기를 원했다. 매번, 아내는 "다시 돌아서서" 공격을 하였다. 시간이 지나고, 그는 아내를 안심시키기 위한 매우 많은 양의 일을 해야만 했고 주의 깊게 일들을 구성해야 했다. 어떠한 대화도 발생하기 전에 말이다. 처음에는 어떻게 그런 힘든 일들을 해야만 했는지 원망스러웠으나 시간이 지나면서, 결혼 생활에 대해 어떻게 가치를 매기고 있었는지를 깊이 알게 되었다. 그리고 자신이 필요로 했던 것들을 하는 것이 점차 쉬워졌다(비록 쉬운 일은 아니었지만). 시간이 지나면서 또한 그는 자신도 수월한 파트너가 아니라는 점을 깨닫게 되었다.

3) 치료적 유익을 치료실 밖의 삶으로 전환하기

종종 내담자는 회기 안에서 훌륭하게 작업을 하지만, 자신의 삶을 변화시킬 수 있는 경험을 하지 못한다. 이 분명한 목적을 위해서, 마레르(Mahrer, 1999)는 경험의 내면에 접근하고 해방시키기 위해 가장 터무니없는 것부터 시작하는 점진적인 심상 작업의 사용을 지지한다. 시간이 지남에 따라 내담자는 점점 더 사실적인 시나리오에 참여하면서 경험의 본능적인 측면을 보존할 수 있게 되고, 이는 결국 일상생활에 적용할 수 있게 된다.

회복적 심상 작업: 어머니를 어머니답게 하기

이번에 발췌한 내용은 세 번째 회기 내용으로, 부족했던 양육에 대한 내담자의 태도 변화가 시작되고 있었다. 내담자에게 형편없이 반영하는 대신(내담자는 자신이 사랑받지 못하고 고통스러웠으며 돌볼 가치가 없다고 여겨졌는데, 이러한 경험 때문에 자신의 영혼에 "얼룩"이 있는 것 같다고 느꼈다), 치료 경험의 결과로, 자신에 대한 더 많은 긍정적인 생각은 흥미롭게도, 그녀의 어머니와 어머니의 힘듦에 대한 훨씬 더 큰 공감을 이끌어 냈고, 이것은 그녀가 경험했던 부족했던 양육으로 귀결되었을지도 모른다. 감정 이후 돌파의 결과로, 타인에 대한 자기 공감과 연민이 커지는 상황에서 우리는 회복적 심상 작업을 통해 이 내담자의 경험을 토대로 진행하였다. 내담자는 그녀의 어머니가 자신을 더 지지하고 이해해 왔었다면, 어머니가 해 왔던 일들이 일종의 어머니다움으로써 사랑스럽고 적절하게 양육함으로 아기(그녀가 어렸을 때) 좋았을 것이라는 점을 상상하도록 격려받았다. 다음의 축어록은 회기가 시작한 후 5분 후의 내용이다. 여유로워 보이는 내담자는 지난주 동안 경험했던 변화에 관해 기술하고 있었다. 그녀는 덜 우울했다고 느꼈었으며 가능한 한 자기 삶에서 스트레스를 관리하는 데 있어서 가장 적절하게 돌보고 있었다고 인식했었다. 어머니에 대해 화도 덜 느꼈고 슬픈 느낌이 더 들었다(이미 수년 전에 어머니는 돌아가셨다).

내담자: 화도 덜 나고 동시에 제가 어머니에 대해 슬픈 감정이 더 들어요. 이건 마치 우리 둘 다 만들어 내지 못했던, 같은 상황에 갇혀 있는 것 같아요. 대체로 어머니는 이런 것들을 충족시키신 것 같아요…… . 어머니에게 어떤 일이 일어날지 거의 계획된 거 같았죠. [자기 공감과 자기 연민의 발달은 그녀의 어머니에 대한 공감과 연민의 발달과 함께 이루어지며, 그녀의 어머니는 그 과정에서 더욱 현실적이고 입체적으로 변한다] [여기에서 내담자는 그녀의 어머니가 남편(즉, 내담자의 아버지)은 물론, 어머니의 어머니(즉, 외할머니)로부터 돌봄 받지 못했던 가족의 상황을 이야기한다]

내담자: 우리가 함께할 수 있었다면 좋았을 거라 생각해요. 전 아주 어릴 때부터 어머니와 관계를 맺지 못할 거라 생각했어요. 우리는 시간을 함께한 적이 없어요. 기회가 없었어요. 제가 할 수 있는 한 빨리 집을 떠났었거든요.[대학 진학 과정과 어릴 때 결혼을 한 일을 언급하며] 정말로 전 거기를 떠났고, 떠났고, 또 떠났어요. [여기에 약간의 방어가 있다]

치료자: 당신이 어머니에게 그에 대해 말할 수 있는 게 있는지 보기로 해요. [심상 작업으로 옮겨 가기: 방어를 우회하고 감정 경험을 깊게 할 수 있는지 알아보기, 이전 두 회기에서 내담자는 심상 작업을 다소 어려워했다]

내담자: 어머니에게요? …… 글쎄요, 알았어요. (부드럽고 편한 목소리로 말한다.) "어머니. 저는 여기 계속 계셨으면 좋았을 거예요. 그리고 함께 이렇게 시간을 보냈겠지요. 그런 다음 함께 돌아가서 서로에 대해 알게 되고 서로를 돌보게 됐을 거예요. 그건 정말이에요…… ." 여기까지예요. 알다시피 이건 다시 일어날 수 없어요. 다시 아기가 될 수 없잖아요. 살아계셨으면, 어머닌 지금 일흔두 살이 되었을 거예요. 그렇게 늙은 것도 아니죠. [처음으로, 내담자는 모드를 부드럽게 전환하여 어머니에게 말을 건다. 이제 그녀에 대한 공감의 결과로서, 어머니와의 관계를 상상할 수 있게 되었다. 자기 비난은 어디에서도 찾아볼 수 없다. 내담자는 어린 시절을 '다

시 시작'할 수 있기를 바란다고 표현한다]

치료자: 당신이 어머니에게 말하며, "어머니"라고 했을 때, 그때 당신은 누굴 보고 있었
죠? 말하고 있을 때 누가 거기 있었고, 당신의 그 상상에서 무엇이 있었죠? [여기
역동적이고 경험적으로 심층 작업에 대한 기회가 있다. 상상 속에서 내담자는 어머니와
다시 관계를 회복하고 있다. 그녀가 어떤 지점에서 작업하고 있는지 보자]

내담자: 모르겠어요. 그냥 눈을 감고 있었어요……. (다시 눈을 감는다.)

치료자: 무엇이 보이죠?

내담자: 다른 나이의 어머니를 볼 수 있어요. 제 말은, 아마도 처음 했었던 상상은 제가
정말로 기억할 수 있는 것보다 더 어릴 때였어요. 몇 개의 사진에서 나왔던 이미
지예요…….

치료자: 어머니가 어떻게 보이나요[그 사진들에서]?

내담자: (꿈을 꾸는 듯한 목소리) 어머니는 고등학교를 졸업하고 있어요. 예쁜 드레스와 헤
어를 하고 있어요. …… 정말 이뻐요. 어머니는 열여덟 살이에요. 따뜻한 사람처
럼 보였어요. …… 제가 계속 가 보면, 어머니가 아기를 안고 사진을 고르고, 알
다시피 사랑스러운 장면을 보겠죠. 정말 왜 안 되는 걸까요, 당신은 아세요? [내
담자는 자신을 임신하기 전의 어머니를 상상하고 있다. 이것은, 다른 증거와 함께, 시작
점으로부터 모녀 관계에 문제가 있었음을 추측하게 한다. 내담자는 그녀 자신을 위해서
는 물론, 어머니를 위해서도 '새로운 시작'을 진정으로 만들고 있다]

치료자: 당신이 보고 있는 것을 저도 볼 수 있게 도와주세요.

내담자: 어머니는 절 돌보고 있어요. 생후 두세 달이 된 신생아를 가만히 앞뒤로 흔들며
어르고 있어요. 아기를 어떻게 안고 있는지 아실 거예요……. (아이의 머리를 어깨
에 얹고 등을 감싸고, 아기 몸을 자신의 몸에 대고 있는 것을 설명한다.) 아기가 잠자도
록 누여 놓고, 침대, 아기 요람을 흔들고 있어요. 정말 좋아요. 어머니가 노래를
부르고 있어요. …… 어머니는 결코 부른 적이 없었죠. [내담자는 그녀가 묘사하고
있는 경험에 전적으로 몰두하고 있다. 현재형으로 표현하고 있다는 것에 주목하라. 예
를 들어, "어머니는 저를 돌보고 있어요." 그리고 "노래를 부르고 있어요" 등이다. 내담자
는 이전에는 절대 겪지 않았던 것들을 경험적으로 그리고 상징적으로 경험하고 정교화하
고 있다. 예를 들어, 정말로 자신을 사랑하고 진정으로 돌보는 사랑스러운 모녀 관계처럼
말이다]

치료자: 음음…….

내담자: 어머니는 노래를 부르지 않는다고 말했었어요. 알다시피, 학교에서 "네 목소리가 그다지 좋지 않아."라는 유형 중 하나인 거죠.

치료자: 어머니가 뭘 부르고 있죠? [연합의 또 다른 경험적 채널을 추가하다. 청각적 채널로 증강되는 시각적 채널]

내담자: 제 머릿속에 있는 자장가예요. 그건 우 우 우 우 바– 우 우 우 우 바–라 불러요. …… 자장가가 많지는 않겠지만, 그것이었어요. 아기를 잘 어를 수 있는 거였어요. …… 우 우 우 우 바– …… 가수가 될 정도는 아니에요. [내담자는 박자를 놓치지 않는다. 경험적 묘사에 대한 그녀의 몰입이 지속되고 깊어지고 있다]

치료자: 그걸로라도 공감되고 있네요. …… 그래서 그 아기는 노래를 들으면서 잠이 들고 있네요. 그리고 그녀는[즉, 내담자의 어머니], 어떻게 느끼고 있나요? [정서적 환상 요소를 더하기, 아기가 사랑받는다고 느끼는 매우 중요한 측면으로, 어머니의 내적인 삶을 정교화하기]

내담자: 흠, 이건 제 환상, 상상이에요, 그래서 창가에 앉아서 공원을 바라보고 있다고 말할게요…….

치료자: 좋아요…….

내담자: 흔들흔들 하는 아기, 아마도 그네에 앉아 있을지 모르겠어요. 그리고 그 아기는 평화로움을 느끼고 있어요. [그녀의 환상에서, 내담자는 직관적으로 어머니가 스스로를 돌볼 수 있도록 한다. 어머니를 그려 내고 있는 내담자가 느끼고 있는 상태는 평화롭고 조용하며 평온한데, 마치 이 작업을 하는 동안 그녀 자신의 상태와 비슷하다. 아기를 돌볼 수 있는 충분한 자원이 있는 만족스러운 여성이다]

치료자: 이건 바닥에 앉아 바구니에 아기를 두고 쳐다보지도 않고 있던 어머니와는 거리가 있네요. [치료자는 내담자가 유아였을 때 내담자의 실제 어머니와 환상 속에서의 어머니를 대조한다]

내담자: 네!

치료자: 당신의 환상 속에서 아기는 무엇을 느끼고 있을까요? [묘사의 정교화를 계속하고 있다. 더욱 세부적인 부분에서 경험적으로 채우고 있다]

내담자: 제 환상 속에서, …… 아기를 돌보고 있고 따뜻하고 먹을 걸 주고 있어요. 정말 완전히 편안해요. 가득하게 느끼는 건 …… 스트레스가 없고 …… 다만, 사랑 그리고 돌봄이 있을 뿐이에요. 잠자고 싶다면 잠이 들 수 있을 거예요. [묘사에 있어서 촉감적인 부분을 더 채우고 있다. 아기의 내적 경험, 내담자는 자신이 경험함으로써

감정을 활성화하기 위한 기회를 제공받고 있다]

치료자: 그래서 당신이 어린 소녀를 보고 있을 때, 또한 비난하지 않고 이해가 되는 느낌이 있다고 말하고 있어요. 왜냐하면 어떤 경우에, 당신은 어머니를 용서하고 있고, 하지만 또한 스스로를 용서하고 있어요. 왜냐하면 당신 영혼의 어두운 부분도 남아 있기 때문에요. [자기 비난이 있었던 지점인데, 예를 들어 계속되는 부정적인 자기 경험에 대한 이해되었던 참고할 부분이다] 그래서 자신에게, 어린 아기인 당신 자신에게 뭐라고 말할 건가요? [통합적 작업의 시작, 해석, 마지막 내적 대화 묘사]

내담자: (매우 부드럽고, 따뜻하고, 그리고 사랑스러운 목소리와 매너를 갖추어) "너는 너무 사랑스러워. 넌 정말 좋은 사람이야. 너를 사랑한단다. 너는 잘못한 게 없어." [자기 비난은 깊은 공감에 기반하여 자기 사랑, 자기 용서로 변형되었다. 공감이 판단의 자리를 대신하였다]

치료자: 당신이 말하고 있는 그 어린 소녀는 몇 살이죠? [또 다른 정신역동적 고착: 이 정도 수준의 감정 주도 경험에서는 인지 주도 정신작용보다 훨씬 더 유동적이기 때문에 이 경우 가장 확실하게 그럴듯이 이미지가 변화하는지 보는 것이 중요하다]

내담자: 다섯 살이요. …… 저한테 다섯 살은 정말 힘들었던 것이 틀림없어요. 왜냐하면 여동생이 막 태어났고 어머니는 여동생 때문에 정말 행복했었거든요. 그때는 정말 개인적인 느낌이 들었던 것 같아요. 어쨌든, 어머니를 행복하게 만들 수 없었던 단 한 사람이 저였다는 건 확실해요. 그리고 사라[내담자의 여동생]는 할 수 있었죠. [우리는 지금 내담자가 다루고 있었던 심층적이고 경험적인 재료와 완벽하게 순서에 따라 구성되고 완성된 정신 역동적 개념화를 진행하고 있다]

내담자는 만성 우울증 상태에 최근 어떠한 거절 사건으로 촉발된 우울증이 겹쳐지면서 극심한 우울 증상을 보였다. 이전 회기에서 보여 준 임상적 증거는 모성 박탈maternal deprivation의 경험이라고 강력히 추측하게 하였다. 그녀의 어머니는 첫째 아이였던 내담자와 유대감이 있었던 적이 없었다. 근본적으로 사랑받지 못하여 초래된 심층적인 느낌(이는 내담자가 항상 싸워야만 했던 것)은 지금까지의 삶에서 계속하여 내담자를 괴롭혔던 만성 우울증의 핵심이었다.

이전 회기들은 강력한 감정적 돌파로 특징지어졌다. 내담자는 수치심과 무가치함이라는 감정의 일부를 처리할 수 있었고 진정 치료자의 깊은 인정affirmation을 받아들일 수 있었다. 내담자는 세 번째 회기 이전의 며칠 동안에 안정되고 평화로운 상태에 있었다. 그녀는 자기답지 않게 자신을 잘 돌보았다고 보고하였다.

이 회복적 심상 작업에서, 내담자는 자신의 마음속에 있는 어머니를 치유함으로써 자기 치유 과정을 심화시켰다. 내담자는 어머니가 아직 젊고 별다른 일도 생기지 않았다고 상상하였다. 그 어머니는 내담자를 돌볼 수 있는 어머니이고, 위로하고 사랑하며 평화롭게 느끼도록 만들 수 있는 어머니이다. 이 묘사는 내담자가 며칠 동안 있었던 핵심 상태의 역동을 덧붙였으며, 사랑, 수용, 부드러운 돌봄의 경험을 갈망하는 근원을 더욱 조명하였다. 심상 작업이 가져온 깊은 경험의 상태는 내담자가 더욱 깊은 무의식 자료들에 접근하도록 하였다. 무의식적 자료를 특징짓는 현실적 제약으로부터의 유동성과 자유로움과 함께, 최근의 전환에서, 내담자 마음속의 그 작은 소녀는 다섯 살의 유아가 되는 것으로 이동하였다. 이 나이는 두 번째 정서적 손상의 파도가 일어났던 매우 중요한 나이였다.

정신역동적 사례개념화는 더욱 철저해졌다. 새로운 자료는 내담자에게 모성 박탈이 상처임을 더욱 분명하게 하였다. 이 회복적 심상 작업에서처럼, 그래서 분명하게 드러났던 것은 모욕을 경험하였던 것인데, 내담자의 여동생인 사라가 태어났을 때, 즉 내담자가 다섯 살 때였다. 어머니는 새로 태어난 동생과는 친해지고 사랑하고 연대감을 느꼈다. 이러한 둘의 연대는 사랑하는 어머니로서의 능력을 보여 준 그녀의 어머니 때문이 아니라 내담자 자신에게 잘못이 있다고 믿게 했다. 본질적으로 끔찍한 자신의 무엇인가가 어머니를 처음부터 자신과 함께하고 싶지 않게 만들었을 것이라 생각했다. 정서적 사건의 발달 순서는 수치심, 자기 비난, 아주 깊은 부적절감으로 변환되었고, 이는 만성 우울증과 홀로 강렬한 감정을 견딜 수 있는 능력의 상실로 이어졌다.

그 회복적 심상 작업은 두 가지 중요한 심리적 성취로 이어졌다. 그것은 정신역동적 사례개념화에 대한 설명을 강화하였고, 그것이 해방시킨 핵심 감정을 통해 내담자가 사랑할 수 있고 자신을 돌볼 수 있는 능력을 심화시켰다. 그리고 그것은 그녀의 어머니가 제공하지 못했던 비극적 실패에도 불구하고, 사랑하고 돌볼 수 있다는 충만한 가치를 느끼도록 허용하였다.

제13장

배에서 배로, 가슴에서 가슴으로: 핵심 감정 경험의 전개 사례

에이미는 우울증과 섭식장애로 인한 다년간의 어려움을 토로하며 치료를 받으러 온 24세 여성이다. 그녀는 또한 심각한 부부 문제와 성적 어려움, 직업상의 우유부단함, 불안, 일반적인 혼란감, 의심, 자신감 부족, 현저하게 낮은 자아존중감으로 힘들어하고 있었다. 그녀의 인생에서 어려움이 없는 면이 없었고, 확실한 만족감을 주는 원천도 없었다. 초기 평가initial evaluation 당시, 특히 아이를 가지는 것에 대한 갈등으로 괴로워했다. 그녀는 아이를 가져야 한다는 내적 · 외적 압박감을 느끼면서도 아직 그럴 준비가 안 되어 있다고 생각하며 이에 압도되어 있었고, 좋은 엄마가 될 자질이 있는지 의심했다. 이러한 어려움은 강력한 강박신경증적 색채를 띤 성격 구조 내에서 발생했다. 18세 때부터 세 번의 치료 경험이 있었다.

에이미의 방어에는 감정의 격리, 합리화, 주지화뿐만 아니라 무감각, 파편화, 울음, 짜증과 같은 퇴행적 방어들이 포함되었다. 불안은 혼란과 인지적 명료성의 상실로 드러난 모습의 주요 부분이었다.

아버지와의 관계는 다음의 회기와 관련이 있다. 그녀는 9세 무렵부터 아버지에게 성적 학대를 받아 왔다고 강하게 의심했다. 그녀는 당시 기억의 공백과 기능상의 큰 변화를 자각하고 있었지만, 구체적인 기억이 없었다. 이 시기 이전의 그녀는 활기 넘치는 피겨 스케이팅 선수였다. 9세 이후로 더욱더 우울해졌고, 그 후로 얼마 지나지 않아 피겨 스케이팅을 포기했으며, 리코더 연주도 그만두었다. 하지만 분명하게 기억나는 것은 청소년기 동안 내담자를 향한 아버지의 강도 높은 성희롱, 빈정거림, 외설적 대화에 얽힌 무수한 일화였는데, 많은 것이 식사 시간에 일어났다. 아버지가 집 안과 계단 위를 쫓아와 때렸던 신체적 학대 또한 그러한 심상의 부분이다.

아버지가 통제하고, 고압적이고, 과장되고, 조종하고, 무소불위하고, 신체적 학대를 가하며 그의 행동이 일상화되어 가는 내내 어머니는 말이 없고 내향적이어서 남편의 통제에 결코 도전하지 못했다. 에이미의 어머니는 치료를 받지 못한 채 적어도 두 번의 우울증에 시달렸다.

다음의 축어록은 열두 번째 치료 회기에서 나온 것이다. 이 회기는 그녀가 직접적으로 경험한 불안의 강도가 증가한다 해도 몇 가지 긍정적인 변화와 관련된 것으로 시작된다. 불안은 다른 증상들과 마찬가지로 위장 근처에서 느껴진다. 내담자는 남편 에드워드와 본인이 자란 부모님 집에서 저녁을 먹고 있었다는 구체적인 사건을 이야기하면서 회기를 시작했다. 우리는 회기가 시작되고 약 25분쯤에 본격적인 작업을 시작한다. 에이미를 무시하고 에드워드와 '남성적 유대감'을 형성한 아버지는 실제로 사위가 딸에게 적합하다고 여기지 않으면서 그를 경멸하고 있지만, 성적 결핍이 있다고 하는 사위를 '동정'하면서 동시에 에이미와 에드워드가 대화 중이라는 사실을 완전히 무시한다. 어머니는 그 자리에 없는 것이나 다름없다. 주의해야 할 점은 이전 회기에서 죄책감과 불안으로 인해 내담자가 아버지에 대한 분노를 충분히 경험하지 못했다는 것이다. 화난 감정에 대한 반응으로 그녀는 울기 시작하고, 자신의 관점과 의견을 잃어버리고, 혼란스러워질 것이다.

1. 첫 번째 심상 작업: 공격적 충동의 둔감화

내담자: …… 아버지가 에드워드에게 "판다가 5년마다 한 번씩 교미한다는 걸 아나?"라고 말했어요. 그게 에드워드를 기분 좋게 하는 건가요? 난 일어나서 방 밖으로 나갔어요. [회피적 방에] 거긴 과거에 아버지와 함께 있지 않았던 곳인 것 같아요.

치료자: 이것에 대해 더 살펴봐요. 자, 남편과 대화를 나누면 아버지가 불쑥 끼어들 뿐만 아니라 아주 선정적이고 거슬리는 방식으로 참견하네요. 아버지에게 무엇이 느껴지나요? [내담자의 공격적 충동에 대한 탐색이 진행 중인 것이 분명하다. 어려운 탐색이 단단한 기반 위에서 안정적으로 이루어질 수 있도록 분위기를 조성하고, 기초 작업을 하고, 확실하게 하는 것은 중요하다. 치료자는 의도적으로 감정에 차 있는 언어를 사용하고 있다]

내담자: 아버지에게 정말 화가 났지만, 또다시…… 메스꺼움 같은 것이 [분노, 불안, 혐오

감의 혼합] 일어났고, 정말 분노가 치밀었어요.

치료자: 정말 화가 났다고요? 그리고 메스꺼웠고요? 두 가지 모두와 맞닿아 있었군요?

내담자: (스트레스가 있지만, 생생함을 더해 빨리 말한다.) 네. 그런 것 같아요. 처음에는 정말 메스꺼웠지만, 그 이후에는 아버지가 그렇게 바보같이 굴었던 것에 짜증이 났어요. 모든 게 성에 대한 것이고, 그가 하는 모든 것이 어느 정도 성적인 것과 연관이 있어요. 좋아요. 우리는 모두 성적인 존재지만, 모든 것이 다 성에 관한 것은 아니에요. 아버지가 나를 너무 화나게 만들었다고 [나는 말하기를 원했다] "입 닥치세요."라고 하고 싶었어요. "날 좀 내버려 두세요. 나에게 성에 대해 말하지 마세요. [자발적 묘사의 시작] 그게 나를 속상하게 한다는 것을 모르세요? 내가 방 밖으로 나가는 것을 못 보셨어요? 내가 오만상을 찌푸리고, 성에 대해 듣고 싶지 않다고 말할 거란 걸 모르세요? 아버지에게 멍청한 농담이나 그 어떤 것도 말하지 말라고 이야기할 거예요." 그건 중요하지 않아요. 아버지에 대한 것이니까요. [내담자는 이전 회기에서 이런 종류의 작업을 해 왔기 때문에 자신의 분노를 표현하기 위해서 마음속으로 아버지에게 할 말을 상상했던 것을 자발적으로 묘사하기 시작한다]

치료자: 으흠. 이제 우리가 분명히 현실을 이야기하는 것은 아니지만, 마음속에서 만약 당신이 밖으로 나가지 않고, [회피적 방어를 해제한다] 그냥 머물면서 내면에 있는 이 엄청나게 격렬한 분노를 놔줬다면 아버지에게 무엇을 할 것 같나요? [감정의 증폭: '분노'를 '엄청나게 격렬한 분노'로 강도를 올리고, 묘사를 깊게 한다]

내담자: 그것에 대해 생각하고 있었는데요. 나는…….

치료자: 바로 그때 거기에서요? [치료자는 강렬한 분노가 촉발되는 바로 그 상황에서 그녀 스스로 자발적으로 이 작업을 한 것을 나타낸다]

내담자: 아니요, 내가 걸어 나왔을 때요.

치료자: 으흠.

내담자: (강하면서도 활기 있게 제스처를 취하며 행동을 설명한다.) 손톱으로 아버지를 쿡 찌르면서 그냥 입을 다물라고, "그냥 입 닥치세요."라고 말했어요. [내담자가 이 과정에 얼마나 몰두하고 있는지 주목하라. 수식어구 없이 말하기 시작하고, 이전에 무의식적 내용이 의사소통의 표식에 온통 드러난다]

치료자: 손톱으로 찌른다고요? 어떻게요? 무엇을 봤나요? [더 구체적이고 세부적인 것으로 만든다]

내담자: (강렬하게, 거의 흔들면서) 아버지를 막 흔들고, 손톱을…… 아…… 이렇게 집어넣

어요. 내 말은…… 말도 안 되는 소리로 들릴 수 있겠지만…… 아버지를 거세하고 싶어요. 선생님도 아시다시피요.

치료자: 터무니없는 말로 들리지 않아요. 음, 무엇이요? 느끼는 것을 스스로 말로 나타낼 수 있게 해 주세요. [지지하고, 감정적 경험에 이름을 붙인다. 내담자는 거리두기 단어 인 '거세하다'를 분명하게 사용한다. 내용의 매우 민감한 특성과 치료 과정이 대체로 전 진하는 방향이라는 것을 고려해 볼 때 치료자는 이 특정한 전략적 방어tactical defense를 다루지 않는다]

내담자: (열정적으로 몰두하면서) 아버지를 거세하고…… 싶어요. [내담자는 자신의 방어를 해제한다] 그건…… "더 이상 아버지에 대한 것이 아니에요." [나도 원한다] 마치 아버지 뇌의 일부를 꺼내고, 아버지가 모든 것을 성과 연결하게 만드는 것이 무 엇이든 꺼내고…… 그 혀를 잘라요. …… 그게 나를 너무 속상하게 해요. (잠시 멈추면서 내면의 경험에서 치료자에게로 집중의 초점을 옮긴다.)

치료자: 에이미, 자기 자신이 이런 감정들과 접촉하도록 허용하고, 그 감정들을 오직 치 료 회기를 위해 남겨 두는 것이 아니라 감정이 일어나는 순간에 스스로 작업하 는 것은 매우 긍정적이에요. 대단하다고 생각해요! [내담자의 치료 과정과 성취를 인정하고, 더 깊은 작업을 하기 전에 토대를 단단히 한다] 하지만 우리가 하고 있는 것을 계속해 봐요. 왜냐하면 이것은 분명히 인정하기 매우 어려운 일이니까요. 당신은 아버지의 뇌와 혀를 자르고 싶어 하죠. 그리고 그가 생각하는 것과 행동 하는 것을 …… [제거하고 싶어 하죠] 하지만 궁극적으로 그것은 아버지의 안에서 그가 모든 것에 성을 끼워 넣게 만드는 무언가를 도려 내는 것에 대한 것이에요. 그의 생식기, 성기 같은 것이죠. 말장난을 하려는 게 아니라 그건 항상 당신의 얼굴에 있어요. 어쩌면 의도된 말장난일지도요. [내담자의 섭식장애 병력과 메스꺼움 의 형태로 위장에 존재하는 불안의 부위를 고려하여 치료자는 가설을 검증하고, 증거의 타당성 이나 부당성을 기다리면서 의도적으로 구강 이미지를 사용하고 있다]

내담자: (혐오와 역겨움의 표정을 하며) 구역질이 나는 거네요. 웩. [불안과 혐오의 또 다른 파도]

치료는 효과가 있다. 내담자는 분노가 일어날 때 분명히 그것을 자각하고 접촉하고 있다. 에이미는 치료실 밖에서도 작업하고 있는데, 그것은 긍정적인 신호이다. 과거에 는 그녀가 이야기하고 있는 것과 같은 일화가 섭식 문제와 정도가 심해진 우울증 그리고 남편과의 싸움으로 이어졌다. 치료 동맹의 수준이 높고, 내담자는 강렬한 이미지를 통해 분노와 가학적 충동의 정확한 본질에 빠르게 접근하는 심상 작업에 자발적으로 참여한다. 눈에는 눈으로라는 무의식의 원칙에서 아버지의 음탕함에 혐오감을 느끼고 격분했던 에이미는 감정을 상하게 하는 것들, 즉 아버지의 더러운 것들을 말하는 혀, 모든 것을 성과 연결시키는 뇌의 일부분, 성기를 제거하는 상상을 한다. 구강의 이미지를 증폭시키는 치료자의 실험은 불안과 혐오의 또 다른 파도로 이어진다. 더 많은 작업이 필요하다. 묘사는 불완전한데, 내담자는 아버지를 거세하고 싶다고 말했지만, 아직 실행한 것과 그 결과가 묘사되지 않았다.

2. 두 번째 심상 작업: 심상 작업 계속하기

치료자: 내가 그것을 말했을 때 무엇을 보았나요? 어떤 이미지가 떠올랐나요? [심상작업의 다음 차례]

내담자: 그냥 아버지요.

치료자: 어떻게요?

내담자: 아버지가 실제로 식탁 맨 앞에 앉아 있는 것을 봤어요.

치료자: 음음.

내담자: 그리고 거기서, 그런 일이 일어나는 곳인데…… 거기서 그의 가장 저속한 면이 나오는데, 너무 역겨워요. 그다음에 나에게 너무 고압적이거나 성적이거나 노골적일 때의 에드워드에 대해서도 생각하는데요. 여기서는 누구에 대해 이야기하는 건가요? [내담자가 비교 삼각형 작업의 맥락에서 남편에 대한 분노를 아버지에 대한 분노의 전이로 바라보면서 자발적으로 방어기제를 해석한다]

치료자: 여기서는 누구에 대해 이야기한다는 것이 무슨 말인가요? 당신 말은 누구에게 반응하냐는 거죠? [명료화]

내담자: 네.

치료자: 계속 이야기해 보세요.

내담자: 내가 느끼기에, 그건 에드워드에 대한 것이 아닌 것 같아요. 이것에 대한 것이죠. [내담자는 남편과의 현재 어려움과 아버지와의 핵심적 어려움을 자발적으로 연결한다. 갈등 삼각형과 비교 삼각형 작업은 깊은 감정에 의한 통찰을 통해 중요한 작업을 하

고, 감정 작업의 다음 차례 전 인상적인 순간을 누릴 수 있는 기회이다]

치료자: 그래서 그 순간에 당신이 정말로 공격 태세를 취하고 모든 것을 끄집어낸다면, "나에게 그렇게 하지 않고, 이걸 가져가서" 그에게 복수할 텐데요. 처음에는 아버지를 손톱으로 찌르는 이미지로 시작했지만, 나중에는 거세라는 이미지가 생겼죠. 거세하고 항상 모든 것을 성과 연결해서 당신을 위한 모든 것에 나쁜 영향을 주고 오염시키는 뇌의 일부분을 잘라 내는 복수요. 그걸 어떻게 하나요? [지금까지의 내용을 재확인하고, 다시 토대를 단단히 해서 심상 작업의 완성을 향해 나아간다]

내담자: 그건 어려운 부분이에요. [혐오 감정이 초기의 감정적 경험과 결부되어 있다]

치료자: 지금 당신이 아버지의 몸을 다뤄야 하기 때문에, 아버지의 머리가 아니라 몸을 다뤄야 하기 때문에 어려운 거예요. [혐오 감정에 대한 공감적 부연 설명과 타당화]

내담자: (진지하게 다시 몰두하여) 마치…… 내 손에 이렇게 큰 식칼이 있고 그걸 자르니까 더 이상 음경이 아니라고 생각해요. (목소리가 갈라진다.) 하지만 그걸 다룰 수가 없어요.

치료자: 그걸 다룰 수가 없다는 게 무슨 말인가요?

내담자: (다시 혐오스러운 눈빛으로) 실제는 아니지만 그걸 실제로 한다고 생각하니까…… 아버지의 음경에 대해 생각조차 하고 싶지 않아요.

치료자: 그렇게 하면 무슨 일이 생길 테니까 스스로를 내버려 둘 수 없다는 건가요?

내담자: 웩. (완전히 혐오스러움)

치료자: 에이미, 웩은 무엇인가요?

내담자: (더 불안해지고, 울먹이며) 웩. 웩은 "나한테서 떨어져!"인 것 같아요. 난 그냥 아버지가 거세되길 바라요. [그녀가 더 지적인 언어를 지향하고, 더 큰 안전감을 얻기 위해 노력하는 것에 주목하라]

치료자: 그래요. 하지만 바로 지금 그걸 다루지 않으면 이 환상에서, 이 감정에서 그건 일어나지 않을 거예요. [어려운 감정 작업을 계속하도록 그녀에게 용기를 북돋운다]

내담자: (매우 떨리는 목소리로) 그건 마치…… 음경을 잘라 내 버리는 거예요.

치료자: 에이미, 몸에서 무엇이 일어나고 있나요? 당신이 힘겹게 싸우고 있다는 걸 알아요. 그걸 꺼내 봐요. [솔직한 공감과 끝까지 계속하도록 격려하면서 몸속 내장에서부터의 경험으로 초점을 옮긴다]

내담자: (아주 깊이 울음을 터뜨리고, 말하려고 애쓴다.) 너무 고통스러워요. 이 모든 고통이 나와 버렸어요. 그게 어디에서 왔는지 모르겠어요. [정서적 고통에 대한 핵심 감정

의 돌파]

치료자: 괜찮아요. 그게 오도록 놔두세요. 그것이 오게 하세요. [안심시키고 그녀와 함께하
면서 앞으로 나아간다. 치료자의 전진은 내담자에게 강렬한 경험을 계속해도 괜찮고, 치
료자가 두려워하지도, 뒤로 물러나지도 않는다는 메시지를 전달한다]

　여기서 치료자는 매우 지지적이고 격려하고 있지만, 아버지의 음경을 어떻게 하고 싶
은지 상상하는 것을 피하지 말라고 제안함으로써 아버지에 대한 내담자의 분노가 일어
나고 있는 묘사에서 그녀가 자발적으로 내놓은 이미지의 정도를 높인다. 내담자는 불안
이 온몸을 휩싸는 것을 내장에서부터 경험하는데, 그것은 이전에 접근할 수 없었던 또
하나의 깊은 감정의 파도가 출현한 것과 관련된 것으로 밝혀진다. "괜찮아요. 그게 오도
록 놔두세요. 그것에 오게 하세요."라고 치료자가 내담자를 안심시키고, 정서적으로 그
녀와 함께하는 것은 불안을 누그러뜨리는 데 도움이 되며, 안심시키기의 결과로 따라오
는 정서적 고통에 대한 핵심 감정의 돌파를 위한 준비 작업을 한다. 이러한 일련의 장면
들은 핵심 감정(여기서는 분노)을 완전히 경험하는 것, 또 하나의 깊은 감정적 경험(여기
서는 고통)의 파도를 야기하는 무의식적 내용의 또 다른 층으로 이어지는 것이 의미하는
바를 분명하게 보여 준다.

3. 세 번째 심상 작업: 정서적 고통 다루기

내담자: 그게 왜 너무나 고통스러운 건가요?

치료자: 그저 고통이 나오게 하고, 눈물도 흐르게 해 주세요. 그것들은 오랫동안 내면에
있었어요. 누구를 위한 고통인가요? [지지하고, 내담자가 감정에 머무르도록 격려하
고, 깊은 감정적 처리 과정의 다음 단계를 시작한다. 이제는 자연스럽게 일어난 고통의
핵심 감정을 탐색할 시간이다]

내담자: (너무나 가슴 아프게, 매우 단순하게) 저요. [자기 애도하기의 과정이 시작되고, 그것의
감정적 표식이 정서적 고통이다]

치료자: (부드러운 목소리로) 알고 있어요. [인정하고, 공감하고, 지지한다] 그 손을 풀어 주세
요. (그녀의 제스처를 거울반응하고, 주먹을 꽉 쥐고 있는 오른손에 대해 이야기한다.)

내담자: (손을 편다.)

치료자: 그 손은 무엇을 하고 있나요? 자기 스스로 손과 당신의⋯⋯ 그 무엇을 연결하도록 하세요. [몸의 언어로 말하도록 무의식을 초대한다]

내담자: 그를 불구로 만들고 (자르는 동작), 밀어 버리는 (밀치는 동작) 거요. [초대를 받아들인다]

치료자: 그를 밀쳐요?

내담자: (매우 슬픈 어조로) 그를 밀어 버리는 게 왜 그렇게 중요한지 알면 좋을 텐데요.

치료자: 다른 손으로 무얼 하고 있나요? 당신의 다른 손도 무얼 시작하고 있군요⋯⋯. 왼손이요. [몸에 뿌리박힌 감정적 경험의 연관성에 더 초점을 맞춘다]

내담자: (취약한 모습으로) 모르겠어요. 뭐랄까⋯⋯ 나를 보호하는 것 같아요. (왼팔로 자기 자신을 감싸고 안아 준다.)

치료자: (부드러운 말투로) 그건 나의 이미지였어요. 그 이미지 속에서 왼손은 당신을 위한 것이었고, 오른손은 그에 대한 것이었어요. [공감적 부연 설명]

내담자: 그냥 생각했는데, 이것이 여동생 리사에게는 그렇게 큰 문제가 아니라고 생각해요.

치료자: 리사에게는 그렇게 큰 문제가 아니라고 생각한다고요?

내담자: 동생도 성생활에 문제가 있고, 그것에 영향을 받는다는 걸 알고 있지만, 이만큼은 아니라고 생각해요. [내담자는 그녀가 성적 학대를 받았는지에 대한 극도로 고통스러운 질문을 분명하게 다루고 있다. 그녀는 또다시 경험적 작업과 경험의 다른 패턴을 연결하려고 시도한다. 이 경우에는 그녀와 그녀의 여동생에 대한 것이다] (머리를 움켜잡는다)

치료자: 머리에서는 무슨 일이 일어나고 있나요?

내담자: (깊게 울고 차분하게) 모르겠어요. [고통의 또 다른 파도]

치료자: 올라오는 모든 것들, 이 감정들을 말로 표현해 보세요. [감정에 대한 신체본능적 경험에 이름을 붙인다]

내담자: 너무 많아요.

치료자: (부드럽고 다정한 목소리로) 괜찮아요. 이번에는 혼자 하지 않아도 돼요. 당신은 혼자가 아니에요. [내담자와 함께 있어 주기: 안심시키고, 현존하고, 정서적으로 접촉하는 것이 어떻게 깊은 정서적 작업의 다음 단계를 안내하는지 주목하라]

4. 네 번째 심상 작업: 회복적 심상 작업을 통해 해리 해결하기

내담자: 이 작은 소녀를 계속해서 바라봐요.

치료자: 이 작은 소녀…… 누구인가요?

내담자: (매우 집중해서 바라보며) 소녀가 슬퍼해요. 외롭고요. 이 아이는 다른 사람들이
원하는 모든 것이 되려고 노력하는 것뿐이에요. [묘사의 부연 설명이 계속 이어진
다. 작은 소녀는 분명히 그녀 자신이다]

치료자: 그 아이가 어떻게 보이나요?

내담자: 그냥 서 있어요.

치료자: 소녀에 대해 더 이야기해 보세요. 당신이 그 아이를 보는 것처럼 나도 그렇게 보
고 싶거든요. 몇 살쯤 되나요? [더 구체화하면서 치료자와의 접촉도 더 깊게 한다. 치
료자는 내담자가 그녀의 이야기를 듣고 싶어 하는 수용적인 타인에게 말하고 있다는 것
을 인식하기를 원한다]

내담자: 아홉 살이에요.

치료자: 아홉 살이요?

내담자: 아니면 여덟 살이요. [나이를 정확히 하려는 것에 주목하라]

치료자: 음음.

내담자: 그녀의 엄마가 그랬던 것처럼 머리에 작은 머리핀 두 개를 꽂고 있어요. 금발에
작은 녹색 트레이닝 반바지에 티셔츠를 입고 있어요. 그 아이는 그저 쓸쓸해 보
여요. [이미지의 구체성은 핵심 감정의 추가적 증거이다]

치료자: 음음. 그 소녀에게 무슨 말을 하고 싶나요? 그 아이와 무엇을 하고 싶나요? [이것
은 이제 내적 대화의 묘사이다]

내담자: (눈물을 흘리며 말한다.) 그 아이를 안아 주고 싶어요.

치료자: 어서, 그녀를 안아 주세요. 당신 스스로 그녀를 안아 주게 하세요. 다시 손도, 팔
도 풀어 주세요. 적어도 몸이 풀어지도록 스스로를 가만히 놓아주세요. 그 아이
를 어떻게 안아 주나요? [내담자가 자신의 몸을 묘사에 관련되게 허용하도록 격려한
다] 이렇게요? (포용한 모습을 보여 준다.)

내담자: 네. 엄마는 내 조카 지나가 어떻게 하는지, 내가 세 살 때 어떻게 하곤 했는지 계
속해서 이야기했고, 나도 계속 생각해요. 무슨 일이 벌어졌지? 지나는 정말 에너
지 넘치는 호기심 많은 문제 해결사인데, 상상력이 풍부하고, 끝없이 무한한 에

너지를 갖고 있어요. 그 아이는 아주 기분이 좋고, 내가 생각하는 것과 달라요. 완전히 달라요. [이 묘사에 등장하는 아홉 살짜리는 세 살짜리의 예전 모습, 그리고 지나의 현재 모습과는 완전히 다르다. 자기-타인-정서 삼각형의 측면들과 비교 삼각형의 측면들이 자연스럽게 연결된다]

치료자: 그래서 이 작은 기분 좋은 소녀에게 무언가가 일어났군요. …… 끝이 없고, 호기심이 많고, 에너지가 넘치고, 활발하고, 생명력이 있는 작은 세 살짜리 소녀가 여덟, 아홉 살이 되어서는 쓸쓸하고, 마음의 갈피를 잃어버리고, 외롭고, 홀로 남겨진 작은 아이가 되었군요. 에이미, 그 소녀를 안아 줄 때 뭐라고 말해 주나요? 그 아이를 안아 주세요. [그녀 자신의 두 부분이 서로 대화하도록 격려하면서 묘사를 계속한다]

내담자: 그냥 그 아이를 다시 데리고 나가는 걸 상상해요. [방어기제가 없음에 주목하라]

치료자: 그 소녀를 다시 데리고 나간다고요? 그게 무슨 말인가요?

내담자: 지난번에 내가 어린 소녀를 다른 곳으로 데려갔을 때요. [이전 회기의 묘사를 언급한다] 그게 내가 보는 바로 그거예요. 그 아이는 괜찮아질 거예요. 내가 걔를 데려갈 거예요.

치료자: 당신이 어떻게 몸으로 그 아이를 안아 주는지 설명해 줄 수 있나요? [몸에 뿌리내린 통합적 경험의 연관성에 대비한다. 내담자-치료자 관계에서 감정적 작업이 뿌리내리는 것에 다시 주목하라. 치료자가 내담자에게 직접적으로 이야기하도록 격려한다]

내담자: 그냥 이렇게요. (행동으로 보여 준다.)

치료자: 배에서 배로, 가슴에서 가슴으로? [그녀의 행동을 단어로 연결시킨다]

내담자: 네. 선생님도 알다시피 그 아이가 더 작다는 것만 제외하면요.

치료자: 그래서 그 소녀를 안아 줄 때 서 있는 건가요?

내담자: 그 아이의 머리가 여기쯤 오게요. (자기 심장 바로 옆의 가슴을 가리킨다.)

치료자: 그 아이의 기분이 어때요?

내담자: (울기 시작하는데, 이전의 울음과는 다르고 치유 감정이 시작된다.) 누군가가 옆에 있어 줘서 안심하고 있어요. 울면 모든 게 다 나오죠. [이것이 안도의 눈물임을 보여 준다] 우리 집에서는 아무것도 느낄 수 없었어요. 왜냐하면 엄마, 아빠가 떠나 버릴 테니까요. 나도 그렇게 생각했어요. 여동생이 나를 더는 좋아하지 않는다고요. 걔도 떠날 거예요. 걔는 내 친구가 될 수 없을 거예요. 부모님처럼요. [감정과 경험을 가로막는 방어 기제를 자극하는 불안의 또 다른 근원을 확인한다. 바로 버려질

것에 대한 두려움이다. 언어가 단순명쾌함에 주목하라. 그녀는 아홉 살짜리 소녀의 언어로 말하고 있다. 통합적 처리 과정과 새로운 자전적 이야기의 창조가 이루어진다]

치료자: 당신은 완전히 버려졌군요. 완전히 혼자가 되었어요. [치료자는 한 걸음 뒤에 있다]

내담자: 그들은 아무 소용이 없어요.

치료자: 당신이 그 소녀를 안아 주고, 그 아이가 흐느끼고, 흐느끼고, 또 흐느끼고 있을 때 무엇을 느끼나요? 당신이 나와 함께하는 것처럼요. [내적 대화의 묘사에서 나타나는 그녀 자신의 다른 면을 경험하는 것을 탐색한다. 치료자는 한편으로는 지금-여기의 내담자와 작은 소녀 사이에, 다른 한편으로는 치료자와 내담자 사이에 병렬 구조를 도입한다]

내담자: (맑고 차분한 눈빛으로 시선을 위로 향하며) 슬퍼요. 하지만 이제 그 아이에게 뭔가 줄 수 있을 것 같아요⋯⋯. 다시 시작하는 것처럼요⋯⋯. 다 잘될 거예요. 괜찮아질 거예요. [깊은 정서적 고통에 수반되는 것들을 통해 작업하고, 그것의 근원을 찾고, 어느 정도 회복 작업을 해 오면서, 이것은 정서적으로 깊게 경험하는 것에 대한 여파이다. 내담자는 이제 적응적 행동 경향성에 접근하고 있고, 자원이 풍부하다고 느끼며, 그 작은 소녀를 도울 수 있다는 자신감이 있다. 치유 감정의 표식인 위로 향하는 시선에 주목하라]

치료자: 그때 또 무엇이 생각났어요?

내담자: 우리가 해결할 수 있을 거야.

치료자: 흠? [치료자는 내담자가 언급하고 있는 "우리"가 무엇인지 확실하지 않다]

내담자: 우리는 해결할 수 있을 거예요. 지금처럼요. 괜찮아질 거예요.

트라우마의 결과 중 하나는 자기가 주요 성격으로부터 쪼개어져 감정을 느끼는 부분과 사고하고 기능하는 부분으로 분열되는 것인데, 이는 개인을 압도당하기 쉬운 상태로 있게 만드는 활기 없는 방식이다(Ferenczi, 1931, 1933; Winnicott, 1949, 1960). 회복적 심상 작업reparative portrayal과 핵심 감정 둘 다 과정을 이끌고 도우면서 에이미는 자신의 두 부분, 즉 쓸쓸해 하는 어린 소녀와 불안하고 자원이 부족한 어른이라는 부분들을 하나로 모을 수 있다. 그녀가 작은 소녀를 껴안는 것은 해리를 해결하기 위해 필요한 통합의 경험적이고 내장에서부터 일어나는 형태이다. 감정 부분은 혼자가 아니라는 것을 느낄 필요가 있다. 기능 부분은 그녀가 역부족이 아니라고 느끼도록 감정적 접촉에 대한 깊은 자원이 필요하다. 감정적 작업을 통해 내담자는 자신의 자원에 대한 강력한 감각을 얻는다. 그 어린 소녀를 껴안음으로써 그녀는 감정을 처리하는 데 드러난 병리적 증상의 세대 간 전수를 끊어 버린다. 그녀는 슬프고 겁에 질린 어린아이였을 때 엄마가 자신을 버렸던 것처럼 더 이상 자신의 감정 부분을 버리지 않는다. 에이미는 어려운 처지의 아이를 도울 수 있는, 생식력을 가진 어른으로서 힘을 찾기 시작한다.

5. 다섯 번째 심상 작업: 함께하기

치료자: 당신과 그녀, 즉 당신의 두 부분은 해결할 수 있을 거예요. 당신은 함께하죠.

내담자: 모든 게 잘될 거예요. [스스로에 대한 차분한 믿음을 언급한다] 나의 일도, 우리의 일도요. 왜 그러세요? [치료자 눈에 눈물이 어린 것을 의식하고 치료자에게 다시 집중한다]

치료자: 너무 고통스러워요. 그리고 매우 감동적이고요. [치료자는 내담자의 한 걸음 뒤에서 여전히 정서적 고통뿐만 아니라 치유 감정으로 가득하다. 하지만 내담자는 나아가고 있다]

내담자: (차분히 힘을 내면서) 이제는 우는 것도, 무너져 내리는 것도 두렵지 않아요. 울 수 있고 기분도 괜찮아질 수 있어요. 두 가지 종류의 울음이 있어요. [내담자는 불안의 눈물과 핵심 감정의 눈물 사이의 차이점을 언급하고 있다] 난 무너지고 있지 않아요. 괜찮아질 거예요. 만약 내가 무너진다면 여기서 어떤 도움도 되지 않을 텐데, 도움이 되고 있다는 걸 알고 있거든요. [자기 자신의 두려움을 언급하고, 새로 발견된 의미를 확고히 한다]

치료자: 그게 무슨 말인가요?

내담자: 모든 사람은 인생의 과제를 가지고 있고, 아무도 자신이 무너지는 걸 원치 않아요. 왜냐하면 하나님은 내가 무너지는 걸 원치 않으시고, 그렇게 되도록 허락하지 않으실 것이며, 나도 그럴 테니까요. 그리고 그 누구도 내가 그렇게 되는 걸 허락하지 않을 거예요. 왜냐하면 내가 해야 할 일을 할 수 없을 테니까요. [자신에 대한 믿음과 타인에 대한 신뢰를 언급한다]

치료자: 그렇다면 바로 지금 당신이 해야 할 일을 하기 위해 무엇을 하고 있나요?

내담자: (시선을 위로 향하며) 일종의 선함, 그리고 힘 같은 것이요. 나는 베풀어야 할 선함이 있고, 다른 사람에게 줄 사랑도 있어요. 그것을 줄 수 있기 때문에 잘 해야만

해요. 그리고 나 자신에게도 줄 수 있어요. 그래야 그 일을 할 수 있거든요. 난 나 자신을 돌봐야 해요. 또한 에드워드에게도 그걸 빚지고 있어요. 그와의 관계에 있어서 우리와 관련 없는, 많은 다른 것에 반응하고 있다고 생각해요. 그리고 그것들을 해결하고 싶어요. 그래야만 그것들이 그와 나를 방해하지 않을 테니까요. [그녀를 무력하게 만드는 두려움을 잘 알고 있다. 그 두려움에 접촉하고, 반대되는 것을 통해 연결되며, 그녀의 생식력과 재능과도 접해 있다. 결혼 생활에 더 충분하게 적응하기 위해 어려움을 헤쳐 나가는 것의 중요성을 역설한다]

치료자: 그 존재들이요?

내담자: 그것들은 그와 나에게 방해가 되지 않아요. 또한 우리가 아이들을 낳고 건강한 방법으로 희망을 갖고 키울 수 있다고 생각해요. [이 작업의 파도에 대한 치유력의 가장 깊은 증거: 아이를 갖는 것에 대한 그녀의 괴로움이 바뀌고 있으며, 자신의 생식력과 접촉하고, 본인의 어머니가 그랬던 것보다 더 좋은 엄마가 될 수 있다는 자신감을 어느 정도 갖기 시작한다] ……몸이 더 가벼워진 것 같아요. [감정적 돌파 이후의 느낌, 활력 감정]

치료자: 내가 누군가와 경험했던 가장 아름다운 순간 중에 하나를 공유한 것 같아요. [치료자는 이 작업에서의 감정적 경험을 공유한다]

내담자: 기분이 좋아요. [치유 감정의 아름다운 단순함]

치료자: 으으음. 당신이 자신의 힘과 중심을 찾는 것을 보세요. [인정하기]

내담자: 네. 그게 바로 그런 느낌이에요.

치료자: 마침내 내면의 깊고, 깊고…… 깊은 곳, 당신이 알고 있는 그곳에서 모든 것을 합치는 소리를 들어 보세요. 놀라운 일이에요. 정말 놀라워요. [인정하기: 치료자는 내담자의 작업의 중요성에 대해 경외하고 감사하는 자신의 경험을 표현한다]

내담자: (깊고, 단순한 미소를 지으며) 기분이 좋아요.

치료자: 그래요.

6. 여섯 번째 심상 작업: 감정적-관계적 경험의 메타처리

내담자: 우리가 오늘 했던 것에서 어떤 힘을 얻었다고 정말 느껴요.

치료자: 바로 지금 그 힘의 감각이 어떤 느낌인지 말해 주세요. [경험적 부연 설명을 통해

경험을 새기다]

내담자: 내 안에 뭔가가 있는 것 같아요. [공허함의 반대] 밖에 나를 아끼는 사람들이 있고, 나도 그걸 할 수 있다는 것이요. 시간이 오래 걸릴지도 몰라요. 영원한 시간이 걸릴 수도 있지만 차근차근 할 수 있어요. 정말 그렇게 느껴요. [자기 인정하기]

치료자: 흠?

내담자: 정말 그렇게 느끼고, 어떤 단계를 본 것 같아요. 12주 전부터 지금까지요. 10단계를 봤어요. [나아지고 있는 것에 대한 감각을 바탕으로 희망을 품는다]

치료자: 그럼, 지금 정말 정말 나를 본다면 어떻게 될까요? [회기를 마치기 전에 막 일어났던 깊은 감정적 과정에 대한 관계적 반향을 처리하는 것은 중요하다]

내담자: 행복해요. 진짜로 행복해요. 선생님도 기분이 좋을 것 같고요. 그것 때문에 행복해요. 우리가 시작했던 일로 내가 여기에 있다니 믿을 수가 없어요. [행복에 대한 자기 자신의 깊은 느낌: 그녀가 그 작업에 대해 치료자가 얼마나 좋은 감정을 느끼는지 알고 있다고, 즉 안정 애착의 증거이자 자신의 안녕으로 치료자도 기뻐할 것이라는 자신감을 언급하는 단순한 확실성에 주목하라. 그녀는 관심과 보살핌을 받고 있다고 느낀다]

치료자: 항상 당신이 말로 표현하는 걸 듣고 싶으니까 말로 표현해 주세요. 딱 이런 느낌으로요.

내담자: 얼마나 됐는지는 모르겠지만, 15분, 아니면 20분 전부터 전혀 다른 곳에 있어요……. 적어도 지금까지는요. [감정적 돌파 이전과 이후의 상태 사이에서 신체본능적으로 경험한 차이]

치료자: 그리고 바로 지금 행복을 공유하고 있는 이 기분은요? [내담자와 치료자가 공유하고 있는 행복의 상태를 관계적으로 경험하는 것에 다시 초점을 맞춘다]

내담자: 정말 기분이 좋아요. 누군가가 진짜로 돌봐 주는 것 같아요. 선생님이 정말 신경 써 주시는 것 같아요. 우리 엄마는 다른 사람에 대해서 감정을 느낄 수 없고, 오직 자기 자신에 대한 감정만 느끼는 것 같거든요. 선생님은 다른 사람의 감정을 느낄 수 있고, 나를 정말로 이해해 주세요. 그리고 선생님 또한 내가 시작한 것과는 달라졌다고 생각하는 것 같아요. [깊은 수용적 · 감정적 경험을 분명하게 표현한다. 작업을 통해 성찰적 자기 기능이 개발되는데, 자신이 진전을 이루었다고 치료자가 느낀다는 그녀의 느낌만이 자기 자신의 진보에 대한 스스로의 감각을 깊게 만든다]

치료자: 당신은 다른 세상에 있는 게 아니에요. 그건 다른 우주예요.

내담자: 네. 어딘가로 가고 있는 것 같아요.

치료자: 오랜 시간이 걸렸지요.

내담자: 네. 선생님이 나에게 안내를 많이 해 주는 것 같아요. 그리고 또 다른 한편으로는 그렇게 하지 않기도 했고요. 나를 내가 이해하도록 많이 도우셨어요. [내담자의 성찰적 자기 기능의 개발을 촉진한다] 그것이 안내인지는 모르겠지만, 나를 독려하고 나와 함께하는 것 같아요. 그래서 정말 감사해요. 선생님이 이것을 보고, 3주 전의 회기를 고려하면 무언가와 연결시킬 수 있을 것 같다고 생각해요. 이것이 진행되고 있는 어딘가가 있다는 것과 끝이 보인다는 것을요. 선생님은 노력하고 있는 것의 끝이 아니라 치료의 끝을 보고 있다는 것을 말이죠. [내담자 자신의 언어로 그녀는 치료자의 태도적 측면에 대한 자신의 경험을 분명하게 표현한다]

치료자: 으흠.

내담자: 선생님은 내가 좋아지기를 정말로 원하는 것 같아요.

치료자: 설명을 좀 해 주세요. 지난 30분이나 20분, 혹은 얼마나 긴 시간이 지났든지 간에, 우리가 아니면 당신이 당신 내면의 이곳에 이르렀고, 그것을 해냈고, 나는 상대적으로 말을 거의 하지 않았다는 것이죠. 당신과 내가 일치되어 경험했던…… 그것이 어땠는지 말해 주세요. 다시 말해서, 나는 당신 스스로 할 수 있었던 것에 대한 그런 감각을 가지고 있고, 내가 정말 많이 당신과 함께했다는 것을 알고 있어요. 나는 그렇게 느꼈는데, 당신은 어땠는지 그것에 대한 본인의 경험을 말로 표현하는 것을 듣고 싶어요.

내담자: 비록 선생님이 거의 말을 하지 않으셨다고 해도, 예전부터 지금까지 내내 부드럽게 독려하는 것처럼, 연결하는 것처럼 보였던 것 같아요. 그것이 내가 필요로 했던 거예요. 선생님이 여기에 있기를 바랐어요……. 그게 무엇인지 모르겠어요……. 선생님이 여기 나와 함께 있다는 것, 내가 느끼는 것이 타당하다는 것, 그리고 내가 생각하는 것이 완전히 미친 것이 아니라는 것을 알고 있다 해도요. 선생님이 보살펴 주는 것 같아요…….

치료자: 고마워요.

내담자: 여긴 완전히 안전한 것 같아요. Dr. X[예전의 치료자] 같은 경우, 아버지가 치료비를 냈고, 그녀를 나에게 추천해 줬어요. 선생님의 경우, 내 돈으로 선생님께 치료비를 낸다고 고집했어요. 아버지는 선생님의 성조차 몰라요. 여긴 안전해요.

치료자: 그리고 당신의 것이죠.

내담자: 네. 나의 것이에요.

치료자: 내가 생각하는 건 더 이상 진짜로 활기가 넘치지 않는, 슬프고 쓸쓸해하는 여덟 혹은 아홉 살짜리 작은 소녀예요. 그리고 그 아이는 매우 외롭고 겁에 질려 있죠.

내담자: 나는 그녀를 위해 여기에 있고, 선생님은 나를 위해 여기에 있는 것 같아요. 우리는 내가 그녀를 돕게 하고, 선생님이 날 돕게 해요. 그게 선생님이 생각하고 있던 건가요?

치료자: 그게 내가 생각하고 있던 거예요. 그리고 그게 어떤 느낌인지 알고 싶었어요.

내담자: 선생님이 나를 어떻게 도울 수 있는지 내가 알고 있기 때문에 그 소녀를 도울 수 있는 힘이 실린 것 같아요. 그게 말이 되나요?

치료자: 그 말은 타당하고, 나를 정말 행복하게 만들어요.

내담자: 그건 연결고리 같아요. 그래서 내가 회복될수록 그 아이도 더 많이 도울 수 있어요.

치료자: 그리고 당신은 그 소녀를 안으로 데려갈 수 있어요. 그 아이는 오랫동안 밖에서 혼자 있었어요.

내담자: 선생님이 느끼고 이해를 통해 어느 정도 도울 수 있다면요……. 그것의 지적인 부분과 감정의 부분 같은데, 그것들이 함께 작업할 수 있어요. 그리고 그것들이 좋은 것을 만들기 위해 함께 일할 수 있어요. 훌륭해요. 대단히 감사합니다. 정말 행복해요.

이 마지막 일화에서, 회기의 작업은 배경에 있었던 것, 즉 내담자와 치료자의 관계를 전경으로 가져옴으로써 완료된다. "몸이 더 가벼워진 것 같다"는 말은 그녀가 타고 있던 깊은 무의식적 파도가 지금으로서는 끝이 났고, 치료적 관계의 검토로 전환하는 것이 더 깊은 이야기의 출현으로 인해 방해나 간섭을 받지 않을 것이라는 신호이다. 치료적 관계에 대한 그녀의 경험과 그녀가 관여된 과정 속에서 치료자의 역할에 대한 감각에의 탐색이 이루어진다. 내담자는 무엇이 깊은 변화를 일어나게 하는지에 대한 자기 자신의 감각과 변화의 기제mechanisms에 대한 자신만의 이론을 분명하게 설명한다. 그 과정에서 경험을 공유하고 그 경험이 의미 있게 만드는 것은 어떠한지에 대한 표현을 공유한 결과로서 유대가 더욱 강화된다.

7. 결론

프로젝트가 거의 끝나가고 있기 때문에 여정도 끝나고, 치료도 마무리된다. 만약 치료가 잘 진행되었다면, 종결은 관계 정리를 위한 전환점, 즉 작별 인사가 추억에 신호를 보내고 관심을 향하게 하는 때를 표시한다.

변화 정서 모델에 영향을 미치는 정신 건강의 시각적인 것vision에는 두 가지 측면이 있는데, 깊이 느끼는 것과 마음 편안하게 지내는 것이다. 스스로 그리고 타인과 함께 깊이 느끼고, 편안하고, 개방적이고 마음의 긴장을 푸는 능력은 시종일관 논의해 왔던 핵심 감정 경험의 두 가지 측면, 즉 핵심 감정과 핵심 상태를 통해 직접적으로 나타난다. 경험에 대한 장애물이 더 이상 개인의 정신적 기능의 측면을 나타내는 것이 아닐 때, 이러한 능력은 존재 구조의 일부가 되고, 그 사람은 규제나 제한을 어기지 않고 내적·외적 세계에 관여할 수 있다.

증상이 많이 완화되고 왜곡된 성격이 교정되는 것 등은 어떤 내담자들에게는 엄청난 수준으로, 또 다른 내담자들에게는 적당한 수준으로 이루어지는데, 감정과 관계 맺기에 대한 장애물이 해제되면서 자연스럽게 이루어진다. 그러나 최고의 결과에서조차 인생은 매우 힘들기에 우울, 불안, 걱정, 관계 안에서의 함묵, 한바탕의 자기 회의 혹은 수치심, 불신, 무관심, 절망감, 무망감이 다시 나타난다. (최상의 경우와 최악의 경우 모두에 기능하기 위해 표상적 도식의 두 가지 형태에 대한 필요성이 비교적 건강할 때도 우세한데, 다른 것은 기준선이고 상대적인 것은 서로에 대한 비율이다.) 여기에서 밝힌 정신 건강 지표index는 이렇게 고통스러운 현상이 완전히 사라진 것이 아니라, 오히려 그것들을 최적으로 관리하는 개인의 능력으로, 성찰적 자기 기능의 적용에 의해 만들어진 숙달의 영역 안에 그것들을 포함시키는 것을 의미한다. 이러한 경험들을 인정하고 받아들이고, 본인이 다루어야 할 상태에 대해 그것들이 드러내는 것과 그 의미에 대해 살펴볼 수 있는 것, 그리고 그것에 대해 자기 자신 및 신뢰하는 타인과 의사소통할 수 있다는 것은 병리에 대한 가장 깊이 있는 해결책이다. 그동안 내내 분명히 밝힌 바와 같이 병리의 본질은 그것을 혼자 짊어져야만 하고 너무나 두려워서 솔직하게 인정할 수 없다는 것에 기인한다는 점이다. 이 역동이 제거되고 자기와 타인에 대한 의사소통의 방향성이 역전되면, 치유적 변형healing transformation으로의 길이 열린다. 그러면 그것으로 충분하다.

정신분석의 세계에서 다른 사람이 존재할 때도 홀로 있을 수 있는 능력에 대한 위니컷(Winnicott, 1958)의 작업은 당연히 크게 존경받고 있다. 위니컷은 관련 주제에 대한 글에서 소통되지 않은 채 남겨진 사적 경험의 영역을 갖는 것이 중요하다고 역설한다 (예: 1963a). 이 주제는 몇몇 현대 작가들(Slochower, 1999; Stein, 1999)의 연구에서 어느 정도 낭만적인 방식으로 반향을 불러일으켜 왔다. 그러므로 나는 건강의 이러한 측면을 다음과 같이 재구성하고 싶은데, 다른 사람이 있을 때 혼자 있을 수 있는 능력으로부터 타인이 있는 데서 자기 자신이 될 수 있는 능력이 길러진다. 타인이 존재할 때도 자기 자신이 된다는 개념에 관련된 것에 자기 자신 및 타인과의 의사소통이 자기의 온전함을 위협하는 것이 아니라 오히려 자기의 진정성을 높이고 강화하여 견고하게 하고 인정하게 될 것이라는 자신감이 포함된다.

깊이 느낄 수 있는 능력과 자기 자신 및 타인과 함께 편안해할 수 있는 능력은 핵심 감정과 핵심 상태에 각각 뿌리를 두고 매우 중요한 변형 과정을 함양하는 매개체이다. 즉, 그것들은 본질적 자기essential self를 계속해서 펼치도록 촉진한다.

부록

한국어판 부록

다이애나 포샤 박사

『Transforming Power of Affect』의 한국어판을 읽으시는 독자 여러분께.

내 책의 한국어판에 이 부록을 실을 수 있게 되어 무척 기쁘게 생각한다. 드디어 한국의 독자들도 한국어로 속성경험적 역동심리치료(AEDP)에 대한 나의 작업과 맞닿을 수 있게 되어 매우 기쁘고 영광스럽게 생각하고 있다.

이 책의 본문에서는 AEDP 치료의 핵심인 마음과 영혼, 과학, 기본 현상학과 실천 등이 포함되어 있다. AEDP의 기본 경향성에 대하여 다시 한번 명확하게 정리를 해 보면 다음과 같이 설명할 수 있겠다.

- **치유 지향성**healing orientation과 AEDP의 기본 이론은 정신병리에 초점을 맞추고 있기보다는 변형적인 변화transformational change에 대한 이론들, 즉 다양한 **변형적 연구**에 그 근간을 두고 있다.

- 애착 이론과 연구뿐만 아니라 양육자/아동의 상호 작용에 대한 발달 연구에 확고한 기초를 두고 **돌봄과 감정적 관여**affective engagement**에 의도적으로 긍정적인 치료적 자세**를 취하고 있다. 이와 같은 애착 연구 및 상호주관성 연구의 확고한 기반은 중립적 입장보다는 의도적으로 긍정적인 입장을 지지하는 측면을 지니고 있다.

- AEDP는 **한 개인이 압도되는 정서적 경험에 직면하여 의도하지도, 원하지도 않았던 외로움**aloneness **속에 처하게 될 때 일어나는 정신병리의 발달**에 대해 기본적인 이해를 하고 있다.

- 따라서 AEDP에서는 이러한 **외로움에서 나오도록 돕는 것**을 핵심적인 치료 과정으로 보고 있다.

- 이러한 과정에서 일어나는 **방어를 다루고**, 불안을 조절하기 위해 **공감적이고 비직면적 접근**을 시도한다. AEDP에서는 이를 새로운 용어로 상태state 1 작업이라고 명명하고 있다.

- **관계적-정서적 경험을 명시적이고 경험적으로 작업**하는 데 중점을 둔다("암묵적인 것을 명시적이고 경험적인 것으로 바꿈").

- **변형적 과정의 상세하고 명료한 현상학**에 의해 매 순간의moment-to-moment 개입을 안내한다.

- **이자관계적 감정 조절**dyadic affect regulation: 과거에는 혼자 감당하기에 너무 압도될까 봐 두려웠던 감정을 다루기 위한 핵심 임상 기술로서, 이자관계적 감정 조절은 **인정해 주고, 정서적으로 관여하고, 감정적으로 촉진하는 관계**가 주는 안전 안에서 이전에는 참을 수 없는 감정을 처리할 수 있도록 돕는 것을 중요하게 생각한다.

- **정서의 적응적이고 변형적인 힘**: 찰스 다윈, 윌리엄 제임스, 실번 톰킨스, 안토니오 다마시오 등의 정서 이론에서 정서와 정서 처리에 대한 AEDP의 경험적 작업의 기초로서, 적응적·보편적·연결된 경험의 범주로서 이해하고자 한다.

- **각각의 개별적 정서에 연결된 적응적 행동 경향성**의 구성의 중요성에 대한 이해: 처리되기 전의 정서와 마찬가지로 작동하지 않는 개인의 회복탄력성과 함께 적응적 행동 경향성이 표출될 때까지 **정서 처리 완료**completion의 중요성에 대해 AEDP가 강조하는 과학적 정서 이론에 기반을 둔다.

- **변형적 정서**transformative emotions(적응적·보편적·연결된)와 **변형이 필요한 정서**emotions that need transforming(방어적 정서, 조율되지 않은 정서, 병리적 감정)를 구별하는 것의 중요성을 강조한다.

- 변형적 경험을 정서적 경험만큼 열심히 처리하는 기술로서 **메타치료적 처리** 또는 줄여서 **메타처리**metatherapeutic processing or metaprocessing의 중요성을 강조한다.

- 트라우마와 정서적 고통에 대한 부정적인 정서를 처리하는 것만큼 열성적으로 **변형의 긍정적인 정서를 경험적으로 처리하는 것**experientially processing the positive emotions of transformation의 중요성을 강조한다.

- 좌뇌와 우뇌, 경험과 성찰, 정서와 인지가 함께 모이는 근본적으로 통합된 상태인, 변형 과정의 정점으로서의 **핵심 상태**core state를 구성한다. 이러한 심오한 통합은 핵심 상태를 낳고, 이 고요하고 원근감 있는 상태에서 개인의 진실한 감각은 **새롭고 일관되며 응집력 있는 자전적 내러티브**autobiographical narrative가 출현하도록 하며, 치료적

유익을 견고히 하고, 지혜와 몰입, 편안함을 가져올 뿐 아니라 연민과 자기 연민의 마음을 불러일으킨다.

그리고 임상적으로 매우 중요한 것이 더 많이 있다. 여러분도 이미 알고 있듯이, 그것들은 모두 부록 앞의 본문에 담겨 있다.

2000년에 『The Transforming Power of Affect』가 출간된 이후 AEDP의 접근 방식은 점차 성장하고 발전하며 전 세계적으로 관심을 얻었다. 살아 있는 변형 모델인 모델 자체도 성장하고 발전했으며, 항상 새롭게 출현하고 있다. 이 모델 또한 변형되어 왔다. 뇌와 신경계가 정서와 연결을 처리하는 방식에 대한 이해가 크게 발전했다(Panksepp, Porges, Schore, Siegel). 그리고 신경가소성에 대한 우리의 이해에 큰 도약이 있었다(Doidge, Hanson, Lazar). 어떤 면에서 긍정적인 신경가소성은 바로 AEDP의 모든 것이다. 체계적인 매 순간의 임상적 활동으로 풍성히 성장하려는 기저에는 긍정적인 신경가소성과 나선형으로 상승하는 활력과 에너지가 있다. 이것이 어떻게 정서적 고통의 치유 과정에 있어 성장하는 것을 지지하고 표면화하는지 깊이 있게 이해하도록 한다. 긍정 심리학에서 진행 중인 작업과 긍정적인 정서를 다루는 작업이 마음(Frederickson, 2013), 정신과 자기의 활동을 확장하고 구축하는 방법에 대한 이해가 증가함에 따라 어떻게 AEDP의 의도적으로 애착에 입각한 자세와 체계적인 메타치료적 처리가 회복탄력성을 풍성하고 깊게 만드는 데 지원하는지 더 많이 이해하게 된다. 뇌 과학, 발달 연구 및 신경가소성의 모든 발전과 더불어 AEDP에 대한 풍부한 논문들과 4권의 주요 저서가 다음과 같이 출판되었다. 회복탄력성에 관한 책(Russell, 2015), ADEP에서의 슈퍼비전에 관한 책(Prenn & Fosha, 2016), 매 순간의 추적하기에 관한 책(일본어판: Hanakawa, 2020) 및 가장 최근에는 AEDP를 업데이트한 AEDP 2.0에 관한 책(Fosha, 2021)이 그것이다. 학술지로는 『Transformance: The AEDP Journal』이 있다. AEDP에 대한 체계적인 사례 연구(Markin et al., 2017; Medley, 2018; Pass, 2010; Simpson, 2015; Vigoda Gonzales, 2018)와 메타치료적 처리에 대한 작업 분석 연구(Iwakabe & Conceiçao. 2016)도 진행되었다. AEDP 원리에 기반을 둔 불안 및 우울증에 대한 인터넷 기반 심리 치료의 무작위 집단 비교 결과는 효과성을 나타냈으며(Johansson et al., 2013), 사회 불안 장애를 대상으로 한 유사한 인터넷 기반 연구도 큰 효과성을 보고하고 있다(Johansson et al., 2017). 그리고 이제 AEDP의 효과성 연구(Iwakabe et al., 2020)와 6개월과 12개월의 추적 관찰연구를 통해 치료 효과의 유지에 대한 연구(Iwakabe et al., 2021, 출판 중)를 통해 경험적 지지를 받고 있다.

이 부록에서 내가 하고 싶은 것은 이 책의 최초 출판 이후 발전된 AEDP의 요소들을 여러분과 공유하고 강조하는 것이다. 이 업데이트 페이지에서는 다음과 같은 추가 요소에 중점을 둘 것이다.

- **트랜스포먼스**transformance, 치유 지향성 및 신경가소성과의 연결
- 상태 3 변형 모델에서 상태 4 변형 모델로의 발전
- 새로운 상태 3의 탄생 (핵심 상태core state는 상태 4가 됨)
- 여섯 가지 메타치료적 처리metatherapeutic processes의 표현

1. 서론

지금부터는 2021년 현재 AEDP를 설명하는 방식을 나누고자 한다.

속성경험적 역동심리치료(Accelerated Experiential Dynamic Psychotherapy: AEDP)는 마음과 몸을 함께 다루는 치유 지향적인 심리치료이다(체계적 행동에 긍정적인 신경가소성을 부여한다). 홀로 있음에서 벗어나 이전에는 개인이 혼자서 하기에 너무나 어려웠던 압도적인 정서적 경험을 외상적이지만 회복적으로 처리하는 것은 치료의 최우선 목표가 된다. 이러한 목표는 AEDP의 정서적 고통에 대한 이해와 압도적인 정서적 경험에 직면하여 개인이 의도하지도, 원하지도 않았던 외로움의 결과로 나타난 '정신 병리'라고 불리는 것에서 자연스럽게 성정해 왔다. AEDP는 매우 협력적이며 경험적으로 진행되는 치료 방법으로, 내담자가 이해받았다고 느끼도록 하고, 이전에 인정받지 못한 정서적 진실을 인식하고 표현하게 하며, 내담자의 건강한 행동 경향성과 핵심 자기core self의 자원들을 긍정적인 감정적 경험과 통합하게 한다. AEDP 치료자는 처음 시작부터from the get-go, 오리엔테이션에서 치유적 방향으로 가기 위하여 이전에는 내담자가 방어를 통해 보호하던 자기의 핵심적 측면을 내보여도, 완료될 때까지 처리되어도, 풍부한 정서적 레퍼토리로 재통합되어도 충분히 안전하다고 느끼는 교정 정서적 경험을 촉진하고자 노력한다. 새로운 정서적 경험, 즉 보다 구체적으로 새롭게 회복적이거나 치유적인 정서적 경험을 제공하고 조성하는 것은 AEDP의 방법이자 목표이다.

AEDP의 변형적 실천은 긍정적이고, 구체화되고, 애착에 기반하고, 상호주관적으로 참여하는 치료 관계에 뿌리를 두고 꽃피우고 있다. 그것은 '혈연인식kin-recognition의 사회생물학, 안전 애착, 변연계 공명, 포유류의 돌봄 방식 및 초기 발달'을 모사하고자 한다(Loizzo, 2017, p. 188). AEDP 치료자는 중립적이기보다는 적극적인 정서적 관여, 쌍방조율이 체화되는 마음챙김(Fosha, 2013b), 강력한 '함께 있음'(Pando-Mars, 2016) 그리고 내담자와 내담자에 대한 깊은 이해를 지지하는 적극적인 옹호의 자세를 취한다.

AEDP의 치유 지향성은 '북극성North Star'처럼 치료의 지표가 되어 준다. 이론과 매 순간의 임상 작업은 치유가 우리 모두에게 항상 존재하는 연결된 생물학적 과정이라는 기본 원칙에 따라 진행된다. AEDP의 치유 지향적인 변화 기반 메타심리학은 신경가소성 연구, 정서 신경 과학, 애착 이론 및 발달적 이자관계 연구, 대인관계 신경생물학, 정서이론, 기억 재통합에 관한 연구, 변형 연구, 명상 실천 그리고 경험적·실존적·신체적 트라우마 치료 등과 같은 여러 출처로부터 유기적이며 전체적인 통합을 반영하고자 한다(Fosha & Yeung, 2006). AEDP는 지난 20년간 전 세계적으로 증가하는 임상 전문가들의 실행에 의해 발전을 거듭해 가고 있다.

최근 몇 년 동안, 많은 심리치료 양상이 임상 범위를 확장하고 연구 조사를 촉진하기 위하여 실천을 성문화하고 매뉴얼화하려고 시도하고 있다. 하지만 이 작업이 매 순간의 즉시적 감정 조율과 추적에 초점을 맞추고 각각의 고유한 치료자-내담자의 한 쌍이 공동으로 생성하는 치료 과정의 창발적 속성에 대한 믿음을 고려할 때 단순히 수동적으로 매뉴얼화하는 것은 AEDP 정신과 일치하지 않았다. AEDP에 대한 확실한 증거 기반을 개발하는 데 있어 엄격함과 정확성은 변형의 현상학을 통해 계속해서 드러나야 한다. 이 책의 제9장부터 제12장까지를 참고하면 치료자가 선택할 수 있는 현상 기반의 개입 체계를 알 수 있다. 치유 지향성의 정신과 변형 과정의 현상학에 의한 임상적 실천에 대한 매 순간의 안내는 AEDP의 체계적 임상 작업의 기초이다. 그것은 치료자들이 지도와 나침반으로 작동하는 치유 지향성과 현상학 모두를 사용하여 변형 과정 안에서 방향을 잡을 수 있게 한다.

변화 모델로서 AEDP의 진화는 반복적인 상향 나선과 가장 적절하게 일치한다. "이론 구축 사례 연구theory-building case studies"라는 연구 방법(Fishman, 2011, p. 405)으로 지난 20년간 임상 전문가 커뮤니티를 통해 이 변형 모델을 공동으로 구축해 가고 있다. AEDP는 심리치료에 대한 이전 이론들을 상당히 수정하여, 정신 병리를 핵심적인 설명 구조로 삼는 대신 치유를 출발점으로 사용한다. 회귀적으로, 이 진화하는 변형 이론은 임상적 실천에 다음과 같은 방식으로 정보를 제공한다. 새로운 현상(그리고 그것의 중요성에 대한 추가적 평가)이 나타나고, 그 다음에 새로운 현상과 새로운 임상적 기술을 설명하기 위한 추가적인 이론적 발전을 자극하고, 이는 다시 또 다른 새로운 현상으로 이어지며, 더 많은 이론적 발전이 필요하게 만든다. 이것은 AEDP의 역사적 진화를 모델로서 반영하고 있는데, 현상학적이며 비선형적인 역동 체계 이론에 기반을 두고 있다.

다음의 네 가지 요인은 AEDP의 변형 치료transformational therapy라는 면모를 보여 준다.

- 치유 지향적인 메타심리학healing-oriented metapsychology: 트랜스포먼스의 구성에서 표현된 것처럼 자연발생적 변화 메커니즘에 뿌리를 두고, 우리 안에서 역동하는 치유와 자기 복원을 향한 선천적으로 내재된 동기화된 경향성으로 개념화된 이론(Fosha, 2008)
- '압도적 정서에 직면해 있는 내담자의 고립된 상태를 풀어 주기undoing aloneness'를 목표로 하는 체화되고, 긍정적이며, 관계적으로 회복되는 치료적 입장(Fosha, 2003, p. 245)
- 안전한 연결, 회복탄력성 및 행복을 위한 적응적 자원으로 변환하는 데 도움이 되도록 애착 트라우마 및 정서적 고통과 관련된 신체적 상태와 깊은 감정을 완결할 때까지 처리하기 위한 경험적 방법
- **메타치료적 처리**metatherpeutic process라고 하는 변형 방법론: 이것은 변형적 경험을 체계적으로 작업하는 방법으로, 유기적으로 더 많은 변형의 라운드와 에너지와 활력의 상승 나선으로 이어지는데, 메타치료적 처리에 의해 촉진된 상승 나선은 고도로 통합되고 확장된 새로운 자기와 이자관계적 상태로 끝남

나는 이 책을 AEDP의 첫 번째 아바타로, 특히 2008년 이후로 이어진 후속 연구들은 두 번째 아바타로 묘사하고 싶다.

2. AEDP의 두 번째 아바타: 변형과 네 가지 상태의 변형 모델

정신 병리학에 기반을 둔 전통적 치료 모델과 달리 AEDP는 치유 지향성의 기본구성인 **트랜스포먼스**transformance에 뿌리를 두고 있다(Fosha, 2008). 치료 활동에서 신경가소

성의 징후인 트랜스포먼스는 우리 모두에게 존재하는 치유와 자기 복원을 향한 선천적으로 내재된 동기화된 추동에 이름을 붙인 것이다(Yeung & Fosha, 2015). 트랜스포먼스는 "우리 각자가 성장하고, 치유하고, 실현하게 하며, 우리가 다른 사람과의 접촉을 피하고, 핵심 자기를 수축시키고 감추고, 보존의 수단으로 비인간화와 소외에 굴복하게 하는 내외부의 힘 앞에서 우리의 인간성을 보존하고, 유지하게 하는 원동력이다"(Fried, 2018). 치유, 성장, 자기 복원을 향한 선천적으로 내재된 동기화 경향성에 대한 명칭으로 **트랜스포먼스**transformance라는 용어를 도입한 것은(Fosha, 2008), 공식적으로 AEDP의 치유 지향성과 "시작부터 치유healing from the get-go"라는 접근 방식에 세례를 준 것이다. 안전한 상태에서 전면에 등장하는 이러한 동기화된 추동은 매 순간의 긍정적인 감정적·신체적 표식으로 표시된다(Hanakawa, 2021)[1]. **활력 감정**vitality affects이라고 알려진(Stern, 1985), 이러한 긍정적인 감정적·신체적 표식은 치료 과정이 올바른 방향으로 가고 있다는 것을 치료자에게 알려 준다. 따라서 치료자는 내담자의 경험에서 매 순간의 변동을 추적하는 **트랜스포먼스 탐정**transformance detectives이 될 수 있고, 더 나아가 자연적인 치유 과정의 징후를 주시하고 그것을 우선시한다.

또 다른 주요 변화는 AEDP의 변형적 현상학을 상태 3 모델3-state model에서 상태 4 모델로 변경한 것이다(Fosha, 2009a, 2009b). AEDP의 변형적 현상학은 각각 고유한 변형 효과가 있는 다양한 메타치료적 처리에 대해 점차적으로 자세히 설명하고자 한다.

(1) 상태 1

상태 1이 설명되는 방식의 변화는 **트랜스포먼스**transformance라는 개념의 도래를 반영한다. 변경된 상태 1은 다시 두 부분으로 나뉘는데, 한 부분은 불안, 수치심 및 죄책감과 같은 정서 억제 감정 또는 방어의 두드러진 결과로 인한 현상학을 설명한다. 다른 부분은 치료 시작부터 내담자의 이야기 속에 존재하는 회복탄력성, 건강, 치유 동기, 관계 능력 등의 희미한 빛에서 (때때로 더 "희미해지는 빛"에서) 우리가 발견하는 트랜스포먼스 추동transformance drive에 대한 징후이다.

---

1) 긍정적인 것은 우리가 반드시 행복하다는 것을 의미하는 것이 아니라, 내담자에게 '옳다'와 '진실하다'는 주관적인 느낌을 갖게 하는 경험들을 의미하는데, 벽에 비뚤어진 그림을 제대로 맞추면 그것이 옳게 느껴지는 것(feels right)과 같은 느낌을 의미한다.

(2) 상태 2

상태 2에서는 실질적인 변경 사항이 없다. 여기에는 안전감이 공동 구축되고 방어를 내려놓을 수 있을 때 전면에 나타나는 다양한 유형의 핵심 감정 경험들이 자세히 설명되어 있다. 이러한 경험들이 끝까지 성공적으로 처리될 때 돌파 이후의 안도감과 해방감 그리고 회복탄력성의 표출과 각각의 정서와 연결된 적응적 행동 경향성으로 특징지어지는 상태 변화를 초래한다.

(3) 상태 3

2009년에 도입되었고(Fosha, 2009a, 2009b), 이후에 정교화된(Fosha & Thoma, 2020; Fosha, Thoma, & Yeung, 2019; Yeung, 2021) 상태 3은 변형 경험의 체계적–경험 처리, 즉 연속적인 메타처리의 결과로 나타나는 현상학을 설명한다.

지금까지 각각 고유한 특징적 변형 감정을 지닌 여섯 가지 메타치료적 처리가 확인되었다[2].

- **숙달**mastery 과정은 **숙달감**mastery affects을 불러일으키는데, "내가 해냈어!"처럼 두려움과 수치심이 해소될 때 나타나는 기쁨, 자부심, 자신감이 그것이다.
- **정서적 고통**emotional pain의 변형 감정을 수반하는 **자기 애도하기**mourning-the-self 과정은 고통스럽지만 해방된 비통함과 자신의 고통과 상실에 대한 연민을 포함한다.
- **치유 변화의 위기를 넘나드는**traversing the crisis of healing change 과정은 **떨리는 감정을 불러일으키는데**evokes the tremulous affects, 급격한 변형적인 변화에 직면했을 때 나타나는 두려움/흥분, 흠칫함/놀람, 호기심/흥미, 심지어 긍정적 취약성이 그것이다.
- **자기에 대한 확고한 인식과 자기의 변형**the affirming recognition of the self and of its transformation에 대한 과정은 **치유 감정**healing affects을 불러일으키는데, 타인을 향하는 감사와 친절함, 그리고 자신 내부에서의 움직임, 감동 또는 정서적 느낌이 그것이다.
- **새로운 변형에 대한 놀라움으로 기뻐하는**delighting in the surprise of the emerging transformation 과정은 기쁨, 활력, 흥분, 동기, 탐구적 열의라는 **활력 감정**enlivening affects을 불러일으킨다.

---

[2] 메타치료적 처리와 그것의 변형 감정은 고정된 숫자가 아니므로 2009년에는 4개, 2013년에는 5개(Fosha, 2013; Russell, 2015), 현재 연구(Iwakabe & Conceicao, 2015)와 발전하는 임상 경험을 바탕으로 6개(Fosha, Thoma, & Yeung, 2019)를 확인한 상태이다.

• **새로운 이해를 받아들이는**taking in the new understanding 과정은 깨달음의 감정을 불러일으키는데, 경이로움, 경외심, 놀라움을 나타내는'아하!'와 '와!' 같은 것이다. 이것은 현재 일어나고 있는 변형적 변화의 정도를 파악하는 것과 관련이 있다.

(4) 상태 4

이 책에서 자세히 설명하는 핵심 상태는 평온과 통합의 상태이며, 마음챙김과 명상 수행이 추구하는 행복, 연민, 자기 연민, 지혜, 관대함, 흐름, 명료함, 기쁨과 같은 마음의 특성들이 자연스럽게 출현하는 것으로 특징지어진다. 자기에 대한 새로운 이해와 핵심 진실이 다음과 같이 나타난다. "이것이 바로 나이다."라고 표현하는 것은 핵심 상태의 일반적인 특징이다. 일관성, 응집력, 완성 및 본질에 대한 내적 경험이 있다. 상태 4에서는 치유 과정을 통해 나타나는 체화된 새로운 의미, 새로운 진실, 새로운 자기감이 더 큰 자기로 통합된다(Fosha, 2009a). 이러한 "확신의 상태state of assurance"(James, 1902)에서 내담자는 자연스럽게 효과적인 행동으로 변환되는 자신감과 접촉한다. 핵심 상태에 존재하는 것의 결과 중 하나는 일관되고 응집력 있는 자전적 내러티브 autobiographical narrative를 생성하는 능력으로, 이는 트라우마에 직면했을 때 회복탄력성을 가장 잘 예측할 수 있는 요인이다(Main, 1999).

트랜스포먼스Transformance과 함께 AEDP의 두 번째 아바타에서 활력, 에너지 그리고 변형transformation의 욕구적 특성에 초점이 맞추는 것이 더 중요해지고 있다.

변화에 기반한 동기부여 노력은, 그것이 실현될 때 활력을 불어넣고 에너지를 높인다. …… 변형transformation이라는 개념의 핵심은 이것의 욕구적 특성이다. "뇌는…… 우리가 채우는 무생물의 그릇이 아니라 적절한 영양과 운동으로 성장하고 변화할 수 있는, 욕구를 지닌 살아있는 생물과 같다"(Doidge, 2007, p. 47). 우리는 그렇게 할 수 있기 때문에 트랜스포먼스를 위해 노력한다. 그렇게 하면 기분이 좋아진다. 기분이 좋기 때문에 더 많이 하고 싶어진다. 경험에서 배우도록 동기화된 뇌는 가소성과 동기가 연결되어 있으므로 유연하게 반응한다(Doidge, 2007). 긍정적 감정, 즉 트랜스포먼스를 위한 노력을 실행하는 데 따른 보상이 길을 밝혀준다. 우리가 도파민과 아세틸콜린, 옥시토신의 분비에 대해 이야기하든, 공포의 상태가 탐색적 상태로 대체됨에 따라 편도체의 하향 조절에 대해 이야기하든(쇼어와의 개인적 대화), 뇌는 경험의 긍정적 특성을 기억하고 표시해서 다시 경험하고자 한다. 그 과정에서 우리는 변화하고 성장한다(Fosha, 2009a).

AEDP는 **변화의 순간**moments of change을 실현하기 위해 노력하며, 이를 중심으로 조직 된다. 더 나은 것을 위한 변화의 순간, 치유의 순간, 또는 변형의 순간(내가 모든 같은 의 미로 사용하는 용어)은 임상 작업에서 긍정적인 신경가소성의 발현이다. 변화 과정 연구 그룹(Stern et al., 1998)에 의해 정의된 바와 같이, **만남의 순간**moments of meeting은 긍정적 인 변화의 순간 중 하나로 AEDP에서 우선적으로 작업하는 부분이다. 이러한 순간은 변 형적인 힘으로 높이 평가되며(Lipton & Fosha, 2011), 변형적 변화를 가져오기 위한 관계 적 전제 조건으로 이해된다. 하지만 AEDP에서 중요하다고 여기는 또 다른 긍정적인 변 형적 순간이 많이 있다. 그 예는 다음과 같다.

- 범주적 감정을 포함하는 변화의 순간(상태 2의 작업)
- 치유의 순간(상태 3의 작업)
- 핵심 자기가 "이것이 나야!"라고 경험하는 순간(상태 4의 작업)
- 신체 변화를 포함하는 변화의 순간 또는 신경 에너지 조절에서 변화의 순간(변형 과 정의 모든 단계에서 발생할 수 있음)
- 진실의 순간(상태 4의 작업)

이것이 전부는 아니지만, 긍정적 변형의 순간을 열거하는 짧은 목록이다.

우리는 많은 임상적 만남을 통해 **변형 경험 자체**experience of transformation itself에 초점 을 맞추면 긍정적인 변화가 치유의 추진력을 생성하는 나선으로 강력하게 통합되고, 심 화되고, 확장될 수 있는 추가적인 변형 라운드가 촉발된다는 것을 발견하였다. 메타치 료적 처리의 점진적인 라운드는 비선형적이고 **무한한 변형의 나선**nonfinite transformational spiral, 즉 항상 발생하는 상향 이동(Frederickson, 2013; Frederickson & Joiner, 2018)으로 이어져 시스템에 점점 더 많은 에너지와 활력을 공급한다(Fosha, 2009a, 2009b). 안전 애 착의 맥락에서 연구된 각각의 새로운 경험은 다음 연구를 위한 플랫폼이 된다. 각각의 새로운 도달은 다음 도달을 위한 플랫폼이 되는 것이다.

새로운 추구와 경험이 긍정적 감정을 동반할 때, 시스템에 더 많은 에너지를 가져오 고 나선을 다시 재충전한다. 우리가 새로운 역량을 발휘함에 따라, 그것들은 우리가 누 구인지에 대한 일부가 되고, 다음 단계로 나아가고 도달할 수 있는 새로운 플랫폼이 된 다. 내가 이전에 썼듯이, "이러한 긍정적 정서 변형 과정은 본질적으로 더 많은 것이 더 많은 것을 낳는 회귀적 과정이다. 이것은 포만 모델satiation model이나 긴장 완화 모델

tension reduction model이 아니라 오히려 욕구 모델appetitive model이다. 욕구는 행동에서 나온다. 기분 좋은 일을 하면 할수록 더 하고 싶어진다"(Fosha, 2009b). 마찬가지로 겐트는 다음과 같이 썼다.

> 동기 체계가 새로운 능력과 기능의 출현으로 이어지는 것처럼, 더욱 복잡한 발달 나선에서 **새로운 능력은 새로운 동기 파생물을 낳는다**(new capacities beget new motivational derivatives). …… 새로운 능력의 획득은 그 자체로 동기 조직의 기존 상태를 불안정하게 만드는 동요이다. 억제적인 상황이 없다면, 새로운 능력의 사용이 즐거움과 만족을 제공하고, 고통이나 괴로움을 경감시키며, 어떤 방식으로든 생존을 증진시키는 정도까지 능력을 실행하고 발달시켜야 하는 새로운 필요성이 나타날 것이다. **기능적 능력은 그 능력을 발휘하고 확장해야 할 필요성이라는 새로운 특징을 획득한다**(Functional capacities acquire a new feature—the need to exercise that capacity and expand its range)(Ghent, 2002).

따라서 치유 변형과 새로운 현상의 반복적 순환은 새로운 변형 주기와 새로운 현상을 일으키고, 그것들은 확장된 사고−행동 레퍼토리로 변환되는 새로운 능력을 낳는다. '확장 및 구축 이론'(Frederickson, 2013, 2014)의 관점에서 보면, 번영과 증가된 에너지 및 활력을 위한 기회는 매우 중요한 발달이다(Fosha & Thoma, 2020).

AEDP의 변형 과정에 대한 정교하고 상세한 현상학(Fosha, 2009a, 2009b)은 고통과 번영, 트라우마와 초월, 막힘과 흐름을 유기적으로 연결하는 틀을 보여 준다(Fosha, Thoma, & Yeung, 2019). 모델의 개발을 알리는 축적된 임상 경험을 통해 우리는 긍정적인 감정적 경험의 처리가 트라우마와 정서적 고통을 치유할 뿐만 아니라 회복탄력성, 행복, 번영을 가져오는 데 얼마나 기여해야 하는지 점점 더 감사하게 되었다.

3. 결론: 매뉴얼화된 치료에 대한 대안으로서의 현상학에 찬사를 돌리며

현상의 본질과 어떻게 서술적 현상학적 관점descriptive phenomenological perspective이 매뉴얼화된 치료에 대한 경험적으로 타당한 대안이 될 수 있는지에 대하여 몇 가지 논점을 다루며 결론을 맺고자 한다. 서술적 현상학적 관점을 통해 찰스 다윈과 윌리엄 제임스가 놀라운 일을 해낸 것처럼, 이 관점이 신경과학자들과의 생산적 대화를 위한 기초를 제공할 뿐만 아니라 임상 전문가들의 발전에도 계속해서 기여할 수 있다.

효과성에 대한 연구 기반의 근거를 갖춘 치료법을 찾기 위해 노력하면서, 대부분의 임상 전문가들이 매일 보는 사례와 같은 복잡한 현실을 반영하지 않은 내담자 모집단을 대상으로 한 임상 연구 환경에서 개발된 '매뉴얼화된' 치료법, 스크립트 및 일상화된 프로토콜의 증가를 목격하고 있다. 이러한 치료법의 유용성이나 효과성 대한 강력한 비판에도 불구하고(Wampold & Imel, 2015 참조), 그들은 엄격함과 체계성을 따르는 주문적인 분위기를 계속 유지하고 있다. 특히 매뉴얼은 기본적인 정신 건강 서비스에 대한 필요성이 높은 자원이 부족한 환경에서 제 역할을 하고 있으며, 나의 전문 지식의 범위를 뛰어넘는 복잡한 주제를 다루고 있다. 그럼에도 불구하고 이러한 비판을 하는 것은 임상 전문가들이 매뉴얼에 따라 상담하였을 경우 실제적이고 참여적인 심리치료 과정의 불가피한 복잡성과 뉘앙스에 **생체 내에서**in vivo 반응할 수 있는 치료자의 능력을 심각하게 제한하기 때문이다. 그것들이 유지하고자 하는 것은 신뢰성, 검증 가능성, 체계성, 엄격성, 즉 실증적 책임성에 대한 노력이다.

AEDP 원리를 수많은 치료자-내담자의 이자관계에 적용한 경험은 치유에 대한 타고난 추동, 핵심 감정 경험을 완결했을 때의 변형력인 트랜스포먼스가 적용되고, 보살피고, 긍정적이며, 보상적인 애착 관계에서 반복적이고 순환적인 변화를 가져온다는 것을 보여 주었다. 매우 중요한 치유 지향성에 의해 인도되는 동안, 이러한 매 순간의 전환은 내담자의 자기와 타인으로부터 경험되어 올라오는 부분과 내담자와 치료자가 그들만의 독특하고 창발적인 지금-여기here and now에서의 소통을 통해 공동 창조하는 부분에 대한 치료자의 즉각적인 조율에 달려있다. AEDP를 적용한 사례가 진행되는 동안 내담자와 치료자 사이에 일어나는 체화된 관계적이고도 감정적인 '댄스dance'를 대본이 나 구체화된 매뉴얼로 축소하는 것은 불가능하다. 오히려 조율, 공동 창조, 진정성 및 자발성의 미덕을 노래하는 것이 이토록 좋고 중요하다면, 엄격함, 정확성 및 반복 가능성, 그리고 실증적 책임성은 무엇을 말하는 것일까?

여기서 신중하고, 실증적 정보에 입각한 서술적 현상학이 등장한다. 각 내담자와 치료자가 그곳에 도달하는 방법은 각각의 이자관계와 순간에 따라 다르다. 하지만 AEDP의 이자관계는 현재로서 4단계의 상태 변형 과정의 현상학적 설명에 의해 체계적으로 식별 가능한 일관된 임상 현상을 변함없이 보여 주고 있다. 물론 AEDP의 실습, 슈퍼비전 및 교육에 회기를 비디오 녹화한 것이 사용되기(Prenn & Fosha, 2017) 때문에 우리는 이 현상이 잇따른 내담자들, 이자관계 문화 등에서의 변형 과정을 설명하는 데 있어서 정확하다는 광범위한 시청각 증거를 축적해 왔다[3].

치유 지향적인 현상학적 감수성은 AEDP의 임상적 측면과 개념적 측면을 모두 알려 준다. 그것의 한 측면은, 첫째, 수용적 정서적 경험(Fosha, 2017b; Russell, 2015), 둘째, 관계적 현상(Frederick, 2021; Lipton & Fosha, 2011), 셋째, 긍정적인 신경가소성(Hanson, 2017) 및 계단식 변형 과정(Fosha, 2009, 2013; Frederickson, 2013; Iwakabe & Conceicao, 2016)과 관련된 긍정적인 정동 현상을 포함하도록 정서의 현상학(Darwin, 1872; James, 1890, 1902; Tomkins, 1962)을 확장하는 것이다. 현상은 신경 과학과 임상 과정의 연결점에 있으므로 AEDP 연구 및 기술 현상학에 대한 실천에서의 헌신은 정서, 애착 및 변형에 관한 임상 전문가, 신경과학자 및 발달학자들 사이의 창발적 대화에 실질적으로 기여할 수 있다. 그러한 대화는 진전을 방해하는 세력 다툼과 용어상의 전투에서 승리하게 할 것이다.

내담자가 새롭게 깨어난 삶의 욕구와 자기 존재의 핵심과 연결됨을 경험할 때, 신경 생물학적인 핵심 자기의 도파민 매개 경로가 활성화된다(Panksepp & Northoff, 2009; Fosha, 2013, 2021). 심도 있는 관계 및 정서 중심의 작업은 깊이 존중하고, 자기 개방적이고, 긍정적이고, 감정을 촉진하는 치료 관계의 맥락에서 발생한다. 변형 경험의 메타처리metaprocessing는 치료자가 의도적으로 초점을 기울이는 것이다. 특히 관계적 메타처리는 명백한 변형 현상을 작동시키는 치료 과정이다. 그리고 실제로 이러한 변형 현상은 내담자에게 독특하고 틀림없는 번영을 가져다준다.

현상학에 대한 AEDP 치료자의 헌신은 이러한 접근법의 기본 지침 원리를 지속적으로 재교정하고, 이 작업이 모든 치유의 기초가 되는 '북극성' 메커니즘으로 거듭 회귀하는 것을 의미한다. 이러한 원리에는 다음의 내용들이 포함된다.

- 정신 병리적인 측면보다 트렌스포먼스에 초점을 두는 치유 지향성
- 의도적으로 긍정적이고, 공감적이며, 타당화하고, 감정을 촉진하고, 현명하게 자기 개방을 하는 치료 자세: 치료자가 하는 모든 것을 포함하고, 내담자가 보고, 존중받고, 보살핌을 받고 있다고 느끼게 만드는 것
- 내담자의 외로움을 해소하는 중심성 및 안전에 대한 매 순간의 공동 구축

---

3) 현재까지 AEDP는 북미(캐나다, 미국), 아시아(중국, 홍콩, 일본, 필리핀), 유럽(프랑스, 이탈리아, 포르투갈, 스페인, 스웨덴), 중동(이스라엘), 남미(아르헨티나, 콜롬비아, 브라질) 등의 다양한 문화와 국가에서 일관된 결과를 가지고 임상적으로 실행되어 왔다.

- 끊임없이 경험에 초점 두기, 신체적-감정적 표식에 의해 매 순간 안내되는 경험에 끊임없이 초점 두기: 애착 경험, 관계적 경험, 감정적 경험, 변형적 경험, 수용적 정서 경험, 각 용어에서 경험이라는 중요 단어
- 활력과 에너지의 욕구와 동기를 부여하는 나선을 일으키기 위해 더 나은 변화의 경험과 관련된 긍정적인 감정을 메타처리하는 것의 중요성: 연속적인 메타처리는 자기에 대한 긍정적 평가와 자기와 타인을 위한 나침반으로부터 정보를 얻어 치료적 변화와 새로운 자전적 내러티브를 종합하고 깊게 함

치유 지향성의 정신, 긍정적인 관계적 자세를 위한 노력 그리고 변형 과정의 현상학에 의한 AEDP 치료자의 치료 지침은 ADEP의 북극성을 구성하는 세 가지 요소이다.

2000년이든 2021년이든, 이 모든 가치가 AEDP에 반영되어 다양한 문화에서 수용될 수 있는 접근법으로 만들어지고 있고, "부끄러움이 없는 엄격함rigor without shame"(Fosha, 2015; Prenn & Fosha 인용, 2017)으로 경이로움, 즐거움, 축하를 불러일으키는 인정을 통해 우리 모두를 더 인간답게 하고 있음을 발견하게 한다.

한국 독자 여러분이 AEDP라는 변형 모델을 만나게 되신 것을 환영한다!

다이애나 포샤Diana Fosha

참고문헌

Ainsworth, M. D. S., Blehar, M. C., Waters, E., & Wall, S. (1978). *Patterns of attachment: A psychological study of the strange situation*. Hillsdale, NJ: Lawrence Erlbaum.

Alexander, F., & French, T. M. (1946). *Psychoanalytic therapy: Principles and application*. New York: Ronald Press. Reprint. Lincoln, NE: University of Nebraska Press, 1980.

Alpert, M. C. (1992). Accelerated empathic therapy: A new short-term dynamic psychotherapy. *International Journal of Short-Term Psychotherapy, 7*(3), 133-156.

Alpert, M. C. (1996). Videotaping psychotherapy. *Journal of Psychotherapy Practice and Research, 5*(2), 93-105.

Bacal, H. A. (1995). The essence of Kohut's work and the progress of self psychology. *Psychoanalytic Dialogues, 5*, 353-366.

Barber, J. P., & Crits-Christoph, P. (1991). Comparison of the brief dynamic therapies. In P. Crits-Christoph & J. P. Barber (Eds.), *Handbook of short-term dynamic psychotherapy* (pp. 323-355). New York: Basic Books.

Bates, J. E., Maslin, C. A., & Frankel, K. A. (1985). Attachment security, motherchild interaction, and temperament as predictors of behavior-problem ratings at age three years. In I. Bretherton & E. Waters (Eds.), *Growing points of attachment theory and research. Monographs of the Society for Research in Child Development, 50*(1-2), serial no. 209, 167-193.

Beebe, B., Jaffe, J., & Lachmann, F. M. (1992). A dyadic systems view of communication. In N. Skolnick & S. Warshaw (Eds.), *Relational perspectives in psychoanalysis* (pp. 61-81). Hillsdale, NJ: Analytic Press.

Beebe, B., & Lachmann, F. M. (1988). The contribution of mother-infant mutual influence to the origins of self- and object representations. *Psychoanalytic Psychology, 5*, 305-337.

Beebe, B., & Lachmann, F. M. (1994). Representation and internalization in infancy: Three principles of salience. *Psychoanalytic Psychology, 11*(2), 127-165.

Beebe, B., Lachmann, F. M., & Jaffe. J. (1997). Mother-infant interaction structures and pre-symbolic self and object representations. *Psychoanalytic Dialogues, 7*, 133-182.

Benjamin, L. (1997). Interpersonal psychotherapy of personality disorders. Workshop given at the Thirteenth Annual Conference of the Society for the Exploration of Psychotherapy Integration (SEPI): Embracing new approaches. Toronto, 24 April.

Blake, W. (1987). Augeries of innocence. In A. Ostriker (Ed.), *William Blake: The complete poems* (pp. 506–510). New York: Penguin Books.

Bohart, A. C., & Tallman, K. (1999). *How clients make therapy work: The process of active self-healing.* Washington, DC: American Psychological Association.

Bollas, C. (1987). *The shadow of the object: Psychoanalysis of the unthought known.* New York: Columbia University Press.

Bollas, C. (1989). *Forces of destiny: Psychoanalysis and human idiom.* London: Free Association Books.

Bowlby, J. (1973). *Attachment and loss: Vol. 2. Separation.* New York: Basic Books.

Bowlby, J. (1977). The making and breaking of affectional bonds: Aetiology and psychopathology in the light of attachment theory. *British Journal of Psychiatry, 130,* 201–210.

Bowlby, J. (1980). *Attachment and loss: Vol. 3. Loss, sadness, and depression.* New York: Basic Books.

Bowlby, J. (1982). *Attachment and loss: Vol. 1. Attachment (2d ed.).* New York: Basic Books.

Bowlby, J. (1988). *A secure base: Parent-child attachment and healthy human development.* New York: Basic Books.

Bowlby, J. (1991). Post-script. In C. M. Parkes, J. Stevenson-Hinde, & P. Marris (Eds.), *Attachment across the life cycle* (pp. 293–297). London: Routledge.

Braithwaite, R. L., & Gordon, E. W. (1991). *Success against the odds.* Cambridge, MA: Harvard University Press.

Brennan, T. (1995). Splitting word and flesh. Paper presented at The psychoanalytic century: An international interdisciplinary conference celebrating the centennial of Breuer and Freud's "Studies on Hysteria." New York University Postdoctoral Program, NY.

Brenner, C. (1974). On the nature and development of affects: A unified theory. *Psychoanalytic Quarterly, 53,* 550–584.

Brodkey, H. (1996). This wild darkness. *The New Yorker,* 5 February, pp. 52–54

Bucci, W. (1985). Dual coding: A cognitive model for psychoanalytic research. *Journal of the American Psychoanalytic Association, 33,* 571–608.

Casement, P. J. (1985). *On learning from the patient.* London: Tavistock.

Cassidy, J. (1994). Emotion regulation: Influence of attachment relationships. *Monographs of the Society for Research in Child Development, 69*(240), 228–249.

Chung, C. K., & Cho, S. J. (2006). Conceptualization of Jeong and Dynamics of Hwabyung. *Psychiatry Invest, 3*(1): 46–54.

Coates, S. W. (1998). Having a mind of one's own and holding the other in mind: Commentary on paper by Peter Fonagy and Mary Target. *Psychoanalytic Dialogues, 8,* 115–148.

Coen, S. J. (1996). Love between therapist and patient. *American Journal of Psychotherapy, 50,* 14–27.

Costello, P. C. (2000). *Attachment, communication and affect: Implications for psychotherapy.* Manuscript.

Coughlin Della Selva, P. (1996). *Intensive short–term dynamic psychotherapy.* New York: Wiley.

Crits–Christoph, P., & Barber, J. P. (Eds.). (1991). *Handbook of short–term dynamic psychotherapy.* New York: Basic Books.

Csikszentmihalyi, M. (1990). *Flow: The psychology of optimal experience.* New York: HarperCollins.

Cuddihy, J. M. (1987). *The ordeal of civility: Freud, Marx, Lèvi–Strauss, and the Jewish struggle with modernity.* New York: Basic Books.

Damasio, A. R. (1994). *Descartes' error: Emotion, reason and the human brain.* New York: Grosset/Putnam.

Damasio, A. R. (1999). *The feeling of what happens: Body and emotion in the making of consciousness.* New York: Harcourt Brace.

Darwin, C. (1872/1965). *The expression of emotion in man and animals.* Chicago: University of Chicago Press.

Davanloo, H. (Ed.). (1978). *Basic principles and techniques in short–term dynamic psychotherapy.* New York: Spectrum.

Davanloo, H. (Ed.). (1980). *Short–term dynamic psychotherapy.* New York: Jason Aronson.

Davanloo H. (1986–1988). Core training program. The International Institute of Short–Term Dynamic Psychotherapy. Montreal.

Davanloo, H. (1990). *Unlocking the unconscious: Selected papers of Habib Davanloo.* New York: Wiley.

Davies, J. M., (1996). Dissociation, repression and reality testing in the countertransference: The controversy over memory and false memory in the psychoanalytic treatment of adult survivors of childhood sexual abuse. *Psychoanalytic Dialogues, 6,* 189–218.

De Mente, B. (2017). *The Korean Mind: Understanding Contemporary Korean Culture.* North Clarendon: Tuttle Publishing.

Dozier, M., Stovall, K. C., & Albus, K. E. (1999). Attachment and psychopathology in adulthood. In J. Cassidy & P. R. Shaver (Eds.), *Handbook of attachment: Theory, research and clinical applications* (pp. 497–519). New York: Guilford.

Eagle, M. N. (1995). The developmental perspectives of attachment and psychoanalytic theory. In S. Goldberg, R. Muir, & J. Kerr (Eds.), *Attachment theory: Social, developmental and clinical perspectives* (pp. 407–472). Hillsdale, NJ: Analytic Press.

Eagle, M. N. (1996). Attachment research and psychoanalytic theory. In J. M. Masling & R. F. Bornstein (Eds.), *Psychoanalytic perspectives on developmental psychology* (pp. 105–149). Washington, DC: American Psychological Association.

Ehrenberg, D. (1992). *The intimate edge: Extending the reach of psychoanalytic interaction.* New York: W. W. Norton.

Ekman, P. (1983). Autonomic nervous system activity distinguishes among emotions. *Science, 221,* 1208–1210.

Ekman, P. (1984). Expression and the nature of emotion. In K. R. Scherer & P. Ekman (Eds.), *Approaches to emotion* (pp. 319–343). Hillsdale, NJ: Lawrence Erlbaum.

Ekman, P., & Davidson, R. J. (Eds.). (1994). *The nature of emotion: Fundamental questions.* New York: Oxford University Press.

Ekman, P., & Friesen, W. V. (1969). The repertoire of non–verbal behavior: Categories, origins, usage, and coding. *Semiotica, 1,* 49–98.

Emde, R. N. (1980). Toward a psychoanalytic theory of affect. Part 1. The organizational model and its propositions. In S. Greenspan & G. Pollack (Eds.), *The course of life: Psychoanalytic contributions toward understanding personality and development.* Bethesda, MD: Mental Health Study Center, NIMH.

Emde, R. N. (1981). Changing models of infancy and the nature of early development: Remodeling the foundation. *Journal of the American Psychoanalytic Association, 29,* 179–219.

Emde, R. N. (1983). The pre–representational self and its affective core. *Psychoanalytic Study of the Child, 38,* 165–192.

Emde, R. N. (1988). Development terminable and interminable. *International Journal of Psycho–Analysis, 69,* 23–42.

Emde, R. N., Klingman, D. H., Reich, J. H., & Wade, J. D. (1978). Emotional expression in infancy: I. Initial studies of social signaling and an emergent model. In M. Lewis & L. Rosenblum, (Eds.), *The development of affect.* New York: Plenum Press.

Epstein, M. (1995). *Thoughts without a thinker: Psychotherapy from a Buddhist perspective.* New York: Basic Books.

Erickson, M. F., Sroufe, L. A., & Egeland, B. (1985). The relationship between quality of attachment and behavior problems in a preschool high–risk sample. *Monographs of the Society for Research in Child Development, 50,* 147–166.

Ezriel, H. (1952). Notes on psychoanalytic group therapy: Interpretation and research. *Psychiatry, 15,* 119–126.

Faerstein, I., & Levenson, H. (2016). Validation of a fidelity scale for accelerated–experiential dynamic psychotherapy. *Journal of Psychotherapy Integration, 26*(2), 172–185.

Ferenczi, S. (1920/1980). The further development of an active therapy in psycho–analysis. In M. Balint (Ed.), E. Mosbacher (Trans.), *Further contributions to the theory and technique of psycho–analysis* (pp. 198–216). New York: Brunner/Mazel.

Ferenczi, S. (1925/1980). Contra–indications to the "active" psycho–analytic technique. In M. Balint (Ed.), E. Mosbacher (Trans.), *Further contributions to the theory and technique of psycho–analysis* (pp. 217–229). New York: Brunner/Mazel.

Ferenczi, S. (1931/1980). Child analysis in the analysis of adults. In M. Balint (Ed.), E. Mosbacher (Trans.), *Final contributions to the problems and methods of psychoanalysis* (pp. 126–142). New York: Brunner/Mazel.

Ferenczi, S. (1933/1980). Confusion of tongues between adults and the child. In M. Balint (Ed.), E. Mosbacher (Trans.), *Final contributions to the problems and methods psychoanalysis* (pp. 156–167). New York: Brunner/Mazel.

Ferenczi, S., & Rank, O. (1925/1987). The development of psycho–analysis. In G. H. Pollack (Ed.), C. Newton (Trans.), *Classics in psychoanalysis monograph series,* monograph 4. Madison, CT: International Universities Press.

Flegenheimer, W. (1982). *Techniques of brief psychotherapy.* New York: Jason Aronson.

Flem, L. (1997). *Casanova: The man who really loved women.* New York: Farrar, Straus & Giroux.

Fonagy, P. (1997). Multiple voices vs. meta–cognition: An attachment theory perspective. *Journal of Psychotherapy Integration, 7,* 181–194.

Fonagy, P., Leigh, T., Kennedy, R., Matoon, G., Steele, H., Target, M., Steele, M., & Higgitt, A. (1995). Attachment, borderline states and the representation of emotions and cognitions in self and other. In D. Cicchetti, S. L. Toth et al. (Eds.), *Emotion, cognition and representation* (pp. 371–414). Rochester, NY: University of Rochester Press.

Fonagy, P., Steele, M., Steele, H., Higgitt, A., & Target, M. (1994). The theory and practice of resilience. *Journal of Child Psychology and Psychiatry, 35,* 231–257.

Fonagy, P., Steele, M., Steele, H., Leigh, T., Kennedy, R., Matoon, G., & Target, M. (1995). Attachment, the reflective self, and borderline states. In S. Goldberg, R. Muir, & J. Kerr (Eds.), *Attachment theory: Social, developmental and clinical perspectives* (pp. 233–278). Hillsdale, NJ: Analytic Press.

Fonagy, P., Steele, M., Steele, H., Moran, G. S., & Higgitt, A. (1991). The capacity for understanding mental states: The reflective self in parent and child and its significance for security of attachment. *Infant Mental Health Journal, 12*, 201-218.

Fonagy, P., & Target, M. (1998). Mentalization and the changing aims of child psychoanalysis. *Psychoanalytic Dialogues, 8*, 87-114.

Foote, B. (1992a). Accelerated empathic therapy: The first self-psychological brief therapy? *International Journal of Short-Term Psychotherapy, 7*(3), 177-192.

Foote, J. (1992b). Explicit empathy and the stance of therapeutic neutrality. *International Journal of Short-Term Psychotherapy, 7*(3), 193-198.

Fosha, D. (1988). Restructuring in the treatment of depressive disorders with Davanloo's intensive short-term dynamic psychotherapy. *International Journal of Short-Term Psychotherapy, 3*(3), 189-212.

Fosha, D. (1990). Undoing the patient's omnipotence. Paper presented at the conference on short-term dynamic therapy: A developing therapy. The Graduate Center of the City University of New York, NY.

Fosha, D. (Ed.). (1992a). Accelerated Empathic Therapy (AET): History, development and theory. *International Journal of Short-Term Psychotherapy, 7*(3).

Fosha, D. (1992b). The interrelatedness of theory, technique and therapeutic stance: A comparative look at intensive short-term dynamic psychotherapy and accelerated empathic therapy. *International Journal of Short-Term Psychotherapy, 7*(3), 157-176.

Fosha, D. (1995). Technique and taboo in three short-term dynamic psychotherapies. *Journal of Psychotherapy Practice and Research, 4*, 297-318.

Fosha, D. (2003). Dyadic regulation and experiential work with emotion and relatedness in trauma and disordered attachment. In M. F. Solomon, & D. J. Siegel (Eds.), *Healing trauma: Attachment, trauma, the brain and the mind* (pp. 221-281). New York: Norton.

Fosha, D. (2008). Transformance, recognition of self by self, and effective action. In K. J. Schneider, (Ed.) *Existential-integrative psychotherapy: Guideposts to the core of practice* (pp. 290-320). New York: Routledge.

Fosha D. (2009a). Emotion and recognition at work: Energy, vitality, pleasure, truth, desire & the emergent phenomenology of transformational experience. In D. Fosha, D. J. Siegel, & M. F. Solomon (Eds.), *The healing power of emotion: Affective neuroscience, development, clinical practice* (pp. 172-203). New York: Norton.

Fosha, D. (2009b). Positive affects and the transformation of suffering into flourishing. W. C. Bushell, E. L. Olivo, & N. D. Theise (Eds.), *Longevity, regeneration, and optimal health: Integrating*

Eastern and Western perspectives (pp. 252–261). New York: Annals of the New York Academy of Sciences.

Fosha, D. (2013). A heaven in a wildflower: Self, dissociation, and treatment in the context of the neurobiological core self. *Psychoanalytic Inquiry, 33*, 496–523.

Fosha, D. (Ed.) (2021). *Undoing aloneness and the transformation of suffering into flourishing: AEDP 2.0.* Washington DC: APA Press

Fosha, D. (in press). Meta-therapeutic processes and the affects of transformation: Affirmation and the healing affects. *Journal of Psycotherapy Integration.*

Fosha, D., & Osiason, J. (1996). Affect, "truth" and videotapes: Accelerated experiential/dynamic therapy. Presented at the spring meeting of Division 39 (Psychoanalysis) of the American Psychological Association, New York, NY.

Fosha, D., & Slowiaczek, M. L. (1997). Techniques for accelerating dynamic psychotherapy. *American Journal of Psychotherapy, 51*, 229–251.

Fosha, D., & Thoma, N. (2020). Metatherapeutic processing supports the emergence of flourishing in psychotherapy. *Special Issue on Flourishing. Psychotherapy, 57*(3), 323–329.

Fosha, D., Thoma, N., & Yeung, D. (2019) Transforming emotional suffering into flourishing: Metatherapeutic processing of positive affect as a trans-theoretical vehicle for change. *Counseling Psychology Quarterly, 32*(3–4), 563–572.

Fosha, D., & Yeung, D. (2006). AEDP exemplifies the seamless integration of emotional transformation and dyadic relatedness at work. In G. Stricker & J. Gold (Eds.), *A casebook of integrative psychotherapy* (pp. 165–184). Washington DC: APA Press.

Frank, J. D. (1971). Therapeutic factors in psychotherapy. *American Journal of Psychotherapy, 25*, 350–361.

Frank, J. D. (1974). Psychotherapy: The restoration of morale. *American Journal of Psychiatry, 131*, 271–274.

Frank, J. D. (1982). Therapeutic components shared by all psychotherapies. In J. H. Harvey & M. M. Parks (Eds.), *Psychotherapy research and behavior change*. Washington, DC: American Psychological Association.

Frederick, R. (2021). How to work with core affective experience: Attachment, emotion, self. In D. Fosha (Ed.) *Undoing aloneness and the transformation of suffering into flourishing: AEDP 2.0.* Chapter 7. APA Press.

Fredrickson, B. L. (2013). Positive emotions broaden and build. *Advances in Experimental Social Psychology, 47*, 1–53.

Fredrickson, B. L., & Joiner, T. (2018). Reflections on positive emotions and upward spirals.

Perspectives on Psychological Science, 13(2), 194—199.

Freud, A. (1937/1966). *The ego and the mechanisms of defense* (C. Baines Trans.). New York: International Universities Press.

Freud, S. (1912a/1958). The dynamics of transference. In J. Strachey (Ed. and Trans.), *The standard edition of the complete psychological works of Sigmund Freud* (Vol. 12, pp. 97—108). London: Hogarth Press.

Freud, S. (1912b/1958). Recommendations to physicians practicing psychoanalysis. In J. Strachey (Ed. and Trans.), *The standard edition of the complete psychological works of Sigmund Freud* (Vol. 12, pp. 109—120). London: Hogarth Press.

Freud, S. (1915/1958). Observations on transference—love. In J. Strachey (Ed. and Trans.), *The standard edition of the complete psychological works of Sigmund Freud* (Vol. 12, pp. 157—173). London: Hogarth Press.

Freud, S. (1917/1958). Mourning and melancholia. In J. Strachey (Ed. and Trans.), *The standard edition of the complete psychological works of Sigmund Freud* (Vol. 14, pp. 243—258). London: Hogarth Press.

Freud, S. (1923/1958). Beyond the pleasure principle. In J. Strachey (Ed. and Trans.), *The standard edition of the complete psychological works of Sigmund Freud* (Vol. 18, pp. 7—64). London: Hogarth Press.

Freud, S. (1926/1959). Inhibitions, symptoms and anxiety. In J. Strachey (Ed. and Trans.), *The standard edition of the complete psychological works of Sigmund Freud* (Vol. 20, pp. 75—175). London: Hogarth Press.

Frijda, N. H. (1986). *The emotions.* Cambridge: Cambridge University Press.

Frijda, N. H. (1988). The laws of emotion. *American Psychologist, 43,* 349—358.

Garfield, A. S. (1995). *Unbearable affect: A guide to the psychotherapy of psychosis.* New York: Wiley.

Gendlin, E. (1991). On emotion in therapy. In J. D. Safran & L. S. Greenberg (Eds.), *Emotion, psychotherapy & change* (pp. 255—279). New York: Guilford.

George, C., & Solomon, J. (1999). Attachment and caregiving: The caregiving behavioral system. In J. Cassidy & P. R. Shaver (Eds.), *Handbook of attachment: Theory, research and clinical applications* (pp. 649—670). New York: Guilford.

Ghent, E. (1995). Interaction in the psychoanalytic situation. *Psychoanalytic Dialogues, 5,* 479—491.

Ghent, E. (2002). Wish, need, drive: Motive in light of dynamic systems theory and Edelman's selectionist theory. *Psychoanalytic Dialogues, 12*(5), 763—808.

Gianino, A., & Tronick, E. Z. (1988). The mutual regulation model: The infant's self and interactive regulation. Coping and defense capacities. In T. Field, P. McCabe, & N. Schneiderman (Eds.), *Stress and coping* (pp. 47–68). Hillsdale, NJ: Lawrence Erlbaum.

Gill, M. (1982). *Analysis of transference: Vol 1. Theory and technique*. New York: International Universities Press.

Girard, J. P. (1994). *The late man*. New York: Signet/Onyx Books.

Gluck, L. (1995). *Circe's power*. The New Yorker, 10 April, p. 90.

Gold, J. R. (1994). When the patient does the integrating: Lessons for theory and practice. *Journal of Psychotherapy Integration, 4*, 133–154.

Gold, J. R. (1996). *Key concepts in psychotherapy integration*. New York: Plenum Press.

Goleman, D. (1995). *Emotional intelligence: Why it can matter more than IQ*. New York: Bantam Books.

Gonzales, N. V. (2018). The Merits of Integrating Accelerated Experiential Dynamic Psychotherapy and Cultural Competence Strategies in the Treatment of Relational Trauma: The Case of "Rosa". *Pragmatic Case Studies in Psychotherapy, 14*(1), pp. 1–57.

Greenberg, L. S., Elliott, R., & Lietaer, G. (1994). Research on humanistic and experiential psychotherapies. In A. E. Bergin & S. L. Garfield (Eds.), *Handbook of psychotherapy and behavior change* (4th ed., pp. 509–539). New York: Wiley.

Greenberg, L. S., Rice, L. N., & Elliott, R. (1993). *Facilitating emotional change: The moment–by–moment process*. New York: Guilford.

Greenberg, L. S., & Safran, J. D. (1987). *Emotion in psychotherapy*. New York: Guilford.

Guntrip, H. (1961). *Personality structure and human interaction*. London: Hogarth Press.

Guntrip, H. (1969). *Schizoid phenomena, object relations and the self*. New York: International Universities Press.

Gustafson, J. D. (1986). *The complex secret of brief psychotherapy*. New York: W. W. Norton.

Guterson, D. (1995). *Snow falling on cedars*. New York: Vintage.

Hanakawa, Y. (2020). *Transforming your counseling skills: A practical method to heal emotions*. Kongo Shuppan (in Japanese).

Hanakawa, Y. (2021). What just happened? And what is happening now? The art and science of moment–to–moment tracking in AEDP. In D. Fosha (Ed.), *Undoing aloneness and the transformation of suffering into flourishing: AEDP 2.0*. Chapter 4. APA Press.

Hanson, N. R. (1958). *Patterns of discovery*. Cambridge: Cambridge University Press.

Harris, A. (1996). False memory? False memory syndrome? The so–called false memory syndrome? *Psychoanalytic Dialogues, 6*, 155–187.

Hart, J. (1991). *Damage*. New York: Columbine Fawcett.

Heatwole, H. (1988). *Guide to Shenandoah National Park and Skyline Drive*. Shenandoah Natural History Association, Bulletin no. 9, Luray, VA.

Herman, J. L. (1982). *Trauma and recovery*. New York: Basic Books.

Hesse, E. (1999). The adult attachment interview: Historical and current perspectives. In J. Cassidy & P. R. Shaver (Eds.), *Handbook of attachment: Theory, research and clinical applications* (pp. 395–433). New York: Guilford.

Høeg, P. (1993). *Smilla's sense of snow*. (T. Nunnally, Trans.). New York: Dell.

Iwakabe, S., & Conceição, N. (2016). Metatherapeutic processing as a change–based therapeutic immediacy task: Building an initial process model using a task–analytic research strategy. *Journal of Psychotherapy Integration, 26*(3), 230–247.

Iwakabe, S., Edlin, E., Fosha, D., Gretton, H., Joseph, A. J., Nunnink, S., Nakamura, K., & Thoma, N., (2020). The effectiveness of accelerated experiential dynamic psychotherapy(AEDP) in private practice settings: A transdiagnostic study conducted within the context of a practice research network. *Psychotherapy, 57*(4), 548–561.

Iwakabe, S., Edlin, E., Fosha, D., Gretton, H., Joseph, A. J., Nakamura, K., & Thoma, N., (2021, submitted for publication). The long–term effectiveness of accelerated experiential dynamic psychotherapy(AEDP) in private practice settings: Six and twelve months follow up conducted within the context of a practice research network.

Iwakabe, S., Edlin, E., Fosha, D., Gretton, H., Joseph, A. J., Nakamura, K., & Thoma, N., (2022, in press). The long–term outcome of accelerated experiential dynamic psychotherapy(AEDP): Six and 12–month follow–up results.

Izard, C. E. (1977). *Human emotions*. New York: Plenum.

Izard, C. E. (1990). Facial expressions and the regulation of emotion. *Journal of Personality and Social Psychology, 58*, 487–498.

Jacobson, J. G. (1994). Signal affects and our psychoanalytic confusion of tongues. *Journal of the American Psychoanalytic Association, 42*, 15–42.

James, W. (1890). *The hidden self*. Scribners, March: 361–373.

James, W. (1902/1985). *The varieties of religious experience: A study in human nature*. UK: Penguin Books.

Joffe, W. G., & Sandler, J. (1965). Pain, depression and individuation. *Psychoanalytic Study of the Child, 20*, 394–424.

Johansson, R., Frederick, R. J., & Andersson G. (2013). Using the Internet to provide psychodynamic psychotherapy. *Psychodynamic Psychiatry. Dec 41*(4): 513–40.

Johansson, R., Hesslow, T., Ljótsson, B., Jansson, A., Jonsson, L., Färdig, S., Karlsson, J., Hesser, H.,

Frederick, R. J., Lilliengren, P., Carlbring, P., & Andersson, G. (2017). Internet-based affect-focused psychodynamic therapy for social anxiety disorder: A randomized controlled trial with 2-year follow-up. *Psychotherapy, 54*(4), 351–360.

Jordan, J. V. (1991). Empathy and self boundaries. In J. V. Jordan, A. G. Kaplan, J. B. Miller, I. P. Stiver, & J. L. Surrey (Eds.), *Women's growth in connection: Writings from the Stone Center*. New York: Guilford.

Kelly, V. C. (1996). Affect and the redefinition of intimacy. In D. L. Nathanson (Ed.), *Knowing feeling: Affect, script and psychotherapy* (pp. 55–104). New York: W. W. Norton.

Kentgen, L., Allen, R., Kose, G., & Fong, R. (1998). The effects of rerepresentation on future performance. *British Journal of Developmental Psychology, 16*, 505–517.

Kiersky, S., & Beebe, B. (1994). The reconstruction of early nonverbal relatedness in the treatment of difficult patients: A special form of empathy. *Psychoanalytic Dialogues, 4*(3), 389–408.

Kihlstrom, J. (1987). The cognitive unconscious. *Science, 237*, 1445–1452.

Kissen, M. (1995). *Affect, object, and character structure*. New York: International Universities Press.

Klinnert, M. D., Campos, J. J., Sorce, J. F., Emde, R. N., & Svejda, M. (1983). Emotions as behavior regulators: Social referencing in infancy. In R. Plutchik & H. Kellerman (Eds.), *Emotion: Theory, research and experience: Vol. 2*. New York: Academic Press.

Kohut, H. (1977). *The restoration of the self*. New York: International Universities Press.

Kohut, H. (1984). *How does psychoanalysis cure?* Chicago: University of Chicago Press.

Kuhn, T. (1970). *The structure of scientific revolutions* (Rev. ed.). Chicago: University of Chicago Press.

Lachmann, F. M., & Beebe, B. (1992). Reformulations of early development and transference: Implications for psychic structure formation. In J. W. Barron, M. N. Eagle, & D. Wolitzy (Eds.), *Interface of psychoanalysis and psychology* (pp. 133–153). Washington, DC: American Psychological Association.

Lachmann, F. M., & Beebe, B. (1996). Three principles of salience in the organization of the patient-analyst interaction. *Psychoanalytic Psychology, 13*, 1–22.

Lachmann, F. M., & Lichtenberg, J. (1992). Model scenes: Implications for psychoanalytic treatment. *Journal of the American Psychoanalytic Association, 40*, 117–137.

Laikin, M. (1999). Personal communication.

Laikin, M., Winston, A., & McCullough, L. (1991). Intensive short-term dynamic psychotherapy. In P. Crits-Christoph & J. P. Barber (Eds.), *Handbook of short-term dynamic psychotherapy* (pp. 80–109). New York: Basic Books.

Lamb, M. E. (1987). Predictive implications of individual differences in attachment. *Journal of*

Consulting and Clinical Psychology, 55, 817−824.

Lazarus, R. S. (1991). *Emotion and adaptation*. New York: Oxford University Press.

LeDoux, J. (1996). *The emotional brain: The mysterious underpinnings of emotional life*. New York: Simon & Schuster.

Lee, S., & Nomes, A. M. (Eds.). (2015). *Hallyu 2.0: The Korean Wave in the Age of Social Media*. Ann Arbor: University of Michigan Press.

Levine, L. V., Tuber, S. B., Slade, A., & Ward, M. J. (1991). Mother's mental representations and their relationship to mother−infant attachment. *Bulletin of the Menninger Clinic, 55*, 454−469.

Lindemann, E. (1944). Symptomatology and management of acute grief. *American Journal of Psychiatry, 101*, 141−148.

Lindon, J. (1994). Gratification and provision in psychoanalysis. *Psychoanalytic Dialogues, 4*, 549−582.

Lipton, B., & Fosha, D. (2011). Attachment as a transformative process in AEDP: Operationalizing the intersection of attachment theory and affective neuroscience. *Journal of Psychotherapy Integration, 21*(3), 253−279.

Little, M. (1951). Countertransference and the patient's response to it. *International Journal of Psychoanalysis, 32*, 32−40.

Little, M. (1990). *Psychotic anxieties and containment*. Northvale, NJ: Jason Aronson.

Loizzo, J. (2017). Embodied practice, the smart vagus, and mind<en>body<en>brain integration. In J. Loizzo, M. Neale, & E. Wolf (Eds.), *Advances in contemplative psychotherapy: Accelerating transformation* (pp. 185−203). New York: Norton.

Lubin−Fosha, M. S. (1991). Personal communication.

Luborsky, L., & Mark, D. (1991). Short−term supportive−expressive psychoanalytic psychotherapy. In P. Crits−Christoph & J. P. Barber (Eds.), *Handbook of short−term dynamic psychotherapy* (pp. 110−136). New York: Basic Books.

Lyons−Ruth, K., & Jacobvitz, D. (1999). Attachment disorganization: Unresolved loss, relational violence, and lapses in behavioral and attentional strategies. In J. Cassidy & P. R. Shaver (Eds.), *Handbook of attachment: Theory, research and clinical applications* (pp. 520−554). New York: Guilford.

Magnavita, J. J. (1993). The evolution of short−term dynamic psychotherapy: Treatment of the future? *Professional Psychology: Research and Practice, 24*, 360−365.

Magnavita, J. J. (1997). *Restructuring personality disorders: A short−term dynamic approach*. New York: Guilford.

Magnavita, J. J. (1999). *Relational therapy for personality disorders*. New York: Wiley.

Mahler, M. S., Pine, F., & Bergman, A. (1975). *The psychological birth of the human infant*. New York:

Basic Books.

Mahrer, A. R. (1996). *The complete guide to experiential psychotherapy*. New York: Wiley.

Mahrer, A. R. (1999). How can impressive in-session changes become impressive postsession changes? In L. S. Greenberg, J. C. Watson, & G. Lietaer (Eds.), *Handbook of experiential psychotherapy* (pp. 201–223). New York: Guilford.

Main, M. (1995). Recent studies in attachment: Overview with selected implications for clinical work. In S. Goldberg, R. Muir, & J. Kerr (Eds.), *Attachment theory: Social, developmental and clinical perspectives* (pp. 407–472). Hillsdale, NJ: Analytic Press.

Main, M. (1999). Epilogue. Attachment theory: Eighteen points with suggestions for future studies. In J. Cassidy & P. R. Shaver (Eds.), *Handbook of attachment: Theory, research and clinical applications* (pp. 845–888). New York: Guilford.

Main, M., & Goldwyn, R. (1990). Adult attachment rating and classification system. In M. Main (Ed.), *A typology of human attachment organization assessed in discourse, drawings and interviews*. New York: Cambridge University Press.

Main, M., & Hesse, E. (1990). The insecure disorganized/disoriented attachment pattern in infancy: Precursors and sequelae. In M. T. Greenberg, D. Cichetti, & E. M. Cummings (Eds.), *Attachment in the preschool years: Theory, research and intervention* (pp. 161–182). Chicago: University of Chicago Press.

Malan, D. H. (1963). *A study of brief psychotherapy*. New York: Plenum Press.

Malan, D. H. (1976). *The frontier of brief psychotherapy*. New York: Plenum Press.

Malan, D. H. (1979). *Individual psychotherapy and the science of psychodynamics*. London: Butterworth.

Malan, D. H. (1980). The most important development in psychotherapy since the discovery of the unconscious. In H. Davanloo (Ed.), *Short-term dynamic psychotherapy* (pp. 13–23). New York: Jason Aronson.

Malan, D. H. (1986). Beyond interpretation: Initial evaluation and technique in short-term dynamic psychotherapy. Parts I & II. *International Journal of Short-Term Psychotherapy, 1*(2), 59–106.

Malan, D. M., & Osimo, F. (1992). *Psychodynamics, training, and outcome in brief psychotherapy*. London: Butterworth-Heinemann.

Mann, J. (1973). *Time-limited psychotherapy*. Cambridge, MA: Harvard University Press.

Mann, J., & Goldman, R. (1982). *A casebook in time-limited psychotherapy*. New York: McGraw-Hill.

Marke, J. (1993). Cognitive and affective aspects of dissociative experiences: Implications for the STDP of early trauma. Paper presented at the conference on short-term dynamic therapy: Healing the wounds of childhood. The Graduate Center of the City University of New York, NY.

Marke, J. (1995). *A manual of short-term dynamic psychotherapy*. Manuscript.

Markin, R. D., McCarthy, K. S., Fuhrman, A., Yeung, D., & Gleiser, K. A. (2018). The process of change in Accelerated Experiential Dynamic Psychotherapy (AEDP): A case study analysis. *Journal of Psychotherapy Integration, 28*, 213-232.

McCullough, L. (1991). Intensive short-term dynamic psychotherapy: Change mechanisms from a cross-theoretical perspective. In R. Curtis and G. Stricker (Eds.), *How people change: Inside and outside of therapy*. New York: Plenum Press.

McCullough, L., Winston, A., Farber, B., Porter, F., Pollack, J., Laikin, M., Vingiano, W., & Trujillo, M. (1991). The relationship of patient-therapist interaction to outcome in brief psychotherapy. *Psychotherapy, 28*, 525-533.

McCullough, L. (1997). *Changing character: Short-term anxiety-regulating psychotherapy for restructuring defenses, affects, and attachment*. New York: Basic Books.

McGuire, K. N. (1991). Affect in focusing and experiential psychotherapy. In J. D. Safran & L. S. Greenberg (Eds.), *Emotion, psychotherapy & change* (pp. 227-254). New York: Guilford.

Medley, B. (2021). Recovering the true self: Affirmative therapy, attachment, and AEDP in psychotherapy with gay men. *Journal of Psychotherapy Integration, 31*(4), 383-402.

Menninger, K. (1958). *Theory of psychoanalytic technique*. New York: Basic Books.

Messer, S. B., & Warren, C. S. (1995). *Models of brief dynamic psychotherapy: A comparative approach*. New York: Guilford.

Miller, A. (1981). *Prisoners of childhood: The drama of the gifted child and the search for the true self*. R. Ward (Trans.). New York: Basic Books.

Mitchell, S. A. (1988). *Relational concepts in psychoanalysis: An integration*. Cambridge, MA: Harvard University Press.

Mitchell, S. A. (1993). *Hope and dread in psychoanalysis*. New York: Basic Books.

Molnos, A. (1986). The process of short-term dynamic psychotherapy and the four triangles. *International Journal of Short-Term Psychotherapy, 1*, 112-125.

Nathanson, D. L. (1992). *Shame and pride: Affect, sex and the birth of the self*. New York: W. W. Norton.

Nathanson, D. L. (1996). About emotion. In D. L. Nathanson (Ed.), *Knowing feeling: Affect, script and psychotherapy* (pp. 1-21). New York: W. W. Norton.

Okin, R. (1986). Interpretation in short-term dynamic psychotherapy. *International Journal of Short-Term Psychotherapy, 1*, 271-280.

Orlinsky, D. E., Grawe, K., & Parks, B. K. (1994). Process and outcome in psychotherapy-Noch einmal. In A. E. Bergin & S. L. Garfield (Eds.), *Handbook of psychotherapy and behavior change* (4th ed., pp. 270–378). New York: Wiley.

Osiason, J. (1995). Accelerated empathic therapy: A model of short–term dynamic psychotherapy. Paper presented at the symposium on short–term models of psychotherapy. The IV Congress of Psychology, Athens, Greece.

Osiason, J. (1997). Personal communication.

Pando–Mars, K. (2016). Tailoring AEDP interventions to attachment style. *Transformance: The AEDP Journal, 4*(2),

Panksepp, J., & Northoff, G. (2009). The trans–species core SELF: The emergence of active cultural and neuro–ecological agents through self–related processing within subcortical–cortical midline networks. *Consciousness and Cognition, 18*(1), 193–215.

Panksepp, J., & Biven, L. (2012). *The Archeology of Mind: Neuroevolutionary Origins of Human Emotions.* New York: Norton.

Pao, P. N. (1979). *Schizophrenic disorders: Theory and treatment from a psychodynamic point of view.* New York: International Universities Press.

Pass, E. R. (2012). Combining expressive writing with an affect– and attachment–focused psychotherapeutic approach in the treatment of a single–incident trauma survivor: The case of "Grace." *Pragmatic Case Studies in Psychotherapy, 8*(2), 60–112.

Perls, F. S. (1969). *Gestalt therapy verbatim.* Lafayette, CA: Real People Press.

Person, E. S. (1988). *Dreams of love and fateful encounters: The power of romantic passion.* New York: W. W. Norton.

Phillips, A. (1997). Making it new enough: Commentary on paper by Neil Altman. *Psychoanalytic Dialogues, 7,* 741–752.

Prenn, N., & Fosha, D. (2017). *Supervision essentials for Accelerated Experiential Dynamic Psychotherapy.* Washington DC: APA Press.

Racker, H. (1968). *Transference and counter–transference.* London: The Hogarth Press.

Radke–Yarrow, M., Zahn–Waxler, C., & Chapman, M. (1983). Children's prosocial dispositions and behaviour. In P. M. Mussen (Ed.), *Handbook of child psychology: Vol. 4* (4th ed.), New York: Wiley.

Reich, W. (1954). *Character analysis* (3rd ed.). V. R. Carfagno (Trans.). Reprint. New York: Farrar, Straus & Giroux, 1972.

Rice, L. N., & Greenberg, L. S. (1991). Two affective change events in clientcentered therapy. In J. D. Safran & L. S. Greenberg (Eds.), *Emotion, psychotherapy & change.* New York: Guilford.

Rogers, C. R. (1957). The necessary and sufficient conditions of therapeutic personality change.

Journal of Consulting Psychology, 21, 95-103.

Rogers, C. R. (1961). *On becoming a person.* Boston: Houghton Mifflin.

Russell, E. M. (2015). *Restoring resilience: Discovering your clients' capacity for healing.* New York: Norton.

Safran, J. D., & Greenberg, L. S. (Eds.). (1991). *Emotion, psychotherapy & change.* New York: Guilford.

Safran, J. D., & Muran, J. C. (1996). The resolution of ruptures in the therapeutic alliance. *Journal of Consulting and Clinical Psychology, 64*, 447-458.

Safran, J. D., Muran, J. C., & Samstag, L. (1994). Resolving therapeutic alliance ruptures: a task analytic investigation. In A. O. Horvath & L. S. Greenberg (Eds.), *The working alliance: Theory, research, and practice* (pp. 225-255). New York: Wiley.

Safran, J. D., & Segal, Z. V. (1990). *Interpersonal process in cognitive therapy.* New York: Basic Books.

Sandler, J. (1960). The background of safety. *International Journal of Psychoanalysis, 1*, 352-356.

Sandler, J., & Joffe, W. G. (1965). Notes on childhood depression. *International Journal of Psychoanalysis, 46*, 88-96.

Schore, A. N. (1994). *Affect regulation and the origin of the self: The neurobiology of emotional development.* Hillsdale, NJ: Lawrence Erlbaum.

Searles, H. (1958/1965). Positive feelings in the relationship between the schizophrenic and his mother. *Collected papers in schizophrenia and related subjects.* New York: International Universities Press.

Searles, H. F. (1979). *Countertransference and related papers.* New York: International Universities Press.

Seligman, S. (1998). Child psychoanalysis, adult psychoanalysis, and developmental psychology: An introduction. *Psychoanalytic Dialogues, 8*, 79-86.

Shane, M. S., Shane, E., & Gales, M. (1997). *Intimate attachments: Toward a new self psychology.* New York: Guilford.

Sifneos, P. E. (1987). *Short-term dynamic psychotherapy: Evaluation and technique* (2nd ed.). New York: Plenum Press.

Simpson, M. L. (2016). Feeling seen: A pathway to transformation. *International Journal of Transpersonal Studies, 35*(1), 78-91.

Sklar, I. (1992). Issues of loss and accelerated empathic therapy. Paper presented at the conference on brief therapy approaches: The sequelae of trauma. STDP Institute, Denville, NJ.

Sklar, I. (1993). The use of eye contact in AET: Working with separation and loss. Grand Rounds, Saint Clare's Medical Center, Denville, NJ.

Sklar, I. (1994). The corrective emotional experience in AET. Paper presented at the conference on empathic interactions on STDP. The Graduate Center of the City University of New York, NY.

Slavin, M. O., & Kriegman, D. (1998). Why the analyst needs to change: Toward a theory of conflict, negotiation, and mutual influence in the therapeutic process. *Psychoanalytic Dialogues, 8*(2), 247–284.

Slochower, J. (1999). Interior experience within analytic process. *Psychoanalytic Dialogues, 9*, 789–809.

Spezzano, C. (1993). *Affect in psychoanalysis: A clinical synthesis.* Hillsdale, NJ: Analytic Press.

Sroufe, L. A. (1995). *Emotional development: The organization of emotional life in the early years.* Cambridge: Cambridge University Press.

Steele, H., Steele, M., & Fonagy, P. (1996). Associations among attachment classifications of mothers, fathers and their infants: Evidence for a relationship–specific perspective. *Child Development, 67*, 541–555.

Stein, R. (1999). From holding receptacle to interior space–the protection and facilitation of subjectivity: Commentary on paper by Joyce Slochower. *Psychoanalytic Dialogues, 9*, 811–823.

Stern, D. N. (1985). *The interpersonal world of the infant: A view from psychoanalysis and developmental psychology.* New York: Basic Books.

Stern, D. N. (1994). One way to build a clinically relevant baby. *Infant Mental Health Journal, 15*, 9–25.

Stern, D. N. (1998). The process of therapeutic change involving implicit knowledge: Some implications of developmental observations for adult psychotherapy. *Infant Mental Health Journal, 19*(3), 300–308.

Stern, D. N., Sander, L. W., Nahum, J. P., Harrison, A. M., Lyons–Ruth, K., Morgan, A. C., Bruschweiler–Stern, N., & Tronick, E. Z. (1998). Non–interpretive mechanisms in psychoanalytic psychotherapy: The "something more" than interpretation. *International Journal of Psychoanalysis, 79*, 903–921.

Strupp, H. H., & Binder, J. L. (1984). *Psychotherapy in a new key: A guide to timelimited dynamic psychotherapy.* New York: Basic Books.

Sullivan, H. S. (1953). *The interpersonal theory of psychiatry.* New York: W. W. Norton.

Sullivan, H. S. (1956). *Clinical studies in psychiatry.* New York: W. W. Norton.

Suttie, I. D. (1935/1988). *The origins of love and hate.* London: Free Association Books.

Terr, L. (1990). *Too scared to cry.* New York: Basic Books.

Tomkins, S. S. (1962). *Affect, imagery, and consciousness: Vol. 1. The positive affects.* New York: Springer.

Tomkins, S. S. (1963). *Affect, imagery, and consciousness: Vol. 2. The negative affects*. New York: Springer.

Tomkins, S. S. (1970). Affect as amplification: Some modifications in a theory. In R. Plutchik & H. Kellerman (Eds.), *Emotions: Theory, research and experience* (pp. 141–164). New York: Academic Press.

Tronick, E. Z. (1989). Emotions and emotional communication in infants. *American Psychologist, 44*(2), 112–119.

Tronick, E. Z. (1998). Dyadically expanded states of consciousness and the process of therapeutic change. *Infant Mental Health Journal, 19*(3), 290–299.

Tronick E. Z., Als, H., Adamson, L., Wise, S., & Brazelton, T. B. (1978). The infant's response to entrapment between contradictory messages in face–to–face interaction. *Journal of Child Psychiatry, 17*, 1–13.

Truax, C. B., & Carkhuff, R. R. (1967). *Toward effective counseling and psychotherapy: Training and practice*. Chicago: Aldine.

Tudor, D. (2012). *Korea: The Impossible Country*. North Clarendon: Tuttle Publishing.

Urban, J., Carlson, E., Egeland, B., & Sroufe, L. A. (1991). Patterns of individual adaptation across childhood. *Development and Psychopathology, 3*, 445–560.

Vaillant, G. (1993). *Wisdom of the ego*. Cambridge, MA: Harvard University Press.

van den Boom, D. (1990). Preventive intervention and the quality of motherinfant interaction and infant exploration in irritable infants. In W. Koops (Ed.), *Developmental psychology behind the dykes* (pp. 249–270). Amsterdam: Eburon.

Volkan, V. (1981). *Linking objects and linking phenomena: A study of the forms, symptoms, metapsychology and therapy of complicated mourning*. New York: International Universities Press.

Vygotsky, L. S. (1935/1978). *Mind and society: The development of higher psychological processes*. M. Cole, V. John–Steiner, S. Scribner, & E. Souberman (Eds.). Cambridge, MA: Harvard University Press.

Wachtel, P. L. (1993). *Therapeutic communication: Principles and practice*. New York: Guilford.

Wachtel, P. L. (1999). Personal communication.

Wampold, B. E., & Imel, Z. E. (2015). The great psychotherapy debate: The evidence for what makes psychotherapy work (2nd ed.). New York: Routledge/Taylor & Francis Group.

Webster's new collegiate dictionary. (1961). Springfield, MA: G. C. Merriam.

Weiss, J. (1952). Crying at the happy ending. *Psychoanalytic Review, 39*(4), 338.

Weiss, J., Sampson, H., & The Mount Zion Psychotherapy Research Group (1986). *The psychoanalytic process: Theory, clinical observations & empirical research*. New York: Guilford.

White, E. B. (1952). *Charlotte's web*. New York: Harper & Row.

White, R. W. (1959). Motivation reconsidered: The concept of competence. *Psychological Review, 66*, 297–333.

White, R. W. (1960). Competence and the psychosexual stages of development. In M. R. Jones (Ed.), *Nebraska symposium on motivation* (pp. 97–141). Lincoln: University of Nebraska Press.

Winnicott, D. W. (1947/1975). Hate in the countertransference. In *Through paediatrics to psycho–analysis* (pp. 194–203). New York: Basic Books.

Winnicott, D. W. (1949/1975). Mind and its relation to the psyche–soma. In *Through paediatrics to psycho–analysis* (pp. 243–254). New York: Basic Books.

Winnicott, D. W. (1960/1965). Ego distortion in terms of true and false self. In *The maturational process and the facilitating environment* (pp. 140–152). New York: International Universities Press.

Winnicott, D. W. (1962/1965). Ego integration in child development. In *The maturational process and the facilitating environment* (pp. 56–63). New York: International Universities Press.

Winnicott, D. W. (1963a/1965). Communicating and not communicating leading to a study of certain opposites. In *The maturational process and the facilitating environment* (pp. 179–192). New York: International Universities Press.

Winnicott, D. W. (1963b/1965). The development of the capacity for concern. In *The maturational process and the facilitating environment* (pp. 73–82). New York: International Universities Press.

Winnicott, D. W. (1963c/1965). From dependence towards independence in the development of the individual. In *The maturational process and the facilitating environment* (pp. 83–92). New York: International Universities Press.

Winnicott, D. W. (1965). *The maturational process and the facilitating environment*. New York: International Universities Press.

Winnicott, D. W. (1972). The basis for self in body. *International Journal of Child Psychotherapy, 1*, 7–16.

Winnicott, D. W. (1974). *Playing and reality*. London: Pelican.

Winnicott, D. W. (1975). *Through paediatrics to psycho–analysis*. New York: Basic Books.

Winston, A., Laikin, M., Pollack, J., et al. (1994). Short–term psychotherapy of personality disorders. *American Journal of Psychiatry, 151*, 190–194.

Yeats, W. B. (1921/1956). The second coming. In *The collected poems of W. B. Yeats* (pp. 184–185). New York: Macmillan.

Yeung, D. (2021). What went right? What happens in the brain during metatherapeutic processing. In D. Fosha (Ed.), *Undoing aloneness and the transformation of suffering into flourishing: AEDP 2.0.* Chapter 13. APA Press.

Yeung, D., & Fosha, D. (2015). Accelerated Experiential Dynamic Psychotherapy. *The Sage Encyclopedia of Theory in Counseling and Psychotherapy.* New York: Sage Publications.

Yeung, D., Fosha, D., Ye Perman, J., & Xu, Y. (2019). After Freud meets Zhuangzi: Stance and the dance of the Self-in-transformation with the Other-in-contemplative presence. *Psychological Communications, 2*(3), 179–185.

Yoon, K. K., & Williams, B. (2015). *Two Lenses on the Korean Ethos: Key Cultural Concepts and their Appearance in Cinema.* Jefferson: McFarland & Company.

Zahn-Waxler, C., & Radke-Yarrow, M. (1982). The development of altruism: Alternative research strategies. In N. Eisenberg (Ed.), *The development of prosocial bevavior.* New York: Academic Press.

Zajonc, R. B. (1985). Emotion and facial efference: A theory reclaimed. *Science, 228,* 15–22.

찾아보기

저자 소개

다이애나 포샤(Diana Fosha) 박사는 심리치료의 치유 기반, 변화 지향 모델인 AEDP(Accelerated Experiential Dynamic Psychatherapy)의 개발자로, AEDP 연구소(aedpinstitute.org)의 설립자이다. 지난 20여 년간 치유 지향적이고 애착−감정−변화 중심 트라우마 치료 모델을 위한 과학적 기초를 촉진하는 데 적극적으로 활동해 왔다. AEDP는 감정신경과학, 애착 이론, 모자 발달 연구, 뇌의 신경가소성 연구를 바탕으로, 심리치료에 과학, 연구, 실천의 통합을 반영하는 경험적 임상 실천방법을 개발해 왔다. 포샤 박사는 AEDP가 정서적 고통을 변화시킬 뿐 아니라 번영을 촉진하는 데까지 이른다는 점에 초점을 두고 AEDP 2.0 버전에 해당하는 『Undoing Aloneness and the Transformation of Suffering Into Flourishing』(2021)을 발간하였으며, 실천−연구 네트워크를 통해 그 효과성을 입증하는 다양한 연구에 매진하고 있다.

역자 소개

전명희(Jun, Myunghee)

연세대학교에서 사회복지학 박사와 상담코칭학 박사를 받았다. 현재 한동대학교 상담심리사회복지학부 교수로 재직 중이며, 히스커버리 상담코칭연구소장을 역임하였다. 「속성-경험적 역동심리치료(AEDP)의 이해와 적용 가능성에 관한 연구」(한국기독교상담학회지, 2015)를 통해 한국에 AEDP 치료를 처음으로 소개하는 논문을 썼으며, 뉴욕의 AEDP Institute에서 제공하는 AEDP 공인 치료자 훈련 과정 중에 있다. 주요 저서 및 역서로는 「한국 가족을 중심으로 한 부부 · 가족상담 핸드북」(공저, 학지사, 2020), 「정서중심치료의 이해: 변화를 위한 과정-경험적 접근」(공역, 학지사, 2013) 등이 있다.

박정아(Park, Jung A)

연세대학교에서 상담코칭학 박사를 받았으며, 현재 경남대학교 교수학습센터 교수로 재직 중이다. 주요 저서로는 「중학교 학부모와 교사를 위한 청소년 진로상담 길잡이」(공저, 세종특별자치시교육청, 2021), 「성인 진로탄력성 강화 프로그램 운영 매뉴얼」(공저, 한국직업능력개발원, 2019), 「사이버 진로상담의 이해와 활용」(공동, 한국직업능력개발원, 2012)이 있고, 주요 논문으로는 「진로진학상담 수퍼비전 경험에 대한 질적 사례연구」(공동, 상담학연구 사례 및 실제, 2019) 등이 있다.

김현화(Kim, Hyunhwa)

연세대학교에서 상담코칭학 박사를 받았으며, 현재 연세대학교 심리상담센터 전임 상담원으로 재직 중이다. 주요 역서로는 「코칭심리학: 응용가능한 11가지 심리학적 접근」(공역, 코쿱북스, 2016)이 있다.

김정수(Kim, Jung Soo)

연세대학교에서 상담코칭학 박사를 받았으며, (사)한국상담서비스네트워크와 한국기독교상담심리학회에서 사무국장으로, 연세대학교 연합신학대학원 기독교문화연구소 연구원으로 활동 중이다. 주요 역서로는 「코칭심리학: 응용가능한 11가지 심리학적 접근」(공역, 코쿱북스, 2016)이 있고, 주요 논문으로는 「상담사의 다문화한부모가족 프로그램 체험 연구」(공동, 연세상담코칭연구, 2017)가 있다.

변화로 이끄는 감정 경험의 힘

속성경험적 역동심리치료 AEDP

The Transforming Power of Affect:
A Model for Accelerated Change

2022년 8월 10일 1판 1쇄 인쇄
2022년 8월 20일 1판 1쇄 발행

지은이 • Diana Fosha
옮긴이 • 전명희 · 박정아 · 김현화 · 김정수
펴낸이 • 김진환
펴낸곳 • ㈜ **학지사**

04031 서울특별시 마포구 양화로 15길 20 마인드월드빌딩
대표전화 • 02)330-5114   팩스 • 02)324-2345
등록번호 • 제313-2006-000265호

홈페이지 • http://www.hakjisa.co.kr
페이스북 • https://www.facebook.com/hakjisabook

ISBN 978-89-997-2722-1 93180

정가 22,000원

출판미디어기업 **학지사**

간호보건의학출판 **학지사메디컬** www.hakjisamd.co.kr
심리검사연구소 **인싸이트** www.inpsyt.co.kr
학술논문서비스 **뉴논문** www.newnonmun.com
교육연수원 **카운피아** www.counpia.com